GAÉTAN FRIGON

né Dragon

Quand entreprendre rime avec feu sacré

Distribution: Messageries de Presse Benjamin
101, rue Henry-Bessemer
Bois-des-Fillions (Québec) J6Z 4S9

GAÉTAN FRIGON
né Dragon

Quand entreprendre rime avec feu sacré

Propos recueillis par
Christian Morissette

LES ÉDITIONS LA SEMAINE
2050, rue De Bleury, bureau 500
Montréal (Québec) H3A 2J5

Directeur général des éditions : Pierre Bourdon
Directrice des éditions : Annie Tonneau
Directrice artistique : Lyne Préfontaine
Coordonnateur aux éditions : Jean-François Gosselin

Réviseures-correctrices : Nathalie Ferraris, Monique Lepage,
Marie-Hélène Cardinal, Marie Théorêt
Scanneriste : Éric Lépine
Photo de la couverture : Patrick Séguin
Photo des Dragons : Guillaume Cyr, photographe
Photos intérieures : collection personnelle
Maquillage : Sarah Leflochmoen/Gloss avec les produits M.A.C. et TRESemmé

L'Éditeur bénéficie du soutien de la Société de développement des entreprises culturelles du Québec pour son programme d'édition.

Nous reconnaissons l'aide financière du gouvernement du Canada par l'entremise du Fonds du livre du Canada pour nos activités d'édition.

Remerciements
Gouvernement du Québec — Programme du crédit d'impôt
pour l'édition de livres — Gestion SODEC

Dépôt légal : premier trimestre 2013
Bibliothèque et Archives nationales du Québec
Bibliothèque et Archives Canada

ISBN (version imprimée) : 978-2-89703-087-2
ISBN (version ePub) : 978-2-89703-088-9

Incroyable le nombre de fois où l'on m'a demandé pourquoi je n'écrivais pas ma biographie.

D'une part, je ne voulais pas en entendre parler, car je n'avais pas le courage d'entreprendre un tel travail. J'avais bien gardé des copies de certains reportages parus dans les journaux et les magazines, mais je n'avais jamais pris de notes au cours de ma carrière. Je voyais donc cela comme une montagne à gravir, une corvée fastidieuse, et je remettais toujours cette possibilité à plus tard.

D'autre part, j'avais tout de même envie de plonger dans cette aventure. Je me disais que j'aurais tant de choses à raconter, puisque mon histoire est un peu celle du Québec, de l'époque de Duplessis à aujourd'hui, qu'il y aurait un intérêt à la relater.

Après le succès de l'émission *Dans l'œil du dragon*, *La Semaine* a décidé de faire un reportage sur chacun des cinq dragons. Par la suite, Claude J. Charron, l'éditeur de ce populaire magazine, m'a dit: « Gaétan, il faut que tu fasses ta biographie. Ma compagnie d'édition peut t'aider à l'écrire et à la publier. Tu ne trouveras jamais un meilleur *timing* pour aller de l'avant avec ce projet. Et tu as une belle histoire à raconter... »

Sa firme m'a présenté le journaliste Christian Morissette, qui est derrière plusieurs biographies, dont celle récente de Jean-Marc Chaput, une personnalité que je connais bien. Je me suis rendu compte que Christian était capable de saisir qui j'étais et de résumer mes accomplissements avec rigueur.

Et, comme ça, j'ai dit: « OK, allons-y. Si je ne le fais pas maintenant, je ne le ferai jamais. »

Voilà!

Je dédie cette biographie
à mes trois petits-enfants,
Audrée, Virginie
et Jean-Philippe,
qui trouvent
leur grand-père
pas mal « cool »...

Prologue

Octobre 2011. La journée était grise, venteuse et fraîche, typique d'un automne québécois. J'étais arrivé depuis quelques minutes chez Publipage, rue Peel, au centre-ville de Montréal. Le temps de saluer tout le monde et d'aller me préparer un café, je me suis installé à mon bureau, comme je le fais tous les matins.

J'aime bien cet endroit où je tiens la plupart de mes réunions. Sur les murs se trouvent quelques souvenirs qui me sont chers, dont cette toile qui représente mon père dans les années 1950, et ces autres qui montrent la maison et le magasin général de la famille Frigon vers 1920, ainsi que la résidence de mon grand-père maternel, à la même époque.

Comme d'habitude, je m'étais installé devant l'ordinateur pour prendre mes messages. Mon regard s'est arrêté sur celui-là. Qu'est-ce que c'est ? Le texte parlait de Dragons et... il était question d'investir une grosse somme. Bon ! Probablement un autre pourriel ! Je l'ai écarté et je suis passé à autre chose.

Trois jours plus tard, on me relançait. Cité-Amérique, une maison de production de cinéma et de télévision, souhaitait me rencontrer pour que je devienne un « Dragon ». Mais qu'est-ce que c'était cette histoire qui revenait une fois de plus ?

J'ai appelé Louis Laverdière, de Cité-Amérique. Il m'a m'expliqué qu'il y avait une émission télévisée sur le réseau CBC qui s'appelait *Dragon's Den*. Cité-Amérique, en association avec Radio-Canada, désirait produire une version francophone pour le Québec. Son équipe croyait que je pourrais devenir l'un des cinq Dragons.

Comme je n'avais aucune idée de ce qu'était cette série télévisée, j'ai répondu que j'allais prendre la fin de semaine pour en visionner quelques épisodes et que je le recontacterais.

J'ai regardé une vingtaine d'émissions et je suis tombé sous le charme. J'ai adoré le concept et son dynamisme. Des propriétaires de compagnies émergentes et des gens n'ayant parfois qu'une bonne idée tentaient de convaincre des entrepreneurs établis (les Dragons) d'investir dans leur entreprise. Des échanges précis, des questions pertinentes, puis, en quelques minutes, les Dragons devaient décider d'embarquer ou de laisser tomber. Génial!

Le lundi suivant, je n'ai pas hésité à répondre que j'acceptais de devenir un de leurs candidats. Si le projet fonctionnait, tant mieux. Sinon, la vie allait continuer. C'est la philosophie que j'ai toujours adoptée dans ma vie.

Environ deux semaines plus tard, j'étais convoqué pour une entrevue à Radio-Canada. Il fallait me présenter à une heure précise, car les producteurs rencontraient plusieurs candidats et ne souhaitaient pas qu'ils se croisent. À cet égard, ils ont parfaitement réussi, car à mon arrivée, ils m'ont fait attendre dans une petite pièce jusqu'à ce que vienne mon tour. Je n'ai jamais su qui étaient les autres gens d'affaires pressentis.

Bref, on est venu me chercher pour m'amener dans une salle plus grande où se trouvaient une caméra et une douzaine de personnes. Parmi celles-ci, il y avait Alain Chicoine, le réalisateur, Louis Laverdière, de Cité-Amérique, ainsi que Chantale Marquis et Jeffrey Wraight, de Radio-Canada.

Chantale Marquis a mené l'entrevue, la caméra enregistrant mes réponses. Ce n'était pas la première fois que j'en avais unc braquée sur moi, ce qui explique peut-être que je l'ai aussitôt oubliée. On m'a posé des tas de questions sur ma carrière, sur ce que je connaissais de cette série, sur mon attitude face à de nouveaux projets, et ainsi de suite.

Ça faisait environ une heure que j'étais sur place et l'entrevue tirait visiblement à sa fin quand Chantale m'a demandé :

— Vous avez vu quelques épisodes de la série anglaise. Alors, si vous étiez retenu, à qui, parmi ces Dragons, voudriez-vous ressembler ?

— Sans vouloir vous vexer, ai-je répondu un peu surpris, Gaétan Frigon n'ira pas jouer le rôle de quelqu'un d'autre. Gaétan Frigon sera Gaétan Frigon.

Réponse qui les a bien rassurés, je pense. C'était toutefois ce que je croyais sincèrement. Cela n'avait rien à voir avec de la prétention. Si jamais je devais faire partie des Dragons québécois, je serais moi-même. Personne d'autre.

J'ai pris congé quelques minutes plus tard, la réunion étant terminée. Louis Laverdière m'a raccompagné jusqu'au stationnement. Nous nous étions déjà rencontrés, m'a-t-il rappelé, car sa femme avait été, plusieurs années auparavant, l'une des personnes impliquées dans la production du premier Gala MetroStar avec Frank Furtado. Il a ajouté que le comité avait plusieurs excellents candidats, mais que, selon lui, il n'y avait qu'un seul Gaétan Frigon. Ce qui était flatteur.

Deux autres semaines sont passées avant que j'aie des nouvelles. On m'a annoncé que je faisais partie des 10 candidats retenus pour la seconde et dernière étape de sélection. L'équipe de production désirait procéder à des simulations en situations de tournage presque réelles. L'objectif, m'avait-on expliqué, était d'évaluer nos réactions dans le cadre d'une production fictive qui présenterait cependant toutes les facettes d'un véritable tournage. Deux équipes de cinq Dragons seraient constituées pour cette occasion. On avait aussi précisé qu'il ne s'agissait pas d'une compétition entre un groupe et l'autre, mais que les producteurs choisiraient les cinq personnes, parmi les 10 candidats, qui auraient démontré le plus de sens de l'entrepreneuriat et du spectacle.

Ce tournage avait été prévu pour le jeudi 10 novembre 2011, en fin d'après-midi. J'ai passé la journée à mon bureau, très détendu.

Peu après 15 heures, j'ai reçu un appel de Chantale Marquis.

— Eh bien, monsieur Frigon, m'a-t-elle dit, vous avez décidé d'abandonner ?

— Pas du tout, je serai là comme convenu, ai-je répondu, étonné de son commentaire.

— C'est que, a-t-elle continué un peu embarrassée, notre rendez-vous était à 15 heures...

— Merde ! J'avais inscrit 16 heures... J'arrive ! Donnez-moi quelques minutes...

Heureusement que je n'étais pas stressé, car mon aventure télévisuelle commençait plutôt mal... Je suis finalement arrivé au lieu de tournage où étaient assis quatre possibles Dragons, dont mon ami Normand Legault[1].

Il était, tout comme moi, un des candidats, et il faisait partie de mon groupe de cinq. Normand et moi, nous nous connaissons depuis des années et j'étais bien content de le revoir. Je n'avais toutefois aucune idée de qui étaient les trois autres personnes, deux femmes et un certain Dany Vachon[2].

Je me suis bien amusé pendant le tournage. On nous présentait de vrais entrepreneurs qui tentaient de nous vendre leurs produits et nous invitaient à investir dans leurs projets. J'ai embarqué à fond dans le jeu, tout comme Normand qui, toujours aussi calme et flegmatique, lançait ses commentaires au fil des présentations. Évidemment, si nous acceptions un *deal,* nous n'avions pas à le finaliser.

Une fois l'exercice terminé, on nous a assuré que nous n'aurions pas longtemps à attendre, car les producteurs

---

1. Voir la section Notes, à la page 465.

prendraient une décision finale le soir même après avoir vu à l'œuvre les deux groupes de Dragons. On nous aviserait par courriel aussitôt la décision prise. Peu importe leur choix, j'étais content de mon expérience.

Ce soir-là, je suis revenu à mon condo au centre-ville de Montréal et je n'ai pas regardé mes courriels avant de me coucher. Le lendemain matin, j'ai lu un des messages reçus la veille. Il provenait de Chantale Marquis et était titré « Bravo ». Le courriel confirmait que Danièle Henkel[3], Normand Legault, François Lambert[4], Dany Vachon et moi étions officiellement les Dragons de l'émission *Dans l'œil du dragon*.

Peu après, j'ai signé un contrat avec la Société Radio-Canada. Une des clauses stipulait que chacun des Dragons s'engageait à investir un minimum de 200 000 dollars au cours des huit émissions.

Le reste de l'histoire est bien connu. Le tournage a eu lieu au mois de mars 2012, à Québec, et a duré une dizaine de jours. Les émissions ont été diffusées une fois par semaine, pendant huit semaines, tous les lundis soirs, à compter du 16 avril.

La démarche était toujours la même. Avant de rencontrer un entrepreneur, nous étions réunis dans une loge pendant que l'équipe de production mettait au point les détails pour la présentation suivante. Nous ne savions jamais de quoi ou de qui il s'agissait avant d'arriver sur le plateau.

Nous ne devions rien savoir avant d'entrer en scène.

Cependant, environ une minute avant que l'entrepreneur descende le grand escalier, on nous donnait son nom. Comme j'avais toujours ma tablette électronique avec moi, je faisais alors une recherche sur Google. Parfois, je pouvais ainsi voir un peu à l'avance qui était l'entrepreneur que nous rencontrerions et je partageais ces informations avec mes collègues. Nous en savions donc un peu plus que ce qu'avaient prévu les producteurs. Ils s'en sont rapidement rendu compte et, dès la seconde journée, on ne nous donnait que le prénom du candidat. Finis les tours de passe-passe permettant d'en savoir davantage sur le solliciteur !

Je m'étais aussi aperçu que, chaque matin, on affichait sur la porte de notre loge une feuille s'adressant à l'équipe technique. On y donnait des informations sur le programme de la journée, les heures prévues pour le tournage et certaines autres données pratiques. J'avais constaté que le qualificatif « quickie[5] » était inscrit à côté de certains tournages. Le lien a été facile à faire. Nous savions, en consultant la feuille de route, que ces présentations ne mèneraient pas loin. Mais là aussi, la production a pris conscience de notre manège. La journée suivante, la feuille avait disparu, comme par magie !

Les relations entre les Dragons sont vite devenues excellentes. Bien sûr, on a dû faire quelques ajustements. Ainsi, lors des premiers tournages, Normand et moi avions constaté que Dany et François, les deux autres hommes de l'équipe, faisaient un peu trop souvent référence à leur jeunesse dans leurs arguments, jeunesse qu'ils mettaient en compétition avec notre supposée « vieillesse ». Normand et moi avons fait une mise au point, car nous n'appréciions pas ces commentaires. Par la suite, nous nous sommes tous très bien entendus. D'ailleurs, les téléspectateurs ont remarqué cette belle complicité entre Dragons, notamment entre Danièle et moi.

Tout cela pour dire que j'ai adoré mon expérience avec les Dragons. D'ailleurs, le hasard fait en sorte que, étant né en 1940, je suis Dragon dans l'horoscope chinois. Et toujours dans cet horoscope, l'année du Dragon revient tous les 12 ans, et 2012 en fut une.

Simple hasard, me suis-je dit, mais, étonnamment, des choses importantes se sont passées dans ma vie chaque fois que revenait l'année du Dragon : 1940, 1952, 1964, 1976, 1988... Chaque 12 ans, depuis ma naissance, ma vie semblait prendre une nouvelle avenue ou, encore, un événement important avait lieu, jusqu'en 2012, année au cours de laquelle j'ai participé à cette nouvelle série télévisée qui a connu un énorme succès populaire.

En vérité, je ne crois pas à toutes ces histoires d'astrologie. Mais je dois avouer qu'il y a des coïncidences frappantes.

Laissez-moi vous raconter, car peut-être, finalement, suis-je vraiment **Gaétan Frigon, né Dragon!**

Chapitre 1
La naissance d'un Dragon

Avril 1940. La Seconde Guerre mondiale faisait des ravages inimaginables en Europe. Des milliers de soldats et de civils périssaient dans ce qui allait être le plus important conflit armé de l'histoire de l'humanité. Pendant ce temps, au Québec, Adélard Godbout, du Parti libéral, devenait premier ministre en battant Maurice Duplessis, chef de l'Union nationale. Ce dernier reprendra le pouvoir en 1944 pour le conserver jusqu'à sa mort, en 1959.

Et pourtant, en ce printemps de 1940, à Saint-Prosper-de-Champlain, la vie continuait, loin de tous ces tumultes qui déchiraient le monde.

L'hiver avait été dur et particulièrement neigeux. Mais Saint-Prosper savait parfaitement se débrouiller, comme tous les petits villages du Québec à cette époque. Les chemins, alors, n'étaient pas déneigés. Pas encore. On faisait des provisions à l'automne pour passer à travers les mois d'hiver sans avoir besoin d'aller à l'extérieur du village.

Pourtant, Saint-Prosper n'était pas si éloigné du reste du monde. Il n'y avait que 10 ou 11 kilomètres qui séparaient le village de Sainte-Anne-de-la-Pérade, la capitale des petits poissons des chenaux. Mais parcourir 10 kilomètres en hiver, quand les routes n'étaient pas ouvertes, pouvait devenir une véritable expédition. Il valait mieux ne pas être obligé de faire le trajet trop souvent.

Pour trouver une ville plus importante à proximité, il fallait aller à Trois-Rivières. Ça, c'était une grande ville. Trois-Rivières était un centre beaucoup plus imposant... mais aussi plus éloigné. Alors vous pensez bien que si les gens trouvaient risqué d'aller à Sainte-Anne-de-la-Pérade, se rendre à Trois-Rivières, qui était à une cinquantaine de kilomètres, demandait une bonne planification. Toutefois, si les chemins n'étaient pas ouverts en hiver entre Saint-Prosper et Sainte-Anne, ils l'étaient lorsqu'on arrivait sur la route 2[6], le fameux chemin du Roy qui longeait le fleuve entre Montréal et Québec. Tout cela, c'était, bien entendu, avant la construction des autoroutes 20 et 40.

L'hiver avait donc été rigoureux. Mais le printemps s'annonçait beau et le temps des sucres généreux, puisque l'eau coulait à flots dans les érables de la région. La vie reprenait son cours, simple, paisible et agréable.

Toutefois, ce 6 avril 1940, il y avait beaucoup d'effervescence dans une belle maison qui jouxtait le magasin général, situé sur la rue Principale. La sage-femme avait passé la nuit à assister ma mère, enceinte de son deuxième enfant. Quant à mon père, il savait que le moment de l'accouchement approchait puisque, un peu plus tôt, le docteur Grondin (le père du docteur Pierre Grondin, qui a effectué la première transplantation cardiaque au Canada) était arrivé, signe incontestable que le travail achevait.

Qu'un accouchement ait lieu à la maison était normal à cette époque. De toute façon, l'hôpital le plus proche était à Trois-Rivières. La sage-femme connaissait parfaitement son affaire et ne faisait venir le médecin que lorsque le moment de la naissance approchait. Mon père attendait donc, fébrile, sachant que l'événement était imminent. Puis, après d'interminables

Voici mes frères et sœurs en 1948. On reconnaît, depuis la gauche, Fernand, moi, Odette, Gérald et Pierrette. Thérèse n'est pas encore née.

minutes, la porte de la chambre s'est enfin ouverte et le docteur, le sourire aux lèvres, a simplement dit: « Félicitations. C'est un garçon. »

J'étais né!

Je suis le second d'une famille de six enfants. Il y a mon frère aîné, Fernand, puis, après moi, sont arrivés Odette, Gérald, Pierrette et Thérèse. Nous sommes tous nés à un an et demi ou deux d'intervalle... sauf Thérèse. Jamais à l'époque je ne me suis posé la question, mais, plus tard, je me suis demandé s'il ne s'agissait pas d'un accident, comme on disait dans le temps. Je ne l'ai jamais su, mais pour nous, ça ne changeait évidemment rien. Au contraire, sa venue a été une grande joie. J'avais un peu plus de 10 ans quand Thérèse a fait son entrée à la maison et, avec mes frères et mes sœurs, je me suis bien amusé à jouer au grand avec elle.

Nous vivions dans une maison rattachée au magasin général, qui appartenait à mon père. Or, le magasin général,

La maison et le magasin général sont au cœur du village de Saint-Prosper. On peut discerner, devant le magasin, l'ancienne pompe à essence sous le panneau d'Imperial (qui est devenu Esso).

Le magasin est toujours au même endroit, mais il a subi plusieurs transformations.

dans tous les villages, était un lieu privilégié. Un endroit très important. Les gens de Saint-Prosper n'y venaient pas que pour faire leurs emplettes. Ils s'y rendaient pour discuter, se rassembler, apprendre les dernières nouvelles et, bien entendu, faire un peu de commérage. Le magasin général était un carrefour où chacun passait. Tout le monde savait tout sur tout le monde, comme c'était probablement le cas dans toutes les petites municipalités du Québec. Le magasin général était donc un endroit idéal pour se renseigner sur certains petits secrets, même si ce n'était pas le seul moyen d'y parvenir.

Il faut en effet comprendre qu'à l'époque, il n'y avait que deux lignes téléphoniques pour tout le village. Ce qui ne veut pas dire qu'il n'y avait que deux téléphones pour toute la population. Cela signifie tout simplement que nous partagions tous ces deux lignes, auxquelles la plupart des habitants étaient reliés. Difficile à imaginer aujourd'hui, quand chacun possède un téléphone intelligent grâce auquel il est indépendant et peut être en contact avec la planète entière!

C'était pourtant la réalité en 1940. Selon la sonnerie, on savait à qui l'appel était destiné. Je vais tenter de vous expliquer comment ça se passait. Par exemple, chez nous, le numéro était 80 S 2-2, ce qui signifiait que pour nous joindre, ceux qui avaient la ligne 80 devaient composer deux longs coups et deux petits coups. Or, comme il y avait plusieurs abonnés sur la même ligne, cela voulait surtout dire qu'on savait qui était contacté et tout le monde pouvait écouter les conversations. Certains ne s'en privaient d'ailleurs pas; ils décrochaient tout doucement leur combiné et écoutaient ce que les voisins se disaient.

Il était donc pratiquement impossible de garder un secret à Saint-Prosper. Tout finissait par se savoir. Les choses ont un peu changé dans les années 1950, lorsque Québec Téléphone a modifié le système pour installer une petite centrale téléphonique autonome. Le numéro du magasin et de la maison est devenu le 250. Par la même occasion, une discrétion toute nouvelle s'est installée au village, car chacun avait un numéro individuel et personne ne pouvait plus écouter sur les lignes.

Néanmoins, le magasin général demeurait le meilleur endroit pour tout apprendre. On y recevait par la poste, le lendemain de leur parution, deux journaux de la ville, *Le Nouvelliste* de Trois-Rivières et *L'Action catholique* de Québec, que les gens lisaient et se partageaient.

Je crois bien que de tous les enfants Frigon, je suis celui qui a été le plus attiré par le magasin. Aussi loin que je me souvienne, j'y passais le plus clair de mon temps. Mes parents n'y voyaient aucun problème puisqu'eux aussi y étaient à longueur de journée. Voilà pourquoi nous avions une bonne à la maison

Nous voici, mon frère aîné, Fernand, et moi, sur les marches du magasin en 1942. Comme on peut le constater, j'ai peut-être contribué à lancer la mode des toupets vertigineux qu'Elvis réinventera plus tard…

pour aider aux tâches ménagères. Nous avions aussi de l'aide au magasin. Je me rappelle particulièrement deux employés, Émilien Cossette et Monique Taillon, qui y ont travaillé pour nous pendant des années.

Pour revenir à mes parents, je dirais que c'est ma mère qui avait le plus le sens des affaires. Elle était littéralement tombée dedans quand elle était petite. Elle avait ça dans le sang. Rien d'étonnant, car c'était une Cloutier. Or, l'histoire des Cloutier et des Frigon était entrelacée depuis des dizaines d'années.

Attendez que je vous raconte. D'abord, il faut savoir que le magasin général a été bâti en 1876, environ 25 ans après la fondation de Saint-Prosper-de-Champlain, par un descendant de la lignée des Frigon qui vivait à Sainte-Geneviève-de-Batiscan : Pierre-Octave. Rapidement, le magasin est devenu le plus important commerce du village. Pierre-Octave Frigon a conservé l'établissement jusqu'en 1915, année où il l'a vendu à Prima D. Cloutier, un commis voyageur qui résidait aussi à Saint-Prosper.

Les commis voyageurs étaient des hommes importants. Ils parcouraient les quatre coins de la province pour offrir aux commerces de toutes les régions les produits des compagnies qu'ils représentaient. Ce qu'ils offraient ? Pas compliqué, ils vendaient de tout : du sucre, de la farine, des conserves, des outils, des clous, des vis, des robes, des jouets, bref, n'importe quoi en quincaillerie, en mode ou en alimentation.

Prima D. Cloutier était un excellent commis voyageur. Il faisait, entre autres, la tournée du Lac-Saint-Jean et il s'était rapidement rendu compte que cette région n'offrait pas beaucoup de possibilités d'hébergement, particulièrement dans le secteur de Chambord. Il y a donc fait bâtir l'hôtel Au Rocher Percé.

Pourquoi ce nom alors qu'on est si loin de la Gaspésie ? Parce qu'à cette époque, il y avait aussi à Chambord un rocher percé. Bien plus modeste évidemment que celui qu'on peut admirer devant Percé, c'était davantage une curiosité topographique, une simple petite grotte creusée par les eaux fondantes

L'hôtel et les cabines que l'on trouvait en 1940 au Rocher Percé. La photo apparaissait sur une carte postale que j'ai fait parvenir à ma mère lors d'un séjour là-bas.

d'un glacier. Elle a été détruite dans les années 1950 pour permettre l'amélioration de la route. Quoi qu'il en soit, l'hôtel s'est développé avec l'ajout de cabines, accueillant les voyageurs et les commis voyageurs qui sillonnaient ce territoire.

Les Cloutier ont possédé et administré ce complexe pendant des années. Et pas seulement l'hôtel, d'ailleurs. Mes oncles étaient impliqués dans plusieurs commerces et organismes à Chambord et l'un d'eux était même chef de gare. Je me rappelle que, dans les années 1950 – j'avais peut-être une quinzaine d'années à l'époque –, j'étais allé passer quelques semaines à Chambord. Je m'y étais rendu, seul, en train. Je ne me souviens plus exactement pour quelle occasion je devais aller donner un coup de main, mais il y avait, je crois, un anniversaire à célébrer. Peut-être le 70e ou 80e anniversaire de la fondation de la municipalité, peut-être était-ce plutôt à l'occasion des cérémonies du changement de nom puisque la municipalité, initialement connue sous Saint-Louis-de-Métabetchouan et fondée en 1873, est devenue officiellement Chambord, par arrêté ministériel le 3 avril 1953.

Quoi qu'il en soit, il y avait du travail à faire pour mener à bien cette fête et j'étais heureux d'y contribuer. Mes oncles – du côté des Cloutier – se sont bien occupés de moi et m'ont donné toutes sortes de tâches : éplucher les patates pour faire des frites, servir les gens, nettoyer l'hôtel, aller chercher des choses avec le camion. Je faisais tout ce qu'un jeune de mon âge pouvait faire. Et il y avait beaucoup de travail puisque tous mes oncles étaient très engagés dans les célébrations.

De ces semaines passées à Chambord, il y a un souvenir que je garde précieusement : celui de Denise Ringuet. Mon premier amour. Elle était drôlement mignonne et habitait à deux maisons de l'hôtel. Toutefois, les premières amours, particulièrement les amours à distance, ne durent jamais bien longtemps. Ce fut notre cas, même si nous avons correspondu pendant plusieurs années.

Et voilà Denise Ringuet. N'est-ce pas qu'elle était mignonne ?

Mais revenons à Prima D. Cloutier. Voyant l'essor de son hôtel de Chambord, il en a par la suite acheté un autre dans la ville de Kénogami, qui a depuis été annexée à Jonquière. Mon grand-père s'occupait de ses hôtels tout en continuant son métier de commis voyageur. Quand je vous dis qu'il avait le sens des affaires ! Pas étonnant donc que ma mère, l'une de ses filles, ait hérité de ses qualités entrepreneuriales.

Prima D. Cloutier, mon grand-père maternel, a vendu en 1920 le magasin général de Saint-Prosper à William-Xavier Frigon, mon grand-père paternel. Le commerce a pris le nom de W X Frigon Enr. Pas plus compliqué que ça ! L'appellation est restée, même après que mon père, Jean-Baptiste, l'a acheté à son tour au début des années 1940. Mon père ayant épousé ma mère, Madeleine Cloutier, en juillet 1937, Cloutier et Frigon se sont retrouvés à diriger le magasin général. Depuis 1920, donc, le magasin appartient à des Frigon.

Je dois dire qu'on ne voyait pas très souvent grand-père Cloutier, car il voyageait beaucoup. Cependant, je me souviens encore très bien qu'il passait régulièrement dans notre région pendant l'été. Il venait parfois nous chercher, mon frère aîné

Voici une des rares photos de Prima Cloutier, mon grand-père. On le voit ici, au printemps 1943, avec sa mère (et donc mon arrière-grand-mère), ainsi que ma mère, Madeleine, et moi. Quatre générations sont réunies.

et moi; il nous achetait une grosse bouteille de crème soda, nous asseyait à l'arrière de sa voiture et nous partions faire la tournée de ses clients dans les villages avoisinant Saint-Prosper.

Les voitures étaient alors beaucoup moins fiables et performantes que celles d'aujourd'hui. Il fallait régulièrement arrêter pour ajouter de l'eau au radiateur ou laisser refroidir les freins. Mais quels beaux souvenirs je conserve de ces promenades! Grand-père Cloutier était un petit homme jovial et toujours souriant. J'avais quatre ou cinq ans et j'adorais ces tournées qui nous permettaient de découvrir un peu le monde au-delà du village. Malheureusement, je n'ai pas pu faire beaucoup de visites, car mon grand-père est décédé en 1946, alors que je n'avais que six ans.

Bon! Où en étais-je? Ah oui! Ma mère qui avait un sens inné des affaires. Pour vous donner une idée, au moins deux fois par année, elle allait acheter du tissu chez Marshall, sur la rue Sainte-Catherine, à Montréal. À l'époque, il existait bien peu de magasins de vêtements au Québec et aucun à Saint-Prosper. La plupart des femmes cousaient les habits des membres de leur famille. Il fallait, pour créer ces vêtements, qu'elles puissent trouver du tissu au magasin général.

Lors de ses visites à Montréal, ma mère avait l'habitude d'acheter les fins de rouleaux dont elle négociait les prix. Comme le tissu se vendait à la verge, il restait toujours plusieurs rouleaux largement entamés sur lesquels il n'y avait plus assez de tissu pour intéresser les autres acheteuses commerciales. Comme si elle se livrait à un geste de bonté, ma mère proposait au commerçant de le débarrasser de ses rouleaux pour le quart de leur valeur. La négociation faisait souvent l'affaire du vendeur, qui acceptait volontiers l'offre de ma mère.

Cette dernière revenait ensuite à Saint-Prosper et vendait son matériel au prix régulier, ce qui représentait, vous en conviendrez, un profit intéressant. Mais tout le monde était content, car il s'agissait, malgré tout, d'une proposition avantageuse. Les clientes payaient le tissu au même prix que si elles avaient été se le procurer en ville, sans avoir à se déplacer. Une transaction gagnant-gagnant, ce qui constitue toujours la meilleure façon de faire du commerce. Voilà le genre de femme qu'était ma mère.

Mais mon père devait aussi avoir le sens des affaires, direz-vous, puisque, tout comme les Cloutier, les Frigon étaient dans le commerce depuis des décennies. D'une certaine façon, c'est vrai. Mon père avait bel et bien acheté le magasin et il s'en occupait très bien, ce qui prouve qu'il possédait ce goût des affaires. Toutefois, ce qu'il aimait le plus, je crois, c'était le contact avec les gens. Le commerce était pour lui un moyen de rencontrer tout le monde et de discuter. Et il manquait rarement une occasion de le faire.

D'un autre côté, la négociation n'était pas sa grande force. Je suis certain que si mon père avait dû aller acheter du

Mon père et ma mère, en 1954. Une photo que j'aime beaucoup.

tissu en ville, il l'aurait moins bien marchandé que ma mère et l'aurait vendu moins cher qu'elle. Mon père n'avait donc pas le même sens des affaires que ma mère. Mais il était aimé de tous et avait leur confiance. En plus, comme il connaissait tous les gens du village et qu'il était leur ami, il comprenait les situations plus difficiles que traversaient parfois certains clients et il n'hésitait jamais à leur faire crédit, même s'il savait qu'il ne serait pas remboursé. Ce comportement fâchait ma mère pour qui les affaires étaient les affaires. Point à la ligne.

Pour ma part, j'adorais l'atmosphère du commerce. D'aussi loin que je me souvienne, je me promenais dans le magasin, furetant dans tous les coins et écoutant les gens parler. Il régnait une odeur tout à fait singulière et agréable qui me revient en mémoire encore aujourd'hui. J'étais fasciné par tous les produits qu'on vendait. Les gens de Saint-Prosper pouvaient se procurer tout ce qu'ils souhaitaient, sauf la viande, les fruits et les légumes qui étaient offerts un peu plus loin, chez le boucher Ovila Cossette. Pour ma famille, il n'était pas question de lui faire concurrence.

Tout le reste se trouvait au magasin général. Il y avait un coin pour les vêtements, un autre pour la quincaillerie, celui pour le tissu et, évidemment, une importante section était dédiée aux produits alimentaires. Mais pas en petits emballages individuels comme on en trouve maintenant. Pratiquement tous les produits arrivaient en vrac.

Les clous et les boulons étaient livrés dans des contenants imposants et excessivement lourds, et la mélasse et le sucre en fûts ou en sacs de 100 livres. Même les biscuits nous arrivaient à la caisse. À la fin de l'automne, pour que nous soyons prêts à affronter les longs mois d'hiver, mon père faisait livrer tout ce qu'il fallait pour tenir le coup. La quantité de produits était colossale. Des dizaines de caisses de soupe en conserve Aylmer (la seule qu'acceptaient les gens de Saint-Prosper, qui refusaient d'acheter de la Campbell), des tas de barils de mélasse, des monceaux de sacs de sucre et de farine; des montagnes de boîtes de toutes sortes étaient entassées dans l'arrière-boutique ou dans la cave. Nous recevions tout ce qu'il fallait pour nous permettre de continuer à approvisionner nos clients durant l'hiver, quoi qu'il arrive.

Évidemment, chaque chose avait sa place dans le magasin. Tel tiroir pour ceci, tel autre espace pour cela. Tout était rigoureusement rangé. Le fait que les produits arrivaient en vrac nécessitait ce genre d'aménagement. Bon, je dois vous avouer que les notions d'hygiène n'étaient peut-être pas aussi strictes qu'aujourd'hui. Non pas que c'était sale, bien au contraire! Le magasin était toujours très propre. Mais vous comprendrez que lorsqu'un client demandait 10 livres de clous et ensuite une livre de biscuits, nous n'allions pas nous laver les mains

Le couvent de Saint-Prosper au début des années 1940.

entre les deux commandes. Et, à ce que je me souvienne, personne ne s'est jamais plaint ni n'a été malade à cause de cette pratique. Étions-nous moins douillets ? Non, je ne crois pas. C'était simplement une autre époque. Les choses se faisaient différemment.

Ma jeunesse ne s'est évidemment pas passée seulement au magasin. Il y avait le reste du village à découvrir. Et c'est une tâche à laquelle nous consacrions pas mal de temps, mes amis et moi. Comme il n'y avait pratiquement pas de voitures à Saint-Prosper, les enfants étaient maîtres de la rue. En hiver, elle devenait le lieu de mémorables parties de hockey qui débutaient souvent après l'école.

Il n'y avait qu'une seule école dans le village à Saint-Prosper. C'était le couvent. C'est là que mes sœurs, frères et moi avons fait notre cours primaire. Les religieuses enseignaient avec toute la rigidité, mais aussi toute la passion et le souci du détail qui les caractérisaient. À partir de la septième année, les

En 1946, je commençais ma première année au couvent. Je suis le troisième à partir de la droite dans la troisième rangée. À deux places de moi, à ma droite, se trouve mon ami Guy Massicotte.

choses changeaient. Les garçons allaient en classe au sous-sol de la salle paroissiale où un professeur avait le lourd mandat d'enseigner à des ados.

Quand on regarde le système d'enseignement actuel, on est surpris de constater comment il fonctionnait il y a quelques décennies à peine. L'éducation était bien sûr offerte partout, et, plus souvent qu'autrement, sous l'égide des congrégations religieuses. Il faut se rappeler que le ministère de l'Éducation n'a été créé qu'en 1964, dans la foulée de la publication du rapport Parent. Mais ça, c'est une autre histoire.

Bref, de la septième à la douzième année, les étudiants se retrouvaient tous dans la même classe. Une quarantaine de jeunes pour un seul professeur. Il s'appelait Juneau et il était le fils du maire de Sainte-Anne-de-la-Pérade. Il avait un mandat

Inutile de dire l'importance de la religion à cette époque. En sixième année, quand les jeunes avaient 12 ou 13 ans, il y avait la « communion solennelle ». La mienne a eu lieu en 1953. Cette photo a été prise devant l'église de Saint-Prosper et je suis dans la première rangée, le troisième garçon à partir de la droite.

colossal qui nécessitait une organisation et une planification extraordinaires de sa part.

Juneau devait occuper tout le monde; alors qu'il donnait des travaux ou des lectures à faire à certains élèves, il expliquait à d'autres des notions plus simples ou plus complexes, selon le niveau de chacun. Ce n'était certainement pas le meilleur modèle d'éducation, mais il fonctionnait quand même très bien. Pour ma part, je n'ai fait qu'une année dans cette classe, puisque, après ma septième année, j'espérais bien être un des chanceux qui iraient au Séminaire de Trois-Rivières pour y poursuivre mes études. J'y reviendrai plus tard.

Durant ces années d'école, il n'y avait pas toute cette rigueur qu'on trouve aujourd'hui dans les établissements d'enseignement. Il faut se rappeler que Saint-Prosper était un petit village de 1000 ou 1200 âmes où les gens trimaient dur. Les jeunes en âge de travailler étaient souvent sollicités dans les fermes ou pour d'autres tâches. Je me souviens entre autres de

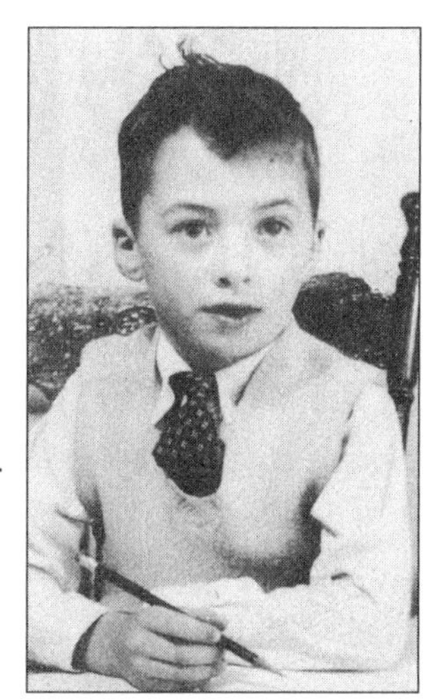

Je suis en première année et j'ai vraiment l'air d'un enfant attentif et appliqué. Ce qui ne m'empêchait pas de détester m'exprimer devant la classe.

Normand Gravel, appelé Ti-Caille. Son père était à la fois restaurateur et chauffeur de l'un des deux taxis du village. Quand il avait trop de travail, il n'hésitait pas à venir chercher son fils, pendant les cours, pour qu'il conduise le taxi ou qu'il le remplace au restaurant. Ça se passait ainsi et personne ne contestait cette façon de faire, ni nous, ni nos parents, ni l'enseignant.

Personnellement, j'aimais bien l'école. J'ai d'ailleurs été chanceux, puisque je réussissais très bien sans avoir à travailler trop fort. La nature m'a doté d'une excellente mémoire, ce qui suffisait généralement pour être toujours parmi les premiers de classe.

Cependant, si je veux être totalement honnête, il y a une chose avec laquelle j'avais des problèmes, que je ratais pratiquement toujours et qui m'angoissait littéralement : parler devant la classe. Quand le professeur me donnait une présentation à faire devant tout le monde, je paniquais. J'avais beau étudier, pratiquer, apprendre le texte par cœur, le réciter dans ma chambre, rien n'y faisait. Je m'imaginais, chaque fois, seul devant tous les élèves, et j'étais terrifié.

Quand arrivait enfin le jour de la présentation, j'étais terrorisé. Je me rendais à l'école à reculons parce que je savais que je serais incapable de m'exprimer correctement, que je bégaierais, que je m'enfargerais dans mes mots et que ce serait, finalement, une catastrophe. J'exagère peut-être un peu, mais pas beaucoup. Parler devant un groupe me paralysait, même si je connaissais tout le monde, même s'ils étaient mes amis. Ma difficulté était d'autant plus étonnante que, depuis tout jeune, au magasin, je rencontrais tous les clients, je les servais, je leur parlais avec assurance et rien ne me perturbait. Mais devant la classe, je perdais tous mes moyens.

Il aura fallu plusieurs années avant que je sois capable de m'exprimer devant un groupe. Cependant, le souvenir de mes difficultés en expression orale m'est toujours resté et je comprends parfaitement ceux et celles qui angoissent à l'idée de parler devant une foule.

* * *

Saint-Prosper est situé au pied d'une montagne d'érablières, au milieu de riches terres agricoles où l'on produisait essentiellement du foin qui servait à nourrir les vaches laitières. Les cultivateurs étaient occupés tout l'été; ils veillaient à la culture de leurs champs et à l'élevage de leurs troupeaux de vaches. Tout le monde devait mettre l'épaule à la roue. Toutefois, comme c'était l'époque des familles nombreuses, la main-d'œuvre manquait rarement. L'hiver, une part importante de leur travail sur les fermes s'arrêtait. Plusieurs cultivateurs partaient alors bûcher. C'était souvent la seule façon d'arriver à joindre les deux bouts.

Quand j'y pense, cette période de l'histoire du Québec était celle des entrepreneurs. On a souvent dit que les Québécois n'avaient pas le sens des affaires, mais je crois que c'est une erreur. Chacun à Saint-Prosper était un entrepreneur. S'occuper d'une ferme, c'est être son propre patron. Il faut y travailler, vendre les produits qui y sont cultivés, utiliser au mieux les terres et la machinerie, gérer les comptes, bref, accomplir toutes les tâches que doit assumer n'importe quel entrepreneur de n'importe quelle compagnie.

Les cultivateurs n'étaient pas les seuls dans cette situation. Il en allait de même pour le boucher, le restaurateur, le coiffeur (qu'on appelait alors le barbier) et même pour le docteur. À cette époque, le médecin se déplaçait pour soigner les gens et il se faisait payer pour ses consultations. Il prenait grand soin de sa clientèle. Par exemple, on m'a raconté qu'environ un mois après ma naissance, le docteur Grondin avait fait parvenir une lettre à ma mère dans laquelle il s'informait à notre sujet; il demandait si ma croissance se passait bien et si, de son côté, elle se remettait normalement de l'accouchement. Il s'intéressait à ceux et celles qu'il soignait, et, du même coup, il fidélisait sa clientèle.

Avoir son entreprise, comme une ferme ou un commerce, garantissait la sécurité financière à vie. Les rares personnes qui étaient salariées et qui travaillaient pour quelqu'un d'autre n'avaient absolument pas le même statut. Prospérer, c'était avoir son entreprise et ne pas travailler pour un patron.

C'est dans ce climat que j'ai été élevé. Pour moi, il était non seulement normal, mais essentiel d'être entrepreneur.

Le fait que mon père tienne le magasin général nous donnait un statut privilégié dans le village. Nous étions souvent les premiers à posséder de nouvelles choses. Ainsi, je me souviens qu'un soir de printemps, en 1945, je venais d'avoir cinq ans et mon père est entré à la maison en disant: « C'est fait. On va avoir notre chalet à Batiscan. »

Il est difficile d'imaginer ce que pouvait représenter le fait d'avoir notre propre chalet. Un endroit où nous irions, en famille, pour passer quelques heures et parfois quelques jours. C'était extraordinaire!

Voici ce à quoi ressemblait le chalet lors de sa construction, en 1945.

Une galerie a ensuite été ajoutée pour en faire un endroit encore plus accueillant.

Pour que ce rêve puisse se réaliser, mon père avait dû faire preuve de beaucoup d'ingéniosité. Il avait acheté à Batiscan, d'un dénommé St-Arnaud, un terrain de 250 pieds (environ 75 mètres) de façade donnant sur le fleuve Saint-Laurent. En même temps, il avait commandé, dans la municipalité de Charrette, un garage préfabriqué en aluminium qu'il avait fait transporter et installer sur le terrain. Puis il avait engagé un homme qui avait percé des fenêtres et construit une galerie qui faisait presque le tour du « garage-chalet ». Inutile de dire que ce n'était pas très grand, mais, pour nous, c'était absolument génial.

Le site était tout près du fleuve et une magnifique plage en sable doux s'étendait sur des kilomètres. C'est le genre de

Dans les années 1950, une grande réunion des Frigon a eu lieu à notre chalet de Batiscan. Il n'y a pas à dire, ça faisait beaucoup de monde. Moi ? Je suis tout en bas, à gauche…

plage qu'on imagine difficilement aujourd'hui au Québec. Surtout dans ce coin. L'eau y était d'une pureté incroyable. Nous pouvions avancer pendant un bon moment avant d'en avoir par-dessus la tête. Même là, il nous était encore possible de voir nos pieds ! Nous passions nos étés à nous baigner. Nous avons vécu à cet endroit des moments inoubliables.

Ce petit coin de paradis a toutefois changé rapidement. Le point tournant est survenu quand, dans les années 1950, le gouvernement fédéral a décidé que la circulation maritime serait ouverte toute l'année. Déjà, de grands travaux avaient été entrepris pour rendre le Saint-Laurent plus navigable et sécuritaire entre Québec et Trois-Rivières. Dans le cadre de ces efforts, le gouvernement avait fait draguer le fond pour faciliter la navigation. Près du lac Saint-Pierre, le chenal est passé de un mètre 80 de profondeur en 1850 à plus de 10 mètres en 1952. Le projet a été complété en 1959 avec l'achèvement des écluses près de Montréal et l'inauguration de la voie maritime telle qu'on la connaît aujourd'hui.

Ma sœur Pierrette a fait construire sa maison sur l'emplacement exact du chalet des années 1940.

L'une des conséquences de l'ouverture de la voie maritime a été le passage de plus en plus fréquent de brise-glaces. Quel est le rapport, me demanderez-vous, entre ces bateaux, la voie maritime et notre chalet? Les glaces. L'un des effets collatéraux du passage des navires a été l'amoncellement d'énormes morceaux de glace brisée qui ont érodé les berges du fleuve. En quelques années, le chalet s'est presque retrouvé dans l'eau.

C'est à cette époque que le gouvernement fédéral, pour contrôler l'érosion, a érigé un véritable mur constitué de grosses pierres sur la rive nord du fleuve. Mur qui se dresse évidemment aussi devant Batiscan. Finie, la belle plage. Le paysage a été complètement transformé. Nous avons continué à nous rendre à notre chalet, mais de moins en moins souvent, la magie s'étant en quelque sorte évanouie.

La famille possède encore ce terrain. Ma sœur Pierrette l'a racheté en 1976 et y a fait construire une magnifique maison. Si la vue est toujours aussi extraordinaire, les plaisirs simples qu'on avait sur la plage immaculée sont désormais choses du passé. Mais à la fin des années 1940, le tableau était splendide et j'en garde des souvenirs fantastiques.

Je me rappelle parfaitement que mon père faisait une sieste en après-midi, une habitude qu'il avait depuis toujours. Mieux valait ne pas le déranger. Même durant la semaine, il faisait son petit somme. C'est vrai que les journées au magasin étaient longues. Il ouvrait aux alentours de six heures, lorsque le premier cultivateur arrivait après être allé porter son lait à la fromagerie, et il n'était pas rare qu'il s'y trouve encore à 18 heures. Tous les jours, après le dîner, il allait prendre un Coke chez son ami Léo Trudel, le barbier, puis il revenait à la maison pour se coucher une petite demi-heure.

Cela dit, comme mon père n'avait pas de voiture, nous prenions un taxi, toujours le même, qui nous amenait au chalet le dimanche matin et revenait nous chercher en fin de journée. Le chauffeur était notre voisin d'en face, qu'on surnommait le « Gros Cossette ». Nous rentrions à Saint-Prosper fatigués, mais heureux.

Mon père a acheté sa première voiture, une Buick, en 1953[7]. C'est avec cette voiture que j'ai appris à conduire vers l'âge de 13 ans, tout comme mes frères.

Là aussi, les choses étaient totalement différentes de ce qu'elles sont aujourd'hui. Il a fallu un bon moment avant que j'aille chercher mon permis, ce qui ne m'empêchait évidemment pas de conduire. À cette époque, un seul policier patrouillait toute la région : l'agent Langevin. Comme il s'occupait d'un immense territoire et qu'il était basé à Sainte-Anne-de-la-Pérade, il ne venait pas souvent dans notre coin. Pas assez souvent, en tout cas, pour nous tourmenter.

D'ailleurs, c'était la façon de faire dans ce temps. On apprenait à conduire aussitôt qu'on était assez grands pour que nos pieds rejoignent les pédales. C'était vrai pour les voitures (encore bien peu nombreuses à Saint-Prosper) comme pour tous les véhicules motorisés, incluant, bien entendu, la machinerie agricole. Tous ceux qui, comme moi, sont plus âgés et qui ont été élevés dans une ferme le savent. On nous expliquait rapidement comment conduire le tracteur, parce qu'il fallait donner un coup de main aux champs.

Parmi mes amis, j'étais un des seuls dont la famille possédait une auto et qui pouvait la prendre. Vers l'âge de 14 ans, je partais avec mes deux meilleurs amis, Guy Massicotte et Louis Lefebvre, et nous allions danser au Café des sports à Sainte-Anne-de-la-Pérade. Dans le temps, il y avait une salle de danse au deuxième étage. Un juke-box faisait les frais de la musique et tous les jeunes du coin s'y retrouvaient.

Pour varier les plaisirs, nous allions parfois à L'Érablière ou au Clapotis, à Batiscan, ou encore au Manoir Venise ou à La Plage idéale, au Lac-à-la-Tortue. On se déhanchait sur la musique des Pat Boone, Chuck Berry, Bill Haley et tous les autres qui ont fait la gloire de la musique pop. On rencontrait des filles, on dansait, on discutait, on s'amusait, mais il n'y avait pas de bécotage ! Peut-être étions-nous trop prudes ou gênés ? C'est possible. Je crois toutefois que c'était l'époque qui voulait ça.

Je dois aussi vous avouer que nous prenions une bière. Peut-être deux ! Ce qui ne m'empêchait pas de conduire pour revenir à la maison. Ce n'était certes pas génial, mais ça aussi, c'était la façon de faire dans le temps. Je ne m'en vante pas, soyez-en certain. Tout ce que je peux ajouter à cet effet, c'est que jamais je n'ai conduit ivre. Mon père me faisait confiance et j'avais bien l'intention d'être à la hauteur. Il me disait de ne pas prendre de risques et de lui téléphoner aussitôt que j'avais un problème. Ce que j'ai toujours fait et il m'a chaque fois dépanné sans me chicaner ou me juger. Les rares occasions où j'ai dû faire appel à lui, il est venu et ne m'a pas sermonné. Je lui en suis encore reconnaissant. Cela dit, conduire, même avec seulement une bière ou deux derrière la cravate, c'est trop et c'est dangereux. Mais tout le monde faisait ça dans le temps. C'était pareil pour la cigarette : tout le monde fumait.

Parenthèse à ce sujet: il m'est arrivé une petite aventure quand, jeune adolescent, j'avais adopté cette mauvaise habitude. Un jour, j'étais dans l'entrepôt derrière le magasin et je fumais en cachette une de mes premières cigarettes. Autour de moi se trouvait beaucoup de marchandise, dont une espèce de citerne à côté de laquelle j'étais assis. Comme toutes les fois qu'on fait un mauvais coup dans la vie, le hasard s'est retourné contre moi. Mon père est arrivé et m'a pris la main dans le sac. Lui qui était si calme et si patient, est entré dans une terrible colère.

Il m'a pris la cigarette des mains, l'a brutalement écrasée par terre et, pour la première fois de ma vie, m'a vertement disputé. C'est là que j'ai compris sa réaction. Dans sa remontrance, il m'a indiqué que le fût à côté duquel j'étais installé contenait du naphta et qu'une simple inattention aurait pu provoquer une explosion et un incendie qui aurait détruit tout le magasin. Je vous garantis que je n'ai jamais, par la suite, fumé dans l'arrière-boutique. Voilà pour la parenthèse!

En 1957, mon père a changé de voiture et a acheté une Pontiac familiale. Une voiture énorme, même pour l'époque. Je l'utilisais aussi souvent que je le pouvais afin d'aller faire des balades avec mes amis. Nous étions un peu plus âgés et nous avions pris l'habitude de nous rendre à Trois-Rivières ou à Québec, où nous pouvions rencontrer de nouvelles personnes sans risquer de croiser des adultes qui connaissaient mes parents et la famille.

Cependant, comme ces deux villes étaient à une bonne distance de Saint-Prosper et que je ne voulais pas que mon père sache que nous allions aussi loin, je déconnectais l'odomètre pour qu'il ne se doute de rien. Je me croyais très malin! Ce n'est que des années plus tard qu'il m'a appris qu'il n'ignorait rien de mes escapades. « Tu sais, m'avait-il dit alors, à la vitesse à laquelle s'usaient les pneus et à la quantité d'essence que je devais mettre dans la voiture, il était évident que tu allais pas mal plus loin que ce que tu me disais... »

À peu près à la même époque s'est tenue, à la salle paroissiale, une réunion où était rassemblé presque tout le village. On y parlait de la succession du maire Massicotte qui venait de démissionner après de nombreuses années en poste. Mon père, qui devait rester au magasin pour servir les clients, m'a demandé d'aller faire un tour pour voir comment la rencontre se déroulait. Je vous rappelle que mon père était un honnête homme qui avait la confiance de tout le village. Les discussions des villageois n'ont pas été bien longues avant qu'on ne songe à... Jean-Baptiste Frigon ! Il a fallu encore moins de temps pour décider que c'était lui qui devait prendre la mairie de Saint-Prosper. Quelqu'un m'a alors demandé d'aller annoncer la nouvelle à mon père. L'affaire avait été entendue, sans élections et encore moins de mises en candidature. Tout avait été rondement mené, comme le voulait la tradition.

Je suis donc revenu au magasin pour annoncer à mon père qu'il était le nouveau maire du village. J'étais très fier de lui et très content. Mais, à sa réaction, je ne pense pas que la nouvelle lui ait apporté autant de plaisir qu'à moi. Toutefois, comme c'était un homme responsable, il a accepté le mandat et il a été maire pendant quelques années.

Je reviens à la voiture. Il faut préciser que nous sommes dans les années où Maurice Duplessis est premier ministre du Québec. Or, il avait pris l'habitude, pour s'assurer d'avoir des bases solides dans toutes les municipalités, de « donner » certains avantages aux maires, spécialement à ceux dont le village votait *du bon bord.*

Mon père était du côté de l'Union nationale de Duplessis, mais il ne faisait pas de politique active. Il n'en a d'ailleurs jamais fait. Il servait une clientèle autant libérale qu'unioniste, et il ne voulait pas créer de malaise dans son magasin ni se mettre à dos certains clients. Il était cependant de notoriété publique que mon père était « bleu ». Il a donc reçu du gouvernement une plaque d'immatriculation spéciale pour son auto, qu'on appelait à l'époque un « petit numéro ». Sa plaque portait le numéro B-2.

Vous vous demandez ce qu'elle avait de particulier ? C'est simple, ceux qui possédaient des petits numéros ne se faisaient jamais arrêter par les policiers. Ils ne recevaient jamais de contraventions, ni pour stationnement illégal ni pour excès de vitesse. On les laissait toujours tranquilles. Bien entendu, une telle procédure serait inimaginable aujourd'hui. Mais elle a existé. Je peux vous le garantir. Je ne sais pas néanmoins si mon père ou moi, quand j'étais au volant de cette voiture, avons bénéficié de ce petit numéro. Il y a quand même tout lieu de croire que ça a dû arriver une ou deux fois !

En 1956 ou 1957, à la demande du curé de la paroisse, mon père a aussi accepté un poste de marguillier. Les marguilliers étaient des laïcs membres de la fabrique paroissiale. Ils voyaient à l'entretien de l'église, à l'administration des biens et à la tenue des registres.

À cette époque, le curé Mastaï Chicoine dirigeait la paroisse selon sa volonté et ses désirs. Cela impliquait, entre autres, qu'il était le seul à contrôler l'argent de l'église et de la paroisse. Il n'était pas question pour lui qu'un marguillier se mêle de ses affaires ni ait un droit de regard dans ses dossiers. Le curé voulait bien avoir des marguilliers honorables pour s'occuper de la paroisse, mais il refusait qu'ils mettent leur nez dans les finances. L'intégrité de mon père l'empêchait de fermer les yeux sur le comportement du curé. Il a donc démissionné de son poste moins de six mois après avoir été nommé. Nous n'avons jamais su si le curé Chicoine traficotait les finances paroissiales. Nous avons toutefois constaté que tous les cinq ou six ans, il se procurait une voiture neuve...

* * *

Le magasin général était au centre de ma vie et de la famille. Comme je l'ai dit, aussi loin que je me souvienne, j'y étais toujours. Je m'y sentais bien et j'étais impressionné par l'importance de ce commerce et par la place qu'il occupait dans la vie de Saint-Prosper. Déjà, à quatre ou cinq ans, j'allais m'y cacher durant les longues journées d'hiver pour voir et entendre les vieux du village qui venaient y faire un tour afin de se réchauffer et de jaser auprès du poêle.

Mon père avait la confiance de presque tous ses concitoyens. Il était même devenu le banquier de plusieurs de ses clients. Pas un banquier traditionnel, non ! Voyez-vous, pendant les hivers des années 1940 et 1950, plusieurs cultivateurs, dont un certain nombre étaient célibataires, partaient dans le bois pour devenir bûcherons. C'était un métier exigeant, mais aussi très payant. Il permettait aux pères de famille d'assurer la subsistance de leurs proches pendant les mois où la ferme ne rapportait pas suffisamment d'argent.

Quant aux célibataires, en tout cas certains d'entre eux, le retour à Saint-Prosper était synonyme de tentations. Comme ils n'avaient pas d'obligations familiales et qu'ils avaient accumulé beaucoup d'argent, ils avaient envie de le gaspiller. Voilà pourquoi plusieurs d'entre eux allaient voir mon père, à qui ils remettaient leur fortune en disant qu'ils passeraient quand ils en auraient besoin.

Mon père était quelqu'un de fiable et prenait son rôle au pied de la lettre et en tenant compte des principes moraux de l'époque. Les hommes n'avaient qu'à passer au magasin et mon père leur rendait une partie de la somme qu'il gardait. Il arrivait toutefois qu'il refuse de leur remettre leur argent. Je me souviens par exemple de ce jeune qui était passé à la maison aux aurores après une nuit visiblement bien arrosée. Il voulait une petite avance sur son argent. Mon père la lui a refusée en lui disant qu'il n'avait qu'à revenir une fois sobre. C'était le prix à payer pour lui confier votre trésor !

À l'été 1952, une année du Dragon, mon père m'a engagé en bonne et due forme pour l'été. J'avais 12 ans et il me payait 5 dollars par semaine pour lui donner un coup de main au magasin. Ça me dérangeait d'autant moins que j'y étais déjà presque tout le temps. Mais le fait d'avoir un salaire changeait passablement mon statut. J'étais désormais presque un homme ! Je servais les clients, je remplissais les tablettes et je recevais la marchandise qui nous était livrée. Bref, je faisais tout ce qu'il y avait à faire dans un magasin général.

Tout ? Peut-être pas. Certaines choses étaient réservées à ma mère. Et pas seulement en ce qui concerne les conseils sur les tissus et la mode ! En effet, il arrivait que des femmes se présentent avec l'air de quelqu'un qui prépare un mauvais coup. Comme si de rien n'était, elles regardaient autour d'elles, fouillaient dans les vêtements, déplaçaient ceci et cela puis le replaçaient; elles semblaient passer le temps en attendant quelque chose. En réalité, elles attendaient de voir si ma mère ne viendrait pas dans le magasin, sans qu'elles aient à la demander. Parfois, en désespoir de cause, elles s'approchaient du comptoir et, à voix basse, me priaient d'aller la chercher.

J'ai très rapidement compris que ce manège visait à se procurer, dans la plus totale discrétion, ces objets dont personne ne parle : les serviettes sanitaires. Je ne savais pas que ces produits, dont je ne connaissais pas la fonction précise, étaient tabous. Aussi, je m'en allais du côté de la maison en criant : « Maman ! Maman ! Madame Unetelle est ici et veut acheter une boîte de Kotex ! » Cela faisait invariablement sourire les hommes présents dans le magasin et rougir jusqu'à la pointe des cheveux la dame qui avait fait la demande.

Ceci dit, dès le jour de mon embauche « officielle », j'attendais le moment où mon père me demanderait d'aller chercher un sac de 100 livres dans l'arrière-boutique. Ça, c'était la reconnaissance véritable, le signe que j'étais devenu un homme. Quand on peut aller chercher un tel sac, on peut tout faire !

L'occasion s'est présentée assez rapidement. Mon père s'était rendu compte qu'il manquait de sucre dans le magasin. Je n'étais pas loin de lui et j'attendais, comme si de rien n'était. Il a jeté un œil alentour pour évaluer s'il y avait beaucoup de clients, il a fait semblant de réfléchir, puis il m'a regardé et m'a dit : « Gaétan, il manque de sucre. Va chercher un sac en arrière. »

Personne n'a jamais été plus content que moi de prouver sa valeur. Je suis immédiatement parti pour rapporter le fameux sac. Dieu que c'était lourd ! Je faisais l'impossible pour avoir l'air désinvolte quand je suis revenu le déposer et le vider dans le bac à sucre. Je n'observais pas mon père, mais je sentais son regard sur moi. Si j'avais levé les yeux, je l'aurais probablement vu sourire de mes efforts. J'étais enfin un homme. Un vrai !

C'est ainsi qu'au fil des jours, des semaines et des mois, je me suis impliqué de plus en plus dans la vie du magasin. Je ne crois pas avoir de mérite particulier. Certains sont doués pour le sport, d'autres sont intellectuels. Moi, j'avais la bosse du commerce. Un don, en quelque sorte, que mes parents, surtout ma mère, m'avaient transmis. J'avais le sens des affaires et je pouvais voir des choses qui échappaient parfois aux autres.

J'aimerais vous raconter quelques petites anecdotes à ce sujet.

D'abord, il faut savoir que notre magasin servait aussi de station-service. Nous vendions en effet de l'essence, de marque Imperial Oil au début, puis Esso par la suite. Dans les premiers temps, il n'y avait pas de pompe électrique. L'essence se trouvait dans une citerne enterrée. Au-dessus, il y avait, si ma mémoire est bonne, un récipient d'une cinquantaine de gallons dans lequel il fallait, manuellement, pomper l'essence. Celle-ci était ensuite transvidée, par gravité, dans les voitures des clients. Comme le récipient était gradué, nous notions combien il y avait de pétrole au début et combien il en restait après le remplissage. L'essence se vendant à cette époque 38 cents le gallon (environ

10 cents le litre), le reste relevait de l'arithmétique. D'ailleurs, j'ai toujours connu le « gaz » à ce prix-là. Le prix de l'essence ne subissait pas de fluctuations quotidiennes comme aujourd'hui. Le coût semblait avoir été fixé pour toujours. Il était donc inutile de l'annoncer, puisque tous les détaillants le vendaient le même prix. On ne voyait, en conséquence, jamais d'affiche près des stations pour indiquer le prix du carburant.

Nous n'étions pas les seuls au village à offrir de l'essence. Le restaurateur Gravel en vendait aussi, de marque White Rose. Il n'y avait pas beaucoup de voitures à Saint-Prosper, mais il y avait quand même un bon marché puisque plusieurs automobiles passaient par cette route qui menait à Saint-Tite, à La Tuque et au Lac-Saint-Jean.

Or, un jour, un nouveau commerce s'est installé à la sortie ouest du village, près de la route de Saint-Stanislas. Un restaurant dont le propriétaire avait décidé d'offrir également de l'essence. De marque Irving, cette fois-ci. Trois stations d'essence dans un même village, c'était beaucoup !

Mon père m'avait dit que plus personne ne ferait d'argent avec l'essence puisque nous n'en vendrions pas assez. Je me suis alors mis à réfléchir. J'avais remarqué que les détaillants de Trois-Rivières proposaient le carburant à 37,9 cents le gallon. Je me suis dit que nous pourrions faire la même chose. Je suis donc allé chercher des planches de bois et j'ai confectionné deux panneaux de deux pieds sur deux pieds (environ 60 centimètres de côté). J'ai ensuite pris de la peinture noire et j'ai dessiné un gros « 37 », suivi d'un tout petit « .9 ». Puis je les ai mises dos à dos et je les ai installées près de la route, comme un chevalet.

Mon père m'a laissé faire même s'il était plus que sceptique quant aux résultats d'une telle expérience. Il faut dire qu'il n'avait jamais fait de publicité à l'intérieur ou à l'extérieur du magasin. Or, j'ai eu raison. Non seulement l'arrivée d'un troisième détaillant n'a pas diminué la quantité d'essence que nous vendions, mais le volume a même augmenté !

Voici une autre anecdote. À l'époque, les commerces étaient ouverts six jours par semaine. Il en allait de même pour notre magasin général. Les heures d'ouverture s'étendaient jusqu'à 18 heures les jours de semaine et jusqu'à 21 heures les vendredis et samedis. Cet horaire m'embêtait un peu puisqu'il m'empêchait de voir mes amis avant 21 heures le samedi soir. Je n'étais certainement pas le seul à trouver trop longues ces heures d'ouverture, mais comme il s'agissait d'une tradition bien établie, personne ne la remettait en question.

Le gros de notre clientèle du samedi soir était composé de femmes de cultivateurs qui profitaient de ces quelques heures moins occupées pour venir se procurer les choses qu'elles n'avaient pas autrement le temps de venir chercher.

En observant une fois de plus ce qui se faisait à Trois-Rivières, j'ai remarqué que les commerces de cette grande ville étaient ouverts les jeudis et vendredis soirs, mais pas les samedis soirs. « Pourquoi ne pas faire la même chose chez nous ? » m'étais-je demandé.

Un soir que j'étais assis avec mon père, j'ai pris mon courage à deux mains et je lui ai posé la question :

— Tu ne crois pas qu'on pourrait fermer le magasin le samedi soir, comme ça se fait en ville ?

— On ne peut pas faire ça, m'a-t-il répondu. Les gens comptent sur nous et aucun des autres magasins du coin ne voudra ouvrir le jeudi soir pour fermer le samedi soir.

— Mais les clients pourraient venir le jeudi soir. Si on leur laisse un peu de temps pour s'habituer, ça ne changera rien. Ils auront encore tout ce qu'il leur faut.

— Je n'en suis pas du tout certain. Ils sont habitués à cet horaire. Et, de toute façon, comme je te l'ai dit, si nous sommes les seuls à fermer le samedi soir, les gens garderont leurs habitudes et iront voir ailleurs.

— Mais quand même, ai-je insisté, me permets-tu d'aller en discuter avec les autres propriétaires ?

Mon père m'a regardé, indécis. Puis il a semblé se dire : « Pourquoi pas ? » Et il m'a autorisé à aller sonder les autres magasins du coin. Dès le lendemain, je m'y suis mis. J'étais loin d'être certain de réussir car, généralement et surtout à cette époque, les gens étaient fondamentalement conservateurs. On ne remettait pas beaucoup de choses en question. Il m'a fallu peu de temps pour faire le tour et rencontrer tout le monde. Je suis même allé voir monsieur Massicotte, qui tenait l'autre magasin général. Je répétais toujours le même discours en disant (ce qui n'était pas la totale vérité) que mon père songeait à faire comme à la ville et ouvrir le jeudi soir plutôt que le samedi soir.

Étonnamment, l'idée a semblé plaire. Je suis revenu voir mon père pour lui dire que tous les commerçants étaient d'accord, y compris ceux de Saint-Stanislas, la paroisse voisine. Je crois que mon père a été aussi surpris que moi. Les magasins ont commencé à annoncer les nouvelles heures d'ouverture et leur date d'entrée en vigueur. Et tout s'est merveilleusement bien passé. Il y a bien eu quelques critiques, mais très peu, et les clients se sont habitués à venir faire leurs emplettes le jeudi soir plutôt que le samedi soir.

Une dernière petite histoire me revient en tête à propos de mon don pour le commerce de détail.

Comme c'est le cas dans tous les magasins, mon père devait, chaque année, faire l'inventaire complet de ce qu'il possédait. Une tâche énorme à laquelle tous participaient et qui se faisait toujours le premier janvier après la bénédiction paternelle. Nous comptions tous les produits qu'il y avait en magasin. Et il y en avait beaucoup ! C'était un travail long et fastidieux qui nous ennuyait énormément. En un mot, je n'aimais pas faire l'inventaire, surtout le Jour de l'An.

Mais le pire à mon avis, c'est que le lendemain de l'inventaire, aussitôt que les ventes reprenaient, mon père perdait le compte des produits parce qu'il n'indiquait jamais ce qui était vendu. Lorsqu'un commis voyageur venait proposer sa marchandise, nous devions donc aller vérifier ce qui restait et si nous en avions besoin. Il arrivait même que, au hasard de nos recherches, nous trouvions des marchandises que mon père ne se souvenait même plus d'avoir commandées.

J'ouvre ici une parenthèse pour expliquer que les commis voyageurs étaient vraiment des gens rusés. Quand ils passaient, ils avaient pratiquement toujours un petit cadeau à offrir à ma mère ou à mon père. Le cadeau n'était pas le même s'il était destiné à l'un ou l'autre, et ce présent était invariablement caché au fond de leur grosse valise. Si bien qu'ils devaient sortir tous leurs nouveaux produits. Vous vous doutez bien qu'ils en profitaient pour vanter ces nouveautés en soulignant à quel point il était important que nous en ayons quelques-unes en magasin! Si mes souvenirs sont exacts, cette approche fonctionnait généralement assez bien. Suffisamment en tout cas pour qu'il y ait toujours de nouveaux objets sur nos tablettes. Du même coup, l'inventaire augmentait encore.

Bref, il était excessivement difficile de savoir ce que nous avions et en quelle quantité. Aussi, un jour que nous faisions l'inventaire, je me suis dit qu'à la fin de cette journée, nous saurions exactement ce que contenait le magasin. Il suffisait que nous utilisions différemment ces notes pour toujours savoir ce dont nous disposions. J'ai dit à ma mère que nous devrions tenir un cahier qui indiquerait, par rayon, le produit, la quantité, le prix coûtant et le prix de vente. Naturellement, ma mère m'a dit qu'il fallait convaincre mon père, qui s'est montré intransigeant. Il n'avait nullement besoin d'un tel outil et il n'était pas question qu'une autre personne que lui connaisse les prix coûtants des produits achetés. Il était inutile de continuer à en parler.

J'ignore si je vous l'ai dit, mais je suis un peu têtu. J'ai donc décidé que je tiendrais quand même ce cahier. Pendant quelques semaines, à partir des notes d'inventaire, j'ai fait le tour du magasin pour noter tous les produits vendus et monter le cahier. J'ai partiellement réussi, car je bloquais toujours sur le prix coûtant. Mon père avait développé un code qu'il était le seul à connaître pour se rappeler le montant qu'il avait payé pour chaque chose. Ce code était composé d'une suite de lettres qui représentaient des chiffres.

Tout en faisant mon inventaire, je m'attardais à ces lettres, tentant d'en comprendre le sens. Puis, à force de réfléchir, à coups d'essais et d'erreurs, j'ai finalement trouvé. Mon père utilisait dix lettres: S – T – A – M – F – O – R – D – L – X. Quand un produit se vendait deux dollars, je me disais que le prix coûtant devait être d'un dollar et quelque chose. C'est ainsi que j'ai découvert que « S » représentait « 1 ». En y allant par déduction et élimination, j'ai déchiffré le code de mon père.

Ce faisant, j'ai ajouté cette information à mon cahier d'inventaire. Quand j'ai montré le résultat à mon père, il a d'abord été très surpris de voir que je connaissais les prix coûtants des produits. Je lui ai alors expliqué comment j'avais procédé. Je crois qu'il a été fier de mon astuce, même s'il ne l'a pas dit. Cependant, il est demeuré catégorique, il n'utiliserait pas mon cahier qui, selon lui, ne servait à rien. Plus tard, ma mère m'a avoué que, quand je n'étais pas au magasin, mon père consultait régulièrement mon cahier et qu'il était, effectivement, fier de moi.

On comprendra que mon père avait un tempérament plutôt conservateur, ce qui lui a parfois joué des tours. Comme il était propriétaire du plus gros magasin général de la place, il était sollicité par toutes les compagnies qui voulaient nous voir distribuer leurs produits. Il avait, par exemple, la « licence » pour les produits CCM, dont il était le seul à vendre les vélos[8]. En fait, notre magasin avait l'exclusivité de presque toutes les grandes marques, dont RCA Victor.

Quand, au début des années 1950, la télévision a fait son entrée sur le marché, les meilleurs postes étaient fabriqués par cette compagnie. Mais mon père ne croyait pas à l'essor de cette nouvelle invention et il ne voulait surtout pas apprendre à réparer les téléviseurs qui, inévitablement, selon lui, feraient un jour défaut. Il a donc transféré son permis d'exploitation à Émilien Lefebvre, qui a su le rentabiliser et, surtout, faire très largement fructifier son investissement. Ce n'était pas grave pour mon père, mais voilà qui illustre bien son caractère plutôt traditionnel[9].

Pourquoi vous raconter tout ça? Pour montrer que pour nous, de Saint-Prosper, ces années qu'on a appelées celles de la grande noirceur, nous ne les avons pas du tout vécues comme une période d'obscurantisme. Non pas que tout allait bien. Il y avait évidemment des problèmes. Mais la vie était simple. Nous avions des valeurs essentielles grandement dictées par le clergé. Il y avait aussi cette volonté du Québec rural d'être autonome. Les gens se soutenaient et réglaient leurs problèmes entre eux, en se serrant les coudes. On en demandait le moins possible au gouvernement. Les gens préféraient même qu'il n'intervienne pas trop dans leurs vies.

Je sais! Exprimé de cette façon, voilà qui ressemble au discours des gens de droite. Mais dans notre patelin, les citoyens ignoraient tout de la droite et de la gauche. S'il y avait quelque chose à régler, on le réglait. C'était la vie. C'était tout. Voilà pourquoi je vous raconte tout ça.

Sur un plan plus personnel, je voulais aussi vous confier qu'en fait, tout jeune, j'avais déjà bel et bien le commerce dans le sang. Je baignais dans cette atmosphère depuis que j'avais appris à marcher. Je n'étais pas meilleur ou pire qu'un autre, mais j'adorais le magasin, la vente, l'esprit d'initiative que cela nécessitait et toutes les perspectives d'avenir que cela ouvrait.

Voilà ce que je voulais faire dans la vie.

Mais la route pour y arriver serait sinueuse.

Dès l'adolescence, je voulais aller étudier pour découvrir toutes les ficelles du commerce et de la comptabilité. Or, le seul chemin pour continuer l'école avec des perspectives d'avenir réelles passait par le séminaire, où on ne parlait pas de ces choses. Mais c'était un chemin incontournable que je comptais bien emprunter.

Chapitre 2
La formation du Dragon

Comme c'était le cas dans bien des familles du Québec, nous avions une tante, Thérèse, qui était religieuse. Son couvent était situé à Pointe-aux-Trembles, dans l'est de Montréal, et nous allions la voir au moins une fois par année. Elle était de l'ordre des Filles réparatrices du Divin-Cœur, dont l'une des missions était de s'occuper de l'orphelinat Saint-François-d'Assise, aussi connu sous le nom de la crèche Mainbourg. Pour nous, c'était simplement la Crèche de la Réparation. Il me semble que nous allions à cet endroit depuis toujours, mais, en réalité, je devais avoir six ans lors de ma première visite.

Je me souviens que ce lieu évoquait pour nous un monde si étrange, incompréhensible, qu'il en était fascinant. Tante Thérèse nous laissait aller un peu partout, même à la crèche. N'oubliez pas que j'étais très jeune et que je ne comprenais pas tout ce que je voyais. Mais dans cette grande, cette immense salle, il y avait partout des petits lits dans lesquels se trouvaient des bébés ou de très jeunes enfants. Il y en avait partout. Certainement une centaine. « Ce sont des orphelins », nous disait ma tante avec un léger dégoût dans la voix, comme s'il s'agissait de quelque chose de sale.

Je ne crois pas qu'ils étaient des orphelins de Duplessis, ceux dont on a tant, et avec raison, entendu parler plus tard. C'était en majorité des enfants illégitimes, souvent abandonnés par des mères trop jeunes pour s'en occuper. Les mœurs étaient très strictes dans les années 1940. Les grossesses hors mariage impliquaient que les femmes enceintes devaient quitter leur village pour aller donner naissance à leur bébé loin des reproches de leur milieu. Souvent, elles se retrouvaient à l'Hôpital de la Miséricorde de Montréal, l'une des rares institutions à assurer gratuitement les soins aux filles-mères.

Après l'accouchement, ces dernières faisaient face à un affreux dilemme : abandonner leur enfant qu'elles ne pouvaient ramener dans leur famille ou rester en ville pour tenter de l'élever seule et sans aucune ressource. Il est facile de comprendre que l'abandon, aussi déchirant fût-il, était souvent la seule solution. Les bébés se retrouvaient ensuite dans des crèches comme celle de Saint-François-d'Assise. Voilà pour l'aspect historique de la situation.

Mais moi, à six ans, je ne comprenais rien de tout cela. J'étais seulement impressionné par le nombre d'enfants présents dans une aussi grande salle. L'image peut faire frémir, mais je me sentais comme au cirque, en train de regarder des êtres bizarres. J'entendais parfois les commentaires de ma tante qui parlait d'enfants illégitimes et du péché mortel qu'avait commis leur mère. Je ne comprenais ni le sens ni la portée de ces durs jugements. Je me promenais simplement en regardant partout, insensible à ce que représentait la présence d'autant d'enfants dans cet endroit. J'étais, je crois, simplement curieux.

Je garde aussi le souvenir que mon père n'aimait pas beaucoup ces « pèlerinages ». J'ignore encore aujourd'hui si c'était à cause de ces enfants ou à cause d'une journée de repos perdue à la maison ou au chalet.

Quoi qu'il en soit, tante Thérèse venait aussi parfois à la maison. Lorsqu'elle y était, elle tentait d'influencer mes parents quant à mon avenir. Comme je l'ai mentionné, quand on vient d'un village comme Saint-Prosper, pour continuer ses études en espérant devenir quelqu'un, il faut aller étudier ailleurs. Or, dans mon cas, cet ailleurs était le Séminaire Saint-Joseph de Trois-Rivières. Cette école ouvrait la porte aux professions libérales, comme la médecine ou le droit, et était incontournable pour la prêtrise. Et dans ce temps-là, avoir un curé dans la famille était toujours bien vu. Voilà ce que tâchait de faire valoir ma tante. « Toi, Gaétan, il faut que tu fasses un prêtre », me disait-elle chaque fois qu'elle me voyait.

Mes parents avaient les idées assez larges pour l'époque et ne souhaitaient que ce qu'il y avait de mieux pour leurs enfants. Ils n'ont donc pas tenté de m'influencer quant à la route que je devais prendre. Ils voyaient cependant d'un bon œil le fait que nous puissions acquérir et développer les outils pour décider, en toute connaissance de cause, de notre avenir. En ce sens, pour eux également, le séminaire de Trois-Rivières devenait un endroit intéressant.

Si ma mémoire me sert bien, il en coûtait environ 50 dollars par mois pour fréquenter le séminaire en tant que pensionnaire. Il faut aussi savoir qu'à l'époque, il y avait, chaque année, seulement trois ou quatre jeunes de la paroisse qui fréquentaient cette institution. Rarement plus. Les autres se tournaient vers des établissements davantage orientés vers ce qu'on appelait alors les techniques ou les métiers. Certains cessaient tout simplement d'aller à l'école.

Fernand, mon frère aîné, avait entrepris son cours classique deux ans auparavant. Mais comme il était plutôt un « manuel », il a poursuivi ses études dans une école de métiers. Pour ma part, comme j'avais toujours d'excellentes notes et qu'on me considérait comme l'intellectuel de la famille, mon inscription au séminaire était inévitable. De toute façon, je voulais y étudier.

Au printemps 1953, mes parents m'ont donc amené à Trois-Rivières pour que je puisse passer les examens permettant d'évaluer si j'avais les capacités pour entrer au séminaire. J'ignore quels furent mes résultats, mais ils ont dû être bons puisque nous avons rapidement reçu une lettre nous indiquant que j'étais accepté. J'y suis entré en septembre 1953. J'avais 13 ans.

Aller au séminaire impliquait de quitter la maison, car je serais pensionnaire. J'éprouvais des sentiments ambivalents à cet égard. D'une part, cela signifiait que je laissais mes parents, ma famille et mes amis. Bien sûr, j'allais revenir à Saint-Prosper quelques fois dans l'année et j'y passerais mes étés. Mais ce n'était pas pareil, je n'y vivrais plus au quotidien. De plus, le séminaire, même si j'en avais entendu parler, représentait l'inconnu. Par exemple, j'avais toujours été premier de classe à Saint-Prosper. Qu'en serait-il là-bas ? Il y avait beaucoup plus de jeunes et ils étaient choisis parmi les meilleurs. La compétition serait plus forte. Et quelle sorte de vie s'offrait aux pensionnaires ? Comment serais-je reçu ? Tout cela était un peu inquiétant.

D'autre part, je ressentais un grand enthousiasme à l'idée d'aller découvrir un nouveau monde. Je volerais, en quelque sorte, de mes propres ailes. Bon ! Vous me direz que je n'étais qu'à une cinquantaine de kilomètres de la maison, ce qui est loin d'être au fin fond de l'Afrique. Mais quand même !

Toujours est-il qu'au début septembre, mes parents m'ont accompagné au séminaire avec tous mes bagages. Le lendemain, j'entrais pour la première fois en classe. Je commençais la première année du cours classique qu'on appelait « éléments latins ». Tout un contraste par rapport à notre petite classe dans la salle paroissiale de Saint-Prosper. J'étais avec des dizaines d'autres adolescents qui semblaient aussi impressionnés que moi. Le séminaire, qui appartenait au diocèse de Trois-Rivières, était une école dite « classique » dont le cours durait huit ans et nous menait à l'université. Avec sa façade sur le boulevard

Laviolette, le Séminaire Saint-Joseph était une bâtisse imposante, massive et d'apparence sévère. Il était affilié à la Faculté des arts de l'Université Laval de Québec et décernait, au terme de son cours, un baccalauréat ès arts.

Même s'il m'a fallu quelques semaines pour m'adapter à ce nouvel endroit, je m'y suis rapidement senti comme un poisson dans l'eau. D'ailleurs, mes notes l'ont reflété puisque j'ai, là aussi, toujours été parmi les premiers de classe. Je ne crois certainement pas que j'étais plus intelligent que les autres, mais je bénéficiais d'une mémoire étonnante qui m'évitait de trop longues soirées d'étude.

On a dit beaucoup de choses sur le cours classique. Certains ont remis en doute sa valeur, d'autres ne juraient que par lui. Quand j'y repense aujourd'hui, je crois qu'il comportait des éléments très valables. Ainsi, nous y apprenions les langues anciennes comme le latin et le grec. C'était d'une inutilité flagrante pour la conversation courante, mais quelle capacité de réflexion l'apprentissage de ces langues développait en nous ! C'est incroyable ! En somme, j'estime que l'apport le plus précieux de mon passage au séminaire, c'est que j'y ai appris à raisonner, à réfléchir. Et le latin, comme le grec, y ont largement contribué. L'étude de ces « langues mortes » me forçait à examiner d'autres perspectives, à voir les choses de façon différente et à avoir une vue d'ensemble d'un problème avant de me prononcer. En grec, par exemple, le verbe est presque toujours à la fin de la phrase. En conséquence, pour traduire ce qui était écrit, il fallait aller jusqu'au bout pour comprendre le sens. Et j'ai conservé cette approche toute ma vie.

Le cours classique nous apportait aussi beaucoup de rigueur et d'ordre. Il ne faut pas oublier qu'à l'époque, c'étaient des prêtres séculiers qui assumaient l'administration de l'école et qui nous enseignaient. L'apprentissage venait donc avec une discipline de fer et une attitude de respect total pour nos professeurs. Ils incarnaient l'autorité.

Classe d'éléments latins au séminaire de Trois-Rivières. Je suis dans la quatrième rangée, le troisième depuis la droite. En passant, le père Berthiaume est assis devant, le deuxième à partir de la gauche.

Ce fut d'ailleurs l'objet de la première aventure sérieuse qui m'est arrivée au collège. Un matin du début du mois de décembre 1953, je me suis levé avec un terrible mal de tête et l'estomac à l'envers. Je n'allais vraiment pas bien. L'abbé Berthiaume, notre enseignant titulaire en éléments latins, était aussi très fatigué. Il avait passé la fin de semaine à écouter des confessions au sanctuaire de Notre-Dame-du-Cap et il avait moins de patience que d'habitude.

Alors qu'il nous expliquait, sans le moindre enthousiasme, quelques obscures notions de latin, j'ai fermé les yeux pour tenter d'apaiser cette douleur qui semblait vouloir me fissurer le crâne. L'abbé Berthiaume m'a vu.

— Frigon ! a-t-il lancé. Es-tu capable d'écouter comme tout le monde ?

À ma décharge, je vous rappelle que j'étais vraiment malade et j'ai répondu la première chose qui m'est passée par la tête.

— Va donc chier...

En disant ces mots, je me suis rendu compte de mon effronterie. Un silence épais a enveloppé toute la classe. Incrédule, l'abbé s'est tourné vers un de mes confrères et lui a demandé :

— Jeune homme, voulez-vous me répéter ce que Frigon vient de dire ?

— Je crois, a-t-il répondu à voix basse, qu'il vous a dit d'aller aux toilettes...

Malgré le comique de la situation, personne n'a éclaté de rire. Jamais personne n'avait parlé de la sorte à un professeur. Les conséquences pouvaient tout simplement être terribles. Ce que je venais de faire n'avait pas de précédent. L'abbé Berthiaume m'a demandé de sortir de sa classe et d'aller m'expliquer avec le directeur de la discipline, le père Albani Mélançon.

Or, le père Mélançon, c'était notre cauchemar à tous. Dans les couloirs, quand nous le voyions s'avancer, nous changions d'itinéraire pour éviter d'avoir à le croiser. C'était un homme imposant, même s'il n'était pas très grand, qui regardait tous les élèves de ses yeux inquisiteurs. Il semblait lire les secrets cachés au plus profond de notre âme. S'il nous attrapait à faire une connerie, nous passions un mauvais quart d'heure. Personne ne m'enviait d'avoir à aller lui avouer que j'avais envoyé « chier » notre titulaire. Moi le premier ! J'aurais tellement voulu pouvoir rattraper mes paroles...

Je n'avais pas le choix. Je me suis dirigé vers le bureau du directeur. J'ai frappé à sa porte et il a dit de sa voix grave et bourrue : « Entrez ! » La pièce était austère. Le père Mélançon est resté derrière son bureau, solennel et menaçant, pendant que je lui expliquais pourquoi je me trouvais là. Puis j'ai attendu la condamnation.

J'étais effrayé. Comme le directeur ne m'avait pas invité à m'asseoir, j'étais debout et mes jambes semblaient vouloir se dérober. J'avais très chaud et ce n'était pas seulement l'effet de la fièvre. Pendant de longues secondes, il m'a regardé sans dire un mot. Parfois, il jetait un œil sur mon dossier d'élève, puis il me dévisageait de nouveau. C'est incroyable le nombre de choses auxquelles on peut penser en si peu de temps. Il n'y avait aucune issue réjouissante. Dans le pire des cas, on me mettrait dehors et on m'enverrait dans un autre établissement où je ne voulais pas aller, comme le séminaire de Nicolet ou celui de Shawinigan. Je pensais aussi à la réaction de mes parents et à la honte que représenterait pour eux mon expulsion du séminaire.

Les secondes s'éternisaient et le père Mélançon ne parlait toujours pas. Puis, aussi soudainement qu'étonnamment, il m'a dit avec sa grosse voix : « Comme ça, tu l'as envoyé chier ? Sans lui demander s'il en avait envie ? »

Je ne savais plus quoi penser. De toute évidence, le directeur savourait le comique de la situation. Bien sûr, il ne pouvait pas laisser passer un tel affront sans sévir. Il a donc décidé que je perdrais le prochain congé mensuel qui me permettait d'aller à la maison, à Saint-Prosper. Tout compte fait, c'était négligeable comme punition. J'ai senti un poids énorme s'envoler. Après avoir prononcé son verdict, l'abbé Mélançon m'a simplement ordonné d'un geste de retourner en classe. Et c'est le cœur presque léger et heureux que je m'y suis rendu !

Aussi bizarre que cela puisse paraître, je n'ai plus jamais entendu parler de cette histoire. Jamais la direction du séminaire ni mon professeur n'y ont fait allusion. Je n'ai jamais connu la raison de la magnanimité du directeur de discipline. J'aime à penser, parce que j'étais un bon élève, qu'il se refusait à m'expulser. Une compétition existait entre les séminaires de la région et l'abbé ne voulait pas que je me retrouve ailleurs.

* * *

Les semaines et les mois se sont succédé, et je réussissais très bien. J'étais toujours parmi les premiers de classe. Il y a donc peu à dire sur l'aspect scolaire de mon passage au Séminaire Saint-Joseph. Le côté parascolaire est cependant plus intéressant.

À l'époque, nous avions des cours six jours par semaine. Toutefois, les mardis et jeudis après-midi étaient libres. Nous pouvions même, si nous avions une raison pour ce faire, avoir l'autorisation d'aller passer quelques heures « en ville », à Trois-Rivières. Inutile de dire que je cherchais, comme tous les autres, un moyen facile de profiter de ces brèves périodes de liberté... Ce qui n'était pas donné.

Il y avait aussi une Caisse populaire Desjardins au séminaire. Une vraie caisse, pas seulement un comptoir relevant d'une autre succursale. Je m'y suis donc rapidement intéressé. Pour plusieurs raisons. D'abord, j'aimais ce type de commerce qui me permettait d'être en relation avec une clientèle, même si elle n'était qu'estudiantine. Ensuite, en m'y impliquant, j'apprenais de nouveaux rouages du monde des affaires. À une bien petite échelle, je vous l'accorde, mais quand même.

Il y avait une autre raison qui m'incitait à m'intéresser à la Caisse : la possibilité d'aller régulièrement en ville.

En effet, comme « dirigeant » de la Caisse populaire, je devais, chaque semaine, aller faire les dépôts à l'Union régionale des Caisses populaires Desjardins. Régulièrement, parfois même deux fois par semaine, j'allais porter l'argent que les étudiants avaient déposé ou en chercher pour les prêts qui avaient été consentis. Parce qu'il était en effet possible pour les élèves d'obtenir un prêt de cette caisse. Pas de gros emprunts, bien entendu, mais des montants relativement importants pour des jeunes ayant peu de revenus. Les prêts visaient généralement l'achat d'articles de sport, comme des patins de hockey. Une bonne paire de patins coûtait environ 20 dollars. Les étudiants nous remboursaient leur prêt à raison d'un ou deux dollars par semaine.

Presque tous les achats résultant de prêts à la Caisse se faisaient à la « Coop », la coopérative étudiante du séminaire.

Je m'occupais de la Caisse comme un véritable homme d'affaires. J'en avais d'ailleurs déjà un peu l'allure, vous ne trouvez pas ? Et cette cigarette à la main représente bien l'esprit de l'époque. Une vilaine habitude qu'il me faudra des années pour perdre.

Dès le début, j'étais de ceux qui croyaient qu'il fallait favoriser ce type de relation entre les deux organismes. La Caisse prêtait aux étudiants et la Coop leur vendait les produits requis. C'était une forme de convergence avant même l'invention du mot.

Enfin, la Caisse étant un établissement autonome, elle ne relevait pas du séminaire. C'était donc un des rares endroits dans l'école, sinon le seul, où les surveillants ne pouvaient pas aller en dehors des heures normales d'ouverture. Ça devenait un avantage quand, par exemple, je désirais me cacher pour éviter d'aller à la messe quotidienne du matin.

C'est surtout à compter de ma troisième année au séminaire, c'est-à-dire pendant le cours de méthode, que je me suis investi à la Caisse, si vous me permettez l'expression. J'ai donc commencé à cette succursale bancaire à titre de commis et, au fil des ans, j'en suis devenu le directeur, puis le président. J'ai ainsi pu, pratiquement chaque semaine, aller passer quelques heures en ville. Et puisque j'étais un des rares à jouir aussi souvent de cette possibilité, plusieurs de mes camarades me demandaient de faire quelques courses pour eux.

Un jour, deux d'entre eux m'ont accosté pour me demander, le plus discrètement possible, de leur acheter deux flacons de « 10 onces » de whisky. J'avais 16 ans. J'étais donc trop jeune officiellement pour acheter de l'alcool à la Commission des liqueurs du Québec[10]. Mais comme la réglementation d'alors était moins stricte, je n'ai eu aucune difficulté à me procurer les deux bouteilles, et ce, même si les magasins étaient très différents de ceux qu'on voit aujourd'hui. En effet, il n'y avait pas toutes ces bouteilles sur des étagères, car ce n'étaient pas des établissements libre-service. Il fallait passer notre commande auprès d'un commis qui allait ensuite la chercher dans l'arrière-boutique. Bref, j'ai réussi à acheter de l'alcool pour mes amis et je leur ai remis leurs bouteilles en fin de journée.

Ce qui devait arriver arriva. Le lendemain, mes deux confrères ont été retrouvés complètement ivres dans le musée du Séminaire. Ils n'ont bénéficié d'aucune clémence et ils furent sur-le-champ renvoyés du collège. Jamais, toutefois, ils n'ont dénoncé celui qui leur avait apporté les fameuses bouteilles. Sauf que l'abbé Provencher, qui avait remplacé l'abbé Mélançon au poste de directeur de la discipline, avait décidé qu'il connaîtrait le fin mot de cette histoire.

Il a donc réuni tous les élèves dans la grande salle d'études et il a fortement suggéré au fautif de se livrer. Évidemment, je ne voulais pas le faire. L'abbé a ensuite rencontré et questionné tous les étudiants qui avaient eu, cette semaine-là, la permission d'aller en ville. Et il n'y en avait pas tant que ça. J'ai donc été l'un de ceux qui ont été interrogés par le père Provencher. Et, bien entendu, quand mon tour est arrivé, j'ai menti. J'ai dit à l'abbé Provencher que j'étais allé faire mon dépôt, comme je le faisais chaque semaine. Heureusement pour moi, il m'a cru. Malgré ses efforts et ses menaces, il n'a jamais trouvé le fournisseur des deux fautifs.

La classe de rhétorique au séminaire. La photo a été prise lors du conventum 1958-1973, en début d'année. Je suis dans la colonne de droite, deuxième rangée.

Quelques années plus tard, alors que je n'étais plus étudiant au séminaire, j'ai croisé l'abbé Provencher tout à fait par hasard. Nous nous sommes reconnus et nous nous sommes salués et, ça a été plus fort que moi, je lui ai raconté toute l'histoire. Il m'a regardé, surpris. De toute évidence, j'étais l'un des derniers élèves qu'il aurait soupçonnés. Puis il a haussé les épaules en disant que tout ça, c'était du passé. Nous ne nous sommes jamais revus par la suite...

* * *

Mon séjour au séminaire a donc été, dans l'ensemble, une période relativement tranquille. Il s'agissait, de toute évidence, du meilleur endroit pour recevoir une bonne éducation. Mais je restais sur ma faim. Si j'avais voulu devenir prêtre, avocat ou médecin, cette école aurait été parfaite. Cependant, c'est le commerce qui m'intéressait et ce n'était pas au séminaire que je pouvais en apprendre les rouages.

À la fin de ma sixième année de pensionnat, qu'on appelait rhétorique, j'étais revenu à Saint-Prosper pour y passer les vacances. Comme chaque été, je travaillais au magasin de mon père. En fait, c'est faux : à l'été 1955, j'avais travaillé pendant trois semaines pour le gouvernement. À faire quoi ? À blanchir des poteaux avec de la chaux ! Je préférais, de loin, le commerce.

Depuis quelques mois, je m'interrogeais sur mon avenir. Il me restait deux années à faire à Trois-Rivières pour obtenir un baccalauréat ès arts, lequel ne me serait pas très utile pour ce que je désirais faire dans la vie. Pour atteindre mon objectif, je devais poursuivre mes études, probablement à l'université, afin d'apprendre toutes les notions liées à la comptabilité et au commerce. Je sentais que je perdais mon temps au séminaire. Il devait y avoir une façon de court-circuiter tout ça.

J'avais entendu parler de la Faculté des arts de l'Université d'Ottawa, dont les cours semblaient correspondre parfaitement au profil que je cherchais. Pendant que nous étions seuls au magasin, j'en ai donc touché un mot à mon père pour savoir ce qu'il en pensait.

— J'ai l'impression de perdre mon temps, lui ai-je dit. Je veux faire du commerce et devenir un entrepreneur. Mais le cours classique ne me permettra pas d'obtenir cette formation.

— Tu pourrais peut-être regarder autre chose. Pourquoi ne pas devenir médecin ? Tu ferais beaucoup plus d'argent. Être à son compte, tu sais, ce n'est pas toujours aussi payant qu'on le croit.

— Je ne veux pas être médecin. Ni avocat et encore moins prêtre. Je veux faire des affaires. C'est ce que j'aime.

— Alors, a-t-il continué, qu'est-ce que tu vas faire?

— J'ai regardé un peu partout et je pense que l'Université d'Ottawa semble offrir ce que je recherche.

Je ne sais pas si mon père a été déçu. Si c'est le cas, il ne l'a pas laissé paraître. Il m'a plutôt suggéré de continuer à m'informer et, si possible, de rencontrer quelqu'un de l'université qui puisse m'orienter. Ce que j'ai fait. J'ai obtenu un rendez-vous avec le père Lavigne, un oblat de Marie-Immaculée, doyen de la Faculté des arts. Je me souviens que j'étais parti seul en autobus pour me rendre à Ottawa. Un voyage que j'avais trouvé assez long. Au secrétariat principal, le père Lavigne m'a reçu. J'avais apporté mon dossier scolaire qu'il a examiné attentivement. Il a paru satisfait et nous avons commencé à discuter de ce que je voulais faire et de ce que l'université pouvait m'apporter.

Pour moi, c'était simple, on y offrait d'excellents cours de comptabilité, de finance, de mathématiques et de commerce. De plus, l'Université d'Ottawa était un établissement bilingue; j'ai déclaré que je souhaitais suivre tous mes cours en anglais afin d'être en mesure de prendre rapidement ma place dans un secteur qui était largement anglophone. Ce qui augmentait le niveau de difficulté car, à l'époque, je ne parlais ni n'écrivais l'anglais couramment.

Nous avons discuté pendant un bon moment. Le père Lavigne, considérant mes notes, a accepté de créditer mes cours du séminaire et de préparer un horaire qui me permettrait de compléter mon baccalauréat ès arts en deux ans. Toutefois, il n'était pas question que je suive des cours exclusivement en anglais. Pas durant la première session en tout cas. Il souhaitait, et avec raison, maximiser mes chances de réussite. Car, il faut bien l'admettre, ce ne sont pas les quelques cours d'anglais suivis au séminaire qui me permettraient de tirer mon épingle du jeu.

À terme, si je décrochais mon diplôme, je serais l'un des seuls, sinon le seul, à avoir obtenu un baccalauréat ès arts sans jamais avoir fait de philosophie, de physique ou de chimie. Bref, après cette rencontre, il a été convenu que je pourrais suivre le maximum de cours en comptabilité et en finance, auxquels s'ajouteraient d'autres cours en psychologie humaine et en mathématiques. Environ la moitié de ces cours seraient donnés en anglais et les autres en français. Voilà comment, au mois de septembre 1959, à l'âge de 19 ans, je suis devenu étudiant à l'Université d'Ottawa.

Mais attention, avant, il fallait régler les questions financières. L'université coûtait assez cher et je devais me loger puisqu'il n'y avait pas de pensionnat. Il fallait payer les cours, le logement, la nourriture et les dépenses personnelles. Encore une fois, je me suis tourné vers mon père. Nous avons préparé un budget et établi qu'il me faudrait 6000 dollars pour passer à travers ces deux années. Je sais que ce montant peut maintenant paraître modeste, mais rappelez-vous que nous sommes encore dans les années 1950 et que le salaire de la plupart des gens se situait alors à bien moins de 100 dollars par semaine. Les 6000 dollars représentaient donc une grosse somme d'argent pour un étudiant.

Mon père, je le répète, était un bleu, un partisan de l'Union nationale. Mais jamais il n'avait fait de politique active ou voulu s'impliquer directement dans les campagnes électorales de Maurice Duplessis. Il demeurait indépendant et en était fier. Il connaissait cependant très bien Maurice Bellemare, député du comté de Champlain pour l'Union nationale depuis 1944. Il a décidé qu'il valait la peine d'aller le rencontrer.

Nous nous sommes donc rendus à son bureau du Cap-de-la-Madeleine où mon père lui a expliqué ma situation. Étudier à l'extérieur du Québec éliminait toute possibilité d'obtention de bourse et nous nous demandions s'il était quand même possible d'obtenir une aide gouvernementale. Maurice Bellemare

Monique et moi étions allés à une soirée dansante du conventum de la classe de rhétorique en 1958.

a regardé mon père et a répondu: « Tout s'arrange dans la vie, monsieur Frigon. Je peux lui trouver une bourse pour aller étudier à Ottawa. Mais, a-t-il poursuivi, pour que Gaétan l'obtienne, il faudrait que vous acceptiez de travailler pour moi aux élections... »

Mon père a été insulté! Je me souviendrai toujours du regard qu'il a lancé à Maurice Bellemare. Un mélange de surprise et d'indignation. Furieux, il a sèchement répondu: « Merci, monsieur Bellemare. » Et nous sommes sortis de son bureau sans ajouter un mot. Je n'en suis pas certain, mais je ne crois pas qu'il lui ait parlé après cet incident, même si Bellemare est demeuré député du comté pendant plusieurs années.

Cependant, mon problème n'était pas réglé pour autant. Mon père a alors décidé de m'avancer la moitié du montant. Pour le reste, nous sommes allés à la Caisse populaire de Saint-Prosper où j'ai obtenu, avec un endossement de mon père, un prêt de 3000 dollars. J'étais endetté, mais je pouvais commencer mes études à Ottawa.

À l'époque, j'avais une petite amie depuis deux ans. Elle s'appelait Monique Fiset et habitait à Sainte-Anne-de-la-Pérade.

Durant l'été, j'allais la voir presque tous les soirs. Mais il était évident que cette relation serait mise à rude épreuve avec mon départ pour Ottawa. Les amours à distance ne tiennent pas toujours le coup.

Je suis arrivé à l'université deux ou trois jours avant le début des cours. Monique avait fait le voyage avec mes parents, qui étaient venus m'y conduire.

Je devais tout d'abord me trouver un logement. Je n'avais mis les pieds dans cette ville qu'une fois, lors de ma rencontre avec le recteur. Ottawa était une ville complètement différente de Trois-Rivières. Beaucoup plus tranquille. On disait à l'époque qu'on roulait les trottoirs le soir tellement il ne s'y passait pas grand-chose. Heureusement, il y avait Hull (aujourd'hui appelée Gatineau) de l'autre côté du pont et je découvrirais cette ville bientôt.

Bref, il me fallait trouver un endroit pour demeurer. Heureusement, je n'étais pas seul. Un ami de Saint-Prosper, André Ébacher, d'un an mon aîné, avait aussi décidé d'aller étudier à l'Université d'Ottawa. Nous avions convenu d'habiter ensemble pour diminuer les coûts d'hébergement. Nous avons

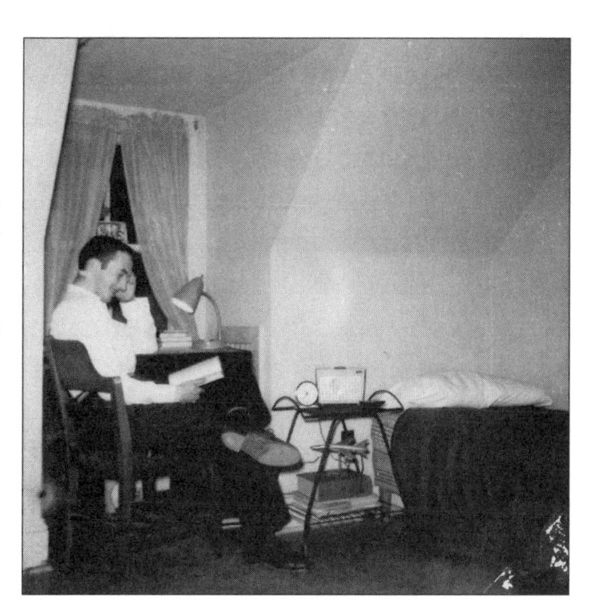

Ma chambre n'était pas très grande, j'en conviens, mais elle m'offrait tout ce dont j'avais besoin à l'époque.

rencontré un francophone qui louait une maison sur la rue Collège où une chambre était disponible au troisième étage. Elle faisait parfaitement notre affaire et nous nous y sommes installés. En fait, j'y suis resté deux ans, soit toute la durée de mes études universitaires. André et moi avons cohabité pendant un an, puis, comme il avait terminé ses études, René Trépanier, que j'avais connu au séminaire, a pris sa place.

Les premiers jours à l'université ont été assez déstabilisants. Il faut d'abord comprendre que j'arrivais d'un séminaire où l'ordre et la discipline étaient très stricts. Là, c'était totalement différent. Il n'y avait pas un professeur dans tous les couloirs pour nous surveiller. Les étudiants avaient une liberté que je n'avais encore jamais connue. Notre horaire n'était pas minuté comme celui d'un pensionnaire. Nous n'avions même pas de tenue vestimentaire obligatoire. Tout cela était un peu troublant pour moi qui arrivais d'un milieu où tout était si contrôlé.

Les locaux étaient aussi très différents. L'université était non seulement plus grande et plus confortable, mais aussi beaucoup plus neuve que le vieux Séminaire Saint-Joseph. À Trois-Rivières, quand arrivaient les premières journées chaudes du printemps, on étouffait dans les classes. Or, nous avions alors un vrai problème, car ouvrir les fenêtres signifiait que les odeurs nauséabondes de la papetière Wayagamack entraient dans la classe et nous faisaient suffoquer. D'un autre côté, laisser les fenêtres fermées nous obligeait à supporter une chaleur infernale. Je n'avais plus à faire ce choix déchirant à l'université.

L'autre difficulté venait des cours eux-mêmes. Le programme que le recteur m'avait établi en reconnaissant la plupart de mes cours du séminaire me faisait entrer au milieu d'un parcours que les autres étudiants avaient entamé depuis deux ans. J'avais donc énormément de rattrapage à faire.

Mais, en bout de ligne, ce furent deux belles années. Très rapidement, je me suis mis à niveau et je me suis fait de nouveaux amis. J'apprenais la comptabilité, les mathématiques, les règles qui régissaient les affaires, et j'étais heureux. Je réussissais encore très bien, me situant toujours parmi les premiers dans tous mes cours. Le handicap de la langue avait vite été aplani. L'immersion en milieu anglophone était une façon radicale d'apprendre, même si je commençais tout au bas de l'échelle. Pour vous montrer d'où je partais, au début, j'avais si peu de vocabulaire en anglais que j'avais pris l'habitude d'angliciser des mots français. Par exemple, si je voulais parler des pompiers, je disais « pompers » avec un accent à couper au couteau. Le pire, c'est que je ne saisissais pas toujours pourquoi les gens ne me comprenaient pas et me regardaient de façon bizarre.

Sur le plan scolaire, les choses allaient donc très bien. Toutefois, j'ai eu un problème de santé un peu avant Noël. En fait, j'avais un bouton sur la nuque que j'avais la mauvaise habitude de gratter et de faire saigner. Un tic dont je ne me rendais même plus compte. Le bouton s'est transformé en kyste. Un jour de décembre, alors que nous étions à l'appartement, André m'a regardé et m'a dit qu'il fallait que je fasse quelque chose. Le bouton avait désormais la taille d'un œuf. Je me suis donc rendu à l'infirmerie de l'université où on m'a aussitôt dit d'aller à l'Hôpital général d'Ottawa. Le médecin a rapidement fait un examen et décidé qu'il fallait m'opérer sur-le-champ pour éviter un empoisonnement de sang.

On m'a immédiatement préparé et conduit à la salle d'opération, où j'ai été endormi. À mon réveil, inutile de dire que j'étais très nauséeux. On m'avait rasé la moitié des cheveux, j'avais un pansement qui me couvrait pratiquement toute la tête et deux tubes sortaient de l'endroit où était le kyste. En un mot, si vous me pardonnez l'expression, je faisais dur ! J'ai jeté un coup d'œil dans la chambre pour me rendre compte qu'il s'agissait d'une pièce qui comptait quatre lits. Les trois autres étaient occupés par des personnes âgées qui semblaient encore plus mal en point que moi.

Cette même journée, ma mère s'était rendue à Montréal afin d'y faire quelques achats pour le magasin. Elle avait décidé de continuer sur sa lancée et de venir me faire une visite surprise à Ottawa. Elle s'est présentée à l'appartement, où André lui a appris que j'avais dû être opéré d'urgence. Mais, pour ne pas l'inquiéter davantage, il lui a dit que ce n'était pas bien grave. Ce que son cœur de mère n'a bien entendu pas cru, et ils se sont rendus à l'hôpital pour me voir.

Elle m'a raconté plus tard qu'à son arrivée dans la chambre, elle a eu une peur terrible. Elle est devenue livide. Devant elle, un curé donnait l'extrême-onction à un patient mourant. Comme elle ne pouvait pas voir le vieil homme agonisant caché par le prêtre, elle a évidemment pensé qu'il s'agissait de moi. Il lui a fallu quelques secondes pour me voir et comprendre que j'étais bien vivant. Je n'avais certes pas bonne mine, mais j'étais loin d'être à l'article de la mort.

En fait, l'opération avait été une réussite et le chirurgien avait nettoyé la plaie qui m'empoisonnait littéralement. Il m'a fallu un mois de convalescence pour me rétablir, période que je suis allé passer à Saint-Prosper pour me faire dorloter. Outre une petite cicatrice, je n'ai jamais gardé de séquelles de cette aventure.

Toutefois, comme mon opération était survenue peu avant la fin du semestre, je n'avais pas pu passer les examens. En janvier, je suis donc allé rencontrer le père Lavigne pour savoir ce qui m'arriverait. Il a été très compréhensif. Il a regardé mes résultats de la session et, comme ils étaient excellents, il a décidé de m'accorder une note d'examen qui correspondait à une moyenne de ces résultats. Ce qui m'arrangeait beaucoup.

* * *

À l'extérieur de l'université, j'avais une vie sociale assez réduite. Cependant, aussi souvent que je le pouvais et malgré mes faibles ressources financières, j'allais prendre un verre avec les amis. Nous allions dans un établissement tout près du campus, L'Albion. C'était le lieu de rencontre de tous les étudiants.

À l'occasion, nous nous rendions aussi au Minto, un club social où il était possible de danser. C'est là qu'au printemps 1960, j'ai rencontré une charmante jeune fille du nom de Louise Choquette. Oui, tout à fait charmante. Nous passions pas mal de temps ensemble, si bien qu'elle est devenue ma « blonde ».

Louise était originaire d'Ottawa et étudiait pour devenir infirmière. Elle vivait en banlieue avec ses parents. Elle m'invitait parfois chez elle, les dimanches soirs, pour le souper en famille. J'adorais ces moments. D'abord, ils me permettaient d'être avec elle, mais cela représentait parfois aussi le seul vrai bon repas que je prenais dans la semaine. Je sais, dit de cette façon, ce n'est pas très romantique. C'était pourtant la réalité incontournable pour un étudiant vivant dans une chambre et devant presque continuellement manger au restaurant.

Le père de Louise était propriétaire du magasin de stores et de draperies Bazinet et Choquette, situé sur la rue Dalhousie, à Ottawa. Un commerce qui avait une renommée bien établie et auquel la plupart des ambassades et des grands bureaux de la ville faisaient appel pour leur décoration. Monsieur Choquette était un entrepreneur et sa réussite renforçait encore ma volonté d'en devenir un, moi aussi.

Louise et moi nous sommes fréquentés pendant toutes mes études à l'université. Même après avoir obtenu mon diplôme et m'être installé à Montréal, j'allais, aussi souvent que possible, la retrouver à Ottawa. Nous nous sommes finalement fiancés et mariés quelques années plus tard, le 20 juin 1964, à Ottawa. C'était encore une année du Dragon!

La veille de notre mariage, le ciel était lourd et on prévoyait de la pluie. Aussi, la mère de Louise a pris soin, comme le voulait la coutume pour appeler le beau temps, d'étendre son chapelet sur la corde à linge. Je ne crois pas beaucoup à ces superstitions et j'ignore si son chapelet a eu une influence, mais je dois admettre que la journée du mariage a été très belle.

Pour l'occasion, toute ma famille était évidemment venue de Saint-Prosper et tout s'est merveilleusement bien déroulé. Pendant le repas de noces, on m'a demandé de prendre la parole afin de m'adresser à tout le monde. Je crois avoir vu, dans les yeux de mes parents, un peu d'inquiétude. Ils connaissaient les problèmes que j'avais eus au primaire; ils savaient que j'avais de la difficulté à parler devant la classe.

Toutefois, les choses avaient considérablement changé depuis ce temps. Les exercices au séminaire et mon passage à l'université m'avaient donné beaucoup d'assurance. Mes parents ne m'avaient néanmoins jamais entendu parler devant un groupe depuis mon enfance. Toujours est-il que j'ai fait une très bonne intervention lors de mon mariage. C'est du moins ce que m'ont dit mon père et ma mère...

* * *

Au printemps 1961, peu avant la fin de l'année scolaire, le nouveau président John F. Kennedy, comme le veut la coutume, faisait au Canada son premier voyage à l'extérieur des États-Unis. C'était tout de suite après son élection. Son itinéraire le faisait passer le long du canal Rideau, tout près de l'université. Imaginez un peu, les Américains avaient Kennedy alors que nous avions Diefenbaker! Nous étions massés le long du canal pour voir le président américain. Il est passé devant nous, dans sa limousine aux fenêtres baissées, et il a donné la main aux étudiants. J'ai malheureusement raté cette occasion de quelques centimètres seulement. J'en ai longtemps voulu à mon voisin qui m'avait poussé pour que ce soit lui qui prenne la main de Kennedy.

À la même époque, j'ai revu André Ébacher, qui avait terminé ses études un an auparavant. À brûle-pourpoint, il m'avait dit: « Comme tu ne sors plus avec Monique depuis un certain temps, j'espère que tu n'as pas d'objection à ce que nous sortions ensemble. » Mes amours avec Monique n'avaient pas traversé l'épreuve du temps et de la distance. Non seulement je n'avais évidemment pas d'objection, mais je savais qu'André serait un excellent compagnon pour elle. Ils se sont mariés quelques années plus tard et se sont établis à Crabtree Mills, près de Joliette. Malheureusement, Monique est décédée d'une maladie fulgurante avant d'avoir atteint la cinquantaine.

* * *

Le magasin Eaton de Montréal était un établissement qui jouissait, dans les années 1950 et 1960, d'un énorme prestige. Un magasin comme il y en avait peu. On y trouvait de tout, à tous les prix et de toutes les qualités. Un gigantesque magasin général. Mais Eaton était surtout un commerce d'avant-garde à plusieurs égards. Il s'agissait, entre autres, du seul magasin du genre à embaucher des diplômés universitaires en commerce.

Personne n'a donc été surpris quand, au printemps 1961, alors que je terminais ma dernière année à l'université, la compagnie Eaton a annoncé que son directeur du personnel, Jacques Ménard, allait faire le tour des universités Laval, de Montréal, de Sherbrooke et d'Ottawa afin de recruter 20 diplômés en commerce. Ces derniers auraient la chance d'être engagés pour travailler au magasin du centre-ville de Montréal.

Je n'allais certainement pas laisser passer cette occasion unique ! Le problème venait du fait que je n'allais pas recevoir

Collation des grades à l'Université d'Ottawa, en juin 1961. Mes parents étaient venus me voir pour l'occasion. Comme tous mes confrères, je portais la toge et je tenais fièrement mon diplôme.

un diplôme en commerce comme les autres, mais plutôt un baccalauréat ès arts. Néanmoins, cette simple formalité n'allait pas m'empêcher de tenter le coup. J'ai donc rempli le dossier, posé ma candidature et obtenu un rendez-vous avec monsieur Ménard lors de son passage à Ottawa.

En toute franchise, j'étais un peu nerveux à la perspective de cette rencontre, même si j'avais totalement confiance en moi et en mes capacités.

Je me suis présenté devant le directeur du personnel du magasin Eaton de Montréal, à qui j'ai donné mon dossier. Jacques Ménard a pris quelques minutes pour l'examiner et a levé les yeux pour me regarder.

— Je vois ici, a-t-il dit, que vous ne serez pas bachelier en commerce… Vous serez… bachelier ès arts, a-t-il continué en jetant un œil sur ses notes. Or, nous ne recrutons que des diplômés en commerce. Je suis vraiment désolé, mais je ne peux rien faire pour vous, a-t-il ajouté en fermant le document.

— Monsieur Ménard, donnez-moi une minute, l'ai-je interrompu. C'est vrai que je ne suis pas diplômé en commerce, mais je vous assure que je suis quand même qualifié. Depuis deux ans, je prends tous les cours de comptabilité et de commerce offerts dans mon programme et je réussis très bien. Mais surtout, monsieur Ménard, il faut que vous compreniez que je suis pratiquement né dans un commerce. J'ai ça dans le sang. Je vous garantis que de tous les finissants que vous rencontrerez dans n'importe quelle université, aucun ne connaît le commerce de détail comme moi. Vous pouvez me croire.

Le directeur du personnel m'a regardé, surpris. Lentement, il a repris mon dossier et l'a rouvert. Puis il m'a questionné et nous avons discuté pendant plusieurs minutes. J'étais sûr de moi. Je voulais un de ces postes et je savais que j'étais non seulement capable de faire le boulot, mais que j'y serais très bon. J'ai dû être convaincant, car il m'a finalement dit:

— Écoutez. Jamais nous n'avons engagé de finissants provenant de programmes autres que commerce. Toutefois, je suis disposé à faire une entorse à notre fonctionnement habituel. Je vais donc vous proposer un des postes. Cependant, vous comprendrez que je ne peux pas vous offrir le même salaire qu'aux autres. Un diplômé en commerce commence chez Eaton au salaire de 85 dollars par semaine. Dans votre cas, je vous en offre 80. Qu'en dites-vous?

Il n'y avait rien à ajouter. J'acceptai volontiers. Ce faisant, j'étais devenu le plus jeune de tous ceux qui avaient été recrutés cette année-là. En septembre, j'allais devenir employé chez Eaton!

Chapitre 3
Le Dragon chez Eaton

À l'été 1961, j'étais retourné à la maison familiale de Saint-Prosper. Mes cours étaient terminés, j'avais mon diplôme en poche et un emploi dans un magasin prestigieux m'attendait à l'automne. La vie était belle. Mon désir le plus ardent demeurait de devenir entrepreneur. Néanmoins, quand on sort de l'université avec ses rêves et son courage, mais sans un sou et avec une dette de 3000 dollars, le saut vers l'entrepreneuriat doit attendre.

Je passais donc ce dernier été à travailler et à aider mes parents au magasin quand, un soir que nous étions assis sur la galerie, mon père m'a dit :

— Tu sais que ta mère et moi n'avons jamais visité la Gaspésie...

— Ah non ? ai-je marmonné, bien que mon père n'ait pas attendu de réponse.

— Nous aimerions bien en faire le tour, a-t-il poursuivi. J'en ai parlé à ta mère et elle est d'accord. Nous trouvons que le moment est bien choisi. Qu'est-ce que tu dirais de venir avec nous ? On a de la place. Tu pourrais demander à tes deux grands amis de nous accompagner. Me semble qu'on aurait du plaisir !

Ai-je besoin de vous dire que j'ai accepté ? Mes deux amis d'enfance, Guy Massicotte et Louis Lefebvre, ne s'étaient pas fait prier non plus. Pour nous, ce voyage représentait une occasion exceptionnelle. Mon père assumerait la plupart des dépenses et nous allions pouvoir non seulement parcourir ce beau coin de pays, mais, en plus, comme nous aurions aussi pas mal de temps libre le soir, nous étions certains de pouvoir découvrir les autres richesses de la Gaspésie.

Mon père souhaitait réellement faire cette balade. Être propriétaire d'un magasin général permet de rencontrer plein de gens. Des visiteurs et, évidemment, des commis voyageurs. L'un de ces commis vivait en Gaspésie. Cette excursion permettait à mon père de reprendre contact avec lui.

Je crois que ce voyage était un cadeau que mes parents se faisaient, mais aussi un magnifique présent qu'ils m'offraient. Ils savaient parfaitement que ma vie allait prendre un tournant qui m'éloignerait de la maison familiale. À l'automne, je partirais travailler à Montréal et, forcément, j'allais revenir moins souvent à la maison. J'ai toujours pensé qu'ils souhaitaient que l'on passe un peu de bon temps ensemble. Et c'est exactement ce qui est arrivé.

Je me souviens que nous avons quitté Saint-Prosper tôt le matin dans la Rambler[11] Classic familiale qu'avait achetée mon père. Mes parents étaient assis à l'arrière pendant que je conduisais, Louis et Guy installés avec moi sur la banquette avant. Une longue et joyeuse journée de route qui s'est terminée à Sainte-Luce-sur-Mer, une quinzaine de kilomètres après Rimouski. Ce fut un long voyage car, au début des années 1960, les autoroutes 20 et 40 n'existaient pas. Nous avons donc emprunté la route 2 (aujourd'hui la 138) jusqu'à Québec, puis le pont de Québec[12] pour traverser sur la rive sud et nous avons poursuivi notre route jusqu'à notre destination du jour. Nous sommes passés par toutes les villes et tous les villages, ce qui a rendu l'itinéraire agréable et diversifié, mais extrêmement long.

Nous étions donc arrivés en fin d'après-midi à Sainte-Luce, où mon père avait un ami qui tenait l'auberge Sainte-Luce face au fleuve. Sainte-Luce-sur-Mer, surtout connue pour sa plage, était déjà un centre de villégiature. On disait (et je crois qu'on le dit encore) que l'eau du fleuve à Sainte-Luce est plus chaude qu'ailleurs grâce à cette petite baie au bout de laquelle a été construit le village. Je ne sais pas ce qu'il en est aujourd'hui, mais je vous garantis que la température de l'eau était loin de celle qu'on retrouve dans les mers du Sud ! C'est plutôt le mot « glacial » qui me revient en mémoire.

Quoi qu'il en soit, nous étions tous contents d'être arrivés. Mes amis et moi logions ensemble dans une des cabines à l'arrière de l'auberge, indépendants des adultes qui discutaient et ressassaient des souvenirs. En fin de journée, nous étions allés nous promener près du fleuve et nous avions entendu parler d'un bar à la mode dans le village du Bic. Le Bic est un magnifique endroit situé à quelques kilomètres de la ville de Rimouski (à laquelle il a été annexé en 2009). Nous étions jeunes et parcourir une trentaine de kilomètres après en avoir fait quelques centaines ne représentait pas une corvée. C'est donc là que nous avons passé notre soirée.

En fait, il serait plus juste de parler d'une bonne partie de la nuit. Ce n'est qu'au tout petit matin, vers quatre heures, que nous sommes rentrés à l'auberge, bien décidés à faire le moins de bruit possible pour que personne ne sache exactement à quel moment nous étions revenus. Sans être ivres, nous avions quand même pris plusieurs verres. Ce n'était pas génial mais, je le répète, c'étaient les mœurs du temps.

Pour entrer sur le terrain de l'auberge, tous les véhicules devaient passer par une petite voie qui conduisait aux cabines. J'avais cependant oublié que l'ami de mon père avait installé un câble-sonnette sur le sol de l'entrée pour savoir si quelqu'un venait durant la nuit. Vous savez, ce genre de fil qu'on trouvait régulièrement dans les stations-service et qui actionnaient une sonnette quand une voiture passait dessus pour aviser le pompiste qu'une auto attendait. Ce boyau avait d'ailleurs la même mission à l'auberge.

Mais si, durant le jour, le « dong » était relativement discret, en pleine nuit, il faisait un boucan d'enfer. J'ai eu l'impression que nous allions réveiller tout le village. Ce qui a été le cas, car nous avons avancé et reculé à plusieurs reprises, justement pour le faire sonner par exprès. Folie de jeunesse ! En tout cas, mon père et son ami ont su précisément à quelle heure nous étions revenus.

Mes parents avaient toutefois été très compréhensifs et notre départ pour la Gaspésie, qui était prévu à sept heures le matin, a été reporté à midi. On a pu reprendre des forces... et cuver un peu notre vin.

Le reste du voyage s'est poursuivi sans problème. Nous avons fait plusieurs arrêts passionnants, notamment à Gaspé, Percé et Chandler, avant de nous rendre au Nouveau-Brunswick. Je garde de merveilleux souvenirs de ces deux semaines qui demeurent parmi les plus belles vacances de ma vie. Ces quelques journées m'ont aussi permis de faire, en quelque sorte, mes adieux à mes grands amis d'enfance, aujourd'hui décédés. Nos routes allaient désormais se séparer. Au moins en aurons-nous profité au maximum avant de nous perdre de vue. Je remercie encore mes parents pour cet extraordinaire cadeau...

* * *

Comme je commençais à travailler chez Eaton au début de septembre, j'étais parti pour Montréal, à la fin du mois d'août, pour y trouver un logement. L'autobus m'avait déposé au centre-ville, près de l'hôtel Reine Elizabeth qui avait ouvert ses portes en 1958, créant une grande polémique. En effet, Donald Gordon, président du Canadien National et propriétaire de l'établissement, tenait à donner à l'hôtel le nom d'Elizabeth, qui était reine d'Angleterre depuis 1952. La population montréalaise

Louis Lefebvre, Guy Massicotte et moi avons visité l'île Bonaventure pendant ces formidables vacances.

souhaitait que cet endroit prestigieux porte plutôt le nom d'un francophone, en l'occurrence celui du sieur de Maisonneuve, le fondateur de Montréal. Mais Gordon a persisté et signé et l'hôtel a été baptisé Le Reine Elizabeth.

Devant moi, de l'autre côté du boulevard Dorchester, qui prendra plus tard le nom de René-Lévesque, s'achevait la construction de la Place-Ville-Marie[13], édifice qui allait changer radicalement non seulement le paysage de ce quartier, mais aussi celui de toute la ville, devenant, avec ses 44 étages, le plus haut gratte-ciel de Montréal. J'étais déjà venu à Montréal, mais pas vraiment dans ce secteur. Rien ne ressemblait à ce que l'on connaît aujourd'hui, mais tout, pour un jeune de Saint-Prosper, était déjà tellement haut et imposant que je ne savais où regarder.

Je me suis dirigé vers le nord, où se trouvait l'énorme magasin Eaton. L'édifice occupait tout le quadrilatère entre les rues Sainte-Catherine (au sud), Maisonneuve (au nord), University (à l'est) et Victoria[14] (à l'ouest). Immense, je vous dis! À cette époque, le boulevard De Maisonneuve ne portait pas encore ce

Le magasin Eaton était énorme et très prestigieux.

nom. Il s'agissait alors de la rue Burnside. La toponymie de Montréal a été considérablement modifiée avec l'ouverture du métro, en 1966.

J'ai emprunté la rue McGill College en remontant vers la rue Sherbrooke afin de trouver une chambre qui me servirait de pied-à-terre pendant quelque temps. Eh oui ! Au début des années 1960, il y avait dans ce secteur plusieurs maisons qui ont cédé leur place à de nombreux édifices à bureaux lorsque l'avenue McGill a été élargie quelques années plus tard.

Quand j'y pense aujourd'hui, je n'en reviens toujours pas de constater à quel point le Québec et la métropole ont rapidement changé pour rattraper le monde moderne. L'arrivée au pouvoir du libéral Jean Lesage en 1960 a, avec la révolution tranquille, apporté un tsunami de transformations autant sur le plan des mentalités que sur celui du développement.

J'ai donc remonté McGill et aperçu une *Tourist Room* dont j'ignore l'adresse, mais que j'ai toujours appelée la « maison blanche aux auvents bleus ». La propriétaire, une madame Vincelette, y offrait des chambres dont quelques-unes étaient déjà retenues par d'autres qui, comme moi, commençaient la semaine suivante à travailler chez Eaton. Elle les louait environ 12 dollars par semaine. J'avais immédiatement réservé une chambre pour trois semaines, car cette maison était à moins de cinq minutes du magasin.

Deux jours plus tard, j'entrais comme employé chez Eaton. On nous avait dit de nous rendre dans une petite salle située au neuvième étage où monsieur Jacques Ménard nous recevrait. Nous étions 20 « élus », anxieux et passablement nerveux certes, mais aussi enthousiastes et excités à l'idée d'occuper un tel poste dans une entreprise aussi dynamique et reconnue.

Eaton était une compagnie d'avant-garde. J'ai déjà souligné qu'elle était la seule maison du genre à embaucher des diplômés en commerce pour combler ses postes de gérants. Mais la philosophie d'Eaton allait beaucoup plus loin. Pour l'entreprise, le client était toujours le numéro un. Et il ne s'agissait pas d'un simple slogan publicitaire. Le client était vraiment au centre des préoccupations de tous les employés. La devise le spécifiait clairement : « Satisfaction garantie ou argent remis ». Je sais que plusieurs, surtout parmi les plus jeunes, diront que c'est une vieille formule qui ne tient peut-être pas toujours ses promesses. Mais à l'époque, Eaton, qui avait lancé cette philosophie, y croyait fermement et prenait toujours ses décisions dans le respect de cette affirmation. Je pourrais vous raconter énormément d'anecdotes qui le prouvent.

Par exemple, quand un client retournait un produit qu'il s'était procuré chez nous, peu importe l'histoire qu'il nous racontait, nous l'échangions. Il est probable que certaines personnes ont abusé de cette politique. Je me souviens de ce type qui avait acheté un très beau tapis pour son salon et qui venait le remplacer tous les deux ans environ en disant qu'il s'était usé prématurément. Et Eaton le lui remplaçait tout simplement. Il faut toutefois comprendre que c'était une infime minorité de gens qui exagéraient. Pour tous, cette philosophie d'entreprise signifiait qu'Eaton respectait ses clients. Un respect qui se traduisait à la fois par une très grande fidélité et une renommée que tous les autres commerces nous enviaient.

Mais je saute les étapes. Revenons à cette première journée. Monsieur Ménard nous a expliqué la philosophie des magasins Eaton et nous a parlé de leur riche histoire. Il nous a raconté que Timothy Eaton avait ouvert les portes du premier magasin à Toronto, en 1869. En 1884, il avait révolutionné le commerce de détail avec son système d'achats par catalogue. Qui, excepté les plus jeunes, n'a pas vu au moins une fois dans sa vie le fameux catalogue Eaton dont le tirage atteignait, en 1966, 17 millions d'exemplaires au Canada? Eaton est arrivé à Montréal en 1925 dans les locaux du magasin Goodwin, que l'entreprise venait d'acheter. L'édifice subit de nombreuses transformations et, au cours des ans, plusieurs étages ont été ajoutés à ce qui est devenu l'immeuble prestigieux que l'on connaît aujourd'hui.

Jacques Ménard nous a ensuite assigné nos secteurs de travail. J'ai été affecté au rayon 927, celui des vêtements pour hommes, situé au sous-sol. J'y ai rencontré Pete Gilbert, le gérant, un homme que j'ai tout de suite beaucoup aimé. Gilbert, un anglophone d'une cinquantaine d'années, connaissait parfaitement son métier. Il m'a dirigé vers le rayon des cravates. Il fallait bien commencer quelque part et j'étais avide de tout apprendre sur le commerce de détail.

Il faut aussi comprendre qu'à l'époque, les départements du sous-sol chez Eaton offraient les produits bas de gamme. Pour les cravates, par exemple, un autre département de vêtements pour hommes, situé aux étages supérieurs, proposait des produits plus design, plus à la mode et... plus chers. La qualité de ce qu'on trouvait dans mon rayon y était, mais c'était le genre de cravates que vous pouviez garder toute votre vie et qui seraient probablement toujours aussi laides.

Après quelques semaines à l'emploi d'Eaton, je suis allé voir Gilbert pour lui dire que je désirais améliorer nos choix de cravates tout en respectant la gamme de prix. Il m'a donné carte blanche pour rencontrer de nouveaux fournisseurs.

J'en ai donc rencontré quelques-uns et j'ai sélectionné certains modèles en fonction du style et de la mode du temps. Mon but était d'offrir des produits tendance, mais à bon prix. Mon gérant m'a fait confiance et nous avons passé quelques commandes. La réponse a été fantastique! Très rapidement, les gens qui venaient regarder nos cravates se sont rendu compte qu'elles étaient belles et au goût du jour, mais toujours au prix du « sous-sol ». Le mot s'est répandu et nous avons sensiblement rajeuni notre clientèle.

Le début des années 1960 a été largement influencé par l'arrivée fracassante des Beatles. Tous les jeunes les adoraient. Ils révolutionnaient la musique et la mode. Pour donner un autre exemple, en 1960 et 1961, la tradition voulait que les jeunes et les adolescents portent les cheveux courts. Vraiment très courts. Ça faisait plus propre et c'était plus facile à entretenir.

Les Beatles ont changé la donne, car ils portaient les cheveux longs. Quand je dis « longs », c'est une façon de parler, parce qu'ils étaient loin de descendre jusqu'aux épaules. Mais ils étaient très longs par rapport au style classique. Et tous les jeunes hommes voulaient ressembler aux Beatles. Or, il y avait deux problèmes. D'une part, les cheveux ne poussent pas instantanément. D'autre part, les parents ne voulaient pas laisser leurs enfants avoir l'air de « voyous ».

J'avais, à ce moment-là, entendu parler d'un tout nouveau produit qui faisait fureur chez nos voisins américains : la perruque Beatles. J'en avais acheté pour mon rayon, même si ce n'était pas un produit conventionnel. Si je me souviens bien, les perruques se vendaient tout près de trois dollars. C'était un montant significatif à l'époque puisque la pinte de lait coûtait alors 24 cents.

Mais la demande a été fantastique. Nous avons vendu des centaines et des centaines de perruques jusqu'à ce que notre fournisseur, un peu penaud, vienne nous dire que nous n'avions pas l'autorisation d'utiliser le nom « Beatles ». Nous avons alors été dans l'obligation de vendre le reste de l'inventaire de perruques sans utiliser le nom du célèbre groupe. Inutile de dire que les ventes n'étaient plus les mêmes. Mais nous avions tout de même passé le message qu'on pouvait trouver des produits originaux chez Eaton.

À compter de ce moment, Pete Gilbert m'a fait de plus en plus confiance, me laissant davantage de responsabilités. Il m'a donné le secteur des chemises, peut-être pour voir ce que je pouvais en faire. Je connaissais bien ce rayon, puisqu'il était à côté de celui où je travaillais. J'avais pu constater que, lorsqu'il y avait des soldes, les chemises étaient la plupart du temps présentées en rangées sur de grandes tables. Il y en avait des dizaines classées par taille et par couleur, dans un ordre parfait. Le seul problème, c'est que les clients n'osaient pas les toucher ni les déplacer, de peur de chambouler un si bel étalage.

J'ai donc défait cet admirable rangement et j'ai placé les chemises pêle-mêle, en pyramide, pour voir la réaction de la clientèle. Ce fut une réussite totale ! Les clients se sont rapidement massés près des tables et ont commencé à fouiller dans les piles de chemises. Ils avaient l'impression que le prix était meilleur qu'avant !

Ce petit succès m'a incité à aller plus loin. Il y avait, au premier étage, comme c'était le cas pour les cravates, un autre rayon qui proposait des chemises. Quelque chose d'un peu plus haut de gamme. On y trouvait, entre autres, des chemises blanches Eatonia, l'une des marques maison d'Eaton. Fabriquées au Canada, elles étaient d'excellente qualité et se détaillaient cinq dollars chacune. Je précise l'endroit de confection, car c'était l'époque où les produits japonais commençaient à envahir notre marché. Mais ils avaient mauvaise réputation. On les disait de mauvaise qualité. Aussi, bien des gens hésitaient à s'en procurer, même s'ils étaient généralement beaucoup moins chers que ceux fabriqués au Canada.

J'avais donc rencontré un fournisseur qui proposait des chemises faites au Japon. Elles étaient de coton égyptien de bonne qualité et étaient étonnamment bien confectionnées. Mais elles étaient japonaises, ce qui me faisait hésiter. Sauf qu'en les examinant de plus près, j'ai remarqué que l'étiquette mentionnait qu'elles étaient faites à Usa (*made in Usa*). Un subterfuge cachant le fait qu'elles étaient bien fabriquées au Japon, mais dans une petite ville du nom de Usa. Nulle part n'apparaissait le mot Japon.

Je sais que c'est un peu tordu, mais, je le répète, ces chemises étaient belles et de bonne qualité, en fait d'une qualité comparable à celles de marque Eatonia. Elles coûtaient un dollar chacune, ce qui me permettait de les vendre 1 dollar 99 et de faire un profit fort intéressant tout en les offrant à un prix de vente plus qu'abordable. J'en ai donc commandé une grande quantité. Les résultats ont été presque instantanés. Ces chemises sont devenues notre meilleur vendeur. Les gens les adoraient. Et moi, j'étais heureux de travailler chez Eaton.

Mon gérant me laissait beaucoup de marge de manœuvre et je pouvais innover comme je le voulais, pourvu qu'il y ait de bons résultats. J'ai peut-être été chanceux avec ces premières tentatives, mais je ne crois pas qu'il s'agissait uniquement de bonne fortune. Que voulez-vous, j'avais été élevé dans un magasin général et j'avais cette facilité à sentir le pouls et les désirs des clients.

Je me souviens d'un moment en particulier où clients et employés ont véritablement été dans le même état d'esprit. Le rayon des cravates était situé près de l'escalier roulant au sous-sol. On voyait donc pratiquement tous les gens passer devant nous. Dans le magasin, il y avait toujours une petite musique qui jouait en arrière-plan, musique qu'on finit par ne plus entendre.

Mais le vendredi 22 novembre 1963, en début d'après-midi, exceptionnellement, la direction a décidé de remplacer la musique par les informations diffusées à la radio. Le président John Fitzgerald Kennedy venait de se faire assassiner à Dallas. En entendant la nouvelle, tous s'étaient arrêtés, presque en état de choc. C'était tellement énorme que nous ne réalisions pas vraiment ce qui venait de se passer. Chacun de nous était stupéfié, horrifié. Et cette horreur se lisait sur tous les visages.

Soudainement, tout le monde se parlait, tout le monde réagissait, tout le monde y allait de son commentaire et, surtout, tout le monde avait de la peine. Je me suis évidemment rappelé ce moment où Kennedy était passé tout près de moi, à l'Université d'Ottawa. Il y a des événements qui surviennent et qui ont une telle importance qu'on se souvient précisément de l'endroit où on était et de ce qu'on faisait quand ils sont arrivés. Ces moments tristes sont heureusement assez rares, mais ils surviennent. Le 11 septembre 2001 en est un.

Bon! Voilà pour le moment historique et revenons à la vie chez Eaton.

En plus d'avoir instauré des modifications, j'avançais dans la hiérarchie du magasin. J'avais débuté comme commis dans les cravates pour connaître les produits offerts et comprendre le fonctionnement général du magasin. En janvier 1962, on m'a nommé chef de section. J'avais la responsabilité d'employés pour lesquels je préparais les horaires et que je supervisais pendant les heures de travail. J'adorais aussi cette facette de mon métier. Chaque matin, j'arrivais au magasin au moins 15 minutes avant l'ouverture pour m'assurer que tout était en ordre et que nous étions en mesure d'accueillir les premiers clients avec le sourire.

J'aimais aussi la relation que je développais avec mes employés. Nos rapports étaient amicaux tout en demeurant très respectueux de la hiérarchie. Je m'intéressais à ce qu'ils faisaient, pas seulement au magasin, mais aussi à l'extérieur. Je me renseignais sur leur famille, sur leurs enfants, sur leurs autres champs d'intérêt dans la vie. Ils me le rendaient bien, car ils travaillaient fort et efficacement. Rapidement, les rayons dont je m'occupais ont acquis la réputation d'être bien tenus, propres et rentables. J'ai toujours adoré ce lien direct avec le personnel. Presque autant que le lien avec les clients. J'adorais être *sur le plancher,* attentif à tout ce qui se passait.

Les rapports que j'avais avec Pete Gilbert m'ont aussi beaucoup aidé. Dès les premiers jours, il m'avait pris sous son aile et j'allais le voir directement quand j'en avais besoin. À l'âge de 24 ans, j'étais nommé assistant-gérant du rayon des vêtements pour hommes. C'était un poste prestigieux, celui qui amenait inévitablement à celui de gérant.

* * *

D'un côté plus personnel, je fréquentais toujours Louise durant mes premières années à l'emploi d'Eaton. Le vendredi soir, quand je ne travaillais pas le samedi, je prenais l'autobus pour aller la voir à Ottawa. Je revenais habituellement le dimanche soir.

Pendant ces années de célibat, j'ai souvent déménagé. La plupart du temps avec des collègues de travail qui devenaient mes colocs, comme on dit aujourd'hui. De la « maison blanche aux auvents bleus », j'avais emménagé, avec Simon Thibault et un autre ami de chez Eaton, dans une très grande chambre que louait alors le collège Marianopolis. C'était vraiment une très grande chambre, avec trois lits, dans un édifice au coin des rues Peel et Docteur-Penfield. J'ai toujours pensé que nous vivions dans une ancienne classe qui avait été aménagée pour répondre à une deuxième vocation. J'y suis resté environ trois mois, le temps de mieux connaître Montréal.

J'ai ensuite trouvé un appartement meublé sur la rue Rachel, face au parc La Fontaine. Je le louais au mois avec Simon Thibault. Au bout de trois ou quatre mois, nous l'avons quitté pour un autre appartement, avenue du Parc-La Fontaine, seulement quelques pas plus loin. Puis nous avons déménagé une nouvelle fois dans un immeuble à logements sur la rue Moreau, près de la rue Sherbrooke, dans l'est de Montréal. Il y avait une piscine intérieure: c'était le summum du luxe! D'ailleurs, quand j'y réfléchis, je me rends compte que chacun de ces condos était neuf. Je crois bien que je n'aimais pas ce qui était ancien. En tout cas, pas pour y vivre.

Lorsque mon coloc, Simon Thibault, s'est marié, j'ai quitté l'appartement de la rue Moreau pour un autre situé sur la rue Hutchison, au centre-ville. J'habitais avec Robert Richard, mon meilleur ami de l'époque chez Eaton. Nous avons vraiment apprécié notre vie de célibataire avant de nous marier, tous les deux, à quelques semaines d'intervalle.

Après notre mariage en 1964, Louise et moi avons trouvé un appartement à Ville LeMoyne, sur la Rive-Sud. Pourquoi la Rive-Sud? Un simple concours de circonstances. J'avais un ami de chez Eaton qui venait d'emménager dans ce secteur et qui m'avait convaincu que c'était l'endroit parfait où habiter. Nous avions déniché un bas de duplex, au 55, rue René-Philippe, que nous avons habité pendant deux ans. Le trajet entre notre maison et Eaton se faisait très facilement. Je prenais l'autobus de Chambly Transport qui traversait le pont Victoria, d'où je me rendais au magasin. Le tout en une vingtaine de minutes. C'était aussi parfait pour mon épouse, qui travaillait comme infirmière à l'hôpital de Saint-Lambert, le seul hôpital de la Rive-Sud à l'époque.

J'aurais pu prendre ma voiture pour voyager, car l'année précédente, je m'étais procuré une auto flambant neuve. En effet, en 1963, j'avais fini de rembourser le prêt pour mes études universitaires à la Caisse populaire de Saint-Prosper. Mais je n'avais pas encore d'argent pour me payer cette petite folie. Toutefois, Dieu sait que j'avais envie d'avoir ma propre voiture ! Un jour, je suis allé faire le tour des banques près de chez Eaton pour voir laquelle m'offrirait les meilleures conditions pour un prêt. Je suis, entre autres, entré à la succursale de la Banque Royale située au coin des rues Sainte-Catherine et McGill College.

Le banquier m'a écouté et m'a fait confiance. Il m'a consenti un prêt sans exiger une mise de fonds. L'auto était alors financée à 100 %. Je suis d'ailleurs resté fidèle à cette banque pendant des années parce que le type avait eu foi en moi. C'est peut-être un trait de caractère, mais j'ai toujours été loyal envers ceux qui m'ont aidé et qui ont cru en moi.

Cela dit, quelques jours plus tard, je suis allé me procurer ma première voiture chez un concessionnaire Chrysler de Brossard, La Pinière Automobiles. C'était une Plymouth Valiant d'un rouge éclatant, une voiture automatique avec des boutons sur le tableau de bord pour changer les vitesses. Une beauté ! Nous l'avons conservée pendant des années.

Un jour, notre voiture, qui devait bien avoir atteint les 250 000 kilomètres, a commencé à montrer des signes évidents d'usure. Elle était d'ailleurs percée par la rouille à plusieurs endroits. Louise et moi nous étions tout de même rendus au centre commercial Place Longueuil pour magasiner. Quand nous en sommes ressortis, la voiture a obstinément refusé de démarrer. Elle avait rendu l'âme. Je l'ai laissée là et, une fois revenu à la maison, j'ai contacté une dépanneuse qui est allée la remorquer pour la mener chez le ferrailleur. J'ai toujours eu un pincement au cœur en pensant à cette voiture qui nous a formidablement bien servis.

Où en étais-je ? Ah oui ! En août 1964, moins de deux mois après notre mariage, Louise a eu la confirmation qu'elle était enceinte.

La grossesse s'est assez bien passée, même si mon épouse a connu certains problèmes dans les derniers mois et elle a dû, si je me souviens bien, rester alitée pendant quelques semaines. Le 24 avril 1965, à l'Hôpital du Sacré-Cœur de Montréal, elle a accouché par césarienne de notre premier enfant : Michel. Je le dis en toute objectivité, il était très beau comme le sont, je crois, la plupart des enfants nés par césarienne. Notons qu'en 1965, l'assurance-maladie n'existait pas et il a fallu payer les soins liés à l'accouchement.

Du jour au lendemain, notre vie a été transformée. Surtout les premières semaines. Quand un enfant arrive, il y a des réaménagements importants à faire. D'autant plus que Michel, au début de sa vie, avait des coliques qui lui faisaient très mal. Le docteur Paul Bazinet, pédiatre et frère de la mère de Louise, nous a alors conseillé de mettre un peu de brandy dans son biberon quand il pleurait trop. Pour le calmer. Bon... Le lait devait avoir un drôle de goût... Mais ça l'endormait pas mal vite !

Le premier vrai problème est survenu quand Michel a eu environ un mois. Louise avait remarqué une petite bosse près de ses testicules. Nous sommes immédiatement allés consulter son oncle, le docteur Bazinet, qui a diagnostiqué une hernie et a décidé que mon fils devait rapidement être opéré.

Malgré ces petits bobos, Michel a toujours été un excellent enfant et j'en ai toujours été très fier.

Il n'est d'ailleurs pas le seul à avoir connu de petits problèmes de santé. J'en ai connu moi-même quelques-uns. En 1965, un après-midi que j'étais dans mon rayon, je me suis senti mal. J'avais chaud et je me sentais faible. Monsieur Gilbert, qui passait par là, a bien vu que j'avais mauvaise mine. Il m'a donc prié de retourner à la maison et de prendre soin de moi. Je suis rentré à peu près en même temps que mon épouse, qui revenait de l'hôpital. Elle m'a rapidement examiné et a pris ma température. Puis elle a décidé que nous devions aller voir un médecin.

À l'urgence de l'hôpital de Saint-Lambert, le médecin de garde a diagnostiqué une appendicite aiguë. Il fallait m'opérer au plus tôt. Cette ablation n'avait rien à voir avec l'intervention quasi anodine que l'on pratique aujourd'hui. C'était une opération sérieuse. La chirurgie a été faite le soir même et je suis resté hospitalisé pendant quatre ou cinq jours avant de pouvoir rentrer à la maison. Là encore, comme on le voit, les choses ont passablement évolué !

* * *

Mai 1966. Nouveau déménagement. Nous avions trouvé un logement sur la rue Couvrette, à Ville Saint-Laurent. Nous y sommes restés pendant un an. C'était tout à côté du chemin de fer et je prenais régulièrement le train pour aller travailler. Il m'amenait à la gare centrale et je n'avais que quelques minutes de marche à faire pour me rendre chez Eaton.

Pendant ce temps, un ami venait de se faire construire une maison à Brossard. L'idée d'avoir notre propre maison, d'être propriétaire, me souriait beaucoup. Mais il y avait toujours la question de l'argent. Comme rencontrer l'entrepreneur avec qui mon ami faisait affaire n'engageait à rien, Louise et moi sommes allés visiter le secteur. Nous avons discuté avec un certain Félix Walsh, propriétaire de l'entreprise de construction. Il y avait un terrain qui nous plaisait particulièrement. Il était situé à l'angle des rues Villiers et Venise. Monsieur Walsh proposa de nous céder le terrain et d'y construire une maison répondant à nos besoins et à nos goûts. Tout ça pour 17 500 dollars.

Oui, je sais que certains vont penser que c'est un montant dérisoire. Mais encore ici, il faut se reporter en 1966. Le coût de la vie était bien plus bas qu'il ne l'est aujourd'hui. Et je gagnais bien ma vie. Mon salaire avait presque triplé depuis mon arrivée chez Eaton. Mais qu'importe : je n'avais pas l'argent pour acheter cette maison, considérant que j'avais eu à rembourser mon prêt d'études et que je payais encore mon prêt auto.

Je suis donc allé consulter les gens de la Société centrale d'hypothèques et de logement (SCHL), devenue la Société canadienne d'hypothèques et de logement en 1979. J'ai réussi à obtenir un prêt représentant 80 % de la valeur de la maison, soit 14 000 dollars. J'ai aussi contacté les gens d'Esso Imperial. Eh oui, la pétrolière ! Figurez-vous qu'à cette époque, les propriétaires de maisons qui chauffaient au mazout (ce qui était le cas de la maison que nous voulions faire construire) pouvaient obtenir de cette compagnie un prêt en deuxième hypothèque à la condition de signer un contrat de service et d'approvisionnement de sept ans. Ce qui ajoutait un autre 700 dollars à la cagnotte. Nous sommes enfin allés voir le père de Louise qui a accepté de nous prêter le restant de la somme. Nous avons alors signé le contrat pour la construction de notre nouvelle maison, laquelle était financée à 100 %.

La construction s'est terminée au printemps suivant et nous avons encore déménagé. En fait, la maison a été prête juste à temps pour l'Exposition universelle de 1967. Et c'est exactement ce que nous souhaitions, car nous voulions profiter de cet extraordinaire événement pour arrondir nos fins de mois. L'Expo de Montréal a certainement été l'un des épisodes les plus marquants de l'histoire du 20e siècle au Québec et probablement au Canada.

Entre le 28 avril et le 27 octobre 1967, l'exposition a accueilli plus de 50 millions de visiteurs dont une très grande partie provenait, bien entendu, de l'extérieur du Québec. Pour recevoir et héberger ces touristes, différents programmes avaient été mis sur pied afin d'inviter les gens qui possédaient une maison et qui pouvaient louer une chambre ou deux, à s'inscrire dans un registre national qui s'occuperait des réservations. Nous y avions, bien sûr, ajouté notre maison. De plus, avec deux ou trois autres voisins de notre rue, nous avions fait passer des annonces dans le *Toronto Star*. C'est d'ailleurs de ce côté que sont venus la plupart de nos locataires.

Pendant presque tout l'été, nous avons loué une ou deux chambres à des visiteurs. Ce fut une expérience fantastique. Non seulement la location nous apportait un revenu additionnel, mais nous avons surtout pu rencontrer des personnes très intéressantes qui découvraient notre ville. J'ai entretenu, avec certaines d'entre elles, une correspondance qui s'est étendue sur plusieurs années après la tenue de l'Expo. Connaître ces gens et pouvoir discuter avec eux a été l'une des grandes découvertes de ma vie. Une sorte de fenêtre sur le monde s'était ouverte directement dans ma maison.

* * *

Quelques mois plus tard, Louise était de nouveau enceinte. Marie-Claude est née le 4 septembre 1968, à l'Hôpital Maisonneuve-Rosemont. La naissance a été facile même si le Dr Léonard, le médecin qui suivait mon épouse, a décidé encore une fois d'y aller par césarienne. Marie-Claude était elle aussi très belle. Et je pourrais ajouter qu'elle l'est toujours...

Au cours des ans, Marie-Claude et Michel se sont fait de très nombreux amis dans notre nouveau quartier. Il y avait énormément d'enfants qui vivaient tout autour. J'ai adoré notre maison et je n'ai gardé que de bons souvenirs de notre vie en banlieue. Sauf peut-être celui d'un certain dimanche après-midi...

Ce jour-là, j'étais dans la cour arrière et je m'occupais du gazon pendant que les enfants jouaient. De biais par rapport à notre maison vivait une famille avec un enfant unique, Thierry, qui était un peu plus vieux que les miens et qui venait les garder assez régulièrement. J'avais appris plus tôt que ses parents s'étaient séparés, situation rarissime à cette époque. J'étais donc en train de m'occuper du terrain quand j'ai entendu trois déflagrations. Sur le coup, j'ai cru qu'il s'agissait de pétards. Je me suis vivement retourné et j'ai vu l'ex-mari de ma voisine avec une arme à la main. Il venait de tirer trois fois sur sa femme. Ils étaient au pied de l'escalier menant à la maison et j'ai vu la victime s'éloigner vers l'arrière en titubant et en se tenant la poitrine.

Je n'ai pensé qu'à mes enfants. Je me suis précipité vers eux, je les ai pris dans mes bras et j'ai couru nous réfugier dans la maison. Une fois à l'intérieur, j'ai saisi le téléphone, j'ai contacté la police et j'ai expliqué ce qui venait de se passer. Quand les policiers sont arrivés, ils sont d'abord venus me voir. Je crois qu'ils ne savaient pas trop comment réagir. Les crimes n'étaient pas fréquents à Brossard. Ils ont fait venir du renfort ainsi qu'une ambulance, puis ils se sont approchés de la maison. La femme gisait dans la cour arrière. Elle était morte. Le mari, dans la cuisine, l'arme près de lui sur la table, n'a pas réagi. Il s'est rendu. Une véritable tragédie venait d'avoir lieu dans un quartier si tranquille où il ne se passait jamais rien. C'est le genre de souvenir qui se grave dans la mémoire pour la vie.

* * *

Au boulot, tout allait bien. Vraiment bien. J'aimais ce que je faisais et je croyais aux valeurs que défendait Eaton. Vous vous souvenez du slogan « Satisfaction garantie ou argent remis » ? Il était tellement ancré dans les mœurs de la direction que nous devions continuellement en tenir compte... À tel point que si je voulais faire une vente dans mon rayon et annoncer que tel produit, qui était régulièrement vendu à 10 $, était maintenant offert à 7 $, il fallait que je le prouve. Il fallait que je démontre à mon patron que ledit produit s'était vendu 10 $ pendant au moins les trois derniers mois, sans quoi je ne pouvais pas l'inscrire dans la publicité.

Imaginons alors que nous ne le vendions pas 10 $, mais que c'était sa valeur, son prix de vente suggéré. On aurait pu inscrire « ordinairement 10 $ » dans notre annonce. Mais alors, Eaton aurait d'abord envoyé des magasiniers voir la concurrence pour vérifier que ce produit se vendait bel et bien 10 $ ailleurs et qu'il s'agissait donc de son prix *ordinaire*. Voilà aussi ce qu'impliquait ce slogan pour la direction d'Eaton.

Et les dirigeants du magasin étaient de véritables dieux. Pas seulement le gérant de département, qui avait ni plus ni moins que le droit de vie ou de mort sur ses employés. Bon... Peut-être pas de vie ou de mort, mais ils pouvaient vous congédier sans que personne ait un mot à ajouter. Et pour plusieurs, c'était aussi grave qu'une condamnation à mort.

Il y avait aussi des directeurs bien plus importants dans la structure. Imaginez quand monsieur Jack Eaton, le grand patron et membre direct de la famille légendaire, s'amenait dans notre rayon pour faire sa visite. Tout le monde arrêtait de bouger et de respirer. Or, monsieur Eaton était extrêmement aimable. Il n'hésitait pas à nous parler. En plus, c'était un des rares parmi la haute direction à parler français, un français impeccable qu'il avait appris à Paris. La plupart des employés étaient intimidés par cet homme pourtant très simple. Mais c'était LE grand patron. Il avait droit à tous les égards.

Le temps passait et j'aimais travailler pour un tel magasin. Au fil des mois et des années, j'en suis même venu à douter de l'importance d'être entrepreneur, d'être mon propre patron.

Peut-être avais-je finalement fait une erreur. Peut-être l'avenir appartenait-il à ceux et celles qui travaillaient pour de grandes entreprises comme Eaton. Ce géant du commerce de détail me donnait un bon salaire, payé en argent liquide chaque semaine, un fonds de pension, une sécurité d'emploi, des possibilités presque infinies d'avancement pour quelqu'un de compétent et d'ambitieux, ainsi que trois semaines de vacances payées par année.

Quand j'ai commencé chez Eaton, je gagnais un peu plus de 4000 dollars par année. Un salaire intéressant à cette époque. Un jour, un fournisseur m'avait demandé quel salaire j'espérais gagner un jour. Je lui avais répondu que si jamais je gagnais 10 000 dollars par année, ce serait presque inespéré. Or, après quelques années seulement, mon salaire dépassait déjà ce chiffre mirobolant. Que demander de plus ? Et il y avait davantage, car être cadre chez Eaton apportait un statut social. Nous étions enviés. Nous avions le droit d'aller manger au fameux restaurant Art Deco du neuvième étage, où nous payions un prix dérisoire pour nos repas. Après avoir mangé, nous pouvions aller dans un salon mis à notre disposition pour jouer aux cartes. La grande classe !

Quand j'étais à Saint-Prosper, j'étais convaincu qu'être entrepreneur représentait la vraie sécurité. Pour la vie. Mais là, je m'interrogeais. Et plus je réfléchissais, plus je me rendais compte que je pouvais très bien passer ma vie chez Eaton. L'entrepreneuriat, c'était bon pour les cultivateurs.

Tout était parfaitement clair dans ma tête, jusqu'à ce que, en 1967, la maison mère de Toronto confie à une firme de consultants le mandat de revoir la structure administrative de la haute direction de tous les magasins Eaton, incluant celui de Montréal. Les consultants en question ont constaté un certain nombre de choses à corriger. Ils avaient noté des carences qui devaient être comblées par l'implantation d'un nouveau système de gestion plus moderne et mieux adapté pour l'époque.

Il a été décidé de modifier les règles de gérance en proposant que, dorénavant, chaque département ait un gérant aux achats et un autre aux ventes.

L'implantation de ces mesures a eu beaucoup de conséquences directes sur le personnel de gestion d'Eaton. Par exemple, presque du jour au lendemain, tous les gérants ont été, en quelque sorte, rétrogradés puisqu'ils n'avaient désormais la responsabilité que d'une partie de leur département. Plusieurs d'entre eux ont été réaffectés ou ont tout simplement perdu leur emploi. Par ailleurs, les assistants gérants, pour la plupart plus jeunes et souvent mieux instruits, obtenaient une promotion, car on leur confiait la gestion entière d'un volet du rayon. J'étais un de ceux-là.

Bref, l'atmosphère a complètement changé dans la vénérable institution. En un rien de temps, des choses que je croyais solides et éternelles ont été balayées. Je peux ajouter que si ces modifications étaient à mon avantage, elles furent presque insupportables pour ceux qui étaient en fin de carrière et qui voyaient leur salaire et leurs responsabilités diminués.

Lors de ces changements, j'ai appris que les besoins d'une entreprise pouvaient passer avant les aspirations des employés. Eaton devait faire des profits. C'était et c'est toujours la règle. Si, dans le processus, des gens en souffraient, c'était dommage, mais ce n'était que des pertes collatérales. L'objectif ultime était la survie et le développement de la compagnie.

Cette prise de conscience m'a ébranlé, même si, personnellement, j'étais gagnant dans cet échange. Comme Pete Gilbert prenait sa retraite, on m'offrit la responsabilité de tout le sous-sol. Mais je me questionnais encore quand même. J'étais jeune et je pouvais retomber sur mes pieds, mais qu'en serait-il si, à 55 ans, je devais subir une nouvelle restructuration et qu'on doive m'écarter ? Qu'adviendrait-il de moi ?

J'en étais rendu à me demander si je n'avais pas laissé tomber l'idée de devenir un entrepreneur un peu trop vite.

Dans cette deuxième moitié des années 1960, je remarquais que d'autres magasins bien établis, comme Pascal ou Dupuis, semblaient avoir des problèmes. Pour survivre, ces entreprises, comme c'était le cas pour Eaton, devaient s'adapter. Et les conséquences pouvaient être lourdes pour les employés. Je me suis mis à me dire que, peut-être, je devrais quitter Eaton et essayer autre chose.

J'ai évidemment discuté de mes appréhensions avec mes proches. La plupart me disaient fou de simplement penser à quitter Eaton. Mais, au plus profond de moi, je m'interrogeais. Si je ne voulais pas me retrouver plus tard dans une situation difficile, il fallait que je prenne immédiatement les moyens pour garantir mon avenir.

Au fil des jours, mon idée s'est précisée. Je savais que j'aimais le commerce. C'était clair. Mais je me rendais compte qu'un magasin comme Eaton ne représentait finalement qu'un volet de l'industrie de la vente au détail. La solution à long terme pour moi se trouvait peut-être ailleurs. Si je parvenais à apprivoiser d'autres aspects, d'autres facettes de la profession, je me mettrais à l'abri des problèmes. Je me devais d'approfondir mes connaissances. Si je pouvais les diversifier en travaillant dans plusieurs secteurs différents, je n'aurais pas à craindre d'éventuelles et nécessaires restructurations. Je pourrais faire face à toutes les situations. J'étais même certain que les employeurs chercheraient quelqu'un possédant une telle polyvalence.

Toute cette réflexion a duré environ un an. Puis, un jour, je suis allé rencontrer une agence de placement. J'ai expliqué que je voulais me bâtir un profil de carrière qui me permettrait de devenir un spécialiste de tous les secteurs du commerce de détail. Dans le cadre de cette démarche, ai-je ajouté, je souhaitais, au cours des 15 années suivantes, trouver des emplois que je garderais deux ou trois ans chacun.

Chaque fois, le défi devrait me permettre d'aller plus loin dans ma connaissance du milieu. Il n'était pas question de quitter Eaton pour aller faire la même chose chez Simpson ou Morgan. Il faudrait, par exemple, que je puisse travailler pour un regroupement de franchisés, pour un fournisseur de commerces indépendants, dans une entreprise de distribution, et, pourquoi pas, auprès de coopératives. Voilà l'objectif que je me fixais pour les prochaines années. Je songeais également au fait que rien ne m'empêcherait de devenir un entrepreneur si je le désirais, puisque je connaîtrais toutes les facettes du métier.

J'ai probablement un peu surpris les gens de l'agence. J'étais toutefois, je le répète, convaincu d'avoir raison.

Quelques jours plus tard, l'agence m'a recontacté pour me dire que Western Tires and Auto Supply (WTAS) recherchait quelqu'un qui avait mon profil et mes compétences. Western était une chaîne de magasins spécialisés dans la vente au détail de pièces et d'accessoires automobiles. Elle était à la recherche d'un superviseur pour certains de ses magasins corporatifs[15] du Québec et de l'Ontario.

Une réunion a donc été organisée aux bureaux de Lachine, près de Montréal. J'y ai rencontré Karl Work, le patron du secteur québécois, West Winter, son patron canadien, et Seb Sinclair, le président. Une rencontre particulièrement inspirante et instructive qui m'a beaucoup intéressé. Western représentait en effet un secteur d'activité que je connaissais peu et qui pourrait m'amener plus loin dans mon développement. De plus, je croyais fermement pouvoir remplir le mandat qu'on souhaitait me confier.

J'avais un intérêt, mais aussi des doutes. La décision était importante. Non seulement pour moi, mais aussi pour ma famille. Évidemment, j'en ai parlé à mon épouse. Elle trouvait le saut ambitieux et n'était pas certaine que c'était la meilleure chose à faire. Cependant, plus j'y pensais, plus j'étais convaincu de la valeur de ce changement. Je me disais que si je devais rester une année encore chez Eaton, je ne pourrais plus partir. Et je ne voulais pas en arriver là.

Une semaine plus tard, à ma grande surprise, les dirigeants de Western m'ont fait parvenir une offre. Ils me proposaient 1500 dollars de plus par année que ce que je gagnais chez Eaton et ils me fournissaient une automobile. C'était fort intéressant. Mais la décision était encore difficile à prendre. Un soir que j'étais à la maison, je me suis senti mal. J'avais des palpitations. Ma femme a téléphoné au médecin qui est aussitôt venu. Après m'avoir examiné, il m'a dit que j'avais le cœur solide et que les palpitations étaient probablement liées à la nervosité et au stress causés par la décision que je m'apprêtais à prendre. Peut-être cela a-t-il été le petit rien qui a fait pencher la balance. J'ai alors fait mon choix.

Dès le lendemain, en rentrant au magasin, j'ai décidé qu'il fallait que je rencontre directement monsieur Jack Eaton pour lui expliquer ma décision et lui remettre ma démission. Or, on ne visitait pas le grand patron sans prévenir. J'ai téléphoné à sa secrétaire en lui disant que je souhaitais avoir un entretien avec lui. Heureusement, il était non seulement à son bureau, mais il était aussi disponible. La secrétaire, que je connaissais, a relayé le message et, quelques minutes plus tard, j'arrivais devant le bureau au quatrième étage. Pour être honnête, j'étais un peu tendu. Parce que monsieur Eaton... eh bien, c'était monsieur Eaton!

Sa secrétaire m'a annoncé et je suis entré dans le bureau. Jack Eaton s'est levé et est venu me saluer. Il devait avoir un peu plus de 60 ans; très grand, les cheveux blancs, il faisait grand seigneur. Je me suis avancé en jetant un coup d'œil sur cette pièce que je voyais pour la première fois. Je suis sûr que ce devait être le plus beau bureau de l'édifice. Sur les murs, il y avait quelques peintures et cette grande photo de Timothy Eaton, le fondateur de l'empire.

Pendant que je m'approchais, je me disais qu'il était encore temps de revenir sur ma décision, que je pouvais continuer à travailler ici. Puis, lorsque le grand patron m'a invité à m'asseoir dans un fauteuil, je me suis dit que j'avais raison. Je devais aller jusqu'au bout.

— Alors, monsieur Frigon, m'a-t-il dit, vous souhaitez me parler ?

— Merci de me recevoir, monsieur Eaton, mais je voulais, en personne, vous faire part de ma décision de quitter Eaton.

— Et pourquoi donc ? demanda-t-il, l'air un peu surpris.

On ne devait pas aller souvent le voir pour lui annoncer qu'on voulait démissionner. Je me suis alors mis à lui expliquer les conséquences de la restructuration de l'année précédente, ce qu'elle avait représenté pour certains employés, ce qu'elle pourrait représenter pour moi dans quelques années si le même scénario se reproduisait et ma volonté de diversifier mes connaissances du monde du commerce de détail pour en devenir un spécialiste. Je lui ai fait comprendre que j'avais adoré mon expérience chez Eaton, mais que je devais maintenant aller ailleurs.

Il m'a regardé pendant quelques secondes, puis il a simplement dit : « Monsieur Frigon, je respecte votre décision et vous souhaite bonne chance. »

Soudainement, un grand poids m'était enlevé. J'étais soulagé. Je savais qu'il avait compris mes motivations. Je me suis levé, je lui ai serré la main, je l'ai remercié et je suis sorti.

De retour dans mon rayon, j'ai réuni les membres de mon équipe et je leur ai annoncé ma décision. Deux semaines plus tard, je quittais Eaton.

Chapitre 4
Le Dragon acquiert de l'expérience

La mémoire est parfois étonnante dans tout ce qu'elle peut faire ressurgir comme détails. Ainsi, je me rappelle que mon patron chez Western Tires and Auto Supply, Karl Work, habitait près de Hawkesbury, en Ontario. Pourtant, il connaissait bien et aimait beaucoup Montréal. Mais il faut se remettre dans le contexte du temps. À l'automne 1968, la montée du nationalisme québécois prenait sa vitesse de croisière. Le Rassemblement pour l'indépendance nationale (RIN), fondé en 1963, acceptait, en 1968, sa dissolution pour s'intégrer au Parti québécois qui venait d'être créé. La question de la séparation entre le Québec et le reste du Canada était dans tous les discours et faisait très peur aux anglophones de la province. Alors, comme beaucoup d'autres Anglo-Québécois, Work prenait un peu ses distances.

Bref, un lundi du mois de septembre 1968, je me suis rendu au siège social de Western pour ma première journée de travail. L'édifice était situé sur la 52e avenue, à Lachine. On y trouvait les bureaux administratifs et l'entrepôt qui alimentait les magasins. Évidemment, comme c'était un peu la norme à l'époque, la réunion s'est entièrement déroulée en anglais.

J'y ai fait la connaissance de deux autres superviseurs, Jack Laurin et Bob Finley, qui m'ont parlé un peu de leur expérience et de ce qui m'attendait. Ce matin-là, on m'a mis tout à fait à l'aise et je dois dire que j'étais content de ma décision. Ce changement, j'en étais certain, serait à la fois salutaire et très avantageux pour ma carrière.

Dans l'après-midi, on m'a indiqué les magasins dont j'aurais la supervision. Il faut comprendre que Western avait deux types de succursales : les franchisées et les corporatives. C'était de certaines de celles-ci dont je devrais m'occuper. On m'a confié les magasins de la rue de L'Église, à Verdun[16], et de la rue Jean-Talon, à Montréal. J'étais aussi responsable de deux succursales de la ville de Québec et d'une autre à Sudbury, dans le nord de l'Ontario. Enfin, je devais diriger l'établissement en construction au Centre Laval, dans la ville du même nom.

Le défi était enthousiasmant. Pendant les semaines et les mois qui ont suivi, j'ai appris beaucoup de choses, très différentes de celles que j'avais connues chez Eaton. À la base, il était toujours question de commerce, mais les pièces d'automobiles et les chemises ont peu de choses en commun. Prenez simplement le langage. Au tournant des années 1960, tout le vocabulaire qui concernait les voitures et les pièces de rechange était en anglais. La francisation allait venir plus tard. On parlait alors de *windshield* et non de pare-brise, de *spark plugs* plutôt que de bougies d'allumage, de *tires* et non de pneus.

Et il y avait plus. La mentalité des employés était totalement différente. Il y a, vous en conviendrez, très peu de similitudes entre une vendeuse de chez Eaton et un mécanicien de Western. Disons que les mécanos parlent un peu plus « cru »...

Cela dit, je me rendais compte que mes années passées dans le commerce de détail avaient été profitables, même s'il me restait du chemin à parcourir. L'expérience acquise chez Eaton avait été mon université du commerce de détail. Ainsi, toute la question du respect de la clientèle, de la qualité du service, de la propreté était, et est encore aujourd'hui, au centre de mes priorités et de la réussite de toute entreprise.

L'autre aspect qui me semble universel, ce sont les relations avec les employés. J'ai toujours été convaincu que ces derniers sont la force d'une entreprise. Il faut non seulement les respecter, mais il faut réussir à créer un esprit d'équipe où tout le monde comprend son rôle et son importance. C'est un point sur lequel j'ai toujours été intraitable. À mon sens, il faut que les responsables fassent en sorte que les employés s'amusent et aiment leur travail. C'est la clé qui permet d'offrir un bon service aux clients et de maintenir leur fidélité à l'entreprise.

Outre ces considérations d'ordre général, Western m'a permis d'apprendre deux choses essentielles. D'abord, pour la première fois, je participais activement à tout mettre en place pour l'ouverture d'un nouveau magasin, soit celui de Laval. Il s'agissait non seulement d'un nouveau magasin, mais aussi l'un des premiers situés dans un centre commercial. Il faut se rappeler que les centres d'achats, comme on disait, apparaissaient tout juste au Québec. On affirmait qu'ils constituaient l'avenir du commerce de détail. Au début des années 1960, les centres commerciaux se sont multipliés et sont devenus de plus en plus imposants. Le Centre Laval était l'un d'eux.

Ouvrir un nouveau magasin représente un travail colossal. Comme il s'agissait d'un établissement corporatif relevant directement de Western, il y avait un certain nombre de produits de base qu'il fallait offrir. Mais, pour tous les autres, nous devions faire des choix en fonction de la clientèle que nous voulions rejoindre. La banlieue, où tout le monde possédait au moins une voiture et souvent deux, devenait un lieu de prédilection pour un magasin offrant mécanique et pièces d'autos.

J'ai consacré beaucoup de temps à cette succursale, mais j'avais cinq autres magasins que je visitais très régulièrement. Je m'y rendais aussi souvent que possible. Je considérais important d'être connu et impliqué dans le développement de chacun d'entre eux. Bien entendu, je visitais plus souvent ceux de la région de Montréal, mais je me rendais aussi fréquemment dans les établissements de Québec et de Sudbury. Et ce fut ma deuxième grande leçon, car, grâce à ces déplacements, j'ai acquis la notion des distances et de la géographie en affaires.

En fait, j'adorais cette obligation de rendre visite aux magasins dont j'assumais la supervision. C'était la première fois que mes fonctions m'amenaient à l'extérieur de Montréal, mais ce ne serait pas la dernière fois. Or, voyager n'est pas toujours facile. Je ne parle pas seulement ici des impératifs familiaux qui obligeaient mon épouse à mettre les bouchées doubles avec les enfants et la maison. Le transport, à lui seul, est quelquefois préoccupant. Et il faut se rendre à destination, peu importe les conditions.

Ainsi, j'allais par avion au magasin de Sudbury une fois par mois. Mais il m'est arrivé, au moins une fois, d'être obligé de m'y rendre d'urgence. C'était en 1969, si mes souvenirs sont exacts. Le gérant en poste m'avait contacté, totalement paniqué : ses trois mécaniciens venaient de remettre en même temps leur démission. C'était un vendredi en fin de journée.

Sudbury est une ville minière où INCO est la principale entreprise et le plus gros employeur. INCO, pour International Nickel Company of Canada, est un joueur de premier plan mondialement. Évidemment, pour les citoyens de Sudbury de l'époque, obtenir un emploi dans cette usine assurait leur avenir. Tous les travailleurs rêvaient d'y obtenir un poste. En 1969, INCO venait de procéder à l'embauche de nouveaux employés, dont des mécaniciens, pour s'occuper de sa flotte d'engins lourds. Les trois mécaniciens du magasin de Sudbury avaient postulé et obtenu un emploi.

Inutile de dire qu'un garage sans mécanicien est moins efficace. Il fallait donc que je me rende immédiatement dans le nord de l'Ontario pour prendre, avec le gérant, les mesures qui s'imposaient. Mais voilà, Air Canada était en grève et il fallait que je sois à Sudbury le lundi matin, avant l'ouverture du magasin.

Le samedi, j'ai quand même téléphoné à Air Canada pour savoir si un autre transporteur assurait la liaison Montréal-Sudbury. On m'a suggéré la Georgian Bay Airways, dont je n'avais jamais entendu parler. Cette compagnie effectuait une liaison Ottawa-North Bay-Sudbury. Nécessité faisant loi, j'ai contacté ce transporteur et appris qu'il y avait un vol qui partait le lendemain. J'ai réservé une place et j'ai quitté Montréal en auto pour aller à Ottawa. Le dimanche, je me suis rendu au comptoir de la compagnie à l'aéroport pour régler les détails. Je me suis alors informé sur le type d'appareil utilisé. Un Beechcraft Super 18, m'a-t-on appris. Un bimoteur développé durant l'entre-deux-guerres et qui avait donc plusieurs années, pour ne pas dire plusieurs décennies. Tout ce que je peux vous dire, c'est que l'avion ne payait pas de mine.

Nous étions 12 passagers, probablement des gens aussi pressés que je l'étais, quand on nous a fait monter à bord. Nous occupions toutes les places dans l'avion. J'ai eu ma première surprise quand le pilote et le copilote sont entrés. Comme c'était un petit appareil, ils sont passés à côté de nous et j'ai remarqué qu'ils avaient l'air d'adolescents. « Et puis après ? m'étais-je dit. Ils sont sûrement compétents. »

Enfin, nous nous sommes préparés pour le décollage. Les moteurs rugissaient et l'appareil avançait sur la piste. Je me suis rendu compte assez rapidement que quelque chose clochait, car l'avion ne levait pas. Avant d'atteindre le bout de la piste, le pilote a mis les freins et l'avion a rebroussé chemin. On ne nous a donné aucun mot d'explication. Revenu au point de départ, autre surprise. J'ai alors vu par le hublot un mécanicien qui ajoutait ce qui semblait être de l'huile dans l'un des moteurs. Rien de rassurant. Puis nous avons retenté le coup. Dans quoi m'étais-je donc embarqué ?

Cette fois, le décollage a réussi et, dans un bruit d'enfer, l'avion a pris l'air. Et quand je dis prendre l'air, c'est dans tous les sens du terme. Le vent entrait dans la carlingue par des espaces autour de la porte. Nous étions non seulement très nerveux, mais gelés, même si on ne volait pas trop haut, l'avion n'étant pas pressurisé. Pour le confort, on repassera.

Le vol jusqu'au premier arrêt, à North Bay, a été un calvaire. Nous étions convaincus que nous allions nous écraser. Si bien qu'après la première escale, aucun des passagers n'a voulu continuer jusqu'à Sudbury. Nous avons préféré prendre des taxis et faire le reste du voyage par voie terrestre. Je suis donc arrivé à destination très tard en soirée.

Je me suis directement rendu à l'hôtel President, où je logeais habituellement lors de mes visites. La nuit a été courte et, à sept heures, j'ai rejoint le gérant au magasin. Il fallait prendre des mesures. Nous avons d'abord convenu de poser une affiche indiquant que le service mécanique était temporairement fermé. Puis il fallait trouver une solution pour combler les trois postes vacants.

J'ai suggéré de prendre le taureau par les cornes et de préparer une pancarte annonçant que Western était à la recherche de trois mécaniciens d'expérience. Puis nous sommes allés nous installer avec notre affiche devant l'entrée des employés de l'INCO pour rejoindre rapidement des candidats potentiels. L'annonce précisait aussi le salaire, que j'avais augmenté substantiellement par rapport à ce que l'on payait avant. Eh bien, imaginez-vous que, finalement, nous avons réengagé les trois mécaniciens qui avaient quitté leur poste la semaine précédente! Dès le lundi suivant, ils étaient de retour au boulot où ils sont ensuite restés des années. La crise était résolue.

Ce problème étant réglé, il fallait que je rentre à Montréal. Il n'était pas question de prendre le même appareil que celui qui m'avait fait tellement peur quelques jours plus tôt. J'aurais préféré rentrer à pied... Cette fois, j'ai été chanceux. Quand j'ai contacté la compagnie aérienne, on m'a annoncé qu'un tout nouvel avion venait d'être mis en service, un Cessna de cinq passagers, si je me souviens bien. Le vol de retour s'est effectué rapidement, confortablement et, surtout, en toute sécurité...

Les choses ont commencé à changer pour Western en 1970, quand la pétrolière Gulf Canada a acheté la compagnie. Gulf a d'abord changé toute la haute direction pour y placer son propre personnel. Vic Bracka et Bob Fyfe ont pris les commandes à la place de Karl Work et Seb Sinclair. Quant à West Winter, il est parti pour aller travailler à Whitby, sa ville natale, en Ontario. La tradition de l'entreprise s'est complètement modifiée. Pour Gulf, l'important était de vendre de l'essence. Les pièces et les pneus demeuraient anecdotiques. Les conséquences de cette transaction se sont fait sentir très rapidement. Tout le secteur des pièces et du service a baissé. J'avais l'impression que ce rayon était, pour les nouveaux dirigeants, un simple amusement. Ils ne possédaient pas l'expertise pour le développer et ne s'y intéressaient pas vraiment.

Par exemple, ils ont un jour entendu parler d'une machine électronique, faite aux États-Unis, qui permettait de poser rapidement des diagnostics sur les problèmes des voitures. Elle était fabriquée par Bear Equipment, si je ne me trompe pas. Les nouveaux propriétaires ont décidé de s'en procurer une et de l'installer à notre succursale de Verdun. Auparavant, ils m'ont envoyé passer quelques jours à Moline, près de Chicago, pour y recevoir une formation.

Bilan: l'opération n'a pas vraiment fonctionné. La machine coûtait très cher et la technologie n'était, je crois, pas tout à fait au point pour l'utilisation que nous voulions en faire. Si bien qu'il a été impossible de la rentabiliser. Mais ce fait n'a jamais semblé troubler les membres de la direction. Ils avaient leur *Diagnostic Center* et ça leur suffisait.

J'étais chez Western Tires and Auto Supply depuis près de trois ans et je considérais que j'en avais fait le tour, particulièrement depuis l'arrivée des nouveaux propriétaires. J'y avais appris beaucoup sur les magasins corporatifs, sur l'ouverture de nouvelles succursales, sur la supervision d'établissements, sur les déplacements fréquents et sur cette clientèle particulière que sont les automobilistes. Pour suivre le plan de carrière que j'avais imaginé et qui prévoyait que je devais rester environ trois ans à chaque endroit, il me fallait changer d'horizon de nouveau. Et c'est là que la vie a, encore une fois, été bonne pour moi.

Un jour, l'ex-président de Western, Seb Sinclair, m'a contacté. Après son départ, il avait décidé d'acheter et de développer la franchise des restaurants Red Barn au Québec. Il m'a expliqué qu'il s'agissait d'une chaîne de restauration rapide qui s'étendait rapidement aux États-Unis et dans le reste du Canada, et qui concurrençait directement tous les McDonald's et Harvey's de ce monde.

Je crois qu'il m'a fallu deux minutes pour accepter ce nouveau défi. Ma vie professionnelle allait prendre un nouveau tournant.

* * *

La chaîne Red Barn avait été fondée aux États-Unis en 1961. Elle avait grandi rapidement et, au début des années 1970, elle comptait entre 300 et 400 établissements dans 19 États américains ainsi que dans le sud de l'Ontario, dans quelques autres provinces canadiennes et en Australie. On y offrait bien entendu des hamburgers (dont le Big Barney, que l'on m'a dit être le prédécesseur du Big Mac), des frites toujours fraîches et non congelées, mais aussi du poulet et même du poisson frit. Ce fut aussi la première chaîne où il était possible, dans certains restaurants, de trouver un bar à salades libre-service. Je n'en savais encore rien, mais j'entrais dans un tout nouvel univers.

Monsieur Sinclair m'a proposé un bureau dans l'édifice de la Standard Life, situé au coin des rues de la Montagne et Sherbrooke, à Montréal. L'une de ses autres entreprises y était déjà installée. Mon mandat était de m'occuper du développement des restaurants Red Barn au Québec, où il n'en existait aucun. En réalité, il y en avait deux, mais ils se trouvaient dans la région de Hull, que les *Canadians* considéraient comme faisant partie de l'Ontario, c'est-à-dire comme une banlieue d'Ottawa.

Je devais donc développer les bases de cette chaîne au Québec, en commençant par la région de Montréal. Un travail de longue haleine puisque tous les restaurants Red Barn appartenaient à des franchisés qui devaient respecter les politiques de la maison mère. Et au Québec, tout était à faire! Il fallait d'abord trouver des terrains vacants où il serait possible de construire et recruter des franchisés.

Or, trouver des terrains n'est pas si facile. L'emplacement d'un établissement de cette nature doit répondre à de nombreux critères. Par exemple, il vaut mieux un endroit situé sur le côté de la rue qui est généralement celui du retour à la maison. L'idée est de faciliter la vie du père ou de la mère de famille qui rentrent au domicile après le boulot et qui n'ont pas envie de préparer le souper. Ils n'ont pas le moindre détour à faire. Ils n'ont qu'à arrêter au restaurant et le tour est joué. J'ai ainsi appris que tout, ou presque, est prévu.

En même temps, il fallait que je me familiarise avec le système de Red Barn et que j'en comprenne les règles ainsi que la philosophie d'entreprise. J'aurais à superviser, du moins temporairement, des restaurants situés dans l'est de l'Ontario (qui incluait ceux de l'ouest du Québec). Mais avant tout, je devais être formé.

Le siège social de Red Barn était situé à London, en Ontario. Je m'y suis rendu pendant quelques jours. Le temps de faire un simple survol pour me donner une idée de l'ampleur de mon ignorance. À London, j'ai rencontré un franchisé

Les Red Barn ont été, pendant un moment, à l'avant-garde de ce type de restauration rapide.

qui possédait des établissements à Toronto, dont un sur la rue Keele, près de la 401. J'ai travaillé dans cette succursale pour apprendre tous les rudiments de ce type de restauration... et c'est vraiment là que j'ai compris la restauration rapide.

J'ai pu travailler à tous les postes, depuis l'entretien jusqu'à la caisse, en passant par le service au comptoir et la cuisson des repas. Le slogan publicitaire des restaurants Red Barn se résumait en trois mots : « Service, Qualité, Propreté ». Et tout le monde, depuis le président jusqu'aux commis, devait le respecter. Pour vous donner une idée, j'ai passé une journée complète pendant ma formation à Toronto à enlever la gomme sous les tables. Je n'imaginais pas que tant de clients laissaient leur gomme là-dessous. Aujourd'hui encore, quand je veux savoir si un restaurant applique une politique de propreté, je passe ma main sous la table. Si j'y trouve des morceaux de gomme collés et séchés, j'ai ma réponse. J'ai été initié à la dure, mais l'apprentissage a été extrêmement efficace et profitable.

De retour à Montréal, j'ai commencé à travailler pour trouver des emplacements pour les futurs restaurants. Au début, je passais environ deux jours par semaine à rencontrer des agents d'immeubles et à visiter des terrains sur lesquels je préparais des rapports en prévision du développement. À l'époque, nous nous étions demandé si le nom Red Barn devait être conservé au Québec. La question de la langue était particulièrement épineuse au début des années 1970. Robert Bourassa était alors premier ministre d'un gouvernement libéral et il subissait d'énormes pressions des nationalistes pour faire respecter le fait francophone. Les plus vieux se souviendront du *Bill 63* qui visait à promouvoir la langue française. Il prévoyait, entre autres, de consacrer le libre-choix dans l'enseignement de la langue d'instruction, ce que refusait férocement une bonne partie de la population.

D'importantes manifestations avaient eu lieu dans les grandes villes québécoises. À Montréal, l'escouade policière antiémeute, formée quelques années auparavant, lors des émeutes du traditionnel défilé de la Saint-Jean-Baptiste en 1968 et 1969, avait dû intervenir à de nombreuses reprises. Finalement, ce projet de loi a été remplacé par la loi 22, qui a été suppléée à son tour par la loi 101 quand le Parti québécois a pris le pouvoir en 1976.

Dans ce contexte, le choix du nom des futurs restaurants prenait un sens particulier. J'étais de ceux qui estimaient que l'appellation devait être adaptée et je favorisais celle de la « Grangette rouge ». Mais cette option n'a pas été retenue. Les dirigeants préféraient l'uniformisation du nom dans toute l'Amérique. Finalement, je crois qu'ils ont eu raison.

Toutefois, au fil du temps, toute cette discussion autour du nom des restaurants a été vaine car, à cause de problèmes essentiellement économiques, aucun restaurant Red Barn n'a ouvert ses portes au Québec, exception faite de ceux de Hull et Gatineau, lesquels étaient déjà ouverts à mon arrivée. Il n'empêche que lors de mon arrivée avec Red Barn au Québec, l'espoir de développer la bannière était non seulement bien vivant, mais tout à fait réel. Mais comme je l'ai précisé, je devais aussi superviser plusieurs établissements dans l'est de l'Ontario. C'est finalement cette tâche qui a occupé tout mon temps.

Mon horaire était relativement simple. Étant donné que le dimanche soir était toujours un des moments les plus achalandés de la semaine pour les restaurants, je quittais la maison en début d'après-midi pour me rendre au Red Barn de Cornwall, où je passais la soirée. Je prenais ensuite une chambre d'hôtel dans le coin et j'allais, le lendemain, dans la région d'Ottawa où il y avait trois restaurants en plus de ceux de Hull et de Gatineau. De là, je continuais ma visite en me rendant à Kingston, puis à Belleville, et je terminais souvent ma semaine en passant par le siège social de London. Bref, pendant plusieurs mois, j'étais très rarement à la maison.

Quand j'entrais dans un restaurant, il m'arrivait régulièrement de m'installer directement derrière le comptoir et de servir les clients. Je parlais aussi beaucoup aux gens. Je leur demandais s'ils étaient satisfaits, si la nourriture était bonne, s'ils appréciaient le service, si l'accueil était courtois, bref, je prenais le pouls. En discutant avec les clients et en les écoutant, je comprenais mieux leurs attentes et j'étais en mesure de voir quelles améliorations il était possible d'apporter pour répondre à leurs besoins.

Pour tout vous dire, j'en profitais aussi souvent pour passer la main sous les tables et faire mon inspection. Des fois que j'aurais trouvé quelque chose!

Rapidement, j'ai appris à distinguer, du premier coup d'œil, les restaurants qui fonctionnaient bien de ceux qui devaient encore travailler pour atteindre les standards imposés. Par exemple, les normes établies prévoyaient la fréquence du changement de l'huile à friture et même le type d'huile à utiliser. Quand j'entrais dans un restaurant et que je sentais l'odeur de friture, je savais immédiatement que le franchisé étirait un peu la sauce. Je m'empressais alors de lui rappeler nos méthodes et il corrigeait la situation.

Je ne peux pas passer sous silence la crise d'Octobre 1970. La semaine au cours de laquelle les événements ont commencé, j'étais en tournée en Ontario. J'ai donc appris l'entrée de l'armée à Montréal par la radio, les journaux et des bulletins à la télé du Canada anglais. L'image que les médias transmettaient à l'extérieur du Québec était plus alarmante que celle qu'on avait de la situation du Liban ou de l'Irak. Nous entendions parler d'explosions et de soulèvements populaires. J'étais donc très inquiet, même si Louise me confirmait par téléphone que la province n'était pas en guerre. Les gens dans le reste du Canada en discutaient entre eux comme d'un drame historique doublé d'une tragédie humaine pour le pays.

Je peux vous garantir que lorsque je suis revenu à Montréal, je m'attendais au pire. Déjà, sur la route, en traversant la ligne qui délimite les deux provinces, le Québec et l'Ontario, j'étais certain de voir une différence dans le comportement des gens et même dans l'apparence du paysage. J'ai été extrêmement surpris de ne rien remarquer. « Ce sera un peu plus loin. Attends ! » me disais-je. Je poursuivais ma route, anxieux de constater les dégâts et m'attendant à tout moment à être intercepté par l'armée. Avait-on encore le droit de circuler vers Montréal ?

Et toujours rien. Même en traversant Montréal, tout était normal. Mais où était ce chaos qu'on nous annonçait en Ontario ? Je me suis engagé sur le pont Champlain en direction de Brossard et j'ai vu que Montréal n'était ni à feu ni à sang.

Quand je suis finalement arrivé à la maison, j'ai demandé à mon épouse comment elle avait vécu ces tragiques épisodes. Elle m'a reconfirmé que la situation était effectivement grave, mais qu'il n'était pas question et qu'il n'avait jamais été question de soulèvement, de batailles dans les rues ou d'autres atrocités. J'étais bien obligé de la croire puisque je n'avais rien vu depuis que j'avais passé l'affiche « Bienvenue au Québec » quelques heures plus tôt.

C'est à ce moment que j'ai compris la distance qu'il y a parfois entre ce qui se passe au Québec et ce que l'on en comprend dans le reste du Canada. Et ce jour-là, cette différence de perception et de réalité m'a paru terrible.

* * *

Quelques mois après mon entrée en fonction, je me suis retrouvé au siège social de London, où je devais présenter un rapport au patron de Capital Diversified Industries, compagnie qui dirigeait le système Red Barn au Canada. C'était un homme d'affaires expérimenté qui me plaisait beaucoup. Un homme chaleureux, sympathique et rieur qui possédait une solide expérience en administration. La journée de notre rencontre, il m'a appris qu'il y aurait, à la fin du printemps 1971, un congrès international de Red Barn à Las Vegas, aux États-Unis. Il avait décidé que je devais y participer. Je n'allais pas dire non à une semaine à Vegas...

Quelle semaine j'y ai passée! Pour être tout à fait honnête, ce n'est pas dans ce genre d'événement qu'on apprend bien des choses. Ce voyage fut par ailleurs pour moi l'occasion de rencontrer d'autres responsables de Red Barn, de voir un peu où je me situais dans le peloton et de faire de la socialisation. Beaucoup de socialisation. À cette époque, tout le monde fumait et tout le monde prenait un verre, ce que j'ai aussi fait avec mes nouveaux amis. J'ai même eu le privilège, lors de mon séjour, d'aller voir Elvis Presley en spectacle. Il avait beau être en fin de carrière, quel artiste il était!

J'ouvre ici une parenthèse sur un point qui n'a rien à voir avec la restauration, ni même avec Las Vegas, mais plutôt avec le système de santé.

À la fin de mon séjour aux États-Unis, j'ai ressenti une vive douleur au ventre. En rentrant à Montréal, j'ai évidemment rapidement consulté un médecin. Il a diagnostiqué une hernie ombilicale et on a dû m'opérer. J'ai alors subi une anesthésie complète et je suis resté à l'hôpital pendant quatre jours avant qu'on me mette au repos pour les deux semaines suivantes.

Quinze ans plus tard, soit en 1986, j'en ai eu une autre. Cette fois, je suis arrivé à l'hôpital le matin, on m'a endormi pour l'opération, j'ai passé le reste de la journée à l'hôpital et je suis rentré à la maison le lendemain.

Encore une décennie plus tard, on m'a diagnostiqué une troisième hernie. Je me suis rendu à l'hôpital en matinée, on a « gelé » la partie à opérer, on a procédé à l'intervention et, en fin de journée, j'étais de retour à la maison.

Tout ceci pour dire à quel point l'évolution des techniques médicales a connu un développement prodigieux en moins de 25 ans. Je ferme la parenthèse.

* * *

J'ai adoré mon séjour chez Red Barn, car il m'a permis de mettre en place quelques programmes dont je suis très fier. Ainsi, un jour que j'étais au restaurant de Cornwall et que j'observais ce qui se passait, il m'est venu une idée: un hamburger se vendait environ 20 cents à l'époque et je constatais que la plupart des gens en prenaient deux, avec une frite et une boisson gazeuse. Or, la concurrence dans ce type d'établissement était féroce. « Eh bien, me suis-je dit, si on donnait un hamburger à nos clients ? On prendrait un pas d'avance sur la compétition... »

J'ai donc préparé une petite campagne publicitaire qui prévoyait l'insertion, dans le journal local, d'un coupon échangeable contre un hamburger gratuit chez Red Barn. Puis j'ai tenté de convaincre le propriétaire de se lancer dans ce projet. Ce n'était pas gagné d'avance, car tout ce qu'il voyait, c'est qu'il « donnait » de la nourriture à ses clients au lieu de la vendre. « Au contraire, lui ai-je répliqué, le client va venir chercher son hamburger gratuit et il en profitera pour en commander un autre. Il achètera aussi une liqueur et une frite, deux produits sur lesquels le restaurant fait un bien meilleur profit que sur un hamburger. Nous avons tout à gagner ! »

Le propriétaire a accepté de tenter le coup. Un coupon a été imprimé dans l'hebdomadaire local et... la réponse a été démesurée. Les clients sont venus par dizaines, sinon par centaines, chercher leur hamburger gratuit. Comme je l'avais prévu, ils en profitaient pour acheter autre chose. Ce fut un succès monstre ! La réponse a été tellement bonne que les dirigeants de Red Barn, qui surveillaient de près toute l'opération, ont décidé d'étendre ce programme à tous leurs restaurants du Canada.

Toutefois, même si j'adorais ce que je faisais, après un an et demi, je restais sur mon appétit. Bien sûr, j'avais énormément appris sur la gestion des entreprises franchisées. J'avais aussi fait un chemin colossal pour tout ce qui concernait la restauration. Les succursales dont j'étais responsable se trouvaient toujours parmi les meilleures au Canada et j'étais fier de ces résultats. Mais l'une des raisons qui m'avaient poussé à accepter l'offre de Seb Sinclair avait été de mettre sur pied des restaurants Red Barn au Québec. J'en aurais ainsi appris davantage sur le volet immobilier des affaires. Mais plus le temps avançait, plus il devenait évident qu'aucune percée ne serait tentée au Québec.

Vers la fin de l'année 1972, le grand patron de Red Barn m'a contacté pour m'annoncer qu'il allait faire une tournée des magasins d'Ottawa. Ça lui arrivait à l'occasion et j'appréciais toujours la présence de ce gros et gentil bonhomme. Ce jour-là, il a décidé que nous pouvions nous rejoindre pour le lunch et il en profiterait pour me présenter un de ses amis, Bert Loeb. Je ne savais pas qui était cet homme d'une soixantaine d'années qui m'a accueilli avec chaleur.

Bert Loeb était très petit. Quand il était assis sur sa chaise au restaurant, ses pieds ne touchaient pas le sol, ce que je trouvais très amusant. Cependant, s'il n'était pas physiquement grand, l'homme était un géant dans le milieu de l'alimentation de la région d'Ottawa. Il était l'actionnaire principal des marchés d'alimentation M. Loeb Ltd. et il détenait certainement la part du lion dans ce secteur extrêmement concurrentiel. J'étais très impressionné, car j'avais devant moi un véritable homme d'affaires. Nous avons discuté pendant près de deux heures et le contact a été excellent. Il me semblait que nous nous comprenions. Avant de nous quitter, il m'a simplement dit: « Nous nous reverrons bientôt. »

Moins de deux semaines se sont écoulées avant que je reçoive un appel de sa part. Il m'a expliqué qu'il possédait à Montréal une division de son entreprise, connue sous le nom de Georges Painchaud Incorporé. Cette division était à la recherche d'un directeur de la mise en marché et il croyait que ça pouvait m'intéresser.

J'ai pris un peu de temps pour réfléchir, mais il était évident que j'étais fatigué de la restauration, qui m'obligeait continuellement à voyager. Depuis près de deux ans, je ne voyais presque plus ma famille et elle me manquait. Je me suis donc renseigné sur la compagnie Painchaud. J'ai appris qu'il s'agissait essentiellement d'un distributeur de produits non alimentaires et de produits alimentaires non périssables que l'on retrouvait en épicerie.

Outre les produits traditionnels en épicerie, Georges Painchaud fournissait toute une gamme de produits de beauté et de santé, et il était l'un des plus importants distributeurs de cigarettes au Québec.

Sa clientèle était composée de marchés d'alimentation non affiliés à une bannière, comme les épiceries du coin, mais aussi quelques grandes surfaces comme les supermarchés Les 4 Frères, que plusieurs Montréalais ont connus. Mais la véritable base de ce commerce était la cigarette.

J'ai surtout compris que c'était encore une nouvelle avenue qui s'ouvrait à moi. Jamais je n'avais touché à l'approvisionnement en alimentation et c'était un secteur qui m'attirait beaucoup. De plus, en travaillant à Montréal, je me rapprochais de la famille, ce qui n'était pas négligeable. J'en avais d'ailleurs parlé à mon épouse, qui m'avait immédiatement et fortement suggéré de prendre le poste. J'ai attendu deux jours et j'ai téléphoné à Bert Loeb pour lui dire que j'acceptais sa proposition. Il ne restait qu'à finaliser les conditions d'emploi avec la direction à Montréal.

J'en avais également parlé à mon patron chez Red Barn pour lui annoncer la nouvelle. Au fond, il n'a pas paru surpris. Il savait que le développement québécois des restaurants n'aurait pas lieu et que je n'avais plus beaucoup de défis à relever dans cette chaîne de restauration. Il s'était aussi rendu compte que son ami Bert Loeb avait aimé notre rencontre et qu'il ne raterait pas l'occasion de me faire travailler pour lui.

Quelques jours plus tard, je me suis rendu chez Georges Painchaud Inc., au 5200, rue Ferrier, à Ville Mont-Royal, où se trouvaient les bureaux administratifs et l'entrepôt. J'ai rencontré Roger Baril, le patron de Loeb au Québec et grand responsable des trois divisions de l'entreprise, soit Georges Painchaud Inc. (pour Montréal), M. Loeb Limitée (pour Sherbrooke) et A & A Drouin (pour Amos). Roger Baril devait avoir dans la cinquantaine et portait une grosse moustache blanche. Il m'a immédiatement donné l'impression de quelqu'un de gentil et surtout de compétent. Il était accompagné de Bertrand Goulet, directeur général de Georges Painchaud Inc., et de Pierre Croteau, qui occupait le même poste mais pour la division Loeb de Sherbrooke.

Nous avons discuté pendant au moins une heure. J'ai parlé de mon expérience professionnelle et de mes aspirations. J'ai écouté mes interlocuteurs m'expliquer le fonctionnement de l'entreprise tout en précisant qu'ils savaient parfaitement ne pas être la plus importante entreprise dans le secteur de l'alimentation au Québec, mais qu'être la vraie deuxième, c'est parfois mieux.

J'aimais bien Bertrand Goulet, le responsable de Painchaud. Il devait avoir mon âge, bien que plus costaud que je ne l'étais. Il ressemblait au portrait-robot de celui qu'on imagine être un homme d'affaires, ce qui ne l'empêchait certainement pas d'être très sympathique. Quant à Pierre Croteau, il était l'homme avec lequel j'avais le plus d'atomes crochus. C'est d'ailleurs lui qui, vers la fin de la réunion, s'était tourné vers Baril et lui avait dit qu'il voulait que j'aille à Sherbrooke pour y faire ma formation. La cause était entendue. On me confirma les conditions d'emploi et je devins responsable de la mise en marché pour la division Georges Painchaud Inc.

Pierre était, je crois, un peu plus jeune que moi. C'était un colosse qui ressemblait plus à un bûcheron qu'à un épicier. D'ailleurs, il avait une passion pour la ferme et en possédait une dans la région de Warwick, où il se rendait aussitôt qu'il avait du temps. Pierre était quelqu'un de jovial qui, en tout cas j'en ai toujours eu l'impression, portait le complet par obligation, car sa cravate était éternellement défaite et son veston détaché. Et il fumait. Comme une cheminée. En fait, beaucoup plus que moi, qui étais pourtant un grand consommateur.

Malheureusement, moins d'un an après mon entrée chez Painchaud, Pierre a été atteint d'un cancer. Nous étions dans les années 1970 et les liens entre cette terrible maladie et la cigarette n'avaient pas encore été prouvés. Je suis allé lui rendre visite à l'hôpital. Peut-être ai-je été l'un des seuls de la division de Montréal à le faire. Je n'en sais rien. Toujours est-il qu'il a semblé heureux de me voir. Nous avons parlé et, soudainement, il s'est mis à pleurer, comme s'il prenait conscience de la précarité de la vie. Heureusement, il s'est remis de son cancer et il est revenu au travail avec la même énergie qu'avant. Ce bref épisode a grandement contribué à nous rapprocher et nous sommes devenus d'excellents amis.

La semaine que j'ai passée à Sherbrooke a été extraordinaire. Pierre m'a vraiment fait faire le tour de l'entreprise. J'ai passé une journée avec chacun des acheteurs qui m'expliquait toutes les ficelles de sa spécialité. J'ai donc appris les rudiments des rayons de la viande, de l'épicerie, des fruits et légumes, de tout ce qui concernait l'entrepôt. Puis j'ai passé ma dernière journée avec Pierre. Nous avons fait la tournée des magasins et des épiceries qu'il desservait. Cette visite a été, en soi, une expérience de vie. Pierre Croteau connaissait parfaitement tout son monde. Il connaissait surtout les trucs qui faisaient qu'une épicerie fonctionnait bien et qu'une autre éprouvait des difficultés. Je me souviens que nous sommes entrés dans un marché d'alimentation qui avait des difficultés. Pierre s'est discrètement approché de moi pour me dire: « Tu vois, ici, la viande ne marche pas très fort. C'est pas étonnant, regarde son comptoir. C'est sale. Le propriétaire doit corriger la situation et vite. »

Bref, j'ai passé une semaine géniale et, en l'espace de quelques jours, je suis tombé amoureux de l'alimentation.

Le monde de l'alimentation au Québec a toujours été un secteur où la compétition est impitoyable. Il y avait, dans les années 1970, deux grandes chaînes corporatives: Steinberg et Dominion. Il y avait aussi des épiciers qui avaient commencé à se regrouper quelques années plus tôt sous des bannières comme IGA, Provigo et Metro-Richelieu. Et il y avait aussi de nombreux indépendants.

Mais d'eux tous, Steinberg était certainement le plus fort et le plus dynamique. Monsieur Sam Steinberg a toujours été un innovateur en termes de service et de marketing. Il a été le premier à ouvrir des magasins grande surface offrant une quantité incroyable de produits. La seule présence d'un de ses magasins entrainaît souvent la fermeture de plusieurs petites épiceries locales, la clientèle préférant les grands espaces éclairés et accueillants.

Steinberg a aussi été le premier à lancer de véritables campagnes de fidélisation de la clientèle. Rappelez-vous les timbres Pinky. Votre mère ou votre grand-mère en a assurément collectionné. Ce sont également les supermarchés Steinberg qui avaient lancé la campagne des « prix miracles ». Dans le cadre de ce programme, Steinberg offrait des produits à des prix souvent inférieurs au prix coûtant des épiciers indépendants. L'influence de Steinberg était telle que des regroupements d'épiciers ont fait un lobbying important auprès du gouvernement afin qu'il prenne des mesures pour protéger les indépendants. De ces démarches étaient nées certaines pratiques restrictives. Par exemple, pour contrecarrer Steinberg, qui possédait sa propre boulangerie et vendait le pain à un prix dérisoire, un prix plancher a été adopté. Même chose pour la bière. Il a été impossible pendant plusieurs années pour les grandes chaînes corporatives, dont Steinberg, d'en vendre dans leurs établissements, ce qui protégeait les petits détaillants. Bref, les luttes entre chaînes et épiciers indépendants étaient féroces.

Il ne m'a fallu que quelques semaines, après mon retour à Montréal, pour me sentir parfaitement à l'aise dans ce milieu. Et j'avais bien l'intention de jouer un rôle dans le développement de Georges Painchaud. L'occasion s'est rapidement présentée. Je vous l'ai dit, la vente de cigarettes constituait notre plus gros marché. Or, je me suis rendu compte qu'un acheteur colossal nous échappait : les pharmacies Jean Coutu. Mais oui ! À cette époque, les pharmacies avaient le droit de vendre des cigarettes et elles le faisaient allègrement. Les pharmacies du Groupe Jean Coutu étaient celles qui s'étendaient le plus rapidement et qui en vendaient probablement le plus.

J'avais un ami, Jacques Masse, qui était dans le secteur pharmacologique et qui connaissait bien Jean Coutu. Je l'avais rejoint pour lui demander d'intervenir en ma faveur et de m'organiser une rencontre avec monsieur Coutu. Ce qu'il a fait.

J'avais soigneusement préparé notre proposition et nous nous sommes rendus au bureau de Jean Coutu et de Louis Michaud, son associé d'alors. La rencontre a eu lieu au deuxième étage d'une des pharmacies du groupe, avenue du Mont-Royal, à Montréal. Jean Coutu était dans la quarantaine et portait déjà son inséparable sarrau blanc. J'ai bien l'impression que cette tenue a toujours été sa marque de commerce, l'emblème de ses liens avec les pharmaciens et le symbole de cette relation de confiance qui doit exister entre ces professionnels de la santé et leurs clients.

Fidèle à son habitude, Jean Coutu est immédiatement entré dans le vif du sujet :

— Alors comme ça, tu veux nous vendre des cigarettes, m'a-t-il dit en me regardant droit dans les yeux.

— Absolument. Et j'ai une proposition extraordinaire à vous faire. En fait, c'est le *deal* du siècle. Ni plus ni moins !

— J'ai hâte de t'entendre. Vas-y !

La proposition que nous lui faisions ne pouvait être meilleure. Nous étions prêts à lui vendre les cigarettes au prix coûtant. Comment pouvions-nous quand même faire un profit ? Grâce au volume et au mode de paiement qui avait cours entre nous et les fournisseurs de cigarettes. En effet, les fabricants nous accordaient une ristourne de 2,5 % si nous payions en sept jours. Voilà où se trouvait le profit. Un profit minime, mais important considérant le volume.

Bien entendu, Jean Coutu et Louis Michaud ont été intéressés et ont accepté l'offre. Ils m'ont aussitôt commandé l'équivalent d'une remorque de 45 pieds de cartouches de cigarettes à livrer à une nouvelle pharmacie située dans un ancien marché Dominion, toujours sur l'avenue du Mont-Royal. Un truc énorme.

— Excellent, ai-je répondu, le sourire aux lèvres. J'imagine que vous allez vous-même vous charger de la distribution à vos autres succursales ?

— Pas du tout, a répliqué Jean Coutu. Ça, c'est juste pour cette pharmacie. Le reste de la commande sera passé bientôt...

Quand je vous disais que les pharmacies étaient de gros vendeurs de cigarettes ! Pour être franc, je n'en ai moi-même compris toute l'ampleur qu'à ce moment.

* * *

Au mois d'août 1975, nous avions organisé une importante réunion avec les responsables des marchés Union. Nous voulions leur faire une proposition afin de pouvoir devenir leur fournisseur attitré. Nous n'avions rien négligé pour notre présentation, à laquelle participaient Roger Baril, Bert Loeb et Bertrand Goulet. La rencontre a eu lieu dans un édifice du centre-ville de Montréal. Nous étions en négociation quand une secrétaire est venue me dire que mon épouse voulait me parler de toute urgence. Je me suis excusé et je suis allé lui téléphoner. Elle venait d'apprendre, de ma sœur, que mon père était décédé.

Je suis aussitôt parti pour la maison, où j'ai rejoint ma famille. Nous avons rapidement préparé un minimum de choses et nous avons pris la route pour Saint-Prosper. Mon fils Michel avait 10 ans et sa sœur, Marie-Claude, en avait 6. En route, je réfléchissais à ce qui avait pu se passer.

Mon père avait à peine 65 ans et avait vendu le magasin à mon frère Gérald en 1974, mais il y faisait régulièrement son tour. À la suite de la vente, il s'était acheté une petite maison à Batiscan, sur la rue Principale qui longe le fleuve (la fameuse route 2), où il s'était installé avec ma mère. Cependant, depuis quelques semaines, il n'était plus le même. Il maigrissait à vue d'œil. De toute évidence, il était malade mais ne voulait pas en parler, même pas à ma mère. Toute la famille était inquiète.

Nous sommes arrivés à Batiscan vers l'heure du souper. Mes frères et sœurs y étaient déjà. Mon frère Gérald m'a alors appris que mon père était mort dans la maison familiale de Saint-Prosper, attenante au magasin. Vous vous souvenez qu'il faisait toujours une petite sieste en après-midi. Eh bien, c'est là, dans une chambre du haut, qu'il s'était enlevé la vie. Nous n'avons donc jamais su de quelle maladie il souffrait. Ma mère était évidemment bouleversée. Je pourrais même dire qu'elle était dévastée. Ils avaient été ensemble toute leur vie. Comme c'est souvent le cas, la disparition d'un des deux membres du couple laisse l'autre désemparé.

Mon père a été exposé pendant trois jours et tout le village est venu lui rendre hommage. Avoir été propriétaire du magasin général pendant tant d'années faisait de lui un personnage important. Les funérailles ont eu lieu à l'église de Saint-Prosper, qui était pleine à craquer. Il y avait non seulement les gens du village, mais aussi des amis et des connaissances de Batiscan et des autres villages du coin. Il y avait des marchands et des commerçants de toute la région, dont son grand ami Pierre Chayer, marchand de Saint-Stanislas.

Peu après le décès de mon père, alors qu'en famille nous nous rappelions certains souvenirs, ma mère m'a confié qu'il était daltonien. Ce fut toute une surprise, car je ne m'en étais jamais rendu compte. Mais son daltonisme expliquait enfin pourquoi mon père ne voulait jamais conduire en ville, où il y avait des feux de circulation. Il lui était impossible de distinguer le rouge du vert. Puis je me suis souvenu d'un détail qui ne concordait pas.

— Mais au magasin, ai-je rappelé à ma mère, il était reconnu par tout le monde comme étant l'expert en couleurs pour les peintures Sico. Comment alors pouvait-il proposer à un client cette couleur plutôt que telle autre que la personne trouvait trop foncée ?

— C'est simple, m'a-t-elle répondu, il apprenait tous les numéros de code des peintures par cœur...

Ma mère a survécu à mon père pendant de longues années. Elle a habité dans la maison de Batiscan jusqu'en 2001. Elle a ensuite passé sa dernière année sur terre dans une résidence de personnes âgées à Sainte-Anne-de-la-Pérade. Elle est décédée à l'Hôpital Saint-Joseph de Trois-Rivières et a été enterrée au cimetière de Saint-Prosper à côté de son mari.

* * *

L'une des leçons que j'ai retenues de ces durs moments de la vie, c'est que celle-ci reprend toujours ses droits. Elle nous entraîne ailleurs et nous oblige à passer à autre chose, ce qui est finalement pour le mieux.

J'étais donc rapidement retourné à mes fonctions chez Painchaud.

Plus les mois passaient, plus je prenais de l'expérience et plus j'étais à l'aise. J'avais constaté que 80 % de notre chiffre d'affaires provenaient de marchands « non banniérés », si vous me passez l'expression. Les marchés appartenant à des corporations, comme Steinberg et Dominion, ne pouvaient évidemment pas acheter d'autres grossistes. Ceux qui appartenaient à des bannières, comme IGA, Provigo et Metro-Richelieu, s'engageaient à faire la plupart de leurs achats à partir de leur regroupement. Il restait donc les indépendants ou les « non banniérés ».

Bien entendu, nous approchions régulièrement les épiciers membres d'une bannière pour leur offrir nos produits. Ils faisaient d'ailleurs souvent des entorses à leur protocole d'entente avec leur regroupement, principalement quand nos prix étaient meilleurs ou quand leur fournisseur attitré était en rupture de stock. Voilà pourquoi il était important, sinon essentiel, de leur faire connaître ce que nous pouvions leur offrir. Pour annoncer nos produits vedettes de la semaine, nous préparions un dépliant publicitaire dont je m'occupais. Je le préparais en étroite collaboration avec les acheteurs qui étaient sous ma responsabilité.

Ce dépliant était un outil important pour nous faire connaître et développer notre marché. Il était aussi capital sur un autre plan, car il devenait une autre façon de faire entrer de l'argent dans les coffres de la compagnie. En effet, un tel dépliant n'était, ni plus ni moins, que de la publicité. Or, la publicité, ça se paie. Quand nous avions, par exemple, négocié avec notre fournisseur l'achat d'une grande quantité d'un produit, nous pouvions ensuite lui proposer d'inclure ledit produit dans notre dépliant afin d'inciter nos propres clients à en acheter.

Évidemment, l'espace publicitaire pour promouvoir ce produit était vendu. Des prix avaient été déterminés selon le format de l'annonce et la page sur laquelle il était présenté.

Cela impliquait aussi qu'il fallait agir rapidement, car nos délais de production étaient généralement très courts. Je trouvais ça grisant. On faisait vraiment des affaires. J'adorais !

Toutefois, plus je regardais évoluer le monde de l'alimentation, plus je me disais que l'avenir appartenait aux épiciers regroupés autour d'une même bannière. Les marchés indépendants étaient, à mon avis, condamnés à plus ou moins court terme. Ils ne pourraient jamais concurrencer les grandes chaînes, ni ceux qui regroupaient leurs achats et leur publicité. En somme, j'avais un peu l'impression d'être dans les ligues mineures.

En un peu plus de deux ans chez Painchaud, j'avais appris l'histoire de l'alimentation au Québec. J'avais aussi compris l'importance du service à la clientèle, tant auprès du consommateur qu'auprès du grossiste. Je connaissais mieux les rouages de la mise en marché et ceux des négociations. Je m'étais découvert une vocation. De plus, l'alimentation s'inscrivait parfaitement dans mon plan de carrière. Mais, avec Painchaud, je ne me sentais pas là où j'aurais dû être pour me réaliser pleinement.

Je me suis alors demandé si j'avais vraiment acquis tous les outils et toute l'expérience requis pour passer au niveau supérieur. Est-ce que je pouvais m'intégrer aux grands de l'alimentation au niveau de la direction ? Plus je réfléchissais, plus je me disais qu'il me fallait trouver une étape intermédiaire. C'est alors que j'ai pensé aux coopératives. Les magasins Coop étaient, depuis longtemps, bien implantés dans plusieurs régions du Québec. Ils s'étaient récemment établis avec succès à Montréal sous le nom des marchés Cooprix, dont le premier établissement avait ouvert ses portes en juin 1969 sur la rue Legendre, dans le quartier Ahuntsic.

Comme tout finit par se savoir dans ce milieu, j'avais appris que la première vague de dirigeants de la Fédération des magasins Coop était vieillissante et qu'on commençait à regarder pour la relève. Le siège social de la Fédération se trouvait à Québec. Ce qui finalement était peut-être un atout. Les enfants étaient encore jeunes et il était possible qu'un déménagement à Québec, ville où le rythme de vie semblait moins exigeant qu'à Montréal, nous soit salutaire à tous.

J'ai donc pris le téléphone et j'ai contacté Benoît Morneau, le directeur général de la Fédération. Je ne le connaissais pas, et il ne savait rien de moi. J'ai décidé de foncer. Je lui ai dit que j'étais de Montréal et que je travaillais dans le monde de l'alimentation depuis deux ans comme directeur de la mise en marché chez Georges Painchaud. Évidemment, Benoît Morneau avait entendu parler de ce grossiste.

J'ai ensuite ajouté que j'étais à la recherche de nouveaux défis et que l'idée d'aller en relever un auprès de la Fédération des magasins Coop à Québec m'intéresserait beaucoup. Je lui ai donc demandé si nous pouvions nous rencontrer pour en discuter.

Je crois qu'il a été surpris. J'ai su plus tard qu'il était très rare qu'un individu bien installé à Montréal souhaite déménager à Québec. Dans le monde des affaires en général, comme dans celui de l'alimentation, les vraies activités se passaient à Montréal. Je ne dis pas cela pour dénigrer les gens de Québec. C'était simplement la constatation d'une réalité qui était profondément ancrée.

Bref, Benoît Morneau a accepté de me voir et d'écouter ce que j'avais à dire. Il était un homme d'affaires qui avait plusieurs cordes à son arc. En plus d'être le directeur général de la Fédération, il possédait deux supermarchés Monoprix et un hôtel à Bernières, dans la région de Québec. C'est d'ailleurs dans cet hôtel qu'il m'a donné rendez-vous à la fin du printemps 1975.

Benoît Morneau était un gros monsieur, du genre bon vivant qui ne devait pas se refuser beaucoup de gâteries et qui faisait, de toute évidence, peu de cas de sa santé. Il avait certainement plus de 60 ans et arborait une énorme moustache. Il était sympathique, mais ma première impression fut celle d'être face à un « gamikeux ».

Le directeur général parlait beaucoup. Pendant une heure, il m'a donné un cours sur la Fédération et sur l'implantation des magasins Coop au Québec, particulièrement dans l'est de la province et plus spécifiquement encore dans le Bas-du-Fleuve et en Gaspésie. Il m'a expliqué qu'il songeait à se retirer et qu'il préparait sa relève. En fait, il l'avait déjà trouvée en la personne de Marc Delisle. Mais il a ajouté que c'était lui qui prenait encore toutes les décisions.

Il m'a également parlé de la structure de la compagnie, m'informant que le président du conseil d'administration de la Fédération était un chanoine et que le conseil lui-même était essentiellement composé de représentants de syndicats, car la Fédération était largement syndiquée. À mon avis, cela impliquait aussi que le conseil d'administration ne connaissait pas grand-chose à l'alimentation.

Il a ajouté enfin qu'il souhaitait que l'on mette en place des programmes de marketing dans tous les magasins Coop, comme ça se faisait dans les grandes bannières de l'alimentation. Il a précisé qu'aucun plan de ce genre n'existait à la Fédération, car les magasins étaient très indépendants et très autonomes. Bref, il m'a fait part de ses projets et de ses attentes, comme s'il considérait déjà que j'étais en poste. Il m'a vraiment laissé entendre que la Fédération des magasins Coop serait intéressée à engager quelqu'un de Montréal qui avait mon expérience. Je lui ai dit que j'irais visiter des magasins Coop afin de me rendre compte par moi-même de la situation.

Et c'est sur ces mots que nous nous sommes laissés. J'avais la certitude que j'avais un emploi à la Fédération si je le voulais. Mais est-ce que je le voulais ?

La semaine suivante, j'ai donc pris la route et j'ai fait le tour des magasins du Bas-du-Fleuve. Ces magasins étaient très propres et ils offraient des produits de qualité. J'ai continué mon voyage en visitant des établissements du Saguenay-Lac-Saint-Jean, de Chicoutimi et de Roberval, et je suis revenu à Montréal. L'impression générale que me laissait cette inspection était très positive. Les magasins Coop étaient de véritables institutions dans leur localité respective.

J'ai ensuite parlé de mon projet avec ma famille.

Louise n'était pas très chaude à l'idée que je quitte mon emploi pour que nous déménagions à Québec en nous lançant dans une nouvelle aventure. Mais elle préférait nettement cela à la possibilité que je parte à mon propre compte. Bref, ce nouveau départ l'inquiétait, mais elle s'y ralliait. D'autant plus que pour elle, avec son métier d'infirmière, elle était certaine de trouver un emploi dans un hôpital de Québec.

La pilule a été un peu plus dure à avaler pour les enfants. Ils étaient encore très jeunes et tous leurs amis se trouvaient près de la maison qu'ils avaient connue pratiquement toute leur vie. Ils avaient leurs habitudes, leur école, et ils connaissaient bien le secteur. En un mot, ils n'étaient pas enthousiastes à tout quitter. Mais plus j'y pensais, plus j'étais certain que le défi des coopératives était le meilleur. Et quand je suis convaincu, je peux être très persuasif et devenir un excellent vendeur. J'ai donc, je crois, trouvé les mots et les arguments pour que tout le monde se rallie de bonne grâce.

Je suis ensuite allé rencontrer Pierre Croteau qui, entre-temps, était devenu mon patron. J'étais, je vous le rappelle, très ami avec lui.

— Écoute, lui ai-je dit, je peux avoir un poste à la Fédération des magasins Coop à Québec. Ça me tente beaucoup.

— Voyons ! s'est-il exclamé, surpris. Tu es bien plus intelligent que ça. Il ne faut pas que tu mettes les pieds là-dedans. C'est syndiqué jusqu'au bout des doigts. En plus, ils n'ont pas de prise sur leurs magasins. Qu'est-ce que tu as à gagner ?

Mais mon choix était fait. Pierre a tout tenté pour me convaincre d'abandonner le projet. Il m'a même offert le poste de directeur général à la division Loeb de Sherbrooke. Mais, je le répète, j'avais tranché et je ne voulais surtout pas déménager à Sherbrooke.

Pierre savait que ce poste à la Fédération n'entrait d'aucune façon en concurrence avec Painchaud. Nous n'avions ni le même territoire ni les mêmes clients. Il m'a enfin regardé avec un sourire et m'a demandé :

— On va rester amis quand même ?

— Bien sûr, lui ai-je aussitôt répondu. On va continuer de se voir aussi souvent que possible.

Voilà comment j'ai commencé mon dernier mois à l'emploi de Painchaud. Un mois pendant lequel j'ai été un peu la risée de mes camarades. Comme on dit, ils se sont bien payé ma tête. On se moquait gentiment de ma décision. C'était de bonne guerre. J'aurais probablement fait la même chose.

Il ne me restait plus qu'à régler certains détails avec Benoît Morneau de la Fédération. Et quand je dis détails, je suis un peu en dessous de la vérité. Bien entendu, on m'avait offert le poste de directeur de la mise en marché, mais nous n'avions jamais discuté des conditions d'embauche. Je lui ai téléphoné et je lui ai dit que j'étais prêt à entreprendre une carrière à la Fédération. Je lui ai parlé du salaire que je souhaitais obtenir et j'ai ajouté que je voulais une voiture, une Chrysler Cordoba, le tout nouveau modèle... Et il a accepté.

Il ne nous restait plus qu'à déménager à Québec.

Chapitre 5
Le Dragon à la Fédération des magasins Coop

Ces quelques semaines d'intérim entre les deux emplois m'ont, bien entendu, permis de fermer certains dossiers chez Painchaud, mais elles m'ont surtout laissé un peu de temps pour veiller aux détails du déménagement. Il ne s'agissait pas simplement de moi. Toute la famille était impliquée. Il fallait préparer la maison de Brossard et la mettre en vente, et nous devions en trouver une autre à Québec. De plus, comme le déménagement ne s'effectuerait probablement pas avant l'automne, alors que l'école serait déjà commencée, il fallait inscrire les enfants dans de nouvelles institutions d'enseignement.

Pour notre maison, qui était la première partie de l'équation, tout s'est réglé très rapidement. Elle a été mise en vente et un acheteur s'est bientôt présenté, nous offrant environ 42 000 dollars, ce qui était finalement la somme que nous espérions obtenir. Et, comme le monde est petit, je me suis rendu compte que j'avais travaillé avec l'épouse du futur propriétaire quand j'étais chez Eaton. J'ai toujours été étonné de voir comme la vie fait se croiser les routes de gens qui ne croyaient plus jamais se revoir.

Il fallait, simultanément, penser à la deuxième partie du problème : acheter une résidence à Québec. Comme j'allais parfois faire un tour aux bureaux de la Fédération des magasins Coop, j'en profitais pour visiter des maisons. J'avais entendu parler d'un secteur de la ville de Sainte-Foy[17] que plusieurs me recommandaient. J'avais donc été m'y promener et la première demeure à vendre que j'ai vue sur la rue Boisverdure m'a vraiment plu.

C'était une belle maison en pierres, plus grande que celle que nous laissions à Brossard. Elle était située dans un quartier paisible, à proximité d'une école. Je l'ai visitée et j'ai immédiatement fait une offre d'achat. Offre conditionnelle, bien entendu, car j'étais le seul de la famille à l'avoir vue. J'avais deux exigences : la première, que notre résidence actuelle soit vendue (ce qui était en train de se faire), et la seconde, que mon épouse l'aime. J'avais pris des photos Polaroid avant de revenir à Montréal. Quand je les ai montrées, tout le monde a beaucoup aimé la maison. La fin de semaine suivante, nous sommes allés la visiter officiellement et nous avons conclu l'entente.

Toutefois, comme je l'ai précisé, nous n'avons déménagé que quelques mois plus tard. Lorsque j'ai commencé à travailler, j'ai logé dans une chambre à l'hôtel. Au début, devant l'insistance de Benoît Morneau, je résidais dans son établissement, l'hôtel Bernières. J'y suis resté pendant trois semaines, mais l'endroit ne me plaisait pas du tout. C'était un hôtel *cheap* avec des douches en tôle qui faisaient du bruit quand on bougeait... J'ai donc pris une chambre dans un autre hôtel à Sainte-Foy où je logeais les jours de semaine. Les fins de semaine, je revenais à Brossard au volant de ma nouvelle voiture.

* * *

Quand on arrive de Montréal et qu'on s'installe à Québec, il faut absorber quelques chocs. D'abord, on nous rappelle tout le temps qu'on n'est pas de Québec. En fait, si je comprenais bien, à moins d'être né à Québec, on restait éternellement un étranger, qu'on y soit depuis quelques semaines ou qu'on y habite depuis des années. C'était particulièrement vrai pour ceux qui, comme moi, arrivaient de Montréal.

Comprenez-moi bien. Les gens de Québec sont extrêmement chaleureux et accueillants, mais il y a toujours une espèce de distance qu'il est impossible de combler. On n'est pas de la place, c'est aussi simple que ça. Régulièrement, j'ai entendu des : « Tu ne peux pas comprendre, tu n'es pas d'ici... » ou « Essaie pas de nous en montrer, le gars de Montréal. C'est pas comme ça qu'on fait ici... » ou encore « T'es pas à Montréal ici... »

J'avais beau dire que j'étais né à Saint-Prosper-de-Champlain, qui était plus près de Québec que de la métropole, rien n'y faisait. Je restais le gars de Montréal.

L'autre chose à laquelle j'ai dû m'adapter, c'est le rythme. Les gens n'étaient pas pressés. J'étais habitué à foncer, à arriver au bureau très tôt le matin et à repartir assez tard le soir. Il y avait toujours une urgence à régler. À Montréal, j'étais toujours dans un remous d'activités, de dossiers, de réunions.

À Québec, les gens prenaient la vie différemment. Le matin par exemple, il était inimaginable de commencer la journée avant neuf heures et surtout sans boire un café. De même le midi. Tout le bureau fermait. Chacun prenait le temps d'aller manger son repas. Agir autrement aurait été impensable. Cette façon de faire n'est pas un problème en soi. Bien au contraire. Il est probablement bien mieux de prendre son temps pour accomplir les choses, sans se stresser inutilement. Il ne m'a d'ailleurs fallu que quelques mois pour que j'adopte ce rythme. Ainsi, quand je n'étais pas en réunion ou à l'extérieur sur la route, je n'arrivais pas au bureau avant 9 heures et j'en repartais à 17 heures. Et c'était très bien ainsi. Mais je peux vous garantir que j'ai trouvé difficile l'adaptation des premières semaines.

Cela dit, j'aimais bien le boulot à la Fédération. Le siège social ainsi que l'entrepôt se trouvaient sur la rue Paradis, près du boulevard Hamel, à Québec. Mon arrivée comme directeur de la mise en marché (donc tout ce qui touche les achats et les ventes) et de l'entrepôt (ce qui était une première pour moi) a créé un effet domino dans les bureaux administratifs. En fait, ce n'était pas seulement mon arrivée, mais tous les changements qui survenaient en même temps. On m'avait donné l'ancien bureau de Benoît Morneau, qui faisait le coin de l'édifice au rez-de-chaussée. Un bureau absolument magnifique, en passant. Au-dessus se trouvait celui du nouveau directeur général, Marc Delisle, qui jouxtait celui qu'occupait désormais Morneau dans ses tâches à temps partiel.

Ma première journée s'est passée en réunions. Marc Delisle et Benoît Morneau étaient présents bien entendu, mais aussi le responsable des magasins, Émile Sauvageau, et quatre autres personnes, dont le chanoine qui présidait le conseil d'administration de la Fédération. Ce dernier, je crois, voulait surtout connaître mes penchants pour le mouvement coopératif.

Nous avons discuté pendant plusieurs heures. Je leur ai expliqué mon parcours et mes compétences et ils m'ont parlé du fonctionnement de la Fédération.

Dès les premières semaines, j'avais compris que les défis auxquels faisait face la Fédération étaient importants, mais ils me passionnaient. D'abord, la Fédération regroupait des membres qui tenaient jalousement à leur indépendance. Il n'y avait donc pratiquement pas de standardisation, ni dans la manière de présenter les produits, ni dans les rabais hebdomadaires, ni dans les achats, ni même dans la publicité que chacun faisait.

Un autre problème venait du nom lui-même. Il faut comprendre que le principe des coopératives vient de l'Ouest canadien. Si bien que pour l'implantation au Québec, on avait

Mon bureau à la Fédération des magasins Coop était très bien, mais il diffère beaucoup de ceux d'aujourd'hui. J'attire votre attention sur le cendrier qui y trône et sur l'absence d'ordinateur, cet outil indispensable qui fait désormais partie du paysage de tout lieu de travail.

au début conservé l'appellation anglaise « Co-op ». Ce nom se trouvait encore sur les produits maison, puisqu'ils venaient également de l'Ouest. La plupart des gens croyaient que la Fédération et les magasins Coop avaient tout d'abord été créés au Québec. Il n'en était rien. Et c'est ce qui explique le trait d'union dans le nom. En français, il aurait été inutile.

L'autre difficulté provenait directement des produits de marque privée Co-op. Il faut encore une fois se replacer dans le temps et l'histoire du Québec. Nous étions à l'automne 1975. Le Québec bouillonnait. Robert Bourassa était toujours au pouvoir, mais le climat était difficile. La question linguistique, entre autres, faisait régulièrement la manchette. Après le fameux *Bill 63*, il y avait eu la loi 22, adoptée en 1974, que les nationalistes trouvaient trop timide. Néanmoins, déjà dans cette loi, on imposait l'usage du français dans l'affichage public. Le Parti québécois, qui allait être élu à l'automne 1976, devait aller encore plus loin en adoptant la loi 101, qui imposait l'usage exclusif du français dans l'affichage et la publicité commerciale.

Bref, mon problème venait du fait que les étiquettes sur nos produits de marque privée Co-op étaient exclusivement en anglais. Il était impensable de continuer à les offrir de cette façon dans nos magasins alors que la plupart des autres fabricants avaient commencé à le faire dans les deux langues. Il fallait corriger le tir.

Environ un mois après mon entrée en poste, je me suis rendu à Saskatoon pour rencontrer les responsables de Federated Co-op et discuter de la question. J'ai constaté que personne là-bas n'avait réfléchi à cette facette du problème. Le Québec était loin, et peut-être pas seulement géographiquement.

— Je vais être très clair et mettre les points sur les i, leur ai-je finalement dit. Si vous ne vous arrangez pas pour que les étiquettes des produits de la marque privée Co-op soient bilingues, je vais lancer ma propre marque Coop.

— Vous n'en avez pas le droit, répliqua le porte-parole du groupe.

— Poursuivez-moi si vous voulez. Mais ça ne changera rien.

Sur le coup, les responsables n'ont pas voulu prendre de décision. Ils devaient y penser. Cependant, un mois après cette réunion, ils nous ont avisés qu'ils acceptaient de produire des étiquettes dans les deux langues. C'était une victoire importante. Je voulais d'ailleurs utiliser ce succès pour changer les habitudes et les mentalités de la Fédération.

J'avais compris que, pour les directeurs de magasins, deux choses étaient essentielles : faire des profits et conserver leur autonomie. Or, je comptais bien les aider à faire davantage de profits pour aller gruger dans leur autonomie. Car plus ils seraient liés à la Fédération, plus ils y achèteraient leur marchandise, plus je pourrais tenter d'ajouter des règles et plus nous serions mutuellement gagnants.

À mon avis, le problème était encore plus fondamental. Si tous les magasins ne s'unissaient pas et ne se tenaient pas les coudes autour de leur Fédération, j'étais persuadé que leur survie même était menacée à brève échéance. Les magasins d'alimentation, comme ceux affiliés à la Fédération, étaient ce que l'on appelle des indépendants. Ils représentaient encore, pour tout le Québec, une force avec laquelle il fallait compter. Mais de nouveaux et colossaux joueurs faisaient leur entrée depuis quelques années, notamment des regroupements comme IGA, Provigo et Metro-Richelieu. Ceux-là avaient une politique standardisée et centralisée qui les amènerait rapidement à occuper tout le territoire. Ceux qui n'avaient pas su saisir les nouveaux enjeux allaient perdre.

Je voulais donc mettre sur pied un programme de marketing uniforme pour tout le Québec. Les premières fois que j'en ai parlé, la réponse a été claire : « Tu ne viendras pas nous enlever notre autonomie, tu vas te faire massacrer ! » Mais j'étais bien déterminé à poursuivre dans cette voie. J'étais prêt à utiliser tous les moyens, même le charme.

Déjà, je visitais régulièrement tous les magasins affiliés. Je savais où se trouvaient les directeurs les plus influents. J'entrais dans leur magasin, j'en faisais le tour, je discutais avec tout le monde et j'emmenais les responsables luncher. J'allais même aux Îles-de-la-Madeleine, qui n'avaient presque jamais vu de représentants de la Fédération. Je me souviens d'ailleurs de la première fois où je m'y suis rendu. J'avais évidemment avisé les gérants, car, de toute façon, on n'arrive pas dans les Îles incognito. Comme je m'y rendais en avion, j'avais demandé s'il était possible de louer une voiture sur place.

— Pourquoi tu veux louer une auto ? m'a demandé un des gérants.

— Ben... Pour circuler, pour me rendre à mon hôtel et visiter un peu.

— Pas de problème, je te prête ma voiture !

— Mais, avais-je tenté un peu gêné, le vol arrive assez tard, je ne voudrais pas déranger. Je ne voudrais pas obliger quelqu'un à attendre pour rien.

— Tu ne déranges pas, m'expliqua-t-il comme si je ne comprenais rien à rien. L'auto va être dans le stationnement, les clés sur le contact et t'as qu'à la prendre.

Le soir venu, je suis descendu de l'avion et la voiture était là, les clés sur le contact. Bien entendu, avec ma mentalité de citadin, j'avais craint un vol. Mais là, sur cette île, quel espoir pourrait avoir un voleur d'auto de s'en tirer sans se faire attraper?

Ce fut pour moi une autre leçon. Il faut connaître, accepter et respecter les réalités que vivent les gens. Il faut reconnaître leurs différences.

Je ne comptais pas que sur mes visites dans les établissements pour faire avancer mon idée. J'avais aussi instauré des réunions régionales où je présentais les nouveaux acquis de la Fédération et pendant lesquelles nous discutions des problèmes et des attentes spécifiques à chacun des secteurs.

De plus, tous les six mois, j'invitais les membres à une réunion provinciale à Québec. Il s'agissait de leur faire visiter nos installations, de les écouter, et de leur faire passer un bon séjour dans la capitale. Bref, toutes ces démarches visaient à leur faire accepter la nouvelle réalité de l'alimentation québécoise et la validité des solutions que je leur proposais.

Simultanément, je bâtissais le programme de marketing standard que je souhaitais implanter. J'avais engagé une petite agence de publicité dont je testais les idées lors de nos rencontres régionales ou nationales. Je discutais de toutes ces questions lors de mes visites des magasins. Bref, je prenais le pouls des dirigeants et je tentais de me trouver des alliés un peu partout. C'est ainsi que nous sommes arrivés à développer un thème standard: « La Coop, c'est à nous autres. » Parallèlement, j'avais élaboré un projet de circulaire publicitaire avec les mêmes produits annoncés dans tous les magasins aux mêmes prix. Un jour, je me suis senti prêt à présenter officiellement tout ce travail et à rallier tout le monde derrière la Fédération. La bataille n'était pas gagnée, mais j'étais confiant.

Pour lancer l'opération séduction, j'avais décidé de commencer dans la région du Saguenay–Lac-Saint-Jean. Nous avions l'habitude de tenir nos rencontres régionales à Saint-Bruno, un petit village au centre géographique de cette magnifique région. Je peux vous garantir que j'étais prêt. J'avais des documents visuels, des statistiques, des schémas, des diagrammes et même des exemplaires de cette nouvelle circulaire nationale où il ne restait qu'à ajouter, à l'endroit prévu à cette fin, l'étampe du magasin, ce qui personnalisait le tout. J'étais certain que j'allais réussir.

Nous étions dans une salle où étaient réunie une trentaine de personnes représentant les quelque 15 magasins de la région. Puisque je maîtrisais parfaitement tous les éléments de ma présentation, j'avais décidé d'y aller sans texte. Je voulais prouver à tous ces gens que j'étais un des leurs, que je comprenais leurs besoins et que nous pouvions travailler ensemble. Je me suis donc lancé.

« Il me fait vraiment plaisir d'être de nouveau au Lac-Saint-Jean, région que j'ai bien connue quand j'étais jeune puisque ma parenté a aidé à la développer. Mon grand-père maternel a, en effet, été propriétaire de l'hôtel Kénogami dans la ville du même nom avant sa fusion avec Jonquière. C'est également lui qui a bâti le complexe hôtelier Au Rocher Percé à Chambord, dans les années 1940. C'est son fils, Eugène, mon oncle, qui a pris la relève alors que sa fille Geneviève, ma tante, est encore propriétaire de l'hôtel Saint-Louis sur la rue de la Gare à Chambord. Et c'est encore à Chambord que j'ai connu et fréquenté ma première vraie blonde au milieu des années 1950... »

Je n'avais pas terminé l'introduction de ma présentation qu'un des directeurs, assis à l'avant, s'est levé et a exigé le silence. Il a jeté un œil sur l'assistance et m'a ensuite regardé dans les yeux. Il a simplement dit : « Premièrement, mon jeune, les histoires de ton grand-père et de ta première blonde, ça ne nous intéresse pas du tout. Deuxièmement, tu es mieux d'apprendre tout de suite qu'ici, nous sommes au Saguenay et non au Lac-Saint-Jean. La prochaine fois, ne mêle plus les deux régions... »

J'avais oublié que Saint-Bruno est à la frontière des deux territoires, mais du côté du Saguenay. Or, les gens de l'endroit sont très chatouilleux sur ces différences. Quant au directeur, il était contre mon programme avant même que je ne l'explique. Sa phrase assassine venait de le couler. En m'enlevant toute crédibilité, il s'était assuré que mon projet de marketing ne soit pas accepté ce soir-là. J'ai appris une grande leçon que je n'ai jamais oubliée : ne jamais sous-estimer qui que ce soit, surtout pas un directeur de magasin qui tient à son prestige. Cette fois-là, les bleuets ont gagné.

Ce revers m'a évidemment donné un coup, mais je n'ai pas abandonné. J'ai gardé le cap en changeant ma stratégie. Je suis allé convaincre les directeurs des magasins un par un, en commençant par ceux qui avaient le plus d'influence sur le groupe, spécialement ceux de Rimouski et de Rivière-du-Loup. J'ai appris à leur dire, ce qui était vrai, qu'ils étaient des gens incontournables. Je les ai flattés dans le sens du poil et j'ai adapté mon discours à toutes les clientèles en respectant leurs différences. C'est probablement à ce moment-là que j'ai compris l'importance de la « politique » dans ce genre de négociation. Il fallait agir de façon judicieuse, diplomate et calculée. Les gens sont naturellement réfractaires aux changements. Il faut accepter ce fait. Ce que je leur proposais marquait un tournant. Il m'a donc fallu un peu plus de temps que prévu, mais, finalement, le programme de marketing commun a été entériné et appliqué partout.

Le fait d'avoir un dépliant commercial commun me donnait un outil supplémentaire pour aller chercher des revenus pour la Fédération. J'avais alors un levier puissant pour vendre aux grosses compagnies de la publicité dans ces pages distribuées partout au Québec. Au bilan, toute cette opération a été une véritable réussite, tant pour les magasins que pour la Fédération.

L'autre principale facette de mon travail consistait à m'occuper de l'entrepôt. Or, la grande particularité de ce qui se vivait à la Fédération par rapport aux autres grossistes venait du fait que les employés syndiqués étaient très militants. Bien sûr, la situation aurait pu devenir un fardeau. Ça l'a d'ailleurs été à quelques occasions. Comme cette fois où les travailleurs ont débrayé sans préavis. Le travail à l'entrepôt ne pouvait pas s'arrêter bien longtemps. Il fallait approvisionner les magasins quotidiennement.

C'était donc ma responsabilité de négocier avec le syndicat. Le soir du débrayage, je suis allé en compagnie de Marc Delisle, le directeur général, rencontrer les travailleurs pour discuter de leurs revendications. Vers quatre heures du matin, nous étions sortis de la réunion sans avoir réussi à nous entendre sur tous les points. Plusieurs syndiqués attendaient encore à la barrière de l'entrepôt. Quand nous sommes passés près d'eux, ils se sont approchés et ont chahuté en martelant la voiture de leurs poings. Je dois avouer que je n'ai pas aimé cela. D'ailleurs, c'était inutile, car dès le lendemain, nous avons réglé le problème à la satisfaction des deux parties.

Cela dit, j'avais rapidement réussi à développer un excellent climat de travail avec le syndicat et les syndiqués. Je passais voir ces derniers tous les jours à l'entrepôt pour les saluer et jeter un œil sur leur boulot. C'était devenu une telle habitude, que les jours où je ne me présentais pas, parce que j'étais en réunion ou à l'extérieur de Québec, les gens me demandaient ensuite s'il y avait un problème.

Pour moi, il était essentiel d'établir un cadre de confiance entre les employés et les dirigeants. C'était la seule façon de nous entendre et de respecter les contraintes des deux parties.

Les travailleurs, je l'ai souvent dit, sont le moteur d'une entreprise. Il est impératif qu'ils soient heureux dans ce qu'ils font.

De part et d'autre, nous faisions régulièrement notre bout de chemin pour aplanir les difficultés. Le président du syndicat était à l'époque Jean-Marc Couture, alors que le représentant du secteur alimentaire à la CSN était un certain Lanouette, avec qui j'avais une belle complicité. Je gardais néanmoins dans ma manche des informations que je pouvais brandir quand leurs exigences devenaient, de mon point de vue, exagérées.

Par exemple, les camionneurs qui assuraient la livraison un peu partout au Québec recevaient des primes pour les repas et l'hébergement. Ce qui était absolument normal. Nous remboursions les montants sur présentation des factures. J'avais toutefois appris que plusieurs d'entre eux se faisaient faire de faux reçus qui atteignaient toujours le maximum remboursable. J'avais toutes les preuves de cette pratique courante. Or, un jour que le président et moi étions en réunion et qu'il souhaitait rouvrir la convention sur un point précis et vraiment pointu qui aurait alourdi indûment le fonctionnement de l'entrepôt, je lui ai simplement parlé de ces remboursements. Le bon sens a encore gagné. Tout ça parce que le climat était serein et que la confiance régnait.

* * *

Je vous ai déjà mentionné que je fumais beaucoup. J'en étais arrivé au point où je fumais dans mon bureau, dans la voiture, au restaurant (ce qui était alors permis), bref je fumais partout. Je consommais bien deux paquets par jour. Vous vous rendez compte, ça représente plus de 40 cigarettes ! Je n'allais même plus aux toilettes du bureau sans apporter mon paquet. Qui sait ? Si jamais l'envie de fumer me prenait subitement ? Et le soir, quand je constatais avant de me coucher qu'il ne me restait que quelques cigarettes, je n'étais pas bien. J'étais persuadé qu'il allait m'en manquer. Je sortais donc m'en procurer. J'étais un esclave.

Un matin de l'automne 1976 (une autre année du Dragon), j'ai réalisé l'ampleur de ma dépendance et je me suis trouvé pathétique. J'ai regardé mon épouse et je lui ai dit que c'était terminé, que je ne fumerais plus.

Ce matin-là, en arrivant au bureau, j'ai avisé ma secrétaire. Je l'ai avertie que je serais probablement très maussade les jours suivants parce que j'arrêtais de fumer. Je voulais qu'elle sache que je ne lui en voudrais pas personnellement si je m'emportais et il fallait, d'avance, qu'elle m'excuse.

Les deux premières semaines ont été horribles. Je m'étais terré dans mon bureau d'où je sortais le moins possible. J'étais bougon et de mauvaise humeur pour tout et pour rien.

Le sevrage a pris environ un mois et je n'ai jamais retouché à une cigarette depuis. Je suis toutefois devenu un anti-fumeur détestable. Je sais que les anciens fumeurs sont souvent les pires, mais je crois que j'étais parmi les pires des pires. Je suis devenu intraitable. Personne n'avait le droit de fumer dans mon bureau alors que la pratique usuelle le permettait. Quand j'entrais dans une réunion, je demandais si quelqu'un allait fumer. Si c'était le cas, je ne participais pas à la rencontre. Quiconque tentait de fumer dans ma voiture en était rapidement éjecté. Un monstre d'incompréhension, je vous dis.

Ça fait maintenant plus de 35 ans que j'ai arrêté de fumer et je me suis à peine adouci dans mon attitude envers les fumeurs. Je crois bien qu'à mon âge, je ne changerai plus... Je dirais bien aux fumeurs que j'ai brimés que je suis désolé, mais honnêtement, ce ne serait pas vrai.

* * *

Après un peu plus de deux ans à l'emploi de la Fédération des magasins Coop, j'avais atteint pratiquement tous les objectifs que je m'étais fixés. Un plan de marketing national était en place, le programme de publicité était homogène partout dans le Québec, une discipline d'entreprise avait été acceptée et les relations avec le syndicat étaient très bonnes. J'avais aussi appris les rouages du fonctionnement de l'entrepôt, je négociais avec les fournisseurs, j'avais régularisé toutes les questions de la distribution et je connaissais même les subtilités entourant l'achat de camions qui répondaient aux besoins précis des grossistes.

Sur un plan plus personnel, j'avais réussi à me faire accepter par mes collègues et les employés, même si je venais de Montréal. Au fil des mois et des années, j'avais appris à connaître tout le monde et j'avais des amis un peu partout au Québec dans le réseau des magasins Coop. Depuis que j'étais arrivé, j'avais mis l'accent sur l'aspect commercial de l'alimentation, reléguant un peu en arrière-plan l'influence des coopérants purs et durs. Pendant un bon moment donc, l'influence de l'approche *affaires* a primé dans le fonctionnement et les relations avec les magasins. Or, j'ai alors senti que le vent semblait vouloir tourner.

J'avais toujours en tête le plan de carrière que j'avais établi quelques années plus tôt. J'en étais maintenant à mon quatrième employeur et je continuais à apprendre et à être de plus en plus polyvalent. Mais il me restait encore du chemin à parcourir. J'avais la conviction que le marketing appliqué au domaine de l'alimentation était celui qui m'intéressait le plus. Cependant, pour aller plus loin, il fallait que je quitte Québec. Les vraies choses se passaient à Montréal. C'est là qu'étaient les décideurs.

En 1974, Hudon et Orsali ainsi que E. Deaudelin, deux importants grossistes, fusionnaient. Ils devaient plus tard se porter acquéreurs de la bannière IGA[18] pour tout le Québec. Le président de Hudon et Deaudelin était Jean-Guy Deaudelin, que j'avais eu l'occasion de rencontrer à quelques reprises durant des congrès en alimentation. Quand il a pris sa retraite, quelques années plus tard, c'est mon ami Pierre Croteau qui lui a succédé.

Cette petite parenthèse pour dire que si je comptais revenir à Montréal, je pouvais faire signe à Pierre qui m'aiderait certainement.

Parallèlement, en 1976, les marchés Metro avaient fusionné avec les marchés Richelieu/Sélect pour devenir le Groupe Metro[19]-Richelieu, qui a aussitôt pris une place importante dans le réseau québécois de l'alimentation. On sentait tout le potentiel, mais on savait qu'il y aurait une période de structuration incontournable à traverser avant qu'une vitesse de croisière ne soit atteinte. C'est dans ce contexte qu'un samedi matin, au printemps 1978, tout en buvant mon café et en lisant le journal *Le Soleil*, je suis tombé sur une offre d'emploi de Metro-Richelieu: l'entreprise était à la recherche d'un vice-président marketing.

Voilà exactement ce que je cherchais. Je n'allais pas laisser passer l'occasion sans réagir. Le lundi matin, j'ai fait parvenir mon curriculum vitæ. Moins de 48 heures plus tard, j'ai reçu un appel de Claude Rousseau, de la firme Mallette, Benoît et Associés; il avait le mandat d'examiner les candidatures pour Metro-Richelieu. Il devait probablement faire un premier tri dans les dossiers reçus. Nous avons discuté un moment, puis il m'a dit qu'on me recontacterait.

Ça n'a pas tardé puisque j'ai reçu, deux jours plus tard, un coup de fil de Jean-Claude Gagnon, un comptable agréé qui agissait à titre de consultant en ressources humaines pour la même firme. Aujourd'hui, je crois que son titre serait plutôt « chasseur de têtes ». Nous avons discuté pendant quelques minutes et il m'a demandé si j'acceptais de le rencontrer. Ce à quoi j'ai bien entendu dit oui. Nous avons convenu de nous retrouver à Drummondville, c'est-à-dire à mi-chemin entre Québec, où je résidais, et Montréal, où se trouvait son bureau.

Je suis donc arrivé à notre lieu de rencontre, le St-Hubert de Drummondville, confiant et gonflé à bloc, pour cette première entrevue exploratoire. Jean-Claude Gagnon était un peu plus jeune que moi. Il avait les cheveux châtains avec déjà un peu de blanc sur les tempes. Il faisait très professionnel et avait l'air efficace.

Dès les premiers mots, je l'ai trouvé sympathique. Je me suis surtout rendu compte qu'il avait fait ses devoirs. Il savait parfaitement qui j'étais. Nous avons discuté au moins deux heures, au terme desquelles il m'a demandé si j'acceptais de rencontrer, la semaine suivante, les membres du conseil d'administration de Metro-Richelieu. Le premier pas était franchi. Je voulais cet emploi et j'entendais bien l'obtenir.

Avant de le quitter, je lui ai demandé qui étaient les membres du conseil. Il a d'abord précisé que tous les administrateurs étaient aussi propriétaires de marchés Metro ou Richelieu et que Jean-Claude Messier, de Boucherville, en était le président, Laurent Daoust, de Valleyfield, le président ex-officio, Marcel Guertin, de Tracy, et Marcel Beaulieu, de Joliette, les vice-présidents, et ainsi de suite. Il y avait neuf personnes qui siégeaient à cette instance. Parmi les autres noms qu'il a mentionnés, je me souviens de celui d'Ernest Beausoleil, de Terrebonne, qui, l'année d'avant, avait été nommé l'épicier de l'année au Québec par l'Association des détaillants en alimentation (ADA).

J'étais bien décidé à faire bonne impression auprès de ces gens et je voulais être prêt, autant qu'on peut l'être. Je ne voulais pas, après la réunion, me dire que j'aurais dû faire ceci ou cela autrement. Je tenais à ce que mon premier contact soit aussi impeccable que possible. J'ai profité du délai qui m'était imparti pour parfaire mes connaissances. J'ai lu revues et journaux pour en apprendre plus sur ce regroupement et ses dirigeants. J'ai aussi pris une journée de congé pour faire la tournée des magasins appartenant aux membres du conseil d'administration. Je les ai tous visités et j'ai pris des notes.

Le mercredi suivant, je me suis rendu sur l'avenue Salk, à Montréal-Nord, où était situé le siège social de Metro-Richelieu. J'étais parti très tôt de Québec, car j'avais l'intention de rouler doucement pour me donner le temps de réfléchir davantage à l'intervention que j'allais faire.

Jean-Claude Gagnon m'avait dit de rencontrer Marcel Croux, responsable de l'informatique, dès mon arrivée. J'étais pas mal en avance et nous avons pu jaser un peu. Marcel Croux est d'origine belge. Il était jeune, comme tous les informaticiens de l'époque (c'est d'ailleurs, me semble-t-il, la même chose encore aujourd'hui, comme si cette profession n'acceptait pas ceux qui vieillissent). Il était très gentil et je me suis immédiatement rendu compte qu'il était compétent et sérieux. J'avais au moins une demi-heure à tuer, alors je lui ai posé quelques questions sur les membres du C.A. Il a précisé que, selon lui, le plus influent était sans aucun doute Jean-Claude Messier, le président. Il m'a parlé un peu des jeux de coulisses et brièvement des enjeux politiques, jusqu'à ce que, à 14 heures, on me convoque enfin. J'étais confiant.

Dès que j'ai franchi la porte de la salle du conseil d'administration, je les ai tous reconnus. J'avais pris la précaution de trouver des photos de chacun d'eux pour peaufiner mon entrée et ne pas être pris au dépourvu. Je me suis dirigé vers celui qui était le plus près et je me suis présenté.

— Enchanté de vous rencontrer, monsieur Guertin. Je dois vous dire que j'ai trouvé votre magasin de Tracy très beau.

— T'es allé le voir ? m'a-t-il demandé, surpris.

— Bien entendu. Et je vous répète que c'est un beau marché.

Puis, me tournant vers le prochain.

— Bonjour, monsieur Beaulieu. Vous allez bien ?

— Très bien et vous ?

— Parfait, merci. Et je dois aussi vous féliciter pour votre magasin. J'ai été particulièrement impressionné par votre section des viandes. C'est propre et très bien tenu. Est-ce que je me trompe en pensant que c'est votre frère qui en est le gérant ?

— Non... C'est exact. C'est bien mon frère. Merci ! a-t-il répliqué, un peu déconcerté.

— Enchanté, monsieur Messier, ai-je continué en me tournant vers le président et en lui tendant la main. Alors là, félicitations pour votre nouveau magasin à Boucherville ! C'est certainement l'un des plus beaux au Québec. Tous ces comptoirs de spécialités, c'est extraordinaire.

Je les ai tous salués de cette façon. Toujours avec des bons mots pour leur magasin. La plupart fonctionnaient sous la bannière Metro, mais il y avait quand même un ou deux Richelieu que je n'avais pas oubliés, bien au contraire, car j'étais déjà conscient qu'ils étaient souvent les parents pauvres de la fusion. Pour être tout à fait franc, la qualité des établissements de tout ce monde variait. Mais jamais je n'en aurais parlé cet après-midi-là.

En faisant ainsi mon entrée, je changeais radicalement la dynamique de la rencontre. C'est comme si j'en prenais le contrôle. Je me suis ensuite installé et j'ai immédiatement commencé à leur présenter mon curriculum vitæ et à leur expliquer pourquoi j'avais choisi ce profil de carrière. Nous avons discuté pendant une heure et je sentais que je les avais de mon côté. J'étais en pleine maîtrise de la rencontre.

Alors que nous échangions, un des administrateurs m'a demandé quelle différence il y avait entre une coopérative comme la Fédération des magasins Coop et un regroupement comme celui de Metro-Richelieu. J'étais content qu'on me pose la question puisque je me l'étais également posée.

— Ce n'est pas du tout la même situation, ai-je répondu. Dans le cas de la Fédération, il s'agit d'une coopérative de consommateurs contrôlée par des syndicalistes. Dans le cas de Metro-Richelieu, qui peut aussi être considéré comme une coopérative, il s'agit d'un regroupement de détaillants qui est contrôlé par des capitalistes. Les affaires priment.

De plus, comme c'était un regroupement d'achats, être associé à la bannière Metro-Richelieu impliquait que les profits du regroupement étaient redistribués aux détaillants membres. Voilà pourquoi, devant plusieurs demandes d'adhésion d'épiciers dans une même région, Metro-Richelieu pouvait se permettre de choisir les meilleurs, les mieux équipés et les plus impliqués dans leur milieu. « Concrètement, leur ai-je dit, c'est là une des grandes forces de Metro-Richelieu, sinon la plus grande. »

Cette réponse a semblé plaire à tout le monde. Quand la réunion a été terminée, j'ai de nouveau serré la main de chacun des administrateurs avant de sortir. Le dernier que j'ai salué a été Jean-Claude Messier, qui m'a dit à l'oreille que nous nous reverrions bientôt.

Je savais que la partie était gagnée. Si un autre candidat se présentait au poste de vice-président marketing, il était mieux d'être pas mal bon...

Moins de 48 heures plus tard, Jean-Claude Gagnon me contactait pour m'annoncer que j'avais le poste. Il m'a expliqué qu'il n'y aurait pas de président-directeur général pendant encore un certain temps, afin de mettre en place toute la structure désirée par le conseil d'administration. En attendant, il y aurait quatre vice-présidents : Guy Nantais aux opérations, responsable des achats et de l'entrepôt; Marcel Croux, que je connaissais déjà un peu, à l'informatique et aux ressources humaines; Laval Duchesne, qui était auparavant aux Épiciers Unis de Québec et que j'avais souvent rencontré, serait au développement des affaires; et moi, à la vice-présidence marketing, incluant les opérations de détail.

Cette semaine-là, j'ai donc avisé la Fédération des magasins Coop que je partais. Pour la première fois, j'avais décidé de remettre ma démission par écrit. J'ai adressé ma lettre à Marc Delisle, mon patron, en lui faisant part de ma décision et en lui expliquant aussi mes craintes quant à l'avenir de la Fédération.

En fait, j'avais des doutes quant à l'avenir de l'ensemble du mouvement coopératif, celui de la Fédération des magasins Coop en particulier. Un peu comme si le mouvement de balancier qui avait permis pendant quelques années de voir l'entreprise comme une compagnie d'affaires repartait dans l'autre sens. Un peu comme si la philosophie du coopératisme en venait à placer l'aspect commercial et le capitalisme en retrait. Vous savez, il n'y a rien de mal à la coopération. Bien au contraire! Mais dans le cadre du commerce, les deux philosophies cohabitent assez mal. En tout cas, plus souvent qu'autrement, l'essor de l'une se fait au détriment de l'autre.

J'expliquais finalement dans ma lettre que, considérant cette équation, et puisque j'avais atteint les objectifs qu'on m'avait fixés, je partais relever de nouveaux défis à Montréal, ma vraie ville d'adoption.

Marc Delisle en a avisé le conseil d'administration de la Fédération. Le chanoine, qui en était aussi le président, est aussitôt venu me rencontrer.

— Tu ne peux pas faire ça, Gaétan. Tu es « notre » commerçant!

— Écoutez, monsieur le président, j'ai fait tout ce que je pouvais. C'est à vous maintenant de décider comment franchir les prochaines étapes. Ce que je vous dis, c'est que, à mon avis, si vous poursuivez dans la même direction, dans 10 ans, la Fédération des magasins Coop n'existera plus.

— Tu te trompes, m'a-t-il répondu. On est là pour tout le temps.

— Je suis désolé de vous contredire. La coopération est un outil formidable pour faire avancer et évoluer la société. Mais la Fédération et ses magasins demeurent des entreprises commerciales. Il faut faire de l'argent. C'est comme ça. Sinon, c'est l'échec.

Nous nous sommes laissés sur une franche poignée de main. Je ne veux surtout pas dire que j'ai su lire l'avenir ou que j'ai été prophète, mais mes prévisions se sont avérées exactes. La Fédération a finalement disparu et les magasins Coop ont signé des ententes d'approvisionnement avec des chaînes d'indépendants, principalement avec IGA. Aujourd'hui, la bannière Coop au Québec se retrouve uniquement sur des magasins affiliés à la Coop fédérée de Québec, qui vendent de la moulée et de la quincaillerie, mais pas d'alimentation.

* * *

Dans les jours qui ont suivi, j'ai discuté avec Jean-Claude Gagnon des modalités de mon entrée. Rapidement, la question salariale a été réglée. En fait, Metro-Richelieu m'offrait pas mal plus que ce que je gagnais à la Fédération. Je ne l'ai évidemment pas dit, mais j'aurais accepté moins, tellement je voulais faire partie de cette entreprise. Nous avons ensuite parlé de la date d'entrée en fonction. Nous étions au printemps 1978 et j'avais besoin de quelques semaines pour mener à terme mes dossiers à la Fédération. De plus, je voulais prendre un peu de vacances avec la famille avant le nouveau déménagement à Montréal. C'était sans compter que les enfants devaient terminer leur année scolaire. Bref, j'ai proposé de commencer un lundi au début du mois de juin.

Or, après vérification dans l'agenda, il s'est avéré que cette date entrait en conflit avec le tournoi de golf annuel de Metro-Richelieu. Le premier réflexe de Jean-Claude a été de dire que je pourrais débuter le lendemain ou la semaine suivante. Après y avoir réfléchi quelques instants, j'ai trouvé que cette date me conférait un atout indéniable. Je pourrais ainsi, en une seule journée, rencontrer presque tous les détaillants de Metro-Richelieu du Québec. C'est ce que nous avons convenu.

Ce jour-là, j'ai quitté Québec très tôt le matin pour me rendre à Granby, site du tournoi de golf. À neuf heures, j'étais déjà en train de discuter avec Marcel Croux. J'ai ensuite passé ma journée à me présenter à tout le monde. J'avais pris une voiturette et je circulais, de trou en trou, pour jaser avec tous ceux que je rencontrais, répétant chaque fois que j'étais Gaétan Frigon, le nouveau v.-p. marketing, et que j'étais très heureux de faire leur connaissance. C'était un très gros tournoi qui accueillait environ 200 joueurs. Ma tournée m'a pris pratiquement toute la journée, mais, en une seule fois, j'ai pu m'entretenir avec l'ensemble des détaillants et leurs principaux employés.

En début de soirée, pendant le banquet, il y avait la fameuse remise des multiples prix qu'on offre toujours dans une telle activité. Plus tôt, j'avais rencontré le directeur de la publicité, Roger Courtois, qui devait agir comme maître de cérémonie. J'avais appris que Roger s'était vu confier le poste de directeur de la publicité un peu par hasard. Il était un ancien propriétaire d'épicerie Metro très impliqué dans la mise en place du Groupe Metro-Richelieu. Son commerce avait été exproprié pour laisser place au nouvel édifice de Radio-Canada[20], près du pont Jacques-Cartier.

Si j'avais bien compris, c'était pour le remercier de sa contribution à la mise sur pied du Groupe qu'il avait été nommé responsable de la publicité. Mais ce n'était pas sa spécialité, d'une part, et, d'autre part, il n'était pas spécialement à l'aise dans les interventions publiques. Je lui ai donc proposé pour l'occasion, comme de toute façon il relevait désormais de moi, de prendre sa place.

J'en ai profité pour me présenter de nouveau et pour dire que j'étais impatient de relever les extraordinaires défis qui se présentaient à moi. Puis j'ai remis les prix en ajoutant mon grain de sel chaque fois que j'en avais la possibilité. Bref, ce furent une journée et une soirée très agréables.

J'étais surtout content d'avoir pu, en si peu de temps, imposer en quelque sorte mon style franc et chaleureux. J'avais ouvert toutes les portes. Les gens n'auraient pas peur de me téléphoner ou de me parler. La glace était brisée. J'ai réalisé que d'entrer dans une nouvelle compagnie lors d'un moment aussi unique et informel qu'une partie de golf était une opportunité géniale.

Dès le lendemain, je commençais au siège social de l'avenue Salk où se trouvait aussi l'ancien entrepôt des marchés Richelieu. Ce matin-là, j'ai rencontré mes nouveaux collègues, dont Guy Nantais. Guy n'était pas très grand, avait les cheveux toujours bien coiffés et légèrement luisants de brillantine, et il était surtout, en tout temps, impeccablement vêtu. Une véritable carte de mode.

Il avait grandi chez Metro, professionnellement parlant. C'était probablement le plus « politicien » du groupe et aussi le plus âgé. J'ai rapidement compris qu'il rêvait d'être nommé un jour au poste de président-directeur général. Il croyait d'ailleurs que ce poste lui revenait de droit, puisqu'il avait l'expérience, les compétences et l'ancienneté nécessaires. Il ne m'a toutefois pas fallu bien longtemps pour réaliser qu'il ne faisait pas partie des plans du conseil d'administration. Cependant, Guy connaissait tout de Metro-Richelieu. Il en était la mémoire. Cet atout nous a souvent été fort utile pour affronter des discussions plus délicates et saisir certains enjeux beaucoup moins évidents.

J'ai aussi fait la rencontre de Laval Duchesne, qui était au développement. C'était un fonceur. Il avait tout du vendeur, y compris les défauts qui accompagnent souvent cette profession. Je m'entendais bien avec lui, mais, comme les autres, je ne le prenais pas toujours au sérieux. Il avait la fâcheuse manie de faire des promesses qu'il ne pouvait tenir. Laval avait environ 35 ans et n'était pratiquement jamais au bureau. Ses mandats l'amenaient continuellement sur la route pour rencontrer ou recruter des détaillants indépendants.

Il y avait enfin Marcel Croux. Celui que je connaissais déjà le mieux. Rapidement, une belle complicité s'est établie entre nous. Il possédait un sens de l'analyse éclairé et savait nous mettre en confiance. Bref, à nous quatre, nous formions une belle équipe, dynamique et relativement jeune, dont tous les membres étaient issus du monde de l'alimentation et du commerce. L'avenir semblait prometteur.

Dès ma première journée de travail, j'ai dû m'occuper d'un petit détail technique, mais qui avait quand même une grande importance : j'avais besoin d'une secrétaire. J'ai toujours considéré qu'embaucher une secrétaire relevait d'un choix délicat. En fait, elle doit être une réelle collaboratrice, pas une simple dactylo. À mon avis, une bonne secrétaire est une véritable adjointe, quelqu'un sur qui on peut compter et à qui on peut se fier.

On m'a remis la liste de toutes celles qui travaillaient déjà dans la boîte et on m'a assuré que toutes souhaitaient venir travailler avec le vice-président marketing. Pas spécialement parce que c'était moi, mais bien parce qu'un poste auprès d'un vice-président avait une aura de prestige.

J'avais remarqué une jeune femme, considérée comme simple commis, qui travaillait tout à côté de mon bureau. En attendant d'avoir ma propre secrétaire, je lui avais confié quelques tâches dont elle s'était acquittée avec rapidité et efficacité. En fait, j'avais compris qu'elle possédait toutes les qualités d'une secrétaire, poste qu'elle avait déjà occupé, mais qu'on la traitait d'un peu haut parce qu'elle venait du réseau des marchés Richelieu et non de celui des Metro. Mais pour moi, cela ne changeait rien. « Alors pourquoi aller voir plus loin ? » m'étais-je dit. Et j'ai, la semaine même, engagé Francine Beaupré comme secrétaire.

Du coup, sans m'en rendre vraiment compte, j'étais devenu quelqu'un de sensible aux réalités du Groupe Metro-Richelieu. Embaucher une personne provenant de Richelieu semblait prouver à tous que je comprenais la dynamique de la maison et que je ne tenais pas compte des différences de statut ou des préjugés. Pour certains, j'étais aussitôt devenu une sorte de héros. Et je vous assure que je n'avais pas fait ce

C'est avec un grand plaisir que les 5 vice-présidents marketing qui ont travaillé chez Metro avec Francine Beaupré ont assisté à une soirée, tenue en décembre 2012, pour lui rendre hommage à l'occasion de sa retraite. De gauche à droite: Serge Boulanger (de 2002 à 2009), Gaétan Frigon (de 1978 à 1982 et de 1985 à 1989), Francine Beaupré, Robert Cloutier (de 1982 à 1985), Gilles Caron (de 1990 à 2002) et Marc Giroux (de 2009 à ce jour).

choix avec une telle arrière-pensée. Je me suis d'ailleurs toujours félicité d'avoir engagé Francine, car elle a été une assistante extraordinaire. Elle est restée à l'emploi de Metro-Richelieu pendant 48 ans et elle a pris une retraite bien méritée en décembre 2012.

* * *

Très rapidement, mon évaluation du Groupe Metro-Richelieu s'est précisée. Il était d'abord indéniable que nous regroupions les meilleurs épiciers du Québec, et ce, pour les raisons que j'ai déjà mentionnées. Néanmoins, la fusion des deux bannières avait entraîné son lot de problèmes.

Pour montrer la valeur et l'importance de cette nouvelle association dans le monde de l'alimentation québécois, plusieurs politiques de mise en marché avaient été mises de l'avant. Par exemple, les marchés Richelieu et les épiceries Metro avaient des logos qui se ressemblaient énormément. Vous vous souvenez peut-être de cette espèce de cravate stylisée, bleue pour les uns et rouge pour les autres. Même le slogan, « Un maître épicier à découvrir », était identique pour les deux bannières. Et ça allait encore plus loin puisque les produits de marque privée étaient connus sous le nom « Metro-Richelieu ».

Tout cela a eu des avantages. Le principal étant de positionner immédiatement le Groupe Metro-Richelieu comme un acteur important du domaine de l'alimentation. Toutefois, ces modifications entraînaient aussi une confusion incroyable auprès de la clientèle. Les gens ne faisaient pas de distinction entre les deux bannières. Or, il y en avait plusieurs. Juste sur le plan de la superficie des magasins, les épiceries Richelieu occupaient généralement environ 250 mètres carrés (2000 à 2500 pieds carrés), alors que les marchés Metro en comptaient plus de 400 (de 4500 à 5000 pieds carrés). Il y avait donc beaucoup plus de produits dans un Metro que chez Richelieu.

Les rabais hebdomadaires étaient aussi différents d'un magasin à l'autre. Ce qui était annoncé chez Richelieu différait de ce qu'on trouvait au Metro. Mais la clientèle, elle, ne comprenait pas que le rabais dans un endroit ne soit pas valide dans l'autre.

Il fallait donc rapidement modifier cette perception.

À ceci s'ajoutait le fait que, malgré ce que nous prétendions, Metro-Richelieu ne jouait pas encore dans les ligues majeures de l'alimentation. Nous en étions même encore assez loin.

Considérant tous ces éléments, une partie de mon mandat était donc de faire en sorte que notre groupe soit perçu comme l'un des plus importants au Québec. Simultanément, je devais trouver les moyens pour que la clientèle comprenne les différences qui existaient entre Metro et Richelieu tout en continuant à trouver avantageux d'y faire son marché.

La partie n'était pas gagnée. Cependant, j'avais quelques idées sur la façon d'y arriver !

Chapitre 6
Le Dragon et Metro-Richelieu

Lorsque j'ai accepté le mandat de Metro-Richelieu, il a fallu que nous pensions encore au déménagement. Une fois de plus, les enfants ont dû s'adapter à mes contraintes professionnelles. Michel avait alors 13 ans et venait de commencer son cours secondaire. Marie-Claude, qui en avait 10, terminait son primaire. Ce déménagement supposait un nouveau départ, de nouvelles séparations d'amis et l'incertitude de pouvoir en trouver d'autres, un quartier inconnu à apprivoiser, une école à découvrir, en somme une foule d'émotions à gérer et de choses à terminer d'un côté et à entreprendre de l'autre. Mais, en bout de ligne, je crois bien que les enfants étaient heureux de revenir dans la région de Montréal, malgré tout ce que ce déracinement impliquait.

De mon côté, je m'étais mis en chasse pour dénicher une maison. Si les gens de Montréal qui s'en vont vivre à Québec optent souvent pour le secteur de Sainte-Foy, ceux de Québec qui viennent à Montréal choisissent fréquemment le coin de Boucherville. Juste avant le pont-tunnel. Comme si, dans les deux cas, on voulait s'éloigner le moins possible de son ancienne vie. Je ne peux dire si c'est cette attitude qui m'avait inspiré, mais je suis d'abord allé voir du côté de Boucherville. Et j'ai trouvé une magnifique résidence. Encore plus belle, à mon avis, que celle que nous laissions. Une maison canadienne de deux étages, en pierres des champs, avec trois lucarnes à l'avant où, j'en étais convaincu, nous serions bien. Elle a d'ailleurs fait l'unanimité quand je l'ai montrée au reste de la famille.

Notre demeure de Sainte-Foy n'a pas été difficile à vendre non plus. Mais ce qui m'a surpris, c'est qu'une fois de plus, je connaissais l'acheteur. Rappelez-vous, notre première maison avait été achetée par une ancienne collègue de chez Eaton. Cette fois-ci, il s'agissait d'un camarade d'université qui avait obtenu un poste d'enseignant à l'École nationale d'administration publique à Québec. Je ne crois pas aux coïncidences, mais quand même...

Il est vrai que je n'étais pas tellement démonstratif avec mes enfants. Probablement que j'avais hérité ce modèle de mon père, qui n'appréciait pas beaucoup non plus les effusions sentimentales, mais qui savait toujours nous prouver qu'il nous aimait. D'ailleurs, un peu comme lui, je faisais (et je fais toujours) confiance à mes enfants. Je leur disais de ne pas faire de folies et d'être responsables. C'est tout ! Ensuite, si de petites erreurs survenaient, ce n'était pas grave. Je n'en faisais pas une montagne.

Bien entendu, vous pourriez dire que c'est ma perception et que celle de mes enfants pourrait être différente. Et vous auriez évidemment raison. Toutefois, au-delà de ces impressions, il reste que je suis encore près de mes enfants et, surtout, qu'ils sont près de moi. À tel point qu'ils travaillent tous les deux avec moi, encore aujourd'hui, dans l'entreprise que j'ai lancée il y a une vingtaine d'années.

* * *

Chez Metro-Richelieu, les premières semaines ont été enthousiasmantes. Mon objectif était de faire en sorte que, quelques mois plus tard, les gens pensent que Metro-Richelieu faisait partie des ligues majeures de l'alimentation, même si, à l'époque, nous en étions passablement éloignés.

Une petite rétrospective ne serait peut-être pas superflue.

Les épiciers Metro et Richelieu devaient obligatoirement être actionnaires de leur propre centre de distribution. De plus, Metro, comme je l'ai déjà dit, avait la réputation, assez exacte par ailleurs, de recruter les meilleurs épiciers du Québec. Tous les détaillants étaient indépendants et très jaloux de leur autonomie. L'entreprise n'avait pas de président-directeur général et le conseil d'administration, composé exclusivement d'épiciers membres, contrôlait tout et se réunissait chaque semaine pour veiller à l'administration de l'entreprise. À la fin de chaque exercice financier, la totalité des profits était redistribuée aux épiciers; en conséquence, l'entreprise n'avait pas de capital propre. Ce qui, fatalement, devait apporter au bout du compte son lot de problèmes, mais nous y reviendrons.

Cependant, grâce à des épiciers visionnaires comme Jean-Claude Messier, qui était président du conseil d'administration à mon arrivée, l'entreprise s'était bien positionnée et avait fusionné avec les Épiciers Richelieu en 1976 pour devenir Metro-Richelieu. Ces deux groupes n'en étaient pas à leur première collaboration. Ils avaient partagé, quelques années plus tôt, un centre de distribution de viande et créé l'appellation « Bœuf Mérite », dont le nom provenait des premières lettres de **Me**tro et de **Ri**chelieu.

Tout cela pour dire qu'à la fin des années 1970, Metro-Richelieu était bien installé, possédait un potentiel énorme, mais était loin d'atteindre le niveau de ses concurrents Provigo et IGA, et des chaînes comme Steinberg et Dominion.

En passant, vous avez certainement remarqué qu'il n'y a pas d'accent dans le nom Metro. Quelle en est la raison?

Personne ne le sait vraiment. Mais c'est comme ça depuis les tout débuts de Metro. Peut-être est-ce à cause de la mode du temps qui voulait que les incorporations soient bilingues? Toujours est-il que les noms Metro-Lasalle, Metro, Metro-Richelieu et autres ont toujours été écrits sans accent lorsqu'ils étaient utilisés comme marque de commerce.

À mon arrivée chez Metro-Richelieu en 1978, les bannières commerciales avaient été refaites quelques années auparavant avec un dessin en forme de cravate sous une fleur de lys. Et il n'y avait pas d'accent sur le mot « Metro ». La marque privée de la compagnie n'en affichait pas non plus. Puis il n'y en avait pas quand, au début des années 1980, le nom Metro a été enregistré pour la première fois comme marque de commerce. Il n'y a donc pas là de complot antifrancophone. Il n'y a qu'une obscure décision prise il y a plus de 60 ans par les administrateurs de l'époque. On ne saura probablement jamais pourquoi elle a été prise, mais c'est une réalité.

Bref, j'avais l'intention de faire en sorte que Metro-Richelieu soit rapidement perçu comme une grosse entreprise. Puisque j'avais peu de moyens financiers à ma disposition, j'ai décidé de me rapprocher des journalistes, principalement de ceux qui traitaient des affaires, comme Richard Johnson, du *Journal de Montréal*, ou André Hains, du journal *Les Affaires*. Je les avais rencontrés et je leur avais dit que j'allais les tenir régulièrement au courant des développements que Metro-Richelieu entreprendrait et qui auraient une influence sur l'économie, sur le monde des affaires ou celui de l'alimentation. Je leur avais surtout précisé que s'ils avaient besoin d'informations, d'une confirmation ou d'une infirmation sur ce qui se passait dans le monde de l'alimentation au Québec, que cela concerne ou non Metro-Richelieu, je leur donnerais l'heure juste. Et j'ai toujours respecté cette promesse.

Les résultats n'ont pas tardé. Chaque semaine ou presque, il y avait un article ou un entrefilet sur Metro-Richelieu. On

Une importante conférence de presse est tenue à l'automne 1981 pour annoncer la construction d'un nouvel entrepôt Metro-Richelieu dans le quartier Rivière-des-Prairies, dans l'est de Montréal. Évalués à 45 millions de dollars, les travaux ont débuté en octobre 1981. Lors de la conférence de presse, le maire de Montréal, Jean Drapeau, m'a remis l'emblème de la ville.

annonçait une promotion, une nomination, un prix dont nous étions récipiendaire. Tout ce qui nous arrivait était transmis aux médias, qui relayaient l'information. On parlait enfin de Metro-Richelieu dans les journaux avec ce que ça implique comme retombées et crédibilité. Bien sûr, c'était moi qui informais les journalistes et je n'hésitais pas à y aller avec vigueur. Mon idée était très simple: tirer sur tout ce qui bouge pour donner l'impression qu'on était partout. Voilà qui explique, du moins en partie, ce titre de Richard Johnson paru dans les pages du *Journal de Montréal*: « Metro-Richelieu bouscule les grandes chaînes ».

Ma tâche pouvait se résumer de la façon suivante: amener des clients chez nos épiciers. De leur côté, ils devaient ensuite bien les servir pour les fidéliser. Et mes efforts rapportaient. Si bien que des douzaines de marchés Metro et Richelieu ont dû rénover et agrandir leurs locaux pour satisfaire les attentes de la clientèle.

Un jour, en faisant une compilation de tout ce que cela représentait, j'étais arrivé à un chiffre impressionnant. Or, en lisant les journaux, je me rendais compte qu'on évoquait souvent les investissements de certains compétiteurs dans la société, mais qu'on ne parlait pas de la contribution des Metro et des Richelieu. À cette époque, j'avais rencontré Jean-Paul Gagné, l'éditorialiste du journal *Les Affaires*. Ce devait être à la fin de 1979 ou au début de 1980. Je lui avais simplement mentionné que, nous aussi, nous participions à l'économie et à la vitalité de la province en consacrant d'importantes sommes pour améliorer notre réseau et nos magasins. Je voulais simplement qu'il comprenne que nous faisions aussi notre part et je lui ai donné quelques chiffres pour prouver ce que j'avançais.

J'ai toutefois été le premier surpris quand, en première page de l'édition suivante, le journal *Les Affaires* titrait: « Metro-Richelieu investit 125 millions au Québec ». Jean-Paul Gagné avait additionné les investissements individuels de chacun de nos membres-actionnaires. Cet article a eu l'effet d'une bombe.

Nos efforts donnaient des résultats concrets et avaient des retombées publiques importantes. On parlait de Metro-Richelieu et c'était excellent. Mais il y avait, simultanément, beaucoup d'autres dossiers à faire avancer, dont celui du marketing, où tout était à faire.

Quand j'ai commencé chez Metro-Richelieu, Alfred Martel avait la main haute sur ce dossier. Martel était un ancien de Provigo qui était parti, je crois, à cause d'une mésentente avec Pierre H. Lessard, lequel, des années plus tard, deviendra le PDG de Metro-Richelieu. Qu'importe ! Alfred Martel avait créé l'agence Marketel et c'est elle qui contrôlait le marketing de Metro-Richelieu. À mon avis, cette situation le mettait en conflit d'intérêts puisqu'il était à la fois partie prenante des décisions et de leurs réalisations.

Alfred Martel présidait un comité marketing consultatif qui discutait des orientations marketing et les faisait ensuite entériner. Ma première décision comme vice-président marketing a été de rendre décisionnel ce comité et d'en prendre la présidence. À partir de ce moment, chaque mercredi matin, à neuf heures, je réunissais les membres. Nous étions une douzaine autour de la table, dont des acheteurs, des gens de publicité et des superviseurs, et nous faisions le tour de ce qui se passait chaque semaine dans le monde de l'alimentation.

Il faut savoir qu'à ce moment, les « spéciaux » de toutes les chaînes étaient publiés dans les journaux du mercredi pour permettre aux consommateurs d'en profiter les fins de semaine. Voilà pourquoi, chaque mercredi, les acheteurs de mon groupe faisaient entrer du personnel dès six heures le matin pour lire les quotidiens et analyser les aubaines de la semaine qu'offrait la concurrence. Très rapidement s'est créé un climat de saine compétition qui nous dynamisait tous. Nous pouvions accepter de nous faire battre sur un produit pendant une semaine, mais nous devions nous reprendre la semaine suivante. C'est cette attitude compétitive que nous avons développée. Nous n'étions peut-être pas les plus gros, mais nous entendions être les meilleurs.

Pour nous assurer que les promotions que nous lancions aient un impact concret sur les ventes de nos épiciers, il fallait avoir des chiffres sur les ventes au détail. Comment pouvions-nous savoir autrement si, par exemple, ce rabais consenti à la boucherie avait donné les résultats que nous escomptions et comment nous devions orienter nos efforts pour améliorer notre approche ? Le problème, c'est que ces chiffres, nous ne les avions pas. Les épiciers membres du Groupe Metro-Richelieu étaient très indépendants et considéraient que divulguer leur chiffre d'affaires et leurs ventes n'était pas pertinent.

J'ai donc fait une tournée. J'ai choisi une vingtaine de magasins qui correspondaient au profil moyen de nos détaillants et j'ai convaincu les propriétaires de nous fournir les informations dont nous avions besoin. Je leur ai garanti la confidentialité en expliquant que nous voulions simplement confirmer ou infirmer que nos actions avaient des retombées. Rien d'autre. Ils ont accepté.

Cet échantillonnage nous donnait enfin l'heure juste. À la réunion suivante du comité marketing, je pouvais dire qu'un geste de notre part avait donné des résultats tangibles et provoqué une augmentation des ventes d'un pourcentage précis. Nous n'avions pas de chiffres absolus, comme c'était le cas pour les autres bannières, mais nous avions, dorénavant, des éléments suffisants pour orienter notre travail.

Ainsi, le comité marketing est devenu le moteur du développement commercial de Metro-Richelieu. Nous apportions des résultats que les épiciers pouvaient constater. Aucune des 12 personnes qui composaient ce comité ne voulait manquer une réunion. Il fallait vraiment une rencontre extrêmement importante ailleurs ou une maladie grave pour que l'un d'entre nous s'absente. Et même dans un tel cas, le directeur en question déléguait l'un des siens qui lui faisait rapport aussitôt la réunion terminée.

C'était lors de ces rencontres qu'on choisissait les produits qui seraient offerts en promotion la semaine suivante. Or, nos décisions ne s'appuyaient pas toujours sur la simple question des profits. Nous analysions les choses en fonction de ce qui attirait les clients. S'ils entraient dans le magasin pour profiter d'un « spécial », ils pouvaient acheter autre chose. Il fallait donc nous assurer qu'ils aimeraient ce que nous leur proposions et qu'ils viendraient nous voir. Pour y arriver, nous utilisions toutes les informations disponibles, qu'elles concernent l'actualité, l'économie ou même la météo.

Par exemple, à l'automne, nous stockions du liquide de lave-glace dans nos entrepôts. À chaque réunion, quelqu'un s'informait des prévisions météorologiques. Si on parlait de possibilité de neige pour les prochains jours, dont cette fameuse première neige de l'année qui fait damner les automobilistes, nous mettions immédiatement en vedette le lave-glace.

Notre comité de marketing était tellement dynamique que même les autres vice-présidents ou des membres du conseil d'administration voulaient parfois participer à nos réunions. Simplement pour sentir le pouls de l'entreprise. Nous étions d'ailleurs le seul comité, outre celui de direction, qui avait la permission de siéger dans la salle du conseil d'administration. Le comité marketing a été, j'en suis certain, un des éléments clés du succès qu'a connu Metro-Richelieu.

J'ai quitté Metro-Richelieu quelques années plus tard pour y revenir après quelques autres années, et ce comité marketing était toujours en place avec le même dynamisme et la même influence. C'était devenu une institution presque sacrée !

* * *

Il existe au Québec un regroupement d'épiciers : l'Association des détaillants en alimentation du Québec (ADAQ). L'organisme, créé en 1955, représente aujourd'hui environ 8000 détaillants propriétaires. Chaque année, il tient son congrès annuel qui réunit ce qu'il est convenu d'appeler les forces vives du monde des détaillants en alimentation au Québec.

Bien entendu, les grandes bannières comme IGA, Provigo et Metro-Richelieu sont sollicitées pour commanditer de nombreuses activités. Ceux qui connaissent ce genre d'événement savent qu'à peu près tout peut être commandité : le cocktail, les ateliers, les présentateurs, les prix, et ainsi de suite. Pour le congrès de 1979, j'avais eu une idée que je trouvais excellente.

J'avais contacté les organisateurs de l'ADAQ pour que Metro-Richelieu puisse commanditer le vin du banquet de clôture, probablement l'activité la plus importante et la plus prestigieuse de cette réunion.

À la fin des années 1970, ce qu'on appelle les vins de marque privée – vous savez, ces vins embouteillés sur lesquels on appose l'étiquette de notre choix – n'existaient à peu près pas.

J'avais donc téléphoné à Claude Marier, de la Société des alcools du Québec, pour lui demander s'il existait un vin que la SAQ pourrait embouteiller et sur lequel Metro-Richelieu pourrait apposer son étiquette, comme s'il s'agissait de son propre vin. Il m'a répondu que ce n'était pas une pratique courante, mais que c'était réalisable. J'ai donc fait imprimer des étiquettes spéciales et nous avons eu le vin Metro-Richelieu, un vin de Bordeaux embouteillé par la Maison des Futailles, l'usine d'embouteillage de la SAQ. Tout ça évidemment dans le plus grand secret. Toutefois, la partie n'était pas encore gagnée. En effet, le banquet se déroulait à l'hôtel Reine Elizabeth, où on ne voulait pas servir d'autres produits que ceux qui étaient sur la carte des vins. Il a fallu négocier serré. Nous avons finalement dû payer des frais de débouchonnage, mais l'affaire a été conclue.

La soirée du congrès est enfin arrivée. J'étais un peu anxieux. Tous les convives se sont installés aux tables. Je reconnaissais les représentants de Provigo et de IGA, dont mon ami Pierre Croteau, et plusieurs épiciers propriétaires présents pour l'occasion, parmi lesquels, évidemment, plusieurs membres de Metro-Richelieu.

Quand tout le monde a été assis, j'ai donné le signal convenu et des dizaines de serveurs se sont avancés vers les tables avec des bouteilles Metro-Richelieu. Ils en déposaient au moins trois par table. Ça été une surprise pour tous les invités. Je voyais les visages étonnés des concurrents qui se rendaient compte qu'ils devraient boire un vin au nom de leur compétiteur. Je voyais surtout la fierté dans les yeux des « bannièrés » Metro et Richelieu, qui ne se privaient pas pour lever leur verre à la santé de leurs compétiteurs.

Ce petit coup de promotion, bien anodin finalement, a créé un sentiment d'appartenance incroyable auprès de nos membres. J'en ai entendu parler pendant des années, autant de la part des épiciers Metro et Richelieu que de mes confrères de la concurrence.

Il arrive, encore aujourd'hui, quand je passe voir des amis épiciers, qu'ils me montrent une de ces bouteilles vides qu'ils conservent précieusement comme un trophée.

* * *

Ma première année à titre de vice-président marketing a donc été occupée; les choses ont bougé et les résultats furent encourageants. Pendant ce temps, je travaillais aussi sur un autre dossier qui m'apparaissait vital pour l'avenir : celui de la confusion des marques. Jusqu'à ce jour, tout le programme de mise en marché avait été fait en associant les noms Metro et Richelieu, ce qui créait des méprises auprès des clients. Il fallait absolument prendre les moyens pour les différencier tout en conservant l'image de marque.

J'ai alors demandé à l'agence Marketel, qui travaillait toujours avec nous, de réfléchir à la possibilité d'avoir un porte-parole. En fait, j'en voulais deux. Un pour Richelieu et l'autre pour Metro. La stratégie consistait à mettre de l'avant deux campagnes publicitaires distinctes qui feraient ressortir les forces des bannières respectives de Metro et de Richelieu.

Dans un premier temps, nous avons ciblé l'orientation de cette campagne. Alors que la plupart de nos compétiteurs se définissaient comme des supermarchés d'alimentation, j'avais décidé que nous serions des « épiciers ». Nous n'étions pas une bâtisse, nous étions des professionnels de l'alimentation. Je voulais en arriver à ce que les gens nous voient comme des personnes et non comme un emplacement. Je saute les étapes, mais je crois que la stratégie a été d'une telle efficacité qu'encore aujourd'hui, tant dans la publicité que dans la mentalité des gens, « Metro et Richelieu », c'est d'abord et avant tout des épiciers.

Bref, les gens de l'agence me sont revenus un peu plus tard avec une suggestion de porte-paroles ainsi qu'un slogan pour Metro et un autre pour Richelieu. Pour ce dernier, on m'a proposé Claude Michaud qui jouerait le rôle du propriétaire d'un marché Richelieu acheté de son beau-frère. Le slogan suggéré était : « Richelieu, un épicier attentionné ». Claude Michaud était un personnage extrêmement sympathique. Il avait été l'un des acteurs de la très populaire émission *Rue des Pignons* écrite par Mia Riddez. Cette série, qui avait débuté en 1966, s'était poursuivie jusqu'en 1977 et avait connu une popularité exceptionnelle. La publicité télévisuelle qui a été produite pour le lancement de la campagne de la bannière Richelieu a reçu un accueil fantastique.

Pour Metro, l'agence recommandait Gaston L'Heureux. Le moins que l'on puisse dire, c'est que je n'étais pas emballé. Tout ce que je savais de lui, c'est qu'il avait animé une émission un peu loufoque appelée *Au masculin* et qu'il avait été coanimateur de l'émission de variété *Les coqueluches* à Radio-Canada. J'avais quand même accepté de le rencontrer, et... il m'a immédiatement conquis. Gaston L'Heureux était un homme jovial qui correspondait parfaitement à l'idée qu'on se fait de l'épicier du coin, celui qui nous accueille avec le sourire en nous lançant un « Bonjour » sincère et bien senti.

Quant au thème de la campagne, je suis certain que plusieurs s'en souviennent encore aujourd'hui : « On connaît not'monde ! » J'étais enthousiasmé par le mariage entre le porte-parole et le concept. Mais ça n'a pas toujours été facile. Gaston était un improvisateur incorrigible et nous avons eu du mal à faire la production de la publicité télé en vue du lancement de la campagne. Il manquait de discipline, oubliait son texte, se tournait à gauche alors qu'il aurait dû se tourner à droite, éclatait de rire aux plus mauvais moments, et quoi encore ? Pour tourner ce premier message, il aura fallu 64 prises pour la première scène seulement. Mais, finalement, les résultats ont été extraordinaires de véracité.

Encore ici, je saute les étapes, mais Gaston s'identifia tellement à Metro qu'il insistait pour connaître à l'avance les « spéciaux » de la semaine. Il pouvait ainsi dire à toutes les clientes qui l'adoraient : « Attendez la semaine prochaine, ma petite dame, le bœuf haché va être en spécial... » Bref, je peux dire que le Metro d'aujourd'hui doit une fière chandelle à Gaston L'Heureux. Il a été l'homme qui a imposé ce positionnement « épicier » qui est encore à la base de la publicité de Metro.

J'ai toujours gardé contact avec lui par la suite. Il m'appelait parfois dans ses périodes noires alors qu'il voulait simplement se faire remonter le moral. Je le voyais au restaurant qu'il a tenu pendant quelques années sur l'avenue du Mont-Royal. Je suis aussi allé lui rendre visite, en 2009, au Centre de réadaptation Lucie-Bruneau, après son terrible accident. J'étais très nerveux la première fois que j'y suis allé. Je ne savais pas ce que je dirais à ce bonhomme enjoué qui était désormais condamné au fauteuil roulant. Vous voulez savoir ? C'est lui qui m'a remonté le moral. Il n'avait rien perdu de son enthousiasme et de sa verve. Combien de fois m'a-t-il répété : « C'est temporaire. Je peux déjà me bouger les orteils... » Comme lui, je savais qu'il me contait des histoires, mais jamais je n'aurais osé le contredire.

Gaston est décédé le 9 janvier 2011 à l'âge de 67 ans...

Comme vous pouvez le voir, je me suis un peu éloigné de mon sujet, mais Gaston était vraiment un chic type et un bon ami...

Bon, revenons à la campagne que nous avions élaborée. Elle allait bon train et répondait parfaitement à ce que je souhaitais, c'est-à-dire quelque chose de chaleureux et d'humain autant pour Richelieu que pour Metro. J'avais bien hâte de la présenter aux épiciers.

Mais avant, je voulais ajouter un autre élément. Depuis que je travaillais dans le monde de l'alimentation, j'avais toujours considéré que nos dépliants promotionnels étaient... comment dire... très ordinaires ! Ils étaient imprimés en noir et blanc sur du papier journal, avec une page en couleur ici et là. C'était vrai aux magasins Coop, c'était vrai chez Metro-Richelieu et c'était aussi vrai chez nos concurrents. Je souhaitais, au moins pour la bannière Metro, ajouter une formule différente qui prévoirait trois parutions spéciales par année, des numéros qui se devaient d'être sensationnels.

J'avais donc rencontré un imprimeur pour m'informer sur les coûts de production de deux millions d'exemplaires d'une circulaire plus attirante et plus vivante. Je la voulais en couleurs, sur du papier glacé et dans un format qui ressemblait à ce que les spécialistes de la vente au détail, comme Eaton ou La Baie, utilisaient depuis longtemps. La réponse est venue rapidement. L'opération coûterait deux fois plus cher. Une fortune ! J'ai dû réfléchir et consulter mes collègues. Finalement, la décision a été prise d'aller de l'avant avec la production d'une brochure pour la bannière Metro. J'étais convaincu que ce serait perçu comme rien de moins qu'une révolution. Il avait cependant été impossible de faire de même pour la bannière Richelieu, celle-ci n'ayant ni le nombre ni le volume pour supporter un tel investissement.

Nous avons travaillé pendant plusieurs mois pour mettre en place la campagne télévisuelle et imprimée pour finalement être prêts à la fin de l'été 1980. Il fallait maintenant en faire le lancement. Je voulais faire les choses en grand. J'ai donc loué la salle Wilfrid-Pelletier de la Place des Arts où tous les épiciers et leur personnel étaient invités. Il y avait plus de 2000 personnes. Avant la présentation de la campagne de promotion, je voulais m'assurer que tous comprennent bien que les bannières Metro et Richelieu étaient complémentaires, chacune ayant une vocation différente. Il fallait que les Richelieu cessent de se considérer comme les oubliés de la fusion de 1976.

Je m'étais donc assuré les services de Jean-Marc Chaput qui était, tout comme aujourd'hui, extrêmement populaire et aimé. Je lui avais donné le mandat de préparer un texte pour montrer qu'il n'y avait pas d'enfants pauvres chez Metro-Richelieu, que tous devaient être fiers de la bannière qui se trouvait devant leur magasin et qu'ensemble, nous formions une équipe qui pouvait rêver de tous les succès.

Comme d'habitude, Jean-Marc a fait un travail colossal.

Tout le monde dans la salle était donc gonflé à bloc. C'est alors que nous avons dévoilé les deux campagnes publicitaires qui seraient lancées. Nous les avons expliquées, puis nous avons diffusé les publicités. La réception a été formidable.

Ensuite, nous avons dévoilé le nouveau cahier publicitaire de la bannière Metro. Nous n'avions pas simplement rajeuni le genre, nous l'avions réinventé. J'en étais personnellement très fier.

L'ensemble de l'opération a été un extraordinaire succès. Non seulement nos membres sont-ils repartis confiants et enthousiastes, mais les ventes globales des détaillants Metro, la première semaine de parution du nouveau cahier publicitaire, ont augmenté de 50 %, passant de 20 à 30 millions dans le domaine du détail. Celles de Richelieu ont également connu une augmentation substantielle, quoique moindre que celle de Metro. Les nouvelles circulaires Metro en papier glacé étaient si belles à mes yeux que je les considérais presque comme des objets de collection !

Mon autre objectif, qui était d'éliminer les dissensions potentielles entre les propriétaires des marchés Richelieu et Metro, a aussi été largement atteint. Pour plusieurs, être un « Richelieu » n'était plus désormais un handicap. Même si

Richelieu ne jouissait pas d'une circulaire tout en couleurs, la bannière profitait d'une belle campagne de publicité. Metro et Richelieu étaient différents et complémentaires, mais appartenaient à un même groupe. La preuve en est que, pendant les mois qui suivirent, plusieurs marchés Metro qui n'avaient pas une superficie suffisante pour tenir en magasin tous les produits indispensables afin de suivre le rythme de la publicité plus agressive de cette bannière ont accepté volontiers, et sans se sentir diminués, de devenir des Richelieu. Comme quoi les mentalités évoluaient.

Je ne suis bien entendu pas le seul à avoir concrétisé ce succès. Ce fut un travail d'équipe intense. Je crois néanmoins que j'en ai été la bougie d'allumage. J'avais cette vision du positionnement de Metro et de Richelieu et j'avais réussi à la faire accepter par tous.

J'étais proche des détaillants et ils avaient confiance en moi et en mon jugement. Il arrivait souvent qu'ils me demandent d'aller leur rendre visite pour les conseiller. Je leur expliquais que mon rôle était de leur envoyer des clients. Ils devaient ensuite s'assurer de les garder. Je leur rappelais souvent la stratégie du « Bonjour, madame », qui personnalisait les rapports. Un simple geste qui changeait la perception des gens.

J'insistais aussi sur le fait que nous n'étions pas des édifices, mais des professionnels de l'alimentation qui savaient accueillir et comprendre les besoins de leur clientèle. Par exemple, quand, en me rendant dans un marché, je constatais que des employés ne me saluaient pas ou qu'ils regardaient par terre pour ne pas être obligés de me parler, il y avait un problème de fond. Les employés sont le moteur de nos entreprises. S'ils ne sont pas heureux, cela a un effet sur les ventes. J'allais alors voir le propriétaire, nous discutions et nous tentions de trouver des solutions pour installer un climat plus serein et agréable. Quand nous y parvenions, les résultats étaient immédiats.

Certains problèmes relevés par nos épiciers étaient parfois liés à la concurrence et non à la qualité de l'accueil ou des produits. J'avais alors imaginé quelques petits trucs pour renverser la vapeur. Par exemple, sachant que les consommateurs utilisaient très souvent les sacs d'épicerie comme sacs à ordures, j'engageais des jeunes et je leur confiais le mandat d'aller mettre des bons d'achat de cinq dollars dans les boîtes aux lettres de consommateurs dont les sacs à ordures portaient le logo d'un compétiteur. L'effet était souvent instantané. La clientèle venait ou revenait. Le défi des épiciers consistait ensuite, je le répète, à les fidéliser. C'est comme cela que je considérais mon travail et je l'adorais.

* * *

Il y a parfois des dossiers étonnants qui atterrissent sur les bureaux. Un matin de l'automne 1980, Pierre Croteau, alors président-directeur général de Hudon et Deaudelin, m'a donné un coup de fil:

— Salut, Gaétan, m'a-t-il dit. J'ai peut-être quelque chose ou plutôt quelqu'un qui peut t'intéresser.

— Vas-y!

— Un type est venu me voir ce matin. Un Français, un certain Jean Delais qui est, si j'ai bien compris, directeur ou vice-président de Codec-UNA.

— Qu'est-ce que c'est? lui ai-je demandé.

— Une importante chaîne d'alimentation en France. C'est la première fois qu'il vient au Québec et il voulait me rencontrer pour voir comment fonctionnent les regroupements d'épiciers ici. Comment il a eu mon nom, je n'en ai pas la moindre idée... En fait, je ne crois pas qu'il ait voulu me rencontrer « moi » précisément. Il voulait parler à quelqu'un du monde de l'alimentation et c'est sur moi qu'il est tombé.

— Tu fais partie des grands de l'alimentation maintenant, Pierre. Tu devrais le savoir, lui ai-je répliqué sur un ton un peu moqueur. Tu es quelqu'un de connu.

— Oui! Oui! Bon, écoute au lieu de rire de moi. Son regroupement ne ressemble en rien à IGA. J'ai cependant l'impression qu'il y a beaucoup d'affinités avec Metro-Richelieu. Est-ce que tu serais disposé à le rencontrer? Je pourrais te l'envoyer cet après-midi.

C'est ainsi que, la journée même, j'ai fait la connaissance de Jean Delais.

Codec-UNA a une longue histoire dans le secteur de l'alimentation française. Codec, qui signifie « Consortium des épiciers du Centre », a été créé en 1924. En 1973, l'entreprise fusionnait avec l'Union nationale de l'alimentation (UNA) pour former Codec-UNA, regroupant ainsi plusieurs centaines de magasins sur tout le territoire français.

Mon interlocuteur m'a expliqué que le fonctionnement de Codec-UNA ressemblait un peu à celui d'une coopérative et que les épiciers membres étaient très jaloux de leur indépendance de même que ceux de la bannière UNA étaient jaloux des épiciers Codec. Je n'ai pas pu m'empêcher de sourire en pensant à ce que nous vivions chez Metro-Richelieu. Les similitudes étaient évidentes.

Jean Delais ressemblait tout à fait à la caricature du Français du Sud. En tout cas, il concordait avec l'image que les Québécois se faisaient d'un Français typique. Il devait avoir une cinquantaine d'années et il parlait beaucoup et très vite, avec un accent marseillais à couper au couteau. J'étais régulièrement obligé de lui demander de ralentir son débit pour que je puisse le comprendre. Jean Delais, comme tout bon Français, adorait aussi le vin. En réalité, il aimait le vin beaucoup plus que la moyenne des gens puisqu'il possédait une cave personnelle contenant plus de 9000 bouteilles. C'est vous dire.

Bref, ça a cliqué entre nous. Comme il devait repartir le lendemain pour la France, je lui ai assuré que j'irais lui rendre visite pour voir un peu à quoi ressemblait le réseau de distribution alimentaire Codec-UNA.

L'occasion s'est présentée moins d'un mois plus tard. Je me suis rendu à Longjumeau, près de Paris, où se trouvait le siège social de l'entreprise. Jean Delais m'a présenté le président de Codec-UNA, Michel Régnier, et nous avons passé plusieurs heures à discuter de nos structures mutuelles. Puis, au cours des jours suivants, Jean Delais m'a fait visiter plusieurs magasins de la bannière. Chaque fois, il me présentait comme si j'étais un magnat de l'alimentation canadienne! J'avais beau démentir, il se contentait d'ajouter que j'étais trop modeste.

Nous avons ainsi parcouru une bonne partie de la France. Delais connaissait presque tout le monde dans l'alimentation, puisqu'il était alors directeur de la formation pour Codec-UNA. J'ai donc fait des rencontres extraordinaires.

Comme je l'ai aussi précisé, Jean Delais était un grand connaisseur en vins. En France, le vin était déjà vendu en épicerie et il en avait été l'acheteur principal pendant des années pour Codec-UNA. Inutile de préciser qu'il connaissait tous les grands vignobles français. Un jour que nous étions dans la région de Bordeaux, il m'a demandé si j'aimerais visiter le château du baron Philippe de Rothschild, un célèbre domaine. J'ai évidemment accepté même si je n'y connaissais pas grand-chose. Le fameux maître de chai[21] Raoul Blandin était l'un de ses bons amis et c'est lui qui nous a reçus. Il nous a fait visiter la cave personnelle du baron, ce qui, en soi, est une expérience passionnante. J'ai été très impressionné. J'ai d'ailleurs été moins impressionné par le nombre de bouteilles qu'on y trouvait que par le lieu lui-même. J'ignorais par exemple que dans ces grandes caves, il n'y avait pas d'électricité. Nous avancions à la clarté de la chandelle pendant que le maître de chai nous parlait des différents crus d'exception qui se trouvaient dans cette cave.

Un peu plus loin, dans une salle contenant les fûts de vins qui, après maturation complète, seraient embouteillés, il nous a expliqué que les vins du Château Mouton Rothschild avaient une nouvelle étiquette chaque année, choisie en fonction de certains critères. Ainsi, pour la récolte de 1978, qui serait mise en bouteille plus tard, l'étiquette porterait le nom du peintre québécois Jean-Paul Riopelle. Ce serait la première fois que le nom d'un artiste québécois serait apposé sur un grand cru de la Maison Rothschild.

Après nous avoir fait visiter les lieux et présenté tous ces prestigieux produits, il s'est tourné vers moi et m'a demandé si je souhaitais qu'il ouvre un fût pour que je puisse goûter à un Riopelle. Bon, je n'y connaissais rien, mais il n'était pas question que je rate une telle occasion !

J'ai été étonné du décorum et de la précision de ses gestes pour cette opération qui me semblait pourtant si simple. Puis, il m'a fait goûter au précieux liquide. Je ne sais pas exactement à quoi je m'attendais, mais j'ai trouvé le vin un peu moche. J'étais déçu, car l'élixir n'était évidemment pas encore à pleine maturité. Mais j'avais bu un vin célèbre qui ne serait mis en bouteille que quelques années plus tard.

Nous avons ensuite poursuivi notre tournée française. La veille de mon retour, alors que nous faisions le bilan de ce voyage, Jean Delais m'a dit: « Tu sais ce qui serait intéressant? Ce serait d'organiser un voyage d'échange franco-québécois avec des filles et des fils d'épiciers. » J'ai trouvé l'idée sensationnelle. Nous avons immédiatement dessiné les grandes lignes de ce projet où des jeunes de nos deux pays pourraient aller voir comment ça se passe sur l'autre continent. Je crois que nous avions convenu qu'il y aurait un maximum de 15 ou 16 jeunes de chaque côté et que ce voyage pourrait avoir lieu dès l'été 1981. En quelques minutes, le projet était ficelé.

À mon retour à Montréal, j'ai fait parvenir une lettre à tous les épiciers pour expliquer l'idée et vérifier s'il y avait un intérêt. En un rien de temps, j'ai reçu une tonne de candidatures. L'idée passionnait les gens. J'ai donc choisi les jeunes qui pourraient vivre cette expérience. Ils étaient 16 jeunes âgés de 15 à 18 ans, parmi lesquels se trouvait mon fils Michel.

La première partie du voyage se déroulait en France, où chacun d'entre eux et elles allait vivre deux semaines dans la famille d'un détaillant dont un enfant était également inscrit au stage. Les jeunes Français se retrouveraient ensuite au Québec, selon la même formule. Bien entendu, ils verraient comment fonctionne une épicerie là-bas (ou ici), mais la formule était surtout prévue pour qu'ils visitent et découvrent un nouveau pays, une autre culture.

Le groupe québécois est parti quelques jours avant la fête nationale des Français. Nous sommes arrivés à Paris, où nous avions réservé un hôtel pour les deux premiers jours. Pour la presque totalité d'entre eux, c'était la première fois qu'ils quittaient le Québec et qu'ils étaient loin de leurs parents. Bien entendu, j'accompagnais la délégation québécoise.

La première journée à Paris a permis de visiter un peu la ville. Très rapidement, les jeunes qui ne se connaissaient pas avant le départ se sont liés d'amitié. Je les regardais tous avec amusement. Ils étaient insouciants et même un peu arrogants, de cette arrogance désinvolte qu'apportent la jeunesse et la force d'un groupe.

Le lendemain matin, dans le hall de l'hôtel, les épiciers français sont venus chercher le jeune garçon ou la jeune fille qui allait partager leur vie pendant deux semaines. Je peux vous dire que l'attitude des jeunes était bien différente ce matin-là. Disparue, cette belle confiance ! Aucun d'entre eux ne voulait être le premier à quitter le groupe. J'ai même vu quelques larmes d'angoisse, même si je savais qu'il n'y avait pas de quoi être inquiet. Les jeunes allaient être bien reçus, j'en étais certain.

En quelques heures, ils étaient tous partis. Il y en avait dans presque toutes les régions de France. Ainsi, mon fils s'était rendu à Montguyon, près de Bordeaux, à l'épicerie Richard.

De notre côté, Jean Delais et moi avions décidé de faire le tour de tout ce beau monde pendant les deux semaines suivantes. Le lendemain matin, à la première escale, je me suis rendu compte que « l'invité » québécois s'était déjà adapté. Et plus les jours passaient, plus nous constations, lors de nos visites, que l'arrimage des deux cultures s'était merveilleusement passé. Bien entendu, plusieurs jeunes Québécois à qui je demandais leurs impressions m'avouaient qu'ils trouvaient les Français plus cérémonieux que nous le sommes. Mais ils adoraient leur séjour.

Au hasard de notre route, j'ai aussi fait des rencontres mémorables. Comme cette fois où nous nous étions arrêtés à Périgueux, petite ville de 30 000 habitants dans la région du Périgord, qui est maintenant devenue, si je ne me trompe pas, la Dordogne. Ce village doit bien avoir 2000 ans. Quelque chose d'assez incroyable pour nous, Québécois, dont la plus ancienne ville n'a même pas 500 ans. J'étais donc en train de discuter avec l'épicier quand son père (le grand-père du jeune qui participait à l'échange) s'est approché. Il devait avoir 80 ans. Il n'était jamais venu en Amérique et il voulait tout savoir !

Nous avons jasé un bon moment, puis il a jeté un œil autour de lui, m'a regardé et m'a dit : « Venez avec moi. Je voudrais vous montrer quelque chose. » Je l'ai suivi et il m'a conduit dans une cave très ancienne, comme celle du château du baron Rothschild, mais en infiniment plus petite. Nous avancions à la lueur d'une bougie et il y avait, autour de moi, plusieurs bouteilles dans leurs casiers. Le grand-père s'est approché d'une petite armoire qui contenait d'autres bouteilles qui m'ont semblé très anciennes. Il a tâtonné un peu, puis, en souriant, en a sorti une qu'il m'a tendue.

— Voilà ! C'est pour vous.

— Merci, ai-je simplement répondu, me rendant bien compte qu'il s'agissait d'une bouteille spéciale, mais ignorant complètement ce que cela pouvait être.

— C'est une bouteille d'eau-de-vie, m'a-t-il expliqué. Elle date de 1905. Il n'en reste presque plus. Nous en avions beaucoup, mais pendant l'occupation allemande, ils ont tout raflé. J'ai réussi à en cacher quelques-unes, dont celle-ci. Elle est maintenant à vous.

J'étais ému. Je me rendais compte de l'importance du cadeau que cet homme me faisait. Je l'ai remercié chaleureusement. J'aurais bien voulu lui donner, à mon tour, quelque chose d'aussi significatif, mais je n'avais évidemment rien de tel en ma possession.

Malheureusement, les circonstances ont fait que je n'ai jamais revu cet homme. J'ai conservé la précieuse bouteille pendant plusieurs années. Ce n'est qu'une dizaine d'années plus tard, pour souligner un moment spécial, que je l'ai ouverte. Tout ce que je peux vous dire, c'est que c'était excessivement fort, un peu comme si vous avaliez de la lave. J'exagère un peu, bien entendu. D'ailleurs, honnêtement, j'ai bien aimé.

Revenons à notre voyage. Après deux trop brèves semaines de tourisme, les jeunes Français nous ont accompagnés pour la deuxième partie de l'échange. Je crois que les premiers jours ont été moins difficiles pour eux parce qu'ils n'étaient pas totalement avec des étrangers, ayant pu vivre pendant deux semaines avec ceux qui maintenant les recevaient.

Je terminerai en disant que ce fut un projet extraordinaire, absolument formidable. Non seulement pour la trentaine de jeunes qui l'ont vécu intensivement, mais aussi pour leurs parents et pour moi. Il est resté plusieurs amitiés solides entre ces jeunes. Mon fils, Michel, est retourné quelques années plus tard passer un été chez les Richard et ils ont communiqué longtemps entre eux. Ma fille, Marie-Claude, l'avait aussi accompagné à cette occasion, car les Richard avaient une fille de son âge. Ce ne fut d'ailleurs pas un cas isolé.

Mon seul regret par rapport à ce projet vient du fait qu'on n'a jamais répété l'expérience. Pour plusieurs raisons, dont celle, non négligeable pour moi, que j'ai quitté, un peu plus tard, Metro-Richelieu. Peut-être un jour, si on pousse sur le hasard, un tel projet renaîtra-t-il ?

Je suis quand même retourné plusieurs fois en France par la suite. J'ai souvent revu Jean Delais, qui était devenu un bon ami. Je profitais souvent de mes voyages pour découvrir de nouveaux coins de pays. À ce propos, il faut que je vous dise que la généalogie est l'un de mes dadas. Je connais toute la lignée des Frigon depuis le premier arrivé au Québec, François Frigon dit l'Espagnol, jusqu'aux enfants dernièrement nés. Je ne m'attarderai pas sur l'épopée du premier Frigon en terre québécoise, sinon pour mentionner qu'il fut un des pionniers de la seigneurie de Batiscan et qu'il avait épousé une des Filles du Roy, Marie-Claude Chamois, qui eut elle-même une vie exceptionnelle.

Je dois toutefois préciser que cette Marie-Claude était l'une des seules Filles du Roy issues d'une famille riche et importante en France. Elle est née en 1656, fille d'Honoré Chamois, secrétaire du roi. Elle a connu une enfance malheureuse, maltraitée par sa mère. Bref, elle a quitté la maison à l'âge de 14 ans et s'est retrouvée à l'hôpital de la Pitié, à Paris, où elle fut choisie avec d'autres jeunes filles pour partir peupler la colonie de la Nouvelle-France. Peu après son arrivée, elle a rencontré François Frigon et l'a épousé. Le reste de leur vie n'est qu'une suite incroyable d'aventures. Mais là n'est pas mon propos.

En fait, on n'a jamais su d'où était originaire François Frigon. Plusieurs tentatives d'explications ont été avancées, mais aucune n'a jamais été prouvée. Comme on le surnommait l'Espagnol, on a cru qu'il était d'origine espagnole, qu'il avait séjourné en Espagne avant d'aboutir en Nouvelle-France, ou que, d'une façon ou d'une autre, sa vie avait été liée à ce pays durant sa jeunesse. Selon une autre hypothèse, il serait plutôt né dans un tout petit hameau français qui n'existe plus et qui, à l'époque, s'appelait L'espagnol.

Or, j'avais appris, au cours de mes recherches, que ce petit village avait été intégré à la ville de Viviers, au sud de Clermont-Ferrand. J'avais donc, au cours d'un de mes séjours en sol français, décidé de partir en chasse et de retrouver les possibles origines de mon aïeul. Je me promenais dans cette région et, un après-midi, je me suis arrêté dans un restaurant pour consulter l'annuaire téléphonique afin de trouver un Frigon chez qui je pourrais peut-être me renseigner. Il n'y avait pas de Frigon, mais j'ai découvert un Aldo Frigo, qui vivait au 3, imp. de Sabarou, à Viviers, et qui était identifié comme réparateur général. Comme je ne savais pas ce que signifiait « imp. », j'avais complété le mot qui était devenu, pour moi, « impératrice », ce qui me semblait logique. J'ai donc décidé de passer voir le dénommé Frigo. Sait-on jamais ?

Viviers est une très vieille ville qui date de l'époque de l'empire romain. Il y a des quartiers très anciens. Évidemment, je me suis perdu. J'ai dû me renseigner auprès d'un passant, en lui demandant comment me rendre au 3, Impératrice de Sabarou. Il m'a regardé, surpris. De manière un peu hautaine, il m'a dit :

— Monsieur veut certainement parler du 3, *IMPASSE* de Sabarou ?

Eh oui ! Je me suis senti assez ridicule. Cela dit, il m'a quand même indiqué le chemin. Il s'agissait d'une rue ancienne et étroite, trop même pour y accéder en voiture. J'ai donc garé mon auto et j'ai poursuivi à pied. Trouver la maison n'a pas été facile, car il n'y avait pas de numéro sur les portes. Mais j'ai soudain vu, près d'une maison, une minuscule camionnette sur laquelle était inscrit : Aldo Frigo, réparateur général. Je me suis approché et j'ai cogné à la porte. Il m'a fallu attendre plusieurs secondes, puis elle s'est ouverte brusquement sur une femme assez costaude et qui avait l'air d'être très en colère.

— Oui ? a-t-elle aboyé.

— Écoutez, je suis Canadien et je ne veux pas vous déranger, mais je cherche des renseignements sur les Frigon.

— Y a pas de Frigon ici, m'a-t-elle répondu aussi sec.

— Je sais, mais j'ai cru comprendre qu'il y avait un Frigo, alors...

— Ça concerne probablement mon mari, m'a-t-elle coupé. Suivez-moi, il est dans le salon.

Honnêtement, je n'étais pas très certain de vouloir entrer. La dame avait l'air tellement bête ! Si jamais son mari était dans le même état d'esprit... Mais puisque j'étais là, je l'ai suivie.

La maison était sombre et un peu lugubre. Quand je suis arrivé au salon, un homme était affalé dans un fauteuil, trois bouteilles de vin vides à ses côtés. Il semblait complètement ivre.

— Réveille-toi ! lui ordonna la femme. Tu es encore saoul alors qu'on a de la visite du Canada. Réveille-toi, répéta-t-elle en ajoutant cette fois un solide coup de poing sur l'épaule de son mari.

L'homme émit un vague grognement et se rendormit.

— Il est toujours ivre, dit-elle en le regardant, dégoûtée.

Elle sembla ensuite se calmer un peu et ajouta à mon intention :

— Je n'ai pas très bien compris pourquoi vous vouliez lui parler.

— Ce n'est rien d'important, avais-je répondu bien décidé à ne pas lui donner motif de se mettre en colère. Je viens du Québec et je me nomme Gaétan Frigon. Nous pensons que le premier Frigon à avoir immigré au Canada venait d'ici. C'est pourquoi, comme je passais dans la région, j'ai tenté de rencontrer quelqu'un qui pourrait m'éclairer un peu. Alors, en voyant le nom Frigo dans l'annuaire, j'ai pensé que votre mari pourrait me renseigner...

— Alors là, ça ne peut pas être lui, dit-elle, catégorique. Nous sommes arrivés d'Italie il y a trois ans.

Voilà qui réglait la question. J'ai regardé l'homme endormi et j'ai dit à la femme:

— De toute façon, à le voir, j'aime presque mieux qu'il ne soit pas le descendant de mon ancêtre...

Heureusement pour moi, elle a trouvé cela très drôle et s'est mise à rire.

En conclusion, tout ce que j'ai appris, c'est que François Frigon ne venait pas de cette région. À ce jour, on ignore toujours d'où il a pu venir.

* * *

Au début des années 1980, un autre dossier m'a passablement occupé. Metro-Richelieu était absent d'un secteur qui prenait de plus en plus d'ampleur, celui des dépanneurs. Pourtant, plusieurs propriétaires de ce type de magasins nous demandaient de mettre en place des structures qui nous permettraient de les desservir. Et c'est à cette tâche que je me suis attelé. L'inclusion de dépanneurs dans le Groupe Metro-Richelieu favorisait notre implantation dans tous les coins du Québec tout en augmentant notre volume d'affaires.

J'ai donc bâti le concept de « Dépanneur 7 jours » selon une formule basée sur celle qui régissait déjà nos relations avec les épiciers membres, c'est-à-dire que les personnes qui voulaient adhérer à cette nouvelle bannière continuaient à gérer elles-mêmes leur fonds de commerce. Les nouveaux dépanneurs pouvaient toutefois profiter de l'immense pouvoir d'achat de Metro-Richelieu, qui devenait leur grossiste attitré.

J'avais élaboré quelques règles relativement simples, puisqu'il ne s'agissait pas ici de franchisés, mais de propriétaires indépendants « associés ». Des normes ont été établies sur les couleurs, l'aménagement intérieur, la décoration, les produits qu'on pouvait offrir, la superficie et, évidemment, le nom.

Metro-Richelieu a ainsi fait une entrée rapide et remarquée dans ce segment du marché de l'alimentation.

Mais en ce début de décennie, ce n'est pas le seul secteur où les choses ont évolué pour Metro-Richelieu. Le conseil d'administration avait décidé qu'il était temps de procéder à l'embauche d'un président-directeur général. Son choix s'était porté sur Jean-René Halde, un diplômé de l'Université Harvard qui avait été président de la brasserie O'Keefe. Il ne venait pas du monde de l'alimentation, mais c'était un homme d'affaires reconnu et il se positionnait un peu au-dessus de la mêlée. En obtenant ce poste, Jean-René Halde avait aussi négocié pour avoir les coudées franches dans le travail qu'il aurait à faire, ce que le conseil d'administration lui avait accordé. Il avait donc carte blanche.

L'un des premiers objectifs du PDG a été de renforcer la structure de Metro-Richelieu. Depuis le début, les profits réalisés étaient redistribués aux détaillants. Jean-René Halde a décidé qu'il fallait corriger le tir puisque cette politique faisait en sorte qu'il était impossible pour Metro-Richelieu d'avoir un capital propre.

Sans entrer dans des notions administratives, disons simplement que le fait de remettre tous les profits aux épiciers-actionnaires ne permettait pas à Metro-Richelieu d'économiser et d'amasser des sommes suffisantes (la capitalisation) pour se lancer dans d'importants travaux, par exemple, dans la construction d'un nouvel entrepôt qui aurait mieux répondu aux besoins. Bien entendu, le combat du nouveau PDG n'était pas gagné d'avance, même si les spécialistes et la plupart des membres du conseil d'administration de Metro-Richelieu convenaient qu'il fallait le remporter.

Rapidement, Jean-René Halde a décidé de sortir la haute direction des locaux situés au-dessus de l'entrepôt de la rue

Salk et de la déménager au Complexe Desjardins. Les nouveaux bureaux étaient naturellement beaucoup plus beaux et impressionnants.

Dans un sens, j'étais content de cette décision. Mais d'un autre côté, j'avais développé l'habitude d'aller souvent à l'entrepôt et de saluer les gens. Pas seulement à l'entrepôt d'ailleurs, mais aussi dans le reste du secteur administratif où je connaissais tout le monde. Alors, le fait que mon bureau se trouve désormais au centre-ville ne me permettait plus de faire ces visites éclair.

D'ailleurs, je n'étais pas le seul qui doutait de la pertinence de cette décision. Parce que plusieurs m'en avaient parlé, je savais que de nombreux détaillants voyaient d'un mauvais œil ce déménagement. Ils trouvaient que ça coûtait cher, mais surtout que ça mettait une distance entre la haute direction et les épiciers. Disons quand même que, en toute honnêteté, je préférais travailler au centre-ville qu'à Montréal-Nord.

Presque simultanément, le PDG a décidé que, pour arriver à ses fins, il devait s'entourer de personnes qu'il aurait choisies. Rappelons que nous étions quatre vice-présidents au moment de son embauche. Dans les mois qui ont suivi, Jean-René Halde en a recruté huit nouveaux. Plusieurs de ces recrues possédaient une solide expertise dans leur domaine. Parmi eux, il y avait Jacques Obry, un spécialiste en fruits et légumes, qui arrivait de chez Steinberg. André Roy, qui prenait les affaires corporatives, et Raymond Bachand, qui devenait vice-président au développement stratégique, se sont également joints à l'équipe. Jean-René Halde s'entourait de personnes compétentes. Toutefois, outre Jacques Obry, aucun d'eux ne venait du monde de l'alimentation.

Tous ces changements avaient peu d'impact sur mon secteur. Une fois la stratégie de marketing développée et mise en place, le travail consistait surtout à faire les suivis et les réajustements nécessaires. Naturellement, cela représentait quand même passablement de travail, car le comité marketing poursuivait ses réunions, il y avait chaque semaine les promotions à préparer, les interventions publicitaires à élaborer, et ainsi de suite. Mais comme tout fonctionnait déjà dans la bonne voie, les changements à la direction n'affectaient pas mon travail, qui s'est prolongé sans heurt pendant plusieurs mois encore.

Puis, un matin, Jean-René Halde m'a fait venir dans son bureau. Il m'a annoncé qu'il venait d'engager un nouveau membre à la haute direction de Metro-Richelieu. Un homme de chez Steinberg, qui devenait vice-président exécutif et chef de l'exploitation. Il s'agissait de Jean-Roch Vachon.

J'avais déjà entendu parler de lui. D'ailleurs, tous les haut placés, que ce soit chez Metro-Richelieu, Provigo ou IGA, connaissaient un peu leur vis-à-vis chez Steinberg. Je savais donc de qui il était question. On disait cependant que Vachon était le francophone de service chez Steinberg et qu'il se mouillait rarement. La rumeur voulait aussi que ce ne soit jamais lui qui prenne les décisions importantes. Il les appuyait selon la direction du vent. Jean-Roch Vachon était toutefois quelqu'un qui se présentait très bien et qui avait beaucoup de panache. Son arrivée ne changeait pas grand-chose pour moi, jusqu'à ce que...

Jusqu'à ce que le PDG m'informe que, dorénavant, j'allais relever de Vachon. J'ai très mal pris la chose. Du coup, il y avait une structure administrative qui s'ajoutait entre moi et le président-directeur général. Depuis mon arrivée chez Metro-Richelieu, je relevais d'abord du conseil d'administration, puis directement du PDG. Il ne s'agissait pas d'une simple question d'orgueil. Pour moi, cette décision représentait une rétrogradation, une dévaluation de mon statut. Elle impliquait même une dévalorisation de mon travail, comme si, soudainement, le marketing et tout ce que j'avais accompli étaient moins importants.

— Tu ne peux pas être sérieux, ai-je alors répondu en regardant Jean-René Halde droit dans les yeux.

— Tu comprends mal, Gaétan. En fait, c'est même une reconnaissance de ton travail.

Je n'ai rien répondu. Je me suis levé et je suis sorti en claquant la porte derrière moi. Ma décision était prise. Mon association avec Metro-Richelieu venait de se terminer. Il n'était pas question que j'accepte cette décision.

Je suis revenu à mon bureau, je m'y suis enfermé et j'ai réfléchi à ma situation. Depuis que j'avais quitté Eaton, j'avais un plan : acquérir le plus de compétences et d'expérience pour ne pas être pénalisé si jamais une restructuration d'entreprise affectait mon travail ou mes responsabilités et, ultimement, mon emploi. Je me souvenais encore parfaitement de certains de ces gérants, chez Eaton, qui avaient été remerciés de leurs services et qui s'étaient trouvés sans travail du jour au lendemain. C'était pour que ça ne m'arrive pas que j'avais établi un plan de carrière audacieux.

Depuis une quinzaine d'années, j'avais respecté ce parcours. J'en étais à mon cinquième employeur et j'étais devenu polyvalent dans le secteur du commerce de détail et de l'alimentation. J'en avais appris les subtilités et j'en contrôlais les leviers. Alors peut-être était-il temps, me suis-je dit, de vérifier si tous ces efforts avaient rapporté ? Peut-être était-il temps d'aller voir comment on me percevait dans le milieu et quelle était ma valeur réelle ?

Mais avant de bouger, je voulais m'assurer que le conseil d'administration de Metro-Richelieu appuyait bien la décision de Jean-René Halde. J'ai alors contacté certains membres influents du C. A., comme Messier, Guertin et Beaulieu. Ils m'ont assuré qu'ils étaient en désaccord avec la position du PDG à mon égard, mais qu'ils ne pouvaient rien faire. Il avait tous les pouvoirs. C'était la décision de Halde et le conseil d'administration ne pouvait s'y opposer.

J'ai donc compris que cette nouvelle structure était définitive, que Jean-René Halde ne pourrait pas revenir sur sa position sans perdre la face, pas plus que je pouvais revenir sur ma réaction et ma propre décision. Les dés étaient jetés.

Je me suis ensuite dit que je devais d'abord protéger mes arrières. J'ai téléphoné à Pierre Croteau, le président d'IGA. Je lui ai expliqué ma situation. Avant même que j'aie terminé, il m'a proposé de me joindre à son équipe et m'a assuré qu'il y avait une place pour moi chez IGA quand je le voulais. « Écoute, m'a-t-expliqué, depuis que tu es chez Metro-Richelieu, tu me bats régulièrement en ce qui concerne la promotion et les ventes. Je suis certain que tu relèveras le même défi ici et que tu auras les mêmes résultats. Alors quand tu veux faire le saut, j'ai une place qui t'attend. »

Voilà qui réglait un problème. Cependant, j'avais entendu une rumeur voulant que Steinberg songe à lancer une nouvelle bannière de dépanneurs indépendants. Voilà qui m'intéressait davantage. L'idée de bâtir une chaîne de détaillants franchisés à partir de rien m'enthousiasmait. De plus, qu'on le veuille ou non, Steinberg, même si son influence avait décru au cours des dernières années, demeurait un joueur incontournable et prestigieux dans le monde de l'alimentation. Aussi, depuis très longtemps, tout le monde allait chercher des gestionnaires de chez Steinberg, car il s'agissait d'une formidable école. À preuve, Jean-René Halde y avait, dans les derniers mois, recruté deux de ses vice-présidents, Jacques Obry et Jean-Roch Vachon.

Cependant, l'inverse n'était pas vrai. Steinberg recrutait très rarement des membres de sa haute direction chez la concurrence. En tout cas, aucun exemple ne me venait. Alors, si je les contactais, j'aurais non seulement une idée du fondement de la rumeur, mais, selon l'accueil, j'aurais aussi une idée de ma valeur et de ma réputation dans le milieu de l'alimentation. Ça valait la peine de tenter le coup.

J'ai donc passé un coup de fil à Gerry Spitzer, le vice-président à la direction de Steinberg. Bien entendu, nous nous étions déjà croisés à quelques occasions lors de congrès ou d'activités du monde de l'alimentation.

— Gerry, lui ai-je annoncé après les salutations d'usage, un bruit court à l'effet que vous songez à lancer de nouveaux magasins de type dépanneurs.

— C'est possible... a-t-il laissé entendre, prudent. Est-ce que je comprends, a-t-il poursuivi après une brève pause, que tu pourrais être intéressé à venir chez nous ?

— Je suis certain que tu es au courant que Jean-Roch Vachon est maintenant vice-président ici... Or, ça me pose un petit problème. Alors oui, je serais intéressé.

— Viens me voir. Je t'attends.

Nous avons convenu de nous rencontrer le lendemain aux bureaux de Steinberg, situés à la Place-Alexis-Nihon. Gerry Spitzer devait avoir environ 55 ans, il était souriant et connaissait son affaire. Il m'a accueilli dans son bureau, où nous avons discuté un peu, puis il m'a demandé de le suivre.

Il m'a emmené dans le bureau de Mel Dobrin, le mari de Mitzi Steinberg, fille aînée de Sam Steinberg, décédé en 1978. Mel était président du conseil d'administration de l'entreprise. Dans son bureau se trouvait aussi Jack Levine, le président de Steinberg. Levine avait été, presque depuis le début, le bras droit de Sam Steinberg. Inutile, je crois, de préciser que tout se déroulait en anglais. Disons que le français n'était pas la langue de travail de la haute direction de Steinberg.

L'accueil a été très chaleureux. Rapidement, ils m'ont assuré qu'ils étaient très heureux de m'accueillir. Ils ont ensuite confirmé qu'ils souhaitaient lancer une nouvelle bannière de dépanneurs franchisés et qu'ils considéraient qu'une personne comme moi serait idéale pour relever ce défi.

J'ai répondu que je pourrais être intéressé par cette offre, mais que je désirais prendre quelques jours pour y réfléchir, ce qu'ils m'ont évidemment accordé. En sortant de cette réunion, j'étais très heureux. J'avais pratiquement déjà accepté leur proposition. Du moins dans ma tête. Il me fallait néanmoins régulariser définitivement ma position avec Metro-Richelieu.

Depuis la veille, Jean-René Halde me laissait des messages. Il voulait que nous ayons une discussion. Parallèlement, je savais que la rumeur de mon départ possible s'était répandue comme une traînée de poudre. Il semblait que de nombreux détaillants avaient déjà fait savoir qu'ils n'appréciaient pas la tournure que prenaient les événements chez Metro-Richelieu.

En revenant à mon bureau du Complexe Desjardins, j'ai immédiatement été appelé par Halde, qui me demandait de le rejoindre. Il m'attendait en compagnie de Jean-Roch Vachon. On parle souvent du langage corporel, eh bien, je peux vous dire que le mien ne montrait pas beaucoup d'ouverture à la discussion ! Aussitôt entré, je me suis assis, j'ai croisé les bras et j'ai attendu.

En fait, j'ai écouté. Jean-René Halde savait parfaitement que je n'acceptais pas cette nouvelle structure. Pendant une quinzaine de minutes, les deux hommes ont tenté de me montrer que j'avais une mauvaise perception des choses et qu'il ne s'agissait aucunement d'une diminution de mon rôle ou de mon influence. Mais en bout de piste, il est devenu clair qu'ils ne bougeraient pas. Leur décision demeurerait la même. Voyant cela, je les ai remerciés de ces explications, je me suis levé et j'ai quitté la pièce, sans ajouter un mot.

En entrant dans mon bureau, j'ai demandé à ma secrétaire de me suivre, car j'avais une lettre à rédiger. Francine Beaupré, mon adjointe depuis les premiers jours, savait naturellement ce qui se passait.

— J'espère que ce n'est pas une lettre de démission ? m'a-t-elle demandé.

Mais elle connaissait déjà la réponse. Les quelques doutes qui lui restaient ont disparu quand elle m'a vu revenir du bureau du PDG.

Avant de remettre ma lettre de démission à Jean-René, j'ai téléphoné à Gerry Spitzer pour lui dire que j'avais suffisamment réfléchi et que j'acceptais le poste avec enthousiasme. Il ne restait qu'à finaliser les conditions d'emploi, mais je savais qu'elles seraient à mon avantage. Ça a été le cas. Je suis donc devenu le président de la nouvelle division « dépanneurs » de Steinberg.

J'ai enfin contacté de nouveau mon ami Pierre Croteau. Je lui devais bien un petit coup de fil, puisqu'il n'avait pas hésité à me proposer de joindre son équipe.

— Comment ? s'est-il exclamé après que je lui eus fait part de ma décision. Mais Steinberg, tu le sais parfaitement, c'est en train de mourir ! La concurrence est trop forte. Ils perdent des parts de marché chaque semaine. On est en train de les avoir !

— Je ne travaillerai pas pour les supermarchés Steinberg. Tu comprends, Pierre, je vais ouvrir une nouvelle bannière à partir de zéro. Ça n'a même pas encore de nom. Tu imagines ?

— Tu te souviens que c'est la seconde fois que tu me fais le coup, a-t-il continué après une petite pause. Tu m'as laissé tomber pour aller à la Fédération des magasins Coop et aujourd'hui pour aller chez Steinberg. Si tu n'étais pas si bon dans ce que tu fais, je t'en voudrais... Mais on se connaît trop pour ça.

L'après-midi même, je quittais Metro-Richelieu.

Jean-René Halde a été congédié moins d'un an plus tard. Jean-Roch Vachon lui a succédé. Son règne a duré quelques années seulement avant qu'il ne soit remercié lui aussi.

Peu après mon départ, les trois vice-présidents « originaux », à savoir Guy Nantais, Marcel Croux et Laval Duchesne, ont tour à tour quitté le bateau.

Quant à moi, ma vie prenait, cette journée-là, un nouveau et fantastique tournant.

Chapitre 7
Le Dragon et la création des dépanneurs La Maisonnée

Au début du mois de janvier 1982, ma première journée chez Steinberg a débuté dans le bureau de Gerry Spitzer, à la Place-Alexis-Nihon.

Mel Dobrin, le président du conseil d'administration, y assistait également. Nous parlions de l'avenir. Plus précisément de ce que devait être cette nouvelle division qu'ils souhaitaient mettre sur pied. Dans les faits, j'étais maintenant président de cette entité à créer. Mais à ce moment, cette compagnie n'avait pas de nom, pas de bannière, pas d'employé et pas de bureau. J'étais, à moi seul, la totalité de la division!

Voilà pourquoi il était essentiel d'en préciser les paramètres. Or, ce n'était pas parfaitement clair dans l'esprit des dirigeants de Steinberg. Le mandat qu'ils me confiaient était de développer une nouvelle bannière de dépanneurs franchisés qui serait complètement indépendante de Steinberg, bien qu'elle fasse évidemment partie de l'empire. Ils voulaient à la fois redorer le blason de Steinberg, mais aussi éviter que d'autres détaillants dans ce créneau, comme Provi-Soir, s'emparent de tout le marché. Voilà à peu près où on en était dans le développement du projet. Pour le reste, ils me faisaient confiance et ils me disaient qu'ils appuieraient mes démarches.

J'étais toutefois un peu inquiet que les dirigeants ne connaissent pas grand-chose de la concurrence. J'arrivais de Metro-Richelieu et, là-bas, tous les intervenants, en tout cas tous les membres de la direction, savaient qui contrôlait les destinées des autres regroupements de détaillants ou des grandes chaînes d'alimentation du Québec. On n'avait peut-être jamais rencontré ces dirigeants, mais tous les vice-présidents de Metro-Richelieu savaient qui étaient Mel Dobrin, Jack Levine ou Gerry Spitzer, tout comme ils savaient que Pierre Croteau présidait les destinées d'IGA-Québec. C'étaient des informations de base.

Aussi, quand Melvyn Dobrin m'a demandé, le plus sérieusement du monde, qui était le président de Metro-Richelieu, j'ai été un peu abasourdi. Pendant quelques décennies, Steinberg avait été la plus importante chaîne alimentaire au Québec et c'était toujours un géant. Au fil des ans, l'entreprise avait bâti des ramifications dans d'autres provinces et dans d'autres secteurs d'activité. Ses dirigeants avaient donc la réputation de rarement regarder en arrière et d'être assez suffisants. D'ailleurs, la rumeur voulait que les luttes politiques intestines aient été féroces depuis la mort, en 1978, de Sam Steinberg, le grand concepteur de la chaîne. Mais que le président de Steinberg ne sache même pas qui était le président de l'un de ses principaux concurrents, ça me renversait.

Cependant, j'étais assuré d'avoir leur appui pour mon travail et, finalement, comme je n'aurais pas à œuvrer dans la branche mère de l'entreprise, j'aurais donc une relative autonomie.

Par ailleurs, si Mel Dobrin ne connaissait pas les autres dirigeants, moi je savais parfaitement les noms de la plupart de ceux qui travaillaient au siège social de Steinberg et je les avais, pour la majorité, déjà rencontrés. Aussi, en sortant de la réunion, je suis allé me présenter à mes nouveaux « collègues ». Parmi ces personnes, il y avait Diane Marcelin, avocate et vice-présidente aux affaires corporatives. En 2012, elle était juge à la Cour supérieure du Québec. À l'époque, je l'avais déjà rencontrée à quelques occasions et j'étais content de la revoir.

— Bonjour, Diane, lui ai-je lancé en entrant dans son bureau. Nous sommes maintenant confrères...

— Et j'en suis heureuse, m'a-t-elle répondu. Ça va probablement brasser un peu la cage. En passant, j'ai eu ce que je crois être une très bonne idée pour tes nouveaux dépanneurs...

— Tant mieux, parce que rien n'est encore arrêté là-dessus. Alors, quelle est ta suggestion ?

— Que penserais-tu de « La Maisonnée » ?

— C'est vrai que ça sonne bien. As-tu vérifié si le nom était disponible ? Est-ce qu'on peut l'incorporer ?

— Gaétan... Je suis avocate, je ne t'en aurais pas parlé sinon, a-t-elle répliqué avec le sourire.

— J'aime bien ton idée. Peux-tu t'assurer que nous conservons les droits sur ce nom ? Je te reviens sous peu.

Le nom de la compagnie mère n'était pas encore trouvé, mais celui que Diane m'avait suggéré pour les dépanneurs me plaisait beaucoup. Il fallait cependant que j'y réfléchisse un peu, car je devais m'assurer qu'il correspondait au genre d'entreprise que je voulais bâtir. Or, comme je commençais, je n'en savais encore rien.

Le premier point à régler était de me trouver un bureau, au moins provisoire, où je pourrais débuter. J'ai choisi de m'installer temporairement au siège social de la division Steinberg-Québec, qui se trouvait sur la rue Hochelaga, près de la rue Viau, dans l'est de Montréal. Marvin Biltis y travaillait à titre de vice-président-directeur général des supermarchés Steinberg du Québec et c'est lui qui m'a accueilli. Gerry Spitzer m'y a accompagné puisqu'il y avait aussi un bureau. Il m'en a d'ailleurs trouvé un à côté du sien. Puis il m'a dit que je devais avoir une secrétaire et qu'il souhaitait que je puisse compter sur la meilleure. Il m'a présenté Linda Millar. Je n'ai pas eu besoin de discuter longtemps avec elle pour comprendre qu'elle était très compétente et qu'elle pourrait m'appuyer dans mon travail. Je lui avais expliqué que je cherchais une personne qui serait, ni plus ni moins, mon adjointe. Ce défi l'intéressant, elle a donc eu le poste.

Je me suis ensuite retrouvé seul dans mon nouveau bureau. Je me sentais comme l'écrivain face à la page blanche. Je devais jeter les bases d'une nouvelle compagnie d'alimentation et, pour réussir, il fallait que je procède par étapes. J'ai donc pris une feuille et j'ai commencé à noter ce à quoi devraient être consacrées mes prochaines semaines :

- Trouver et organiser des bureaux.
- Engager une équipe de direction.
- Incorporer une compagnie et trouver le nom de la bannière de dépanneurs.
- Travailler avec Steinberg pour que l'entrepôt des supermarchés devienne aussi le grossiste des nouveaux magasins de proximité.
- Créer un nouveau concept pour ces dépanneurs.
- Établir le contrat qui régirait les modalités entre les franchisés et nous.

À cette liste, j'ai ajouté que je voulais que, trois ans plus tard au maximum, une centaine de dépanneurs franchisés soient ouverts. Bref, la commande était imposante.

Je me suis attaqué en priorité à la question des locaux. Je ne pouvais engager qui que ce soit tant que je ne saurais pas où installer le personnel. Je voulais que ces nouveaux locaux soient accueillants, propres et assez près de l'entrepôt puisque nous allions avoir à coopérer étroitement. Armé de ces critères, j'ai fouillé dans les journaux du quartier et je me suis promené dans les environs.

J'ai ainsi déniché un bel espace, au-dessus d'une caisse populaire, qui convenait parfaitement à mes besoins. Et là, j'ai découvert un des avantages à faire partie de la grande famille Steinberg. En effet, la compagnie avait développé un volet immobilier qui était devenu l'une des pierres angulaires du succès des supermarchés et qui était connu sous l'appellation d'Ivanhoe Investments. J'ai donc contacté la firme, qui s'est occupée de tous les détails de la négociation et de la signature du bail. Les résultats furent particulièrement efficaces.

La question de l'aménagement s'est aussi réglée très rapidement, puisque j'avais récupéré beaucoup d'équipement du siège social de Steinberg. En moins de trois semaines, nous étions installés au 5707, rue Sherbrooke Est, et les lignes téléphoniques étaient déjà activées.

Parallèlement, j'avais trouvé la perle au chapitre des finances. Je voulais quelqu'un qui provenait de chez Steinberg, car il devait connaître les rouages de l'entreprise qui étaient très différents de ce qui existait ailleurs. Or, je l'avais rencontré et engagé sur-le-champ.

Sur ces entrefaites, et complètement par hasard, j'ai croisé un ancien copain du séminaire de Trois-Rivières, Jacques-André Auger. Il avait également travaillé en marketing et, comme il était libre, il a accepté d'embarquer dans l'aventure.

À l'exploitation, j'ai recruté quelqu'un qui venait des « indépendants » et qui connaissait le système pour un tel type de magasins. Bref, très rapidement, la structure administrative a été montée.

En ce qui concerne le nom de cette nouvelle bannière de dépanneurs, j'avais accepté la suggestion de Diane Marcelin et La Maisonnée avait été créée. Il fallait aussi trouver un nom pour la compagnie qui gérerait les relations avec les franchisés, et donc les dépanneurs. Nous avons retenu « Franchise Plus » qui est devenue une filiale de Steinberg. Concrètement, le protocole créait un commerce à risques partagés entre Franchise

Plus et le détaillant indépendant, qui devenait le propriétaire du fonds de commerce et devait utiliser les biens et services mis à sa disposition par Franchise Plus.

Tout allait très vite et je voulais qu'il en soit ainsi. Je souhaitais montrer aux dirigeants de Steinberg qu'on pouvait être à la fois efficace et rapide. D'une certaine façon, et pour prendre une image un peu fantaisiste, avec les indépendants, j'avais appris à tirer le premier et à poser les questions ensuite. C'est ce que je faisais. Je fonçais et si des problèmes survenaient, je les réglais.

Toutes ces démarches effectuées, nous nous sommes mis au vrai travail: déterminer le concept de La Maisonnée que nous allions créer. Pendant une semaine, nous avons visité des dépanneurs. Nous sommes entre autres allés voir plusieurs établissements Provi-Soir, qui connaissaient une belle popularité, ainsi que les autres Boni-Soir ou Dépanneur 7 Jours de ce monde. Je ne voulais pas recréer ce qui existait ou me contenter de l'améliorer. Je voulais faire quelque chose de nouveau et de révolutionnaire. Rien de moins. J'aspirais à quelque chose d'étonnant et qui soit à la mesure des attentes de la clientèle de plus en plus exigeante des années 1980.

Bien entendu, les règles de base de ce type de commerce seraient conservées. C'étaient des magasins de proximité où les clients se rendaient pour leurs achats rapides entre les grosses visites à l'épicerie. Il devait donc y avoir un peu de tout, mais généralement dans de plus petits formats. De plus, et vous l'avez certainement déjà remarqué, tous les aliments d'utilisation quotidienne, comme le pain ou le lait, se trouveraient au fond du magasin. Pour y arriver, le client aurait à traverser tout le dépanneur et passer à côté de produits attirants mais absolument pas indispensables, comme les croustilles.

Mais, avec La Maisonnée, je voulais aller bien plus loin. Tout d'abord, les propriétaires seraient des « maîtres-dépanneurs », une expression évidemment copiée sur le « maîtres-épicier » de Metro-Richelieu.

La première constatation que nous avions faite concernait la superficie des établissements. Puisque je voulais qu'on puisse y trouver beaucoup de choses, il fallait que les magasins La Maisonnée soient plus grands que ce que l'on rencontrait habituellement. Si les Provi-Soir occupaient en moyenne 185 mètres carrés (2000 pieds carrés), il fallait que les succursales La Maisonnée en aient environ 220 (2400 pieds carrés).

Le concept que nous voulions inventer créerait de nouvelles avenues. Il allierait les avantages du dépanneur traditionnel, avec tous les articles courants de l'épicerie, à une sélection de produits spécialisés. Ainsi, il y aurait une boulangerie où seraient cuits sur place des pains, des brioches et des croissants. La Maisonnée vendrait aussi de la charcuterie et de l'épicerie fine, comme des fromages ou du café en grains, fraîchement moulu sur place.

Pour y arriver, il fallait tout prévoir. Par exemple, il était impensable de demander à nos maîtres-dépanneurs d'être aussi des boulangers. Nous devions trouver une autre façon d'atteindre nos buts dans le cadre de ce type d'établissement. Nous avons alors déniché une entreprise de la Beauce, appelée Doyon, qui construisait des fours à pain pouvant s'adapter à nos besoins. Même chose pour la confection du pain. On ne demanderait pas à nos commerçants de le pétrir à la main tous les matins. Nous avons donc trouvé une compagnie qui nous fournirait du pain et d'autres produits congelés qu'il suffisait ensuite de faire cuire.

La Maisonnée devait aussi avoir une autre particularité : la décoration. En effet, tous les dépanneurs que nous avions visités étaient froids et plutôt inhospitaliers. Ils étaient conçus pour l'efficacité, mais assurément pas pour y un passer un bon moment. Le client entrait, prenait ce qu'il cherchait et fichait le camp. Ce ne serait pas comme ça à La Maisonnée.

D'abord, les étagères ne seraient plus en métal, mais plutôt en bois, ce qui apporterait tout de suite une atmosphère plus chaleureuse. Nous nous étions aussi attardés aux couleurs des murs : il était important de créer une impression sympathique dès l'entrée. Nous avions même acheté les droits sur les toiles d'un artiste québécois, Louis-Émond Massicotte, dont nous pouvions reproduire les œuvres pour les afficher dans nos magasins. Chacun de nos établissements affichait quatre ou cinq de ces reproductions qui représentaient généralement des paysages québécois d'antan. Ma philosophie était la suivante : si le client vient acheter du lait, pourquoi ne pas en profiter pour rendre sa visite agréable et lui suggérer d'acheter autre chose ?

Il a fallu six semaines pour tout planifier et tout mettre en place.

En même temps, un autre dossier, celui des emplacements, avançait à la vitesse grand V. Je le rappelle, ce type d'établissement doit être à proximité des gens. C'est sa vocation. Cependant, je ne voulais pas que nos points de vente soient construits dans un quartier résidentiel, comme un ancien magasin du coin. J'ai donc choisi à la fois des locaux dans de petits centres commerciaux qui sont prévus pour s'intégrer à la vie d'un quartier, et des bâtiments autonomes.

Voyez-vous, dans le cas d'un dépanneur de coin de rue, les gens s'y rendent pour une raison précise : acheter du lait, du pain ou quelque chose du genre. Dans le cas de magasins installés dans un centre commercial, il y a d'autres boutiques autour. Les clients peuvent donc venir soit pour le dépanneur, soit pour aller dans un autre établissement et, passant à côté, se rappeler qu'ils manquent de pain ou de lait à la maison. L'achalandage est donc plus intéressant.

Mon spécialiste de l'immobilier était donc à l'affût. Le premier site qu'il m'a proposé était dans un petit centre commercial situé un peu à l'est de notre propre siège social et dont la construction était presque complétée. Je suis allé le visiter et l'endroit m'a paru idéal. Un local neuf qui possédait les dimensions que nous recherchions, une rue passante à l'avant et un quartier résidentiel à l'arrière, d'autres projets de commerces intéressants comme voisins, bref, c'était l'endroit idéal où établir le premier dépanneur La Maisonnée au Québec.

Quand les négociations ont eu lieu avec le promoteur, je ne sais pas trop comment ils y sont parvenus, mais les gens de Steinberg ont obtenu que le nom du centre commercial soit « Centre commercial La Maisonnée ». Avouez que ça donne un bon coup de pouce...

Nous avons analysé deux autres emplacements. Le premier était situé sur la rue Sainte-Catherine Ouest, le second dans l'est de Montréal, sur le boulevard Henri-Bourassa.

Tout fonctionnait à merveille. Il y avait toutefois un écueil important. Nous n'arrivions pas à arrimer le fonctionnement de l'entrepôt de Steinberg aux besoins des dépanneurs. Il faut comprendre que l'opération n'était pas simple. Les entrepôts de Steinberg fournissaient et avaient toujours fourni des supermarchés. Ils avaient développé une expertise extraordinaire pour négocier avec leurs fournisseurs, savaient quels produits se vendaient dans leurs magasins corporatifs, avaient leurs routes et leurs types de camions pour la livraison, pouvaient remplir un camion au complet pour seulement un ou deux marchés à approvisionner, et ainsi de suite. Tout le système était rodé.

Les besoins que nous avions étaient différents. Les dépanneurs La Maisonnée étant plus petits, ils nécessitaient toute une gamme de produits qui ne se trouvaient pas dans les inventaires réguliers de Steinberg. De plus, il nous fallait approvisionner nos dépanneurs plus souvent et, chaque fois, avec des quantités beaucoup moins importantes, car il était impensable de stocker trop de matériel dans les minuscules arrière-boutiques. Bref, les besoins de La Maisonnée entraînaient une refonte du système informatique de l'entrepôt Steinberg. Si bien que le dossier bloquait.

Bien sûr, nous aurions pu créer notre propre entrepôt. Mais le travail me semblait colossal et aurait impliqué un retard d'au moins un an dans la mise en place et l'ouverture de La Maisonnée, ce que je ne voulais en aucun cas.

Je suis donc retourné au centre-ville pour avoir une discussion avec Gerry, Mel et Jack. Il fallait que les choses bougent. Cependant, quel que soit l'angle d'analyse, nous en arrivions toujours à la même conclusion : Steinberg n'était pas spécialiste des petits marchés et était incapable de s'ajuster. Je les ai donc convaincus de traiter avec un autre grossiste.

Naturellement, cette solution ne leur plaisait pas. D'une part, elle impliquait qu'ils étaient incapables eux-mêmes de résoudre ce problème, ce qui est toujours dur pour l'orgueil. D'autre part, l'adoption de cette suggestion ferait diminuer les profits. Les entrepôts représentent en effet une source de revenus appréciable, particulièrement pour Steinberg, dont les supermarchés étaient obligés de tout y acheter. Comme les marges de profit sur les produits alimentaires sont assez minces, tout pourcentage additionnel négocié ou épargné implique beaucoup d'argent.

Cependant, il n'y avait pas d'autres solutions que d'aller chercher ailleurs. Et qui croyez-vous que je suis allé voir ? Mon ami Pierre Croteau, président de Hudon et Deaudelin (IGA). Son entreprise connaissait déjà parfaitement l'approvisionnement de magasins de proximité, car elle contrôlait les dépanneurs Boni-Soir, ce qui m'assurait que Pierre possédait la structure de distribution pouvant desservir immédiatement les dépanneurs La Maisonnée. Je lui ai donc téléphoné en lui demandant simplement s'il voulait devenir notre grossiste. Il n'a pas hésité une seconde et nous nous sommes rencontrés la journée même.

Nous avons passé l'après-midi à discuter des modalités de cette collaboration. Je lui amenais, à brève échéance, plusieurs dizaines d'établissements, mais je voulais, en contrepartie, que Franchise Plus puisse aussi bénéficier de l'entente. Nous avons conclu qu'il vendrait à tous mes dépanneurs au même prix qu'à tous ses autres clients. Cependant, une ristourne de 2 % de toutes ces ventes reviendrait à Franchise Plus.

Encore une fois, je crois qu'il s'agissait d'une entente gagnant-gagnant. Pierre augmentait son chiffre d'affaires et son pouvoir de négociation auprès de ses fournisseurs, alors que j'obtenais une ristourne intéressante sans avoir à gérer tous les problèmes du grossiste et de la distribution.

Toutes les pièces du puzzle étaient désormais en place. Il fallait maintenant préparer l'ouverture officielle du premier dépanneur. À cet effet, comme je voulais que nos magasins puissent offrir plusieurs variétés d'excellent café, j'avais conclu une entente avec Pierre de Ruel, qui était copropriétaire avec son épouse, Nicole Brouillette, d'Orient Express, une nouvelle entreprise qui concurrençait directement Van Houtte, le grand spécialiste dans le domaine. Il serait notre fournisseur attitré.

En passant, Pierre de Ruel, d'origine française, avait longtemps été dans la marine de son pays. À l'automne 1983, il avait loué un voilier de 42 pieds et m'avait invité à l'accompagner pour un voyage à partir de Fort Lauderdale jusqu'aux îles Bimini, dans les Bahamas. C'est là que j'ai découvert que je n'avais pas le pied marin. Bref...

Puisqu'il s'agissait de quelque chose de nouveau chez les dépanneurs que d'offrir d'aussi bons cafés, j'avais eu l'idée amusante de promouvoir ce concept tout en invitant les gens à l'ouverture prochaine du premier La Maisonnée. Pour y arriver, j'avais fait fabriquer des petits sacs en jute (environ sept centimètres sur sept) qui ressemblaient, en modèle réduit, à ceux dans lesquels arrivent les grains de café. L'invitation à venir nous rencontrer pour l'ouverture officielle était imprimée sur le tissu et, à l'intérieur du sac, il y avait quelques grains de café frais qui dégageaient une odeur enivrante. J'avais fait distribuer ces sacs promotionnels dans un quadrilatère d'une vingtaine de rues autour du dépanneur.

Évidemment, nous avions aussi acheté de la publicité dans les journaux locaux.

Malgré tout, je croyais qu'on pouvait aller encore plus loin. Une autre idée m'est venue lors d'une de mes visites au magasin avant l'ouverture. Ce jour-là, on plaçait les produits sur les étagères pendant qu'on testait le four à pain. Y a-t-il une meilleure odeur que celle du pain frais et bien chaud qui sort du four ? Un Québécois peut-il résister à ce parfum ? C'est là que l'éclair a jailli.

Il fallait que partout autour on sente l'odeur du pain qui cuit. J'ai donc fait installer une prise d'air au-dessus du four, avec un système de ventilation et un tuyau camouflé qui sortait directement à l'extérieur, au-dessus de la porte du dépanneur. Dorénavant, chaque fois que le pain, les brioches ou les croissants cuiraient, l'odeur serait transportée et embaumerait jusque dehors.

Effectivement, l'effet était saisissant. On oublie trop souvent la puissance de l'odorat. Or, quoi de mieux qu'une odeur pour faire surgir un souvenir ou une impression ? Celle du pain chaud rappelle les bonnes bouffes, la famille, les amis. Voilà pourquoi il est difficile d'y résister et voilà pourquoi les effets de la petite installation ont été si convaincants.

L'ouverture officielle a duré trois jours et la réponse a été tout simplement exceptionnelle. Le dépanneur était continuellement plein. Tour à tour, tous les représentants de la concurrence y sont passés. J'ai reconnu des gens de Metro-Richelieu, de Provigo et d'IGA. Ils étaient impressionnés. Naturellement, tous les dirigeants de Steinberg assistaient aussi au lancement et je sentais qu'ils étaient très fiers de ce qu'ils voyaient. Mon ami Pierre Croteau y était également et il a dû, en raison de l'achalandage, faire réapprovisionner régulièrement le magasin, qui se retrouvait souvent en rupture de stock. Un succès incroyable ! Le nouveau concept fonctionnait et il était évident que les clients l'adoraient.

* * *

Les résultats de La Maisonnée dépassaient mes espérances et j'en étais très heureux. J'avais réussi à bâtir une nouvelle bannière à partir de rien. De plus, j'avais changé les standards des futurs dépanneurs. Après 1 an d'exploitation, 10 magasins étaient ouverts. Six mois plus tard, 28 s'ajoutaient. Le défi avait été de taille puisqu'il avait fallu pénétrer un secteur dans lequel Steinberg était absent. Avec des produits comme le pain cuit sur place, le café fraîchement moulu, quelques spécialités et des produits frais, nous étions allés bien au-delà de ce qu'offraient les dépanneurs traditionnels. Voilà ce qui nous différenciait et attirait un nombre croissant de clients.

Dans l'alimentation, et particulièrement dans le type « magasins de proximité », on calcule la rentabilité notamment en termes de ventes par pied carré. Dès le départ, La Maisonnée obtenait 40 % de plus de ventes au pied carré que les autres types de dépanneurs. Après seulement un an et demi, nos résultats confirmaient que la bannière, avec sa marge de profit supérieure à celle des autres dépanneurs, avec sa variété de produits et ses ventes par magasin, justifiait largement les investissements requis pour la construire.

* * *

En 1981, la Fédération des chambres de commerce du Québec lançait les Mercuriades, un prestigieux concours visant à souligner l'excellence des entreprises d'ici. Les Mercuriades sont rapidement devenues une référence pour les entrepreneurs québécois. Voyant le succès des dépanneurs La Maisonnée, j'avais décidé de poser notre candidature.

Toutefois, il y avait un hic. Comme Franchise Plus était une filiale appartenant à 100 % à Steinberg, la seule catégorie dans laquelle nous pouvions nous inscrire était celle des grandes entreprises. Cela signifiait que nous serions en compétition non seulement avec les géants de l'alimentation, mais également avec toutes les grandes compagnies présentes au Québec, que ce soit Bombardier, IBM ou la Banque nationale du Canada. Inutile de dire que la plupart de mes collègues étaient sceptiques quant à nos chances de gagner. Néanmoins, nous avons monté un dossier très étoffé, largement illustré de résultats concrets, et nous nous sommes inscrits dans la catégorie « Marketing, Grandes entreprises ».

Étonnamment, nous avons été sélectionnés parmi les finalistes. Ce seul fait représentait déjà un exploit. Quand la soirée de remise des prix est arrivée au mois de mars 1983, nous étions tous très nerveux. En tout cas, moi je l'étais.

C'était un événement très protocolaire auquel beaucoup de gens d'affaires assistaient. Je ne peux pas parler pour ceux qui m'accompagnaient, mais je trouvais que tout allait très lentement. Chaque fois, il y avait une présentation du prix, des candidats et de leurs réalisations. Ce n'est qu'ensuite qu'on annonçait le gagnant. Il a donc fallu un bon moment avant que notre tour ne vienne. J'étais certain de la valeur de notre dossier, mais je doutais quand même un peu que nous ayons pu devancer les autres candidats. Puis le présentateur y est allé avec notre catégorie et il a appelé Franchise Plus à se présenter pour recevoir son Mercure.

Hourra !

Cette récompense m'a comblé. Elle prouvait et démontrait l'originalité et l'efficacité du concept que nous avions créé. Cette soirée est demeurée une des belles victoires de ma carrière.

Après cette reconnaissance extraordinaire, bien des rumeurs ont couru à mon sujet. On savait, dans le milieu de l'alimentation, que Steinberg cherchait quelqu'un qui soit capable de relancer l'entreprise. On m'a prêté l'intention de vouloir tenter ma chance. Or, jamais l'idée ne m'a traversé l'esprit. Je connaissais maintenant les problèmes politiques de la haute direction de Steinberg et il n'était certainement pas question que j'aille dans un tel bourbier.

Toutefois, comme c'était le cas depuis mon entrée à la présidence de Franchise Plus, plusieurs personnes de Steinberg venaient régulièrement me consulter sur certains dossiers ou simplement pour connaître mon opinion sur telle ou telle question de l'alimentation québécoise. À la suite du lobbying des indépendants, le gouvernement du Québec avait, rappelons-le, adopté plusieurs mesures, dont celle empêchant les supermarchés de vendre de la bière. Cette restriction était encore en vigueur en 1982.

Cette année-là, j'ai reçu un coup de fil de maître Diane Marcelin, vice-présidente aux affaires corporatives chez Steinberg, celle-là même qui avait imaginé le nom La Maisonnée. Elle m'a expliqué qu'elle avait trouvé un moyen pour que l'entreprise puisse vendre de la bière. Il y avait, selon elle, une faille dans la loi.

Bon ! C'est un peu technique, mais en résumé, il fallait que Steinberg achète un dépanneur incorporé qui avait non seulement le droit de vendre de la bière, mais dont le droit existait avant que le législateur empêche les grandes chaînes alimentaires de vendre de la bière. En fait, il fallait acheter les actions de ce dépanneur. Ensuite, il suffisait de fusionner les deux entreprises pour que tous les supermarchés Steinberg puissent, en toute légalité, vendre de la bière. Une simple technicalité, mais il fallait la découvrir.

Diane me demandait, ni plus ni moins, de regarder les dépanneurs disponibles sur le marché et d'en acheter un au nom de Steinberg. Elle me donnait cette mission d'abord parce qu'en tant que francophone, il me serait plus facile de traiter avec un propriétaire qui serait probablement lui aussi francophone. Ensuite, m'a-t-elle avoué, j'étais celui, de toute la haute direction, qui connaissait le mieux ce type d'établissement et celui qui avait aussi le plus d'expérience dans les négociations avec des indépendants.

J'avais personnellement un petit problème. Je comprenais qu'il ne fallait pas que cette transaction s'ébruite pour ne pas alerter les Metro, Provigo, IGA et autres concurrents. Or, mon nom était maintenant bien connu un peu partout. Il fallait éviter de faire des rapprochements trop évidents. Je me suis donc occupé de ce dossier avec Jacques-André Auger, mon collègue au marketing de Franchise Plus, qui, officiellement, entreprendrait les négociations.

Nous avons discrètement regardé un peu partout et nous sommes tombés sur un dépanneur à Boucherville, appelé Épicerie Boucherville. Son propriétaire, Jean-Marie Jean, cherchait à le vendre. Ce magasin correspondait parfaitement aux besoins que m'avait énumérés Diane Marcelin. L'homme en demandait 65 000 dollars, somme qui nous apparaissait raisonnable.

J'ai donc demandé à Jacques-André d'aller faire une visite, de rencontrer le propriétaire et d'acheter le dépanneur. Pas plus compliqué que ça ! J'avais cependant ajouté une condition essentielle : il ne fallait pas négocier le prix. Si le vendeur demandait 65 000 dollars, il les aurait. Pas de marchandage. Il ne fallait pas que l'on puisse accuser plus tard Steinberg d'avoir obtenu son permis à rabais.

Jacques-André a donc parlé à monsieur Jean qui a, bien entendu, accepté cette offre généreuse, surtout que nous allions payer en argent comptant. Rares sont les propriétaires qui réussissent à obtenir leur prix sans parlementer. Je crois donc qu'il était très heureux de la tournure des événements. La seule condition que nous avions émise était d'acquérir aussi les actions de la compagnie. Le propriétaire a été un peu surpris de l'exigence, mais, comme il prenait sa retraite, ça ne posait pas de problème.

La transaction a été conclue en un temps record. Et il a fallu encore moins de temps pour tout mettre en œuvre afin que les supermarchés Steinberg puissent enfin vendre de la bière. Un communiqué a rapidement été diffusé et les journaux se sont empressés de reprendre l'information. Les épiciers indépendants venaient de perdre un avantage unique qui les avait favorisés pendant des années.

* * *

Pour bien comprendre la suite des choses, je crois qu'il serait bon de revenir, même brièvement, sur l'histoire de cette formidable entreprise appelée Steinberg afin de saisir quels étaient les enjeux à cette époque. Bien entendu, il s'agit d'un très bref résumé d'une véritable saga que je vous présente selon ma vision. J'ajoute cette note simplement pour préciser que je n'agis pas du tout en tant qu'historien.

Tout a commencé par une épicerie ouverte à Montréal en 1917 par Ida Steinberg, immigrée récemment au pays. C'est Samuel (Sam) Steinberg, l'un de ses cinq fils, qui a ensuite mené l'affaire pour créer la plus grande et la plus populaire des chaînes d'épiceries québécoises. Sam Steinberg était, je l'ai déjà dit, un visionnaire. Il a développé le concept du supermarché en 1934.

Au fil des ans, l'entreprise s'est si bien implantée que, pour la plupart des Québécois, « faire son Steinberg » était synonyme de « faire son marché ». L'une des préoccupations principales de Sam a toujours été de soutenir sa famille, incluant sa mère, ses frères, ses sœurs, ses tantes, ses oncles et même ses cousins. Bien entendu, quand sont nées ses filles, elles prirent une place importante dans l'entreprise, soit directement, soit par l'entremise de leur conjoint. Principalement par cette voie d'ailleurs, puisque Sam Steinberg, étant un homme de sa génération et adoptant les valeurs conservatrices de sa mère d'origine hongroise, concevait mal de donner directement des postes d'autorité aux femmes, fussent-elles ses propres filles.

S'il a été pratiquement un génie dans son domaine, Sam Steinberg a toutefois pris de nombreuses décisions très discutables durant les 10 dernières années de sa vie. Décisions qui ont coûté des millions de dollars à l'entreprise. Rappelons simplement le développement des magasins Miracle Mart et l'achat d'une raffinerie de sucre. Au bilan cependant, Steinberg demeurait une entreprise colossale et prestigieuse.

Sam Steinberg avait pensé à beaucoup de choses, sauf à sa succession. Dans un premier temps, quand il a senti le moment approcher, il a voulu laisser les rênes de son entreprise à Léo Goldfarb, le mari de sa deuxième fille, Rita, qui lui ressemblait par son style et ses opinions. Mais cette décision a rendu furieuse sa fille aînée, Mitzi, qui, avec l'aide de son mari, Mel Dobrin, a fait avorter l'entente, écartant ainsi sa sœur et son conjoint de la direction.

Les choses sont restées un peu nébuleuses pendant quelques années, jusqu'à la mort de Sam Steinberg, en 1978. Mitzi et son mari avaient, pendant ce temps, commencé à prendre de plus en plus de place dans l'organisation, si bien que Melvyn Dobrin est alors devenu président du conseil d'administration de Steinberg.

Le second personnage clé de l'empire Steinberg était Jack Levine, le collaborateur de longue date de Samuel Steinberg, qui aurait également pu mener les destinées de la compagnie. Quand je suis arrivé en poste, il en était le président.

Un troisième larron avait des visées sur la succession, même s'il n'était pas un membre de la famille. Il s'agissait d'Irving Ludmer, le plus jeune des trois et surtout le génie de l'immobilier qui avait toujours réussi à trouver les meilleurs emplacements pour établir les supermarchés. Pour y arriver, il avait toujours utilisé l'une des branches de la compagnie: Ivanhoé Investments.

On m'a raconté qu'un jour, il a voulu avoir des actions votantes de Steinberg. Il faut comprendre que ce type d'entreprise émettait de nombreuses actions. Cependant, la totalité de ce que l'on appelle les actions votantes était contrôlée par Sam Steinberg. Pour lui, c'était non seulement normal, mais essentiel. Il n'avait jamais eu l'intention de partager son pouvoir avec qui que ce soit. Quand il prenait une décision, elle était finale puisqu'il était le seul actionnaire votant. Il a donc refusé d'en vendre à Irving Ludmer qui, de son côté, a décidé de quitter l'entreprise pour aller fonder sa propre compagnie, Ludco, et il a fait fortune dans l'immobilier.

Voilà à peu près quelle était la situation quand je suis arrivé chez Steinberg. Or, Jack Levine était assez âgé et devait prendre tôt ou tard sa retraite. C'est à ce moment que s'est pointé Gerry Spitzer. Il était vice-président exécutif, se considérait comme le dauphin naturel et se voyait très bien président.

Je me suis néanmoins rapidement rendu compte qu'il ne réaliserait pas le rêve de sa vie. Il ne faisait pas partie des plans d'avenir de ceux qui prenaient les décisions. Du moins, pas pour ce poste. Et je tenais cette information d'un membre influent de la famille.

Le temps passait et j'étais très occupé à bâtir Franchise Plus. Un matin, Gerry Spitzer m'a téléphoné. Il voulait me voir immédiatement dans son bureau.

— Steinberg va annoncer l'embauche d'un nouveau président pour remplacer Jack Levine, a-t-il dit d'entrée de jeu.

— Juste à te regarder, je dirais que ce ne sera pas toi, ai-je répondu.

— Non ! Ce n'est pas moi.

— Et est-ce qu'on sait de qui il s'agit ? ai-je poursuivi.

— D'un certain Peter McGoldrick.

— Peter qui ?

De toute évidence, le nouveau venu ne devait pas s'attendre à une collaboration idéale de la part de Gerry. J'ai appris plus tard que Mel Dobrin et son épouse, Mitzi, avaient rencontré McGoldrick lors de leur participation à un congrès en alimentation qui s'était tenu aux États-Unis. McGoldrick avait été propriétaire d'une petite chaîne d'épiceries dans le Massachusetts, chaîne qu'il avait vendue peu avant. Il était donc libre de son temps et, comme Mel et Mitzi avaient carrément « cliqué » avec lui, ils lui avaient proposé de venir prendre la présidence de Steinberg.

Or, McGoldrick ne connaissait absolument pas le monde de l'alimentation au Canada et encore moins les réalités du Québec. Et il ne parlait évidemment pas français.

Mais Mitzi et Mel étaient convaincus que c'était l'homme de la situation pour redresser l'entreprise. Comme le couple contrôlait 100 % des actions votantes, la décision a été prise sans discussion.

En ce qui me concerne, cette nomination n'avait pas beaucoup d'impact. J'étais président de Franchise Plus et j'avais peu de rapports avec la division des supermarchés. J'étais pourtant curieux de voir comment l'homme réussirait à s'intégrer et à influencer les choses.

Les mois ont passé et un jour, Arnold Steinberg, l'un des neveux de Sam qui siégeait au conseil d'administration, a réussi à faire inscrire Marvin Biltis à un cours intensif de six semaines de l'Université Harvard, cours destiné aux cadres supérieurs des entreprises. Il voulait que Marvin en profite pour réfléchir à des moyens pour redresser la situation des supermarchés Steinberg au Québec, qui étaient toujours le fer de lance de la compagnie. Juste pour vous situer, parce que je sais qu'il y a beaucoup de monde dans cette histoire, Marvin était vice-président et directeur général des supermarchés Steinberg, division du Québec, et c'est lui qui m'avait prêté un bureau à mon arrivée dans l'entreprise.

À son retour de Harvard, Marvin m'a téléphoné pour me dire qu'il avait trouvé LA solution.

— Et de quoi s'agit-il ? lui ai-je demandé.

— Tu connais les coupons Canadian Tire ?

— Bien entendu !

— On offre aux clients des coupons représentant un pourcentage de remise sur leurs achats, coupons qu'ils peuvent échanger lors d'une prochaine visite.

— Oui ! Je sais de quoi il est question, ai-je répété.

— Eh bien, je vais faire la même chose chez Steinberg. Nous allons donner à nos clients un coupon équivalent à 5 % de leurs achats.

— Tu ne peux pas donner 5 %, ai-je répliqué.

— Et pourquoi donc ?

— Mais la concurrence va réagir et tout le monde va perdre !

— J'ai besoin d'une semaine, c'est tout, m'a-t-il expliqué. Metro-Richelieu, Provigo et IGA seront lents à réagir, car il leur faudra d'abord consulter leur conseil d'administration. J'ai besoin d'une semaine seulement pour inonder le marché de ces coupons et, ensuite, les clients devront revenir chez nous pour les échanger. Il sera alors trop tard pour la compétition.

— Tu te trompes, il ne leur faudra pas une semaine pour se retourner. Il ne leur faudra même pas une journée. Nous ne sommes plus en 1960, alors que Steinberg faisait la pluie et le beau temps...

Marvin était convaincu de la valeur de son projet. En un sens, je crois qu'il aurait pu réussir à un autre moment et en d'autres circonstances. Toutefois, avec le climat qui prévalait alors, j'estimais qu'il faisait fausse route. La concurrence était féroce et ne se laisserait pas damer le pion par Steinberg. Voilà tout au moins ce que je croyais.

Il fallait naturellement qu'une telle décision soit acceptée par le conseil d'administration de Steinberg avant d'être appliquée. Marvin devait donc convaincre d'abord Gerry Spitzer, puis Peter McGoldrick, le PDG, de la valeur de son plan. Gerry Spitzer était évidemment d'accord puisque Marvin était son homme. Il ne m'a pas fallu longtemps pour comprendre ce que ces deux-là avaient en tête.

D'une part, si le plan fonctionnait, Marvin et Gerry passeraient pour des héros qui apportaient les clés de la réussite, donc de la survie de Steinberg. D'autre part, si l'opération échouait, la responsabilité en incomberait à McGoldrick, qui n'aurait pas su comprendre le marché québécois et ses subtilités.

Peter McGoldrick s'est laissé séduire et a à son tour convaincu le conseil d'administration de se lancer dans l'aventure des coupons.

Le premier mars 1983, tout était prêt pour lancer la campagne. Les coupons étaient imprimés et l'espace publicitaire retenu autant dans les journaux qu'à la radio ou la télé. Le lendemain, le grand jour est enfin arrivé.

La réaction de la concurrence a été instantanée et implacable. L'après-midi même du lancement, Provigo annonçait qu'elle donnait désormais une remise de 6 % **en argent comptant** à tous ses clients. Metro-Richelieu et IGA n'ont pas été en reste, offrant aussi des remises en argent à leur clientèle. Toute la stratégie de Steinberg était basée sur le fait que la compagnie aurait quelques jours pour inonder le marché. Elle venait cependant de découvrir que les « indépendants » savaient se retourner rapidement. Les regroupements de détaillants indépendants ont simplement coupé l'herbe sous le pied de Steinberg.

Après une semaine, la hausse des ventes était plutôt minime dans la plupart des supermarchés Steinberg du Québec. Elle était de beaucoup inférieure à ce qui avait été planifié. Considérant les minces marges de profit en alimentation, une remise de 5 % en coupons coûtait une fortune. La seule façon de rentabiliser une telle stratégie aurait été d'obtenir une nette augmentation des ventes pour pallier le manque à gagner. Mais sans augmentation substantielle des ventes, les conséquences étaient catastrophiques.

Un mois plus tard, Steinberg a envoyé des émissaires chez la concurrence pour les convaincre d'abandonner cette politique de remise qui leur coûtait cher à tous. Mais la compétition ne l'entendait pas ainsi. Il ne faut pas oublier que ces commerçants avaient des griefs profonds et très enracinés contre Steinberg. Ils se rappelaient parfaitement qu'à l'époque où ils occupaient le haut du pavé, les Steinberg n'avaient pas hésité une seconde à écraser la concurrence.

Le massacre s'est donc poursuivi pendant encore deux semaines avant que ne cesse la stratégie des rabais instantanés. Dans les faits, Steinberg ne s'est jamais remis de cette amère défaite. Les journaux, qui suivaient l'affaire de près, ont alors démoli le président Peter McGoldrick, lui faisant porter le blâme de toute cette histoire. Ils lui reprochaient de ne pas connaître le Québec et de ne pas avoir su respecter les politiques traditionnelles de Steinberg. Il a été descendu en flammes.

Par ailleurs, Gerry Spitzer n'a finalement pas gagné dans cette opération. En mai 1983, la démission de Gerry a été confirmée par Peter McGoldrick dans l'annonce d'une réorganisation de la compagnie. Gerry Spitzer avait 59 ans quand il a quitté officiellement l'entreprise le 4 juin de la même année. De plus, Marvin Biltis, s'il conservait la tête de la division québécoise, devait dorénavant en partager les responsabilités avec deux autres directeurs[22].

Cela dit, après la débâcle causée par les coupons-rabais, on m'a demandé de donner un coup de main à la division québécoise de Steinberg et de voir si on pouvait innover du côté du marketing. Comme tout allait relativement bien avec Franchise Plus et La Maisonnée, je pouvais parfaitement assumer les deux mandats.

Je me suis fait aider par une agence de publicité et nous avons commencé à revoir la stratégie. Dans mon esprit, il fallait repositionner l'image de Steinberg. Autant celle de Metro-Richelieu devait être basée sur l'idée de l'épicier, autant celle de Steinberg devait inclure l'image des supermarchés. Un des types de l'agence, Gaétan Bouchard, avait vraiment d'excellentes idées et nous avons préparé un bon concept.

Nous avons élaboré une campagne publicitaire basée sur le slogan « Steinberg, le supermarché de choix », qui devenait en anglais « *Steinberg by choice* ». Les résultats ont été intéressants. Ils ont permis à Steinberg de maintenir, pendant une période, ses parts de marché. Mais cela a été insuffisant pour remonter la pente. Le déclin était trop avancé. Il faut cependant comprendre que Steinberg était un immense bateau et que, pour couler, cela lui prendrait du temps.

C'est aussi à cette époque, en 1984 si je me souviens bien, que Peter McGoldrick a été remercié. Cette fois, les membres du conseil d'administration ont eu du flair. Ils sont allés chercher Irving Ludmer, le spécialiste de l'immobilier, celui-là même qui avait développé ce secteur qui avait fait la force de Steinberg. Si quelqu'un était capable de redresser la barre, c'était lui.

Dès son arrivée, il a annoncé ses couleurs. Il avait un plan et il savait où il s'en allait. L'un de ses chevaux de bataille consistait à rénover les supermarchés Steinberg. En effet, dans ce secteur, comme dans tous ceux qui touchent à la vente au détail, il est nécessaire de faire des rénovations importantes des installations en moyenne tous les 10 ans. Il faut suivre les tendances et réagir aux attentes de la clientèle. Or, Steinberg avait négligé cette question depuis des années.

Mais l'opération demandait énormément d'argent. Il lui fallait donc déterminer ce qui était essentiel à l'avenir de l'entreprise. Pour Ludmer, la division La Maisonnée ne faisait pas partie de ce qui était nécessaire pour sortir Steinberg du marasme. Pour être encore plus précis, il ne s'y intéressait pas et ne voulait surtout plus y injecter des fonds pour en continuer l'expansion.

Cette orientation mettait un frein définitif à l'essor de Franchise Plus et des dépanneurs La Maisonnée.

Voyant que Franchise Plus ne faisait plus partie des plans de Ludmer, j'ai pris, pour une des rares fois dans ma vie, quelques jours de congé. J'ai fait le bilan de mes 15 dernières années professionnelles. Je me suis rendu compte que mon rêve de jeunesse de devenir entrepreneur était toujours aussi fort et vivant. Mais quel genre d'entreprise avais-je le goût de démarrer? Je n'en savais rien. J'ai donc décidé que je pourrais peut-être devenir consultant en marketing auprès d'entreprises, principalement en alimentation, mais pas exclusivement, car je possédais une expertise dans la plupart des secteurs de la vente au détail.

J'ai demandé à voir Irving Ludmer. Comme j'avais l'impression de ne plus être dans ses plans, s'il me donnait une bonne allocation de départ, j'étais d'accord pour partir. Nous en avons discuté pendant un bon moment, puis il a accepté cette entente qu'il trouvait avantageuse, tant pour moi que pour Steinberg.

Après mon départ de Steinberg, et pendant quelque temps, les résultats du travail de Ludmer ont été encourageants et le moral des employés est revenu. Puis la guerre entre les sœurs Steinberg a repris de plus belle, ce qui a conduit à la vente de l'entreprise à Michel Gaucher, de Soconav, appuyé par la Caisse de dépôt du Québec, et plus tard à son démantèlement complet au profit de Metro et de Provigo.

En arrivant, Michel Gaucher avait vite fait de se débarrasser d'Irving Ludmer, ce qui, à mon avis, a été une grave erreur. Ce geste est toutefois compréhensible considérant que Ludmer était lui-même sur les rangs pour acheter Steinberg.

La disparition de l'empire Steinberg a été une autre grande leçon pour moi. Le consommateur demeure toujours celui qui, en bout de ligne, décide où il va acheter les produits qu'il veut se procurer. Le corolaire survient lorsque le client en a assez d'un commerce en particulier. Il l'abandonne tout simplement. En d'autres mots, le client a toujours raison, même quand il a tort.

Quand je suis arrivé sur le marché du travail, au début des années 1960, il semblait que le commerce de détail avait atteint sa maturité et qu'on devrait composer éternellement avec les Steinberg, Dominion, Eaton, Simpson, Pascal, Dupuis et autres.

Pourtant, des erreurs stratégiques, pour ne pas dire des erreurs de débutants, ont fait en sorte qu'une génération plus tard, ces grands du commerce étaient tous en voie d'extinction. Ils n'ont pas su s'adapter et, comme les dinosaures, ils ont disparu.

Tout se joue sur la capacité d'une entreprise de détail à s'adapter aux nouveaux paradigmes et aux changements qui surviennent dans la société. Dans le cas de Steinberg, le déclin a commencé un peu avant le décès de Samuel Steinberg, à cause de l'incapacité de la génération qui suivait à assurer la relève. Ce qui est étonnant dans ce cas, c'est la rapidité de la déchéance une fois le point de non retour atteint. Sam Steinberg avait pratiquement inventé le supermarché et senti à quel point les banlieues deviendraient des pôles d'attraction. Son avant-gardisme s'était retrouvé partout.

Après la mort de son fondateur, Steinberg n'a jamais regagné son dynamisme. Pire encore, les épiciers indépendants, qui n'avaient jamais pardonné à Steinberg son agressivité, se sont regroupés pour finalement avaler tout rond un géant qui avait perdu toute notion du consommateur.

Pour survivre à l'épreuve du temps, un commerce de détail doit non seulement répondre aux besoins des clients, mais aussi les devancer, de façon à bien se préparer pour le lendemain. Le commerce de détail est autant un art qu'une science. La haute direction de Steinberg était trop isolée dans sa tour d'ivoire. Elle n'a jamais su voir les solutions.

Voilà la leçon que je retenais: si on ne s'adapte pas, si on ne réagit pas, les succès d'aujourd'hui seront les échecs de demain. D'ailleurs, en vieillissant, je me rends compte que la même règle s'applique à presque toutes les facettes de la vie.

Chapitre 8
Le Dragon de retour chez Metro-Richelieu

Je ne sais pas pourquoi tant de gens se font une image idyllique du consultant. On le voit comme une espèce de sage, bien au-dessus des problèmes bassement matériels et opérationnels qui nous accablent, qui vient jeter un œil d'expert et nous révèle ce qui nous était caché.

Je ne sais pas non plus quelle image j'avais du travail de consultant quand j'ai décidé de me lancer dans ce secteur. Je croyais fermement que mon expérience dans le monde du commerce au détail pourrait être profitable à des entreprises, que je pourrais les aider à passer à un autre niveau, que j'avais les outils pour développer et améliorer leur compagnie. En fait, je croyais pouvoir être utile. J'en avais même la certitude.

Oui ! C'est probablement ce que je croyais quand j'ai décidé de devenir consultant.

Mais revenons un peu en arrière. En quittant Steinberg, j'ai fondé deux compagnies. La première s'appelait simplement « Gaétan Frigon et associés ». Bon, je n'avais pas encore d'associés. Mais était-ce vraiment grave ? Cela prouve que j'avais des aspirations et des espoirs de croissance. Ce qui est déjà, en soi, un excellent début.

Pour la seconde, la situation était un peu différente. J'avais rencontré Pierre Bertucat, un Français également spécialiste en marketing, et nous avions fondé, à la fin de l'automne 1984, « Frigon Bertucat Marketing ». En fait, nous étions les représentants canadiens de France Marketing International, qui avait son siège social à Paris.

Nous avions ouvert un bureau dans un édifice de la rue McGill, dans le Vieux-Montréal. Nous étions trois personnes, car l'épouse de Pierre participait aussi à la société, s'occupant de toutes les tâches plus administratives.

En tout et pour tout, nous étions trois. Je crois que cela a été le premier choc. Depuis plusieurs années, je travaillais dans de grosses boîtes avec des équipes composées de plusieurs personnes. Il y avait toujours de l'action, des discussions, des défis, du mouvement. Or, le matin, dans les bureaux de Frigon Bertucat Marketing, c'était plutôt calme. D'ailleurs, ce n'était pas calme seulement le matin; c'était généralement tranquille toute la journée.

J'avais contacté plusieurs personnes pour leur apprendre que j'avais fait le saut et que je pouvais désormais, si elles en sentaient le besoin, les accompagner dans leurs démarches de marketing. J'ai rapidement eu quelques bons contrats. Pas des masses, mais quand même. J'ai d'abord été engagé par l'Association des courtiers en alimentation du Québec avec je ne me souviens plus quel mandat précis, mais quelque chose qui tournait autour de recentrer le positionnement de l'association et d'en refaire l'identité associative.

J'avais rencontré des gens, consulté des dossiers, fait des analyses, rédigé des rapports, préparé des diagrammes et, finalement, j'avais présenté mes conclusions pour me rendre compte que mon travail se terminait là. Juste au moment où ça devenait intéressant, on me renvoyait à mon petit bureau de consultant. « Merci, monsieur Frigon, c'est du très beau travail, nous allons en prendre connaissance et nous verrons si et comment nous appliquerons vos recommandations. Encore une fois, merci ! »

J'étais convaincu de savoir comment faire pour aider mes clients, mais je n'avais plus aucun rôle à jouer au moment où ça devenait intéressant. Ce n'est peut-être pas vrai pour tout le monde, mais je trouvais le travail de consultant spécialement ennuyant. Un consultant, c'est quelqu'un à qui tu prêtes ta montre et qui te donne l'heure une fois de temps en temps. Ou encore, c'est un peu comme le critique de spectacle. Il regarde la scène, dit ce qu'il aime ou ce qu'il n'aime pas, fait quelques suggestions, et c'est tout. Ce n'est pas lui le créateur. Ce n'est même pas un acteur. En un mot comme en mille, je trouvais ça « plate ».

Au fil des jours et des semaines, je voyais un autre problème poindre à l'horizon. Plus le temps passait, plus je sortais du circuit du travail. Il me semblait que je perdais mes contacts. Si bien qu'après deux mois de ce régime, je me suis dit qu'il me fallait revoir mon avenir. Je n'allais certainement pas continuer comme ça pour le reste de mes jours.

Et là, j'ai commencé un véritable travail de consultant, mais à ma façon et sur mon propre cas. Je suis reparti à la base et j'ai examiné mes aspirations, mes connaissances et mes intérêts pour définir ce qui m'attirait, le genre d'entrepreneur que je voulais être, le genre d'entreprise que je voulais bâtir et, finalement, quels étaient les moyens à prendre pour y parvenir. Je me suis fait un plan de carrière, un peu comme celui que j'avais fait, une quinzaine d'années plus tôt, quand j'avais laissé Eaton. En d'autres termes : Qu'est-ce-qui m'intéressait ? Quelle était la mise de fonds requise ? Et qu'est-ce que ça pouvait rapporter ?

Voilà les questions auxquelles je devais répondre.

C'est alors que m'est revenu en tête Jean-Guy Deaudelin, l'ancien président de Hudon et Deaudelin. Cet homme avait lancé, plusieurs années auparavant et avec un succès retentissant,

Nos racines, une série de brochures offertes en épicerie et qui relataient nos origines québécoises. Voilà le type d'entreprise que je voulais démarrer : une maison qui ferait de l'édition de continuité.

Le principe est simple et extrêmement intéressant. Dans un premier temps, il faut développer un thème qui peut porter sur à peu près n'importe quel sujet. Il peut s'agir de cuisine, de loisirs, de décoration, de bricolage ou d'histoire, comme dans le cas de *Nos racines.* Bref, tous les thèmes peuvent être exploités. Ensuite, il faut prévoir le nombre de numéros qui seront publiés, généralement 39, permettant une distribution débutant en septembre et se terminant au printemps. Bien entendu, le produit doit être beau et attrayant. Enfin, il faut avoir un excellent réseau de distribution. Il est essentiel que les gens puissent se procurer chaque nouveau numéro très facilement. Les épiceries et les dépanneurs sont, dans ce sens, d'excellents partenaires.

Pour lancer l'opération, le premier numéro doit paraître avec un article gratuit, comme un boîtier ou un cartable dans lequel on peut conserver tous les numéros de la collection. On peut aussi donner le second numéro à l'achat du premier. L'objectif étant de lier le consommateur pour qu'il achète, à raison d'un numéro par semaine, toute la série.

En fait, c'est un peu le principe du rasoir et des lames. Une compagnie peut facilement donner un rasoir à ses clients, puisqu'ils devront ensuite acheter des lames et que les seules qui s'adaptent parfaitement au rasoir en question sont celles que la compagnie fabrique. C'est aussi la formule mise de l'avant aujourd'hui avec les téléphones cellulaires : les entreprises de télécommunication vous donnent l'appareil si vous signez un contrat de deux ou trois ans.

Voilà donc ce que je voulais faire : de l'édition de continuité. Il me restait à déterminer comment y parvenir. Ainsi, je me suis promené un peu partout et j'ai analysé tout ce qui s'était fait dans ce domaine au cours des années.

Je ne connaissais pas grand-chose à l'impression et à l'édition. Je devais donc trouver des moyens pour aller chercher l'expertise qui me manquait. Je savais que les Imprimeries Quebecor mettaient en marché ce genre de produit. Transcontinental, un autre énorme joueur du monde de l'impression, en faisait également, mais j'estimais que Quebecor, dans ce créneau, avait plus d'expertise. Les deux entreprises devenaient des avenues possibles pour aller apprendre comment planifier un projet en édition de continuité et ainsi découvrir les secrets de la réussite. Comme je connaissais des dirigeants dans chacune de ces deux imprimeries, je savais que je pourrais y trouver un boulot.

J'en étais là dans mes réflexions quand, en faisant le tour de certains marchés Metro, je me suis rendu compte que le moral des épiciers-actionnaires de Metro-Richelieu était à la baisse. Pourtant, l'entreprise était parfaitement structurée sur le plan corporatif, mieux que lors de mon départ en 1982. Pendant que j'étais chez Steinberg, Metro-Richelieu avait fusionné avec les Épiciers unis de Québec, ce qui avait propulsé la compagnie au deuxième rang de la hiérarchie des grossistes en alimentation, juste derrière Provigo.

Il y avait cependant une nouvelle concurrence qui s'était installée dans le milieu de l'alimentation. Dans la première moitié des années 1980, un nouveau concept de supermarché, ou plutôt d'hypermarché, est arrivé, celui de Super Carnaval, et il a redéfini les normes. Cette chaîne était la propriété de Joe Burnett, un magnat de l'alimentation de Toronto, grossiste en fruits et légumes et constructeur de centres commerciaux. Burnett a ainsi décidé que, dans chacun de ses centres, il y aurait un supermarché d'un nouveau genre et d'une très grande superficie qui attirerait la clientèle dans tout le centre commercial. Un pôle d'attraction, en quelque sorte.

Il a donc ouvert, à Québec, le premier établissement québécois de type grande surface et à bas prix. Ces nouveaux supermarchés géants proposaient des miniboutiques d'aliments fins et les produits d'épicerie selon la formule du magasin-entrepôt. Les Super Carnaval étaient énormes, avec une superficie qui dépassait les 6500 mètres carrés. En moins de 20 mois, Burnett en a ouvert 3 à Québec, qui ont accaparé 19 % du marché. C'était spectaculaire! Il prévoyait ensuite développer son réseau à Montréal, ce qu'il a fait. La réponse des clients a été instantanée. Ils trouvaient tout ce qu'ils souhaitaient dans un seul établissement. Super Carnaval concurrençait autant l'épicier traditionnel que les boutiques spécialisées qui se développaient bien depuis quelques années.

En même temps, un autre type de magasin était arrivé au Québec: le Club Price[23]. Et là, on parlait de quelque chose de tout simplement colossal. Imaginez: le premier Club Price, qui a ouvert ses portes à Ville Saint-Laurent en 1987, s'étendait sur plus de 10 000 mètres carrés, ce qui représentait jusqu'à huit ou neuf fois la superficie d'un supermarché traditionnel. Encore ici, la réponse de la clientèle fut immédiate. Bref, les regroupements d'épiceries indépendantes devaient réagir.

Provigo l'avait fait en lançant les très grandes surfaces Maxi. Pendant ce temps, Metro-Richelieu parvenait difficilement à tirer son épingle du jeu. Du côté de la direction, pendant les trois années que j'avais passées chez Steinberg, Jean-René Halde avait été congédié, remplacé par Jean-Roch Vachon, lui-même remercié deux ans plus tard pour être remplacé par Jacques Maltais. Ce dernier avait travaillé pour Canada Packers avant de devenir le patron de Bœuf Mérite, où il a fait un très bon travail.

Après le départ de Vachon, le conseil d'administration a donc proposé la présidence à Jacques Maltais, ce qui marquait un retour aux sources puisqu'on faisait appel à quelqu'un qui connaissait bien l'alimentation et l'entreprise.

D'une part, Metro-Richelieu avait entrepris un important virage financier qui en a fait, en 1986, une compagnie publique à actions. D'autre part, Jacques héritait d'une entreprise dont les propriétaires de magasins étaient un peu démoralisés et se sentaient négligés dans ce virage financier.

En fait, sur le plan corporatif, Metro-Richelieu s'était structuré et renforcé pour répondre à l'évolution du marché, mais la compagnie avait en même temps perdu ses repères. La haute direction avait oublié que Metro-Richelieu servait d'abord et avant tout des épiciers et que son propre succès dépendait justement du succès de ces mêmes épiciers.

Ce n'était pas seulement ce que me racontaient des amis détaillants, c'était aussi ce que je constatais dans la stratégie marketing des dirigeants. Ainsi, depuis quelque temps, Metro faisait sa publicité dans les journaux en comparant ses factures avec celles de Super Carnaval, tentant de démontrer qu'il en coûtait moins cher de faire son marché au Metro. Ce n'était bien sûr pas crédible. À mon avis, il était évident qu'ils ne savaient pas comment réagir à ce nouveau type de concurrence.

Cette constatation me chatouillait. J'avais l'impression que le travail que j'avais accompli quelques années auparavant pour positionner Metro et Richelieu avait été oublié et laissé de côté. Dans le même temps, plusieurs personnes me confiaient qu'elles s'ennuyaient de moi. Peut-être s'ennuyaient-elles plus des résultats de mon travail que de moi? Mais enfin...

Mon objectif principal demeurait de devenir entrepreneur dans le monde de l'édition de continuité. Toutefois, l'idée de replacer Metro-Richelieu dans son positionnement traditionnel me revenait toujours en tête. Je sais que cela peut paraître prétentieux, mais j'étais convaincu que j'étais celui qui pouvait remettre la stratégie marketing de Metro-Richelieu sur les rails.

J'ai donc contacté mon ami Jean-Claude Gagnon, le chasseur de têtes qui m'avait initialement recruté pour Metro-Richelieu. Je voulais avoir son avis. Il avait conservé non seulement de nombreux contacts, mais aussi ce sens de l'analyse qui l'a toujours caractérisé. Il m'a demandé si je souhaitais qu'il aille tâter le pouls pour voir et comprendre ce qui se passait vraiment chez Metro-Richelieu. J'étais d'accord avec cette suggestion.

Quelques jours plus tard, il m'est revenu en disant que tant le conseil d'administration que la haute direction étaient conscients que l'entreprise, après avoir fait d'importants investissements dans ses infrastructures, avait oublié sa raison d'être, à savoir le succès de ses épiciers. Tout le monde admettait qu'il y avait un vacuum qui devait être rempli avant qu'il ne soit trop tard.

C'est alors que j'ai laissé savoir à Jean-Claude Gagnon que je serais intéressé à retourner dans cette compagnie. Il faut dire aussi que j'étais plutôt désillusionné par mon travail de consultant. Il est vite devenu évident que Metro-Richelieu et moi étions sur la même longueur d'onde puisque, peu de temps après, j'étais réengagé à titre de vice-président marketing et chef des opérations de détail.

Dans un certain sens, j'avais l'impression de revenir à la maison, mais une maison différente à la suite des départs de Jean-René Halde et de Jean-Rock Vachon et de l'arrivée d'un nouveau PDG, Jacques Maltais. De toute évidence, ce dernier avait les deux pieds sur terre et était un choix judicieux pour remettre Metro-Richelieu dans la bonne voie.

* * *

Parlant de maison, de ce côté aussi les choses changeaient. Nous habitions à Boucherville depuis quelques années et je dois avouer que j'étais un peu fatigué du transport que cela impliquait. Je trouvais que j'étais pris beaucoup trop longtemps dans les embouteillages.

Un jour, j'ai entendu parler de la seconde phase de construction des condos du Sanctuaire du Mont-Royal, un projet signé René Lépine. Voilà quelque chose qui m'apparaissait intéressant. Un condo à Montréal signifiait non seulement beaucoup moins de perte de temps en transport, mais aussi une diminution des tâches d'entretien. Plus de gazon à tondre et de réparations à effectuer. Ce qui n'était pas pour me déplaire.

Ne vous méprenez pas toutefois. J'adore travailler de mes mains et bricoler. J'ai fait beaucoup de rénovations dans notre maison de Boucherville et j'aimais bien cette occupation qui me permettait de penser à autre chose qu'au boulot. Il arrivait aussi souvent que mon fils Michel me donne un coup de pouce, ce que j'appréciais. Vient quand même un moment où diminue l'intérêt de toujours rénover et réparer la même maison. J'en étais probablement là.

Bref, je suis allé voir les condos de ce nouveau développement et, sur un coup de tête, j'ai décidé d'en acheter un. J'ai même versé un acompte de 20 000 dollars pour avoir une superbe unité de coin.

Ce n'était peut-être pas ma meilleure décision. Les membres de ma famille ne partageaient pas mon enthousiasme, ni pour le déménagement ni pour le condo. Après avoir pris connaissance de mon achat, ils ont discuté ensemble et sont revenus en me disant qu'ils n'étaient pas encore prêts à aller vivre dans un condo à Montréal. Ni mon épouse ni mes enfants ne raffolaient de l'idée.

Agir sous le coup de l'impulsion, sans consulter ses proches, n'est probablement pas une chose à faire. Toutefois, je ne suis pas resté campé sur mes positions. J'ai repris les pourparlers, explorant avec eux l'idée de déménager à Montréal. De ce côté, il y avait consensus. Si nous trouvions une maison bien située et répondant à nos besoins et à nos critères, il serait possible de quitter Boucherville. Le compromis satisfaisait tout le monde. Cette frasque m'a quand même couté 10 000 dollars, car le promoteur, René Lépine, ne m'a remis que la moitié de mon dépôt.

J'ai donc repris mes recherches et j'ai vu qu'on annonçait la construction d'une maison sur un terrain libre au 94, chemin de la Côte Sainte-Catherine, à Outremont. Le projet me semblait intéressant, car nous pourrions tous être impliqués dès le départ dans la conception des plans. J'ai négocié et acheté cette future maison à l'automne 1984. Nous avons ensuite passé plusieurs heures à discuter de l'aménagement pour qu'elle soit exactement comme nous le désirions. Ce serait une magnifique demeure, de style Tudor, érigée près de la rue, mais à même la montagne.

La construction s'est faite pendant que j'avais ma compagnie de consultant et que je m'ennuyais. J'avais donc du temps et j'allais souvent vérifier que tout était fait selon nos souhaits. J'y allais même peut-être un peu trop souvent au goût du promoteur qui m'avait régulièrement dans les pattes, mais ça ne me gênait pas du tout. Nous avons finalement emménagé au printemps 1985.

Cependant, la maison ne s'est pas avérée aussi intéressante que je le pensais. Bien sûr, elle respectait nos goûts et nos critères. C'était plutôt le coin qui me dérangeait. J'aimais bien, par exemple, aller faire des marches. Mais il y avait tellement de circulation sur le chemin de la Côte Sainte-Catherine que ce n'était vraiment pas agréable. Or, si je peux être très patient sur certaines questions, celle-là n'entrait pas dans le lot. Très rapidement, je me suis mis à la recherche d'une autre résidence. Et j'ai trouvé.

Quelques pâtés de maisons plus loin, sur l'avenue Querbes, entre Saint-Joseph et Laurier, il y avait un magnifique duplex à vendre. J'ai eu le coup de foudre. Une maison qui avait de l'âge, mais aussi beaucoup de caractère. Les pièces étaient vastes et les plafonds hauts, ce qui donnait une impression de grandeur qui me plaisait beaucoup. Cette fois, il ne fut pas difficile de convaincre mon épouse et les enfants. Nous restions dans le même secteur de la ville, mais dans un quartier bien plus agréable.

En même temps, j'ai donc fait une offre d'achat sur le duplex et mis notre maison du chemin Côte Sainte-Catherine en vente. Marguerite Blais[24] a été la première personne à se présenter pour la visiter. Elle l'a finalement achetée et, rapidement, nous sommes devenus de bons amis.

Les négociations pour l'achat du duplex de l'avenue Querbes ont été tout aussi expéditives. Peut-être était-ce un signe que je serais bientôt largement impliqué dans le monde du spectacle, car la propriétaire était, elle aussi, bien connue. Il s'agissait d'Angèle Arsenault, une vedette de la chanson des années 1970 et 1980. Bref, toute la question des maisons et des déménagements s'est réglée en quelques semaines. Et cela a effectivement correspondu à mon retour chez Metro-Richelieu.

* * *

À la fin du printemps 1985, j'ai donc retrouvé mes fonctions chez Metro-Richelieu comme si je ne les avais jamais quittées. En fait, si les bureaux de la direction avaient encore été situés au Complexe Desjardins, j'y serais entré le matin comme si je les avais laissés la veille. Mais ils n'y étaient plus. La direction avait emménagé dans un tout nouveau et gigantesque entrepôt qui avait été construit au 11 011, boulevard Maurice-Duplessis, dans le quartier Rivière-des-Prairies, dans l'est de Montréal. Je connaissais encore beaucoup de monde dans le réseau des détaillants qui ont semblé heureux de mon retour, ce qui m'a évidemment fait plaisir.

L'équipe de la haute direction était excellente. Jacques Maltais était appuyé essentiellement par des gens qui provenaient du milieu de l'alimentation, et ça paraissait. Le comité marketing que j'avais mis en place quelques années plus tôt siégeait toujours. J'en ai repris la présidence et il est rapidement redevenu l'endroit où bouillonnaient les idées et les échanges.

En moins d'une semaine, j'avais identifié plusieurs problèmes auxquels il fallait s'attaquer. Le premier d'entre eux concernait cette publicité comparative avec Super Carnaval. Quand ils avaient mis de l'avant cette approche, et pour être en mesure d'offrir des prix concurrentiels ou meilleurs que ceux offerts par cette nouvelle chaîne, les épiciers Metro avaient dû accepter une baisse moyenne de près de 2 % de leur marge bénéficiaire, ce qui était énorme. Et ça ne faisait évidemment pas leur affaire.

De toute façon, cette politique m'apparaissait mauvaise. D'une part, elle n'était pas crédible, car personne ne pouvait sérieusement croire que Metro pouvait battre les prix de Super Carnaval. Cela pouvait arriver sur un ou deux produits, mais, sur l'ensemble d'une commande d'épicerie, c'était impensable. D'ailleurs, les clients avaient certainement aussi cette impression puisque les ventes stagnaient. On comprend donc facilement pourquoi il y avait de la grogne chez les épiciers Metro.

De plus, cette stratégie confirmait que Metro-Richelieu avait un peu perdu ses repères. Avec ce type de campagne, l'entreprise allait se battre sur un territoire qu'elle ne contrôlait pas. Metro s'est, selon moi, toujours distingué par l'approche humaine de son image. Il fallait y revenir, et vite, car c'est ce qui avait toujours fait la force de ce regroupement : la qualité et le professionnalisme de ses épiciers. Nous devions, une fois de plus, miser sur eux.

L'une des premières décisions que j'ai prises concernait Gaston L'Heureux. Il était toujours officiellement le porte-parole de Metro, mais il y avait bien longtemps qu'on n'avait pas fait appel à lui. Je l'ai donc rencontré pour en discuter. Nous sommes rapidement tombés d'accord sur le fait qu'il devait passer à autre chose, mettant ainsi fin à sa collaboration avec Metro-Richelieu.

J'ai aussi laissé tomber la campagne de publicité qui comparait les prix. L'une des répercussions immédiates a été une augmentation soudaine de la marge bénéficiaire, ce qui a été apprécié de tous. J'ai ensuite rencontré Marguerite Blais. Je lui avais déjà parlé de la possibilité qu'elle devienne la nouvelle porte-parole de Metro et j'étais toujours convaincu que ce serait un excellent choix. Elle a accepté avec empressement et enthousiasme. Son contrat incluait, outre les interventions auprès de médias, les publicités radio et télé, toutes les tâches qu'on attend généralement d'un porte-parole, dont la visite de marchés Metro.

Marguerite Blais s'est acquittée de son mandat au-delà de toutes nos attentes. Il n'était pas rare qu'elle prenne sa voiture pour aller voir des épiciers. Elle le faisait d'ailleurs souvent sans même avoir de rendez-vous. Elle arrivait tout simplement et, avec son charisme, sa bonne humeur et son sourire contagieux, se promenait dans les allées, n'hésitant pas à parler à tout le monde, clients et employés, pour s'assurer que tout allait pour le mieux.

Marguerite a été une porte-parole exceptionnelle. Elle était respectée et aimée du public. Elle avait acquis une grande crédibilité par le sérieux des conseils qu'elle prodiguait aux consommateurs lorsqu'elle animait des émissions de télévision. Elle avait même été choisie première femme première ministre lors d'un concours organisé pendant le Salon de la femme au printemps 1985. Peut-être est-ce, en partie, ce qui l'a plus tard inspirée pour se lancer en politique ? Qui sait ?

De notre côté, il fallait trouver l'orientation que nous donnerions à cette nouvelle campagne. L'agence Marketel collaborait toujours avec nous, ce qui était très bien puisque Metro-Richelieu et Marketel avaient, en quelque sorte, grandi ensemble. J'y retrouvais d'anciens et bons complices. J'ai travaillé sur cette question, entre autres, avec Raymond Marchand, responsable de la création pour Marketel, et nous avons trouvé une idée sensationnelle. On ne réinvente pas la roue inutilement, alors nous avons récupéré ce qui avait longtemps fait la force de Steinberg. À partir de maintenant, les gens ne feraient plus leur Steinberg, mais leur Metro. « Allo ! Allo !

J'fais mon Metro ! » est devenu notre nouveau slogan. Toute la campagne était orientée sur l'aspect chaleureux et professionnel des épiciers Metro.

De plus, je n'avais certes pas l'intention, après tous les efforts que nous avions faits en ce sens, d'oublier les Marchés Richelieu. Ils auraient eux aussi leur propre campagne de publicité et de promotion. Nous avons choisi Danielle Proulx et Guy Richer, deux porte-paroles également très connus du public. Une publicité télé avait aussi été produite pour le lancement de l'opération. Nous avons joué très fort sur le fait que les Marchés Richelieu étaient les champions du marché de quartier et de la personnalisation de l'accueil.

En somme, nous donnions un grand coup de collier et nous retrouvions nos repères.

Comme j'en avais l'habitude, pour présenter cette nouvelle stratégie à nos membres, nous avions, de nouveau, organisé le lancement officiel à la Place des Arts. Il y avait au moins 2500 personnes. Je vous jure que c'était tout un spectacle. J'étais le maître de cérémonie et rien n'avait été négligé pour en faire un événement marquant qui culminait avec les nouvelles publicités télévisuelles. Pour moi, il était vital d'enthousiasmer et d'embarquer tout le monde dans cette aventure. Vous savez, le meilleur plan de marketing ne vaut pas le papier sur lequel il est écrit si la compagnie, les épiciers et les employés ne l'appuient pas à 100 %. Voilà pourquoi je tenais tant à ces lancements qui faisaient bouger la baraque.

D'ailleurs, aussitôt que la campagne a été mise en marche, les résultats se sont manifestés : la clientèle augmentait. Ce qui était toujours l'objectif ultime et, finalement, le seul qui comptait pour un vice-président marketing.

* * *

Parallèlement, nous avons continué à travailler sur d'autres aspects du développement de Metro-Richelieu. L'un d'eux concernait la structure et la stabilité financière de la compagnie. Il a fallu quelques années pour que tout le système soit rodé et que, doucement, les épiciers fassent de la place à d'autres investisseurs comme membres du conseil d'administration. Définitivement, Metro-Richelieu entrait dans la cour des grands.

Cependant, les épiciers contrôlaient encore le conseil d'administration, ce qui explique que les épiciers qui en faisaient partie ne souhaitaient pas prendre des décisions plus douloureuses pour certains membres-votants. Par exemple, comme il fallait continuer à affronter une concurrence féroce, il aurait été souhaitable que Metro-Richelieu édicte des normes minimales de superficie pour tous ceux qui voulaient conserver la bannière Metro. Mais le conseil d'administration hésitait, à titre d'exemple, à obliger tout supermarché Metro à avoir une superficie de vente minimale de 7500 pieds carrés (environ 700 mètres carrés), sachant que plusieurs membres n'apprécieraient pas ces nouvelles normes.

C'est alors que j'ai eu une idée. Comme il fallait arriver à rendre plus attrayantes et plus grandes nos épiceries et puisqu'aucune obligation en ce sens ne serait votée, pourquoi ne pas alors motiver nos membres à prendre eux-mêmes cette décision ? Voilà comment sont nés les Metro 5 Étoiles.

L'un des objectifs de cette appellation était de faire passer la superficie minimum pour avoir la bannière Metro à au moins 700 mètres carrés. Pour y arriver, nous avons imaginé un programme faisant en sorte que, pour obtenir la classification 5 Étoiles, le marché Metro devait avoir cinq rayons de spécialités. Dans une épicerie traditionnelle, il y a trois rayons de base : la viande, les fruits et légumes, et l'épicerie.

Pour acquérir le nouveau statut, il fallait ajouter cinq rayons choisis parmi les suivants : la poissonnerie, la boulangerie, la fromagerie, les produits en vrac, la charcuterie fine et le café en grains.

Il faut comprendre que chacun de ces secteurs nécessitait de l'espace additionnel en magasin. Pour accueillir cinq nouveaux rayons, il fallait donc augmenter la superficie, c'est-à-dire rénover et agrandir. Nous pouvions ainsi obtenir, sur une base volontaire, ce que Metro-Richelieu ne voulait pas exiger de ses membres. En fait, il fallait au moins 700 mètres carrés, avions-nous estimé, pour fournir ces nouveaux services. Nous faisions ainsi par la porte d'en arrière ce que le conseil d'administration ne voulait pas faire par la porte d'en avant.

Évidemment, en contrepartie de l'appellation 5 Étoiles, nous offrions à nos membres, entre autres, de la publicité adaptée à leurs nouvelles spécialités, une promotion particulière et prestigieuse, ainsi qu'une enseigne extérieure spécifique indiquant que cette épicerie était un établissement 5 Étoiles.

Là encore, nos membres ont embarqué. La plupart d'entre eux voulaient obtenir cette classification et ont procédé à des travaux. Au bilan de cette opération, je dirais qu'environ 60 % des marchés Metro ont obtenu le statut 5 Étoiles. Il a naturellement fallu qu'ils investissent dans des rénovations, mais je pense sincèrement qu'au total, non seulement l'opération leur a rapporté en termes de clientèle et de revenus, mais elle leur a aussi permis de passer à la nouvelle génération d'épiceries que les consommateurs attendaient.

C'est à la même époque que les épiceries Richelieu sont officiellement devenues les « Marchés Richelieu » et que le graphisme de leur bannière a été revu et modernisé. Cela mettait aussi un terme définitif à la confusion qui aurait pu subsister dans la tête de certaines personnes entre les deux types d'établissement. Parallèlement, la marque privée Metro-Richelieu avait été abandonnée et chaque bannière avait maintenant sa propre marque privée.

* * *

Je me rends compte aujourd'hui à quel point mon deuxième séjour chez Metro-Richelieu a été fertile en événements et en rebondissements. L'action ne manquait pas.

Voici un exemple: au mois de janvier 1986, si je me souviens bien, j'ai reçu un appel d'André Gourd, éditeur du *Journal de Montréal*.

— Connais-tu Guy Fournier[25] ? m'a-t-il demandé.

— Non, pas personnellement.

— Mais tu sais qu'il est le patron du nouveau réseau de télévision qui ouvre ses portes ?

— Bien entendu.

— Alors tu vois, il veut créer un nouveau gala, un peu comme le Gala Artis.

— Et qu'est-ce que je viens faire là-dedans? ai-je demandé.

— Il a besoin de deux choses: un journal pour la promotion et un gros commanditaire. Nous serons le journal et je pense que vous feriez un excellent commanditaire. Qu'en penses-tu ?

Cette proposition tombait vraiment bien parce que je souhaitais trouver un projet rassembleur qui nous démarquerait complètement de la concurrence. C'était peut-être l'occasion que je cherchais.

— Tu frappes à la bonne porte, lui ai-je répondu. Demande à Fournier de me contacter...

Guy Fournier est venu me rencontrer le soir même à la maison de l'avenue Querbes et m'a expliqué son projet et ses besoins. En fait, le gala qu'il comptait produire permettrait de souligner l'excellence des artistes de la télévision, de la radio, du cinéma et de la chanson. Il s'agirait d'un choix populaire où les votes des gens décideraient des lauréats.

— Et quel serait le rôle de Metro dans cette opération ? ai-je demandé.

— Celui de commanditaire principal. Ça va être très gros et on va en parler beaucoup.

— Mais encore ? ai-je insisté.

— Nous avons besoin de 200 000 dollars.

Je me suis un peu reculé sur ma chaise. La somme était vraiment très importante.

— C'est beaucoup d'argent.

— Je sais, a-t-il répondu, mais je répète, ça va être gros et tout le monde va en parler dans tous les coins du Québec. Nous voulons mettre le paquet. Et nous avons déjà l'appui du *Journal de Montréal* et du *Journal de Québec*.

— Eh bien, Guy, ai-je repris après quelques secondes de réflexion, si j'accepte, il y a deux conditions. Premièrement, le nom Metro doit apparaître dans le titre du gala. Deuxièmement, les gens devront apporter leurs bulletins de vote chez un épicier Metro.

Ça a été au tour de Guy Fournier de prendre quelques minutes de réflexion. Les enjeux étaient importants pour les deux parties.

— Pour la seconde condition, je ne vois pas de problème, a-t-il enfin repris. Mais pour ce qui est du nom Metro dans le titre, je ne sais pas... Tu comprends que ça ne s'est jamais fait. Jamais Radio-Canada ou Télé-Métropole n'accepteraient.

— Mais TQS[26] n'est ni l'un ni l'autre. Vous commencez, vous pouvez changer les choses...

— Il faut que j'en parle à la haute direction du réseau. Donne-moi un peu de temps et je te reviendrai.

Il n'a pas fallu 24 heures avant que Guy Fournier reprenne contact avec moi.

— Gaétan, m'a-t-il aussitôt lancé, enthousiaste, nous sommes d'accord et nous avons trouvé le nom. Ce sera le Gala MetroStar.

— MetroStar, ai-je répété, comme si je tournais le mot dans ma bouche pour m'y habituer. Je ne suis pas certain que ça me plaise, ai-je ajouté. Je pense que c'est le mot STAR que je n'aime pas. Ça fait un peu anglais et dans le contexte social actuel...

— Voyons ! Une star, c'est une star, a-t-il continué. Dans toutes les langues c'est la même chose. Je te dis que c'est un bon nom. Et ça contient le mot Metro. C'est très punch.

— C'est à mon tour de te demander une journée de réflexion, ai-je continué. Je dois faire quelques vérifications.

Je suis donc parti faire le tour des gens de Metro-Richelieu. Et l'idée a été aimée. J'ai donc accepté d'investir 200 000 dollars dans l'opération et nous avons signé un contrat d'un an pour voir comment évolueraient les choses.

Nous avons ensuite eu de nombreuses réunions pour planifier les modalités du gala. Il y aurait des candidatures dans les quatre catégories énumérées plus haut. Guy Fournier et son équipe connaissaient leur affaire.

L'un des points dont nous devions discuter concernait le principe de votation. Nous avons décidé que le vote serait comptabilisé par région et qu'il respecterait le poids démographique de chacune d'elles. Par exemple, si le grand Montréal représentait 40 % de la population du Québec, au total des votes, quel que soit le nombre de bulletins reçus dans cette région, Montréal représenterait 40 % du poids décisionnel. Ce qui me semblait logique.

De plus, tous les bulletins de vote devraient être déposés dans les épiceries Metro partout au Québec. Les gens ne seraient évidemment pas obligés d'acheter quelque chose, mais nous espérions que le seul fait de venir déposer leur vote serait suffisant pour qu'ils en profitent pour acheter. Bien sûr, les consommateurs pourraient se procurer les coupons de participation dans *Le Journal de Montréal* et *Le Journal de Québec*. Comme ça, tout le monde était gagnant.

La période de votation s'est déroulée à la fin de l'été 1986 et la participation a été extraordinaire. En fait, ça a été la

Quelques heures avant la tenue du premier Gala MetroStar, Marguerite Blais et moi discutions de certains détails relativement au déroulement de la soirée.

folie ! Le Gala MetroStar était vraiment un gala populaire. En réalité, il a été *extrêmement* populaire.

Le premier MetroStar a eu lieu à l'automne et il a été diffusé en direct depuis l'aréna Maurice-Richard, à Montréal. Sur la surface de la glace étaient installées des tables autour desquelles se trouvaient les personnalités les plus populaires de l'époque. Le public remplissait les gradins tout autour. J'étais très fier que Metro soit associé à ce succès. J'avais d'ailleurs insisté pour que Marguerite Blais, notre porte-parole, en assume l'animation. Elle a fait un excellent travail. La soirée s'est terminée par la nomination de LA et DU MetroStar de l'année, sans doute les trophées les plus prestigieux cette année-là. Les premiers récipiendaires ont été Martine St-Clair et André-Philippe Gagnon. J'étais vraiment très heureux du déroulement et des résultats obtenus.

Et c'est là que j'ai appris, à la dure, ce qu'était le monde du showbiz québécois. En effet, la veille de la cérémonie, Francine Chaloult, qui était relationniste de l'événement, était venue me voir pour me demander le nom des gagnants dans chaque catégorie. Il fallait en effet qu'elle soit en mesure d'assigner, dans la salle, des places particulières aux lauréats qui seraient appelés à monter sur scène pour aller chercher leur prix. Il ne

Toute la famille a assisté à ce premier gala. Marie-Claude, Michel, leur mère, Louise, et moi, qui, même si je n'en laisse rien paraître, devais avoir quelques papillons dans l'estomac.

fallait pas qu'ils soient trop loin d'une part et, d'autre part, elle devait savoir où ils étaient pour que les caméras puissent les suivre pendant qu'ils montaient chercher leur prix. La demande de la relationniste me semblait tout à fait normale. J'en avais discuté brièvement avec Guy et nous lui avions confié cette liste.

Au total, il y avait 20 gagnants ou gagnantes qui devaient être connus durant la soirée. Il faut aussi se souvenir que, dans les années 1980, la radio AM était très puissante et écoutée au Québec. Une guerre faisait rage entre CKAC et CJMS pour savoir laquelle des deux était la meilleure. Dans la catégorie « animatrice », Suzanne Lévesque, de CKAC, affrontait, entre autres, Louise Deschâtelets, de CJMS, alors que dans la catégorie « animateur », Pierre Pascau, de CKAC, faisait face à Michel Beaudry, de CJMS. Le résultat du vote populaire avait été en faveur des candidats de CJMS dans ces deux importantes catégories.

Ce que j'ignorais, c'est que Suzanne Lévesque était la sœur de Francine Chaloult et que Louise Deschâtelets était la conjointe de Guy Fournier. Nous n'avons jamais su précisément d'où est venue la fuite, mais CKAC a connu le verdict de la population avant la tenue du gala, si bien que les représentants de cette station radiophonique n'ont pas participé à l'événement.

Le lendemain du gala, dans les journaux, malgré une soirée exceptionnelle et malgré un succès hors du commun sur le plan des cotes d'écoute, Louise Cousineau, de *La Presse,* titrait à la une: « CKAC boycotte le gala bidon MetroStar ».

Dire que j'étais furieux serait un euphémisme. Il était évident qu'une partie des résultats avait été connue à l'avance, ce qui avait entraîné la réaction de CKAC, qui n'acceptait pas le verdict.

Sans vouloir être mesquin, j'ai souvent pensé que *La Presse,* qui ne faisait pas partie de ce succès, rendait aussi la monnaie de sa pièce au *Journal de Montréal* en discréditant l'événement.

Toutefois, le résultat du vote représentait le choix de la population et c'est ce qui importait. Le principe de votation que nous avions adopté, et qui était connu par les personnes mises en nomination, prévoyait cette répartition démographique. Or, CKAC était très fort à Montréal, mais n'avait que peu de racines en région. De son côté, CJMS était diffusé partout dans la province. Voilà pourquoi il devenait évident que les gens de l'extérieur de la métropole n'avaient pas voté pour une animatrice ou un animateur qu'ils ne connaissaient pas. C'était aussi simple et logique que ça.

Dans un premier temps, j'ai dit à TQS que Metro ne voulait plus être partie prenante à ce genre de malentendu et de règlement de compte. J'ai ensuite préparé un texte que *La Presse* a accepté volontiers de publier. Il précisait toutes les modalités du vote, ce qui redonnait sa légitimité et sa crédibilité au Gala MetroStar.

Cette première année, malgré ce petit pépin, a été un vif succès. Pendant la période de vote, l'achalandage et les ventes dans nos épiceries avaient notablement augmenté. Les chiffres indiquaient une hausse moyenne de 3 % supérieure à l'augmentation normale. Chaque point de pourcentage représentait des centaines de milliers de dollars. C'était donc une réussite. En fait, l'investissement de 200 000 dollars se rentabilisait amplement.

Le Gala MetroStar était dorénavant largement accepté et avantageusement connu à la fois de la population, mais aussi des intervenants du monde du spectacle. La seule première année avait réussi à asseoir la notoriété de l'événement.

Cependant, dans cette première expérience, deux choses me chicotaient. D'abord, cette petite histoire entre CKAC et CJMS qui me restait en travers de la gorge et dont la faute revenait, selon moi, au moins en partie, à l'organisation de TQS. Ensuite, je trouvais que Télévision Quatre Saisons nous avait permis de lancer l'événement, mais ne possédait ni le panache ni la crédibilité pour aller plus loin.

Pendant l'hiver, j'ai donc contacté Franklin Delaney, qui était alors l'un des patrons de la Société Radio-Canada. Nous nous étions rencontrés à quelques occasions et nous nous connaissions bien.

— Alors, dis-moi, est-ce que Radio-Canada serait intéressée à présenter le Gala MetroStar ? lui ai-je demandé

Il y eut un long silence au bout de la ligne. Il faut savoir que Delaney est un homme imposant qui prenait toujours son temps avant de parler. Mais cette fois, j'ai eu l'impression que je l'avais vraiment surpris, car il lui a fallu un peu plus de temps que d'habitude pour réagir.

— Oui, a-t-il simplement répondu. Il faut qu'on se voie. Mais une chose est certaine, a-t-il poursuivi, ce ne pourra pas être le MetroStar.

— Dans ce cas, laisse tomber ma proposition.

— Accorde-moi un peu de temps que je vérifie avec les avocats, a-t-il dit avant de raccrocher.

Il a fallu une semaine de consultations et de réflexion, mais Radio-Canada a finalement accepté. La seconde édition du Gala MetroStar a été présentée sur les ondes de la société d'État le 22 novembre 1987. Encore une fois, la soirée a été diffusée en direct de l'aréna Maurice-Richard. Mais cette fois, personne n'a mis en doute la légitimité du processus de vote. Et pour garantir qu'il n'y aurait plus de commentaires sur cette question, à compter de cette année-là, nous avons remis à tous les candidats mis en nomination les résultats des votes les concernant. Ils attendaient d'ailleurs tous ce moment avec impatience, car les chiffres leur permettaient de savoir dans quelles régions ils étaient les plus populaires.

Cette fois, LA MetroStar a été Ginette Reno alors que LE MetroStar était Michel Louvain. Je me souviens qu'avant la cérémonie, je participais à l'accueil de tous les finalistes dans une petite salle. Je prenais énormément de plaisir à me promener et à les rencontrer. Quand je suis allé saluer Michel Louvain, il était si nerveux qu'il avait peine à parler, comme si l'émotion l'étranglait. Pour lui, il s'agissait du plus important prix qu'un artiste puisse recevoir, car il était décerné par la population elle-même. Aussi, quand son nom a été prononcé, ce qui faisait de lui un récipiendaire du MetroStar, j'ai bien cru qu'il ne passerait pas à travers.

Bref, cette seconde édition a été une réussite à tous points de vue. Une soirée télévisuelle d'exception, avec des cotes d'écoute impressionnantes et une période de votation qui a permis à Metro d'atteindre ses objectifs.

L'entente avec Radio-Canada était de deux ans. Le seul réajustement important apporté à la troisième édition a été d'éliminer certains prix. La soirée était trop longue et il fallait faire des choix. La radio et le cinéma ont donc été exclus. Pour le reste, la formule avait fait ses preuves et demeurait sensiblement la même. La troisième présentation des MetroStar était encore très attendue et s'est déroulée en novembre 1988.

Cependant, le Gala MetroStar n'était pas le seul qui existait pour souligner l'excellence télévisuelle au Québec. Depuis 1981, Télé-Métropole (qui n'était pas encore TVA) organisait, au printemps, le Gala Artis, lequel n'impliquait pas de vote populaire.

J'aurais aimé que le MetroStar soit le seul du genre. J'ai donc rencontré Michel Chamberland, un incontournable de la télévision québécoise, qui était depuis peu le nouveau vice-président à la programmation de Télé-Métropole et du nouveau réseau TVA qui se mettait en place. Nous avons commencé, à l'automne 1988, à discuter de la possibilité d'unifier les galas. Nos négociations ont abouti à la conclusion d'une entente de cinq ans qui ferait en sorte que, dorénavant, les deux événements fusionneraient pour devenir le Gala MetroStar où seraient remis les trophées Artis.

La quatrième édition du Gala MetroStar, dans sa version unifiée, a eu lieu au printemps 1989 et a été diffusée par tout le réseau TVA. Ce fut le dernier gala auquel j'ai participé puisque j'ai quitté Metro-Richelieu peu après. Le reste de l'histoire est connu. Le Gala MetroStar s'est poursuivi sous cette appellation jusqu'en 2005, quand Metro a abandonné sa commandite, et il est redevenu le Gala Artis. La formule est cependant demeurée la même.

Je retire une grande fierté de cette réussite. On m'en parle encore régulièrement aujourd'hui. Le Gala MetroStar a été le premier vrai gala populaire, une sorte de « *People's Choice Awards* ». C'était un événement du peuple et c'est pourquoi les gens l'appréciaient tellement. Bien entendu, quelques puristes ont critiqué certaines décisions ainsi que le choix d'une poignée de gagnants, prétextant qu'ils n'étaient pas nécessairement les meilleurs ou je ne sais quoi. Mais la finalité demeurait la même : la population avait décidé. Que pouvais-je vouloir de plus ?

* * *

Le gala n'a pas été la seule incursion de Metro-Richelieu dans le monde du spectacle et de la télévision. Il y a une autre histoire que je voudrais raconter parce que je la trouve assez amusante et parce que j'y ai été partie prenante. Il y avait, dans les années 1980, une émission de télévision très populaire produite par Marcel Béliveau. Qui ne se souvient pas de *Surprise sur prise*[27] ?

Je connaissais bien Marcel Béliveau, car Metro-Richelieu avait ponctuellement commandité quelques émissions de *Surprise sur prise*. J'ai même été impliqué directement et personnellement dans certaines d'entre elles. Ainsi, Marcel m'avait demandé de l'aider à coincer Pierre Péladeau, le patron de Quebecor.

Marcel avait appris que chaque samedi soir, Péladeau se rendait au Metro Chevrefils de Sainte-Adèle. L'épicerie était située près de sa résidence de Sainte-Marguerite, dans les Laurentides. Le fondateur de Quebecor avait pris l'habitude, pour blaguer, de négocier les prix de certains produits. Il disait au propriétaire que, comme le magasin était fermé le dimanche, certains aliments perdraient leur fraîcheur, et qu'il devrait probablement les jeter le lundi. Aussi bien alors les vendre à bon prix plutôt que de les mettre à la poubelle.

Le concept imaginé par Marcel Béliveau consistait à faire croire à Pierre Péladeau que le Metro de Sainte-Adèle commanditait dorénavant le journal *La Presse* dans la région. Comme tout le monde le savait, Pierre Péladeau, propriétaire du *Journal de Montréal*, avait un sens de l'humour assez limité quand quelqu'un s'en prenait à son quotidien. Alors, dans le magasin, il y aurait deux supports à journaux, l'un avec très peu de *La Presse* puisque les exemplaires avaient été vendus à moitié prix, et l'autre rempli d'exemplaires du *Journal de Montréal* qui ne se vendaient évidemment plus. Je devais y participer pour jeter un peu d'huile sur le feu. Mais le gag est tombé à l'eau, puisque, exceptionnellement, Pierre Péladeau ne s'est pas présenté à son Metro ce soir-là.

Étant donné que Marcel Béliveau avait toujours un plan B pour tous ses tours, il a, plus tard, piégé le président de Quebecor dans une émission devenue célèbre et au cours de laquelle un poste de péage avait été installé sur la petite route menant à la maison de Péladeau. Durant le gag, une camionnette, identifiée au nom de Metro, passait sans payer et le garde la faisait exploser, à la consternation de Pierre Péladeau.

Marcel Béliveau a aussi tenté de me prendre au piège avec une de ses farces. La scène se passait sur un traversier sur lequel un problème survenait. L'équipage devait, pour sauver le bateau du naufrage, jeter les voitures des passagers à l'eau. Malheureusement pour Marcel, je m'étais rendu compte trop tôt de ce qui se passait, ce qui a annulé le gag. Béliveau a retenté le coup, mais cette fois en s'en prenant à Jean-Pierre Ferland, qui a avalé l'histoire et même insisté pour que les matelots lancent sa voiture dans le fleuve.

* * *

Un jour, en 1986, Guy Cloutier, l'un des producteurs et des imprésarios les plus influents au Québec dans les années 1980 et 1990, m'a contacté. Il avait lancé, l'année précédente, une nouvelle émission de télévision qui était animée par Nathalie Simard et qui avait pour nom *Le village de Nathalie*. Cette nouvelle série jeunesse était diffusée à TVA et connaissait un succès vertigineux.

Or, Guy Cloutier avait de grands projets pour cette série, en particulier pour la vente de produits dérivés. Il comptait, entre autres, lancer des disques contenant des chansons présentées durant les émissions. Et c'est dans ce secteur qu'il souhaitait obtenir un partenariat avec Metro-Richelieu. Nous nous étions rencontrés à son restaurant préféré, sur la rue Saint-Zotique. Nous avons discuté et négocié une entente d'un an qui prévoyait que les trois disques suivants de Nathalie seraient distribués et vendus dans nos épiceries. Le tout était aussi assorti de divers concours et promotions directement liés à l'émission elle-même.

Pour le lancement officiel de ce partenariat, Nathalie est venue, le 29 septembre 1986, visiter notre nouvel et immense entrepôt. Une particularité des lieux venait du fait que Metro était l'une des rares entreprises de l'époque qui hébergeait une garderie pour les enfants de ses employés. Et je peux vous assurer que chacun de ces jeunes connaissait Nathalie et son village. Évidemment, ils sont tous venus assister à ce lancement et il y a eu une grande fête et beaucoup d'émotions dans la garderie.

Cette promotion a connu un succès monstre. Et elle me permettait de mettre de l'avant une stratégie publicitaire qui incitait les jeunes familles à venir dans nos marchés pour se procurer les albums de la grande vedette de leurs enfants. Encore une fois, je remplissais ma part du marché. J'amenais des gens dans nos épiceries, il fallait ensuite que les propriétaires les fidélisent.

Guy Cloutier et moi nous rencontrions assez régulièrement. J'ai même été un des invités au mariage de René Simard – dont il était aussi l'agent – et de Marie-Josée Taillefer. Guy possédait également un appartement à Paris qu'il m'a prêté quelques fois pendant mes séjours en France.

Vous voyez donc que nous étions assez proches. Jamais, toutefois, je n'ai remarqué quelque chose d'anormal entre lui et Nathalie Simard. Je le trouvais parfois dur avec elle, mais il était ainsi avec tous ceux dont il gérait la carrière. Quand, au terme de son procès, il a été incarcéré, en 2005, pour avoir abusé sexuellement de Nathalie Simard, j'en ai été profondément surpris.

* * *

L'apport de capital créé par l'inscription de Metro-Richelieu à la Bourse a permis à Jacques Maltais, alors PDG, et à Raymond Bachand[28], vice-président au développement stratégique, de consolider et développer plusieurs secteurs tout en diversifiant les activités de l'entreprise.

À mon avis, il y a eu, parmi les acquisitions, quelques décisions discutables, mais il y a aussi eu quelques excellents coups. Parmi les achats douteux, il y a certainement eu cette incursion dans le monde des articles de sport avec la prise des magasins André Lalonde Sports, ou celle du côté de la restauration, avec une participation dans les restaurants Giorgio.

Globalement, je dois avouer que la plupart des gestes posés par la compagnie ont été très fructueux et importants pour assurer le dynamisme et l'implantation de l'entreprise. Je pourrais mentionner, par exemple, cette entrée dans l'industrie pharmaceutique avec l'achat de 49 % des actions du Groupe Essaim (aujourd'hui les pharmacies Proxim). J'avais eu le mandat de siéger au conseil d'administration de cette entreprise dont le président-directeur général était Guy-Marie Papillon, lui-même pharmacien. On ne peut toutefois pas dire que la cohabitation a toujours été facile.

Cette première incursion dans ce secteur a néanmoins mené à l'acquisition de McMahon Distributeur pharmaceutique inc., ce qui a permis à Metro-Richelieu de se lancer dans le domaine de la distribution et de desservir, en produits pharmaceutiques et parapharmaceutiques, des pharmacies, des hôpitaux et des centres de santé. De plus, à travers cette filiale, Metro a pu acquérir les pharmacies Brunet et Clini Plus, qui comptent aujourd'hui un réseau de plus de 180 établissements.

Je pourrais aussi parler de l'achat de Pêcheries Atlantiques du Québec, qui a permis de mieux alimenter les marchés en poissons et en fruits de mer frais.

Mais l'acquisition importante et directement liée à l'industrie de l'alimentation a été celle des hypermarchés

Super Carnaval. Pour moi, il s'agissait d'un geste important qui permettait à Metro-Richelieu d'être présent dans tous les secteurs de l'alimentation de détail au Québec. En effet, il y a quatre secteurs qui forment l'offre aux consommateurs en alimentation: les dépanneurs (comme Dépanneur 7 Jours), les épiceries de quartier (comme Marché Richelieu), les supermarchés (comme Metro) et les marchés alimentaires de rabais.

C'est dans ce dernier volet que Metro-Richelieu venait d'entrer de plain-pied en achetant Super Carnaval. L'entente prévoyait que Joe Burnett conservait les édifices et les terrains, mais que Metro possédait désormais les fonds de commerce. Dans notre secteur, c'était une annonce fracassante.

Je me souviens qu'à cette époque, j'allais souvent prendre mon petit déjeuner à l'hôtel Ritz, sur la rue Sherbrooke. C'était le lieu de rendez-vous des principaux gens d'affaires de la métropole qui allaient y lire leur journal en buvant leur premier café. Le matin où l'annonce de la transaction devait être publiée dans les journaux, Jacques Maltais, Jacques Obry et moi y étions allés pour déjeuner. Nous voulions voir les réactions des gens d'affaires quand ils prendraient connaissance de la nouvelle. La plupart d'entre eux se sont d'ailleurs vite rendu compte de notre présence et sont venus nous féliciter.

En ce qui concerne les Super Carnaval, j'ai eu à établir la stratégie de positionnement marketing en tant que bannière de Metro-Richelieu. J'avais engagé Marie-Josée Caya comme porte-parole de cette division. Marie-Josée était très avantageusement connue pour son interprétation de Marie-des-Neiges Lavoie, née Desrosiers, dans le très populaire téléroman *Le temps d'une paix,* diffusé à Radio-Canada entre 1981 et 1986. Pour cette campagne et les messages publicitaires, nous avions arrêté notre choix sur le slogan: « Super carnaval... Super ! » Ces marchés, qui étaient les précurseurs dans ce domaine au Québec, ont continué à s'enraciner, permettant à Metro-Richelieu de consolider sa position comme l'un des chefs de file dans l'industrie de l'alimentation.

J'ai eu le plaisir d'assister, le 13 octobre 1979, à la première partie Canadiens-Nordiques après l'entrée du club dans la Ligue nationale de hockey. Cela a marqué le début d'une belle et longue rivalité. Ceux qui sont très observateurs peuvent me reconnaître en plein centre de la photo, juste au-dessus de la baie vitrée. Eh oui, c'est presque plus compliqué que de trouver Charlie…

Passons à un autre dossier dans lequel je me suis passablement impliqué lors de mon deuxième passage chez Metro : celui des Nordiques de Québec. L'équipe avait intégré les rangs de la Ligue nationale de hockey en 1979. Pendant des années, le commanditaire principal de la franchise a été la brasserie Carling O'Keefe. Or, en 1988, le brasseur a connu des ennuis financiers et l'équipe s'est mise à la recherche de nouveaux partenaires. C'est alors que Metro est intervenu en investissant dans les Nordiques.

Personnellement, je ne croyais pas à la valeur de cet investissement. Bien sûr, sur le plan de l'image, un partenariat avec les Nordiques pouvait facilement se vendre. J'estimais toutefois que nous n'avions rien à gagner financièrement à

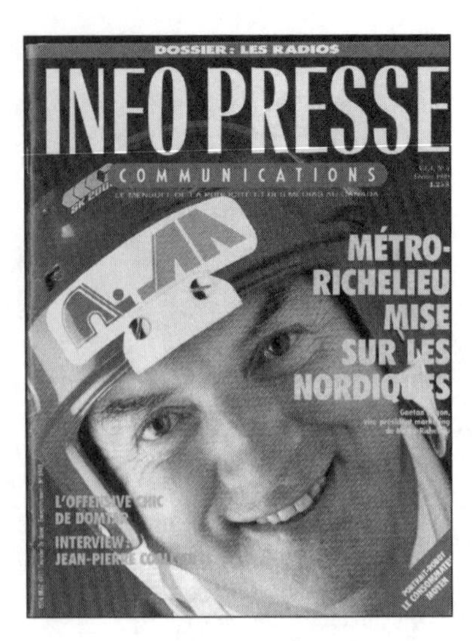

Dans le cadre de la campagne de promotion liée à la collaboration entre Metro-Richelieu et les Nordiques, j'ai fait la première page de la revue Infopresse, *un magazine mensuel traitant de la publicité et des médias au Canada. Sur mon casque se côtoient les logos des Nordiques et de Metro.*

nous associer à une équipe de la Ligue nationale. Selon moi, c'était un investissement perdu à tout jamais.

J'étais le représentant de Metro à la signature du contrat et je me souviens d'avoir dit à Me Marcel Aubut que Metro-Richelieu n'aurait peut-être pas dû se lancer dans cette aventure. Mais la décision ne relevait pas de moi. Je devais simplement participer aux négociations et faire en sorte de rentabiliser cette association au chapitre de la promotion. La suite m'a donné tort.

Metro a investi trois millions de dollars dans les Nordiques. En 1995, quand la concession a été vendue et a déménagé à Denver, au Colorado, Metro a obtenu 17 millions, ce qui représentait un retour sur investissement plus que profitable.

Dans un autre ordre d'idées, j'ajouterai qu'il y a toujours eu des similarités importantes entre Metro et Rona, deux entreprises ayant été à l'origine des regroupements d'achats appartenant à leurs membres-actionnaires. Cependant, en 1986, Metro avait un pas d'avance sur Rona sur le plan de la diversification de ses activités. De plus, Rona avait une culture d'entreprise beaucoup plus rigide que celle de Metro, une culture qui n'acceptait que peu ou pas d'intervention extérieure. Jacques Maltais, PDG de Metro à l'époque, a convaincu André Dion, PDG de Rona, de tenter un rapprochement en ce qui concerne les achats. Ainsi fut créé « Metrona ».

Le but de Metrona était d'augmenter le pouvoir d'achat des deux groupes en mettant en commun les achats de produits que chacune des entités se procurait individuellement. Il s'agissait surtout de produits non alimentaires, comme les piles et les ampoules électriques. Sur ma recommandation, Jean-Claude Gagnon, qui était bien connu et apprécié des deux entreprises, fut nommé pour s'occuper à temps partiel de Metrona.

Toutefois, malgré les efforts de Metro, cette coentreprise n'a jamais levé. Il est apparu évident dès le début que Rona craignait comme la peste que Metro ne se serve de cette nouvelle compagnie pour éventuellement mettre la main sur elle. Cela n'était pas et n'avait jamais été dans les plans de Metro. Mais Rona a fait avorter une belle tentative commerciale qui aurait possiblement permis aux deux entités d'augmenter leur profitabilité en combinant leur pouvoir d'achat.

Ajoutons cependant que même du côté de Metro, plusieurs ne voyaient pas Metrona d'un bon œil, craignant de perdre une partie de leur prestige. C'est ce que j'appelle une occasion ratée.

* * *

J'étais revenu chez Metro-Richelieu en 1985 et, en deux ans, le travail accompli avait été colossal. Lorsque la période de mise en candidature pour les Mercuriades a été annoncée, je me suis dit : « Eh bien, pourquoi ne pas tenter notre chance encore une fois ? »

Avec tout ce qui avait été réalisé relativement à la bannière Metro, il était possible d'imaginer la préparation d'un dossier étoffé. Je me suis attelé à cette tâche et la candidature de Metro-Richelieu a été déposée dans la catégorie Marketing Grandes entreprises.

Je savais que rien n'était gagné, puisque j'avais appris que les autres entreprises mises en nomination dans cette catégorie étaient la Brasserie Molson, le Groupe Jean Coutu, les magasins Zellers et, notre concurrent direct, Provigo Distribution. Le soir de la cérémonie, j'étais accompagné, entre autres, de Jacques Maltais, président et chef de la direction, et de Marguerite Blais.

J'ai été, encore une fois, extrêmement fier quand on a annoncé que Metro-Richelieu recevait le prestigieux Mercure. J'ai même demandé à Marguerite de nous accompagner sur scène pour recevoir le trophée, puisque je considérais qu'une partie importante de ce prix lui revenait personnellement pour son implication comme porte-parole.

Je crois que je suis le seul (en tout cas, il ne doit pas y en avoir beaucoup d'autres) à avoir reçu cet honneur deux fois avec deux entreprises différentes et concurrentes.

Rétrospectivement, je crois que nous avons eu beaucoup de flair pendant mon second séjour chez Metro-Richelieu. J'y étais retourné, car je considérais que Metro avait perdu ses repères en termes de positionnement. Notre grande réussite aura été de faire passer Metro-Richelieu de l'ère de la banane à l'ère du kiwi. Voilà, je crois, ce qui nous a permis de relever avec succès tous les défis et de remporter ce Mercure.

Voilà aussi pourquoi, en 1989, j'ai eu l'impression d'avoir atteint les objectifs que je m'étais fixés. Il était temps que je revienne à mes propres projets.

Chapitre 9
Un Dragon dans l'édition

Le 8 août 1987, j'étais de ceux qui avaient été invités à l'une des cérémonies de mariage les plus grandioses au Québec, celle de Marie-Josée Taillefer et René Simard. Je ne veux pas revenir là-dessus, sauf pour expliquer que le mariage avait lieu à Saint-Sauveur, dans les Laurentides, et que, pendant mon séjour, j'avais vu à Piedmont un splendide condo qui me plaisait beaucoup. L'environnement était idyllique. C'était un coin très paisible et magnifique, à proximité des montagnes et, malgré tout, pas trop éloigné, grâce au réseau d'autoroutes, de mon bureau chez Metro-Richelieu, dans l'est de Montréal. Et puis, les enfants étaient grands et comme nous faisions un peu de ski, le condo nous fournirait un pied-à-terre intéressant après une journée en plein air. Si jamais la fin de semaine s'éternisait un peu, il n'y aurait pas de problème. Nous n'avions pas l'obligation de rentrer à notre maison de l'avenue Querbes. Je l'ai donc acheté!

Depuis un moment, ma vie de couple avec Louise avait pris une tournure plus routinière. Comme si le temps, le quotidien, les habitudes et l'ordinaire avaient rendu notre relation banale. Il n'y avait pas d'animosité entre elle et moi. Seulement un peu de lassitude que nous sentions, je crois, tous les deux. La vie en famille n'était pas difficile ou ardue pour autant. Pas du tout ! Il n'y avait pas de scènes de ménage ou ce genre de choses.

Les enfants grandissaient. En 1987, Michel avait 22 ans et sa sœur, Marie-Claude, allait bientôt atteindre le cap de la vingtaine. Ils avaient leur vie, leurs études, leurs intérêts, leurs amis. Une situation qui laisse beaucoup de temps à un couple. Il n'y avait donc pas de tensions entre mon épouse et moi, mais peut-être étions-nous devenus... comment dire ? davantage des colocataires que des amants.

À cause de ma profession, j'étais aussi souvent appelé à participer à des événements ou des activités promotionnelles. Pour n'en mentionner qu'un, il y a eu le Salon de la femme qui avait commencé, si je ne m'abuse, en 1969, et qui connaissait toujours, à la fin des années 1980, un grand succès. Comme Metro-Richelieu était régulièrement un partenaire de cette activité, j'y avais aussi participé très souvent et j'avais appris à connaître Jacqueline Vézina, cette femme énergique et dynamique qui avait lancé ce Salon. Nous étions même devenus amis et nous nous voyions quelques fois en cours d'année.

Vous vous demandez probablement quel est le rapport entre ce nouveau condo, ma relation avec Louise et le Salon de la femme ? J'y arrive. Vous savez, dans la vie, il y a parfois des moments charnières. En tout cas, c'est le souvenir qui nous en reste. Des instants où les pièces du casse-tête se mettent soudainement en place et on sait alors ce qui nous reste à faire. J'ai toujours cru que ce moment était survenu un soir de 1988, lorsque nous nous rendions dans les Laurentides, mon épouse et moi, pour un petit souper amical chez Jacqueline Vézina. Pendant le trajet, il y a eu de longs silences. Comme si nous n'avions plus rien à nous dire. Peut-être n'est-ce pas vraiment le point tournant. Peut-être Louise a-t-elle une autre perception. Mais, en ce qui me concerne, j'ai toujours pensé que c'est durant ce voyage que, tous les deux, nous avons compris qu'il était peut-être souhaitable de nous laisser. Que nos routes devaient s'éloigner.

Toujours est-il que Louise et moi avions convenu qu'il était préférable que je lui laisse la maison et que j'aille vivre à Piedmont. Nous étions tous les deux rendus à un tournant de nos existences. Ainsi s'achevait un chapitre important et parsemé d'événements merveilleux. Au cours des ans, nous avions changé. C'est aussi simple que cela. Nous avions un passé, mais pas d'avenir.

D'ailleurs, la séparation s'est bien déroulée. Une séparation à l'amiable, je crois que c'est l'expression consacrée, et le divorce n'a été demandé que plusieurs années plus tard. Il a été entériné par la Cour supérieure en mars 1992.

Je me suis donc retrouvé seul, ce qui m'a encore plus motivé à devenir entrepreneur et à démarrer ma compagnie.

* * *

En 1989, j'avais 49 ans. Mon travail au sein de Metro-Richelieu allait très bien, mais je sentais, au plus profond de moi, qu'il fallait que je prenne une décision quant à mon avenir « entrepreneurial ». Si je voulais vraiment me lancer dans l'édition de continuité, il fallait que je revienne à mon plan et que je trouve un moyen de connaître les maillons du métier.

Pour y arriver, deux solutions s'offraient à moi : soit j'allais chez Transcontinental, soit j'allais chez Quebecor. Je connaissais très bien Rémi Marcoux, le patron de Transcontinental. Depuis des années, cette firme d'imprimerie produisait les dépliants publicitaires de Metro. Je savais que Rémi me proposerait un emploi si je le désirais.

D'autre part, je connaissais aussi Pierre Péladeau. D'ailleurs, régulièrement, il me faisait parvenir une petite note qui disait essentiellement quelque chose comme : « Tu es fait pour travailler chez Quebecor », ce qui me flattait. J'ai appris plus tard qu'il faisait la même chose avec certaines personnes qu'il souhaitait voir intégrer son équipe. C'était son genre de faire ce type d'intervention. Ça n'avait donc rien de vraiment exceptionnel.

Toujours est-il qu'à l'automne 1989, j'ai reçu un appel d'André Gourd, de Quebecor. Et le destin a, encore une fois, joué en ma faveur. André Gourd m'apprenait qu'après être devenu vice-président de Groupe Quebecor, il allait bientôt être nommé à la présidence de l'entreprise. Il souhaitait que je vienne faire partie de son équipe et m'offrait le poste de vice-président.

Dans le cadre de mon mandat, je serais responsable du groupe « distribution » qui comprenait, entre autres, les Messageries Dynamiques, Québec-Livres, Éditions Quebecor, MédiaDistribution, Multicom, Distribution Trans-Canada et la Boutique Quebecor. Un défi colossal, mais surtout particulièrement intéressant alors que je réfléchissais au moyen d'aller apprendre les rouages de l'imprimerie et de l'édition.

Je lui ai demandé une semaine de réflexion, car mon objectif demeurait de travailler pour moi et de fonder mon entreprise. Mais cette offre s'inscrivait tellement bien dans mon plan de carrière...

Il fallait que j'en apprenne beaucoup plus sur l'édition de continuité. C'était inévitable. Je pouvais me donner un an, ou, au maximum, un an et demi, pour acquérir ce savoir. Alors, pourquoi ne pas profiter de cette proposition pour joindre l'utile à l'essentiel ? J'ai accepté. L'annonce officielle a été faite le 23 novembre 1989 et je suis entré en fonction au début de janvier 1990.

Ce matin de janvier, je me suis présenté aux bureaux de Quebecor, situés au 12e étage du 612, rue Saint-Jacques, à Montréal. Et j'étais bien entouré. Tout autour, il y avait les bureaux de Pierre Péladeau, Pierre Karl Péladeau, Raymond Lemay et André Gourd. Pas mal, vous ne trouvez pas ?

À mon premier matin dans l'entreprise, Pierre Péladeau est venu me voir.

— Bonjour, Gaétan, et bienvenue chez Quebecor. Tu sais, a-t-il poursuivi, que tu as une très bonne réputation chez Metro ?

— Merci, ai-je répondu, intrigué, tout en écoutant avec attention parce qu'il avait l'habitude de parler très vite en mâchant ses mots, comme s'il n'avait jamais de temps à perdre, même pour parler.

— Mais leurs circulaires sont imprimées chez Transcontinental... Va me chercher le contrat !

— Monsieur Péladeau, les raisons pour lesquelles Metro a toujours refusé d'aller chez Quebecor se résument à quelques mots : la mauvaise qualité du service et du travail pour ce genre de produit. Quand Quebecor aura corrigé ces problèmes, je vais aller chercher le contrat.

— Ça ne marche pas de même ici, a-t-il répliqué. Tu vas chercher le contrat et, s'ils ne sont pas contents, tu leur donnes de la publicité gratuite dans *Le Journal de Montréal*.

— Moi non plus je ne marche pas de même. Il faut d'abord régler les problèmes... Ensuite on fait des affaires.

Il était sorti de mon bureau pas très enchanté de ma réponse. « Finalement, me suis-je dit, ça ne commence pas très fort pour moi... »

Monsieur Péladeau est revenu me voir deux ou trois jours plus tard. Cette fois, il ne s'agissait pas de Metro. D'ailleurs, il ne m'en a plus reparlé. Il est donc venu dans mon bureau, et, comme d'habitude, il est entré directement dans le vif du sujet.

— Il y a une boîte à Longueuil que je veux acheter. Ça s'appelle Desmarais et Frères. Vas-y et négocie ça pour Quebecor !

Et il est sorti sans attendre ma réponse. Je trouvais cette demande assez flatteuse. Après moins d'une semaine de travail, on venait me demander de négocier l'achat d'une entreprise; voilà qui me donnait confiance.

Je n'ai donc pas perdu de temps et j'ai donné un coup de fil au propriétaire pour prendre rendez-vous.

— Je me nomme Gaétan Frigon, lui ai-je expliqué, je suis vice-président chez Quebecor et j'aimerais vous rencontrer pour...

— C'est le père Péladeau qui t'envoie? m'a-t-il coupé sèchement. Je lui ai déjà répété 10 fois que j'étais pas à vendre. Dis-lui d'arrêter de m'envoyer tout le temps du monde pour me le redemander... Je ne suis pas à V-E-N-D-R-E. C'est clair?

Et il a raccroché. J'ai ensuite appris que Pierre Péladeau demandait régulièrement à des nouveaux venus d'aller négocier l'achat de certaines entreprises. Les propriétaires, d'habitude, ne voulaient rien entendre, mais Pierre Péladeau avait la tête très dure.

Voilà un peu l'atmosphère qui régnait chez Quebecor.

Au fil de mes tâches, j'ai rencontré et connu bien du monde. Mais entre tous, je pense que Pierre Karl Péladeau est l'homme le plus intelligent que j'ai croisé. En fait, je n'ai jamais vraiment su de quoi il était responsable chez Quebecor, si bien qu'il s'occupait de tout. En tout cas, il en donnait l'impression. Et si, d'un côté, il avait beaucoup de charisme, de l'autre, il ne faisait jamais rien dans la dentelle. Quand il entrait dans une division, c'était toujours avec ses grosses bottes. Il a toujours su où il allait. Il était, et il est encore, je crois, un visionnaire.

J'ai aussi rencontré Jean Neveu, le président des Imprimeries Quebecor, et Yves Moquin, le président de Publicor. Tous les deux connaissaient bien l'édition de continuité et j'avais bien l'intention d'apprendre en les regardant travailler. Yves Moquin avait mis en marché *La cuisine simplifiée de Sœur Angèle,* qui se présentait sous forme de cahier à anneaux cartonné dans lequel on trouvait des fiches-recettes. C'était de l'édition de continuité et c'était ce que je voulais faire.

Un jour, j'ai parlé ouvertement de mes plans à Yves Moquin. Je lui ai aussi dit que j'avais toujours une oreille attentive à des propositions d'association et que, peut-être, même Quebecor pourrait devenir un partenaire, sinon un allié pour aller plus loin dans ce projet d'édition de continuité. Sa réponse n'a pas tardé : « Oublie ça, a-t-il lancé, catégorique, Quebecor ne partage pas avec ses employés... Dans le pire des cas pour toi, s'ils aiment ton idée, ils vont la prendre. » Voilà qui réglait définitivement la question.

J'étais chez Quebecor depuis environ neuf mois. J'y faisais bien mon travail, avec de bons résultats, mais sans enthousiasme. Je n'étais pas porté par cette énergie inventive et créatrice qui m'avait toujours caractérisé dans mes autres emplois.

Un matin, André Gourd est entré dans mon bureau. Je savais ce qu'il venait me dire. Ces choses-là se sentent. Pour la première fois de ma vie, je me suis fait mettre à la porte.

Heureusement, je ne me suis pas inquiété de la situation. Je savais que j'étais en mesure de retomber rapidement sur mes pieds. J'étais même soulagé car, de toute évidence, je n'étais pas fait pour travailler chez Quebecor. Soit dit en passant, il y a une phrase qui circule dans les bureaux de cette entreprise qui dit qu'on pourrait remplir le Stade olympique avec les anciens employés de Quebecor. Ce qui implique au moins que je n'ai été ni le premier ni le dernier à passer par là...

* * *

À l'automne 1988 (encore une année du Dragon), Metro et le magazine *Coup de pouce* s'étaient associés pour mettre de l'avant une nouvelle promotion. Il s'agissait d'un concours où les lectrices et les lecteurs du magazine étaient invités à faire parvenir leurs recettes. Celles-ci seraient examinées par un jury, et les meilleures seraient publiées dans un calendrier spécial « Metro / Coup de Pouce » qui devait être distribué dans tous les magasins Metro. On parlait ici de plusieurs centaines de milliers d'exemplaires. Un gros coup!

Je ne m'étais pas personnellement occupé de toutes les facettes de cette promotion, mais je suivais naturellement ce dossier. Il était prévu que les meilleures recettes seraient préparées par un cuisinier et qu'un jury déciderait des gagnants lors d'une soirée spéciale. Le chef Jean-Louis Thémis, que je connaissais bien car il avait travaillé quelques fois pour Metro, avait été choisi pour mijoter les fameux mets. De plus, l'événement couronnant les meilleurs plats se déroulait au restaurant L'Exotic, qui lui appartenait.

En fait, je ne devais pas aller à cette soirée. D'autres personnes y représentaient Metro. Mais, je ne sais pas pourquoi, j'ai décidé d'y faire un saut. Bien entendu, il ne s'agissait pas d'un souper. Seuls les juges et quelques autres personnes goûtaient les plats. Je me suis donc retrouvé un peu à l'écart, à grignoter dans une assiette avec la responsable de la promotion pour *Coup de Pouce*. Elle s'appelait Hélène Héroux. Nous avons discuté un moment et... j'ai bien apprécié.

Elle m'a avoué, quelques années plus tard, que ce n'était pas notre première rencontre. Elle a précisé que nous nous étions croisés à quelques occasions lors d'événements spéciaux, mais je ne m'en souvenais pas. Quoi qu'il en soit, ce midi-là, je l'ai remarquée.

J'ai appris qu'elle était née à Grand-Mère, ce qui en faisait presque une voisine puisque cette ville est située à une vingtaine de kilomètres à peine de Saint-Prosper-de-Champlain. Hélène était une spécialiste des communications et avait commencé sa carrière à Québec chez Cossette Communications Marketing. Elle avait ensuite déménagé dans la région de Montréal et, au moment où je l'ai rencontrée, elle travaillait aux Éditions Télémédia où elle était, entre autres, responsable du marketing pour *Coup de pouce*.

Comment vous la décrire? Début trentaine, les yeux clairs et vifs, le sourire facile, un excellent sens de l'humour et la répartie parfois cinglante. Une femme intelligente qui adorait le domaine de la publicité et des communications et qui, de toute évidence, était très compétente.

Nous avons donc discuté un petit moment et je crois qu'elle y a pris autant de plaisir que moi. En fait, après le repas, je me suis dit que si jamais je devais refaire ma vie avec une femme, ce serait avec quelqu'un comme elle.

Dans les semaines qui ont suivi, nous nous sommes revus dans le cadre de nos activités professionnelles. Chaque fois, je la remarquais. Au fil de ces rencontres, une amitié s'est développée. Une amitié de travail, tout d'abord. Nous échangions sur les différents dossiers qui nous accaparaient et sur les projets de boulot qui nous intéressaient. Puis, au fil des semaines, cette amitié s'est développée et est devenue plus personnelle. Finalement, un jour, nous nous sommes rendu compte que nous étions amoureux l'un de l'autre. Bref, j'étais bien avec elle.

Nous discutions de tout, et tout nous intéressait. Hélène est une fonceuse, une créatrice. Elle sait comment développer une vision des choses et comment mener des projets à terme. Je lui avais évidemment fait part de mon projet de me lancer dans l'édition de continuité. Et elle y a cru. Nous en parlions souvent et nous échafaudions des plans d'avenir. Nous avons même pris des vacances précisément pour nous renseigner sur ce type d'édition.

Je me souviens, par exemple, que nous avons passé quelques jours en Allemagne à faire le tour de l'une des plus grosses foires au monde consacrée à l'édition, la Buchmesse, qui se déroule à Francfort. Une foire vraiment énorme où on trouve de tout. Nous avons tout particulièrement visité la section présentant l'édition de continuité et analysé tout ce qui était offert sur la planète. Nous avons d'ailleurs rapporté plusieurs exemplaires de ce que nous dénichions et qui nous semblait intéressant. Il y avait, entre autres, cette publication portugaise qui proposait des fiches de recettes individuelles et plastifiées. J'avais trouvé le concept génial. Ainsi, quand on préparait le plat, on pouvait conserver la fiche à côté de soi, et même si quelque chose tombait dessus, il n'y avait qu'à passer un linge pour régler le problème.

Tout cela pour dire qu'Hélène et moi avions énormément de goûts et d'intérêts communs. De plus, et peut-être l'avais-je senti à notre toute première rencontre, nous étions complémentaires tant dans la vie personnelle que professionnelle. Elle est méticuleuse et organisée. Non pas que je ne le sois pas moi aussi, mais elle l'est d'une façon différente. J'aime dire que lorsque je vois une forêt, elle voit les arbres. Et il faut ces deux visions pour réussir, autant dans une entreprise que dans la vie. Bref, quand j'ai quitté Quebecor, Hélène et moi vivions ensemble. Nous étions un couple et, en plus, nous voulions, tous les deux, devenir entrepreneurs en édition de continuité. Et de fait, depuis que je suis devenu entrepreneur, elle a toujours été mon associée. Quelle que soit la compagnie, nous avons toujours été à 50-50.

Pour reprendre le cours des événements, après la visite de Gourd, je me suis retrouvé, techniquement, sans travail. Cela ne m'inquiétait pas réellement, comme je l'ai déjà souligné. Peu après, j'ai contacté Rémi Marcoux, de Transcontinental, et je lui ai expliqué qu'on venait de me remercier. Cela n'a pas eu l'air de le surprendre du tout. Il connaissait bien Pierre Péladeau et les habitudes de la compagnie. Il m'a immédiatement offert le poste de vice-président marketing et développement pour son secteur imprimerie. Je ne pouvais demander mieux.

À ce moment-là, j'ai compris que les efforts des dernières années pour acquérir et diversifier mes compétences avaient décidément valu le coup ! Je venais de perdre un emploi pour la première fois de ma carrière et on m'en offrait aussitôt un autre aussi prestigieux. Je crois que les gens reconnaissaient ma valeur. Cependant, avec Rémi, je voulais être certain qu'il n'y avait pas de méprise sur mes objectifs. Je lui ai expliqué que je comptais, un jour, faire moi-même de l'édition de continuité, que j'étais heureux de travailler chez Transcontinental, que je ferais bien mon boulot, mais que je voulais aussi en profiter pour apprendre et que je ne m'attendais pas à passer le reste de ma vie au sein de sa compagnie. Il m'a répondu qu'il savait tout ça. Une rumeur dans ce sens courait déjà en ville. Mais il était d'accord pour m'accepter même à ces conditions.

Je suis donc entré, à l'automne 1990, dans mes nouvelles fonctions au siège social des Imprimeries Transcontinental, sur la rue Lebeau, à Ville Saint-Laurent. Je me suis retrouvé en terrain connu et ami. Je connaissais énormément de monde à cet endroit puisque Transcontinental avait été, et était toujours, l'imprimeur officiel des circulaires de Metro-Richelieu. J'avais d'ailleurs raconté à Rémi Marcoux l'anecdote du premier mandat que Pierre Péladeau avait voulu me confier à propos du contrat qui le liait avec Metro. Là non plus, il n'avait pas paru surpris.

Je veux aussi signaler que la rumeur dont m'avait parlé Marcoux était exacte. Je faisais courir, un peu partout à Montréal, le bruit que j'étais sur le point de me lancer dans l'édition de continuité et que je cherchais des projets et des partenaires. En attendant que quelque chose débloque, je me suis mis au travail chez Transcontinental, où j'ai développé des outils de marketing pour la division de l'imprimerie et j'ai mis sur pied une nouvelle division appelée Transcom.

J'étais entré en fonction depuis environ trois mois quand j'ai reçu un appel de Guy Cloutier. Nous nous étions vus, à l'occasion, depuis le succès de la promotion du *Village de Nathalie*, mais sans plus. Il me téléphonait cette fois pour me dire qu'il souhaitait me rencontrer. Il avait un projet de produit dérivé qu'il voulait me faire connaître.

Franchement, je me suis croisé les doigts. Je me suis dit que c'était peut-être le coup de fil que j'attendais depuis si longtemps.

Nous nous sommes donné rendez-vous au début du printemps 1991, toujours à son restaurant italien préféré de la rue Saint-Zotique, à Montréal, où il avait ses aises. Guy était avec Jean Pilote, un de ses collaborateurs de longue date qui est maintenant le propriétaire du théâtre Le Capitole à Québec.

— Écoute, Gaétan, j'ai une émission de cuisine sur les ondes de TVA. Une quotidienne de 15 minutes pendant laquelle Claudette et Marie-Josée Taillefer présentent des recettes de tous les jours. Ça marche très bien. Mon problème, c'est que je veux avoir une émission d'une demi-heure par jour et que TVA ne veut pas l'acheter. En fait, la direction est d'accord pour la diffuser, mais pas la payer. Ce que je cherche, c'est un produit dérivé que les gens vont pouvoir acheter chaque semaine. Les profits générés par ce produit serviront à payer la production de l'émission télévisuelle qui s'appelle Bon appétit.

— Guy, ai-je répondu après avoir réfléchi un court moment, donne-moi quelques jours et je te reviens avec une proposition que tu ne pourras pas refuser.

Pendant une semaine, Hélène et moi avons travaillé avec acharnement. Nous avons repris une idée que nous avions trouvée en Allemagne. Le concept de base était de produire des fiches-recettes individuelles et plastifiées qui seraient logées dans un boîtier spécialement conçu pour les accueillir. Le tout devait être attrayant, facile à utiliser et complet. Chaque semaine, ces fiches devaient correspondre aux recettes qui seraient présentées la semaine suivante à la télévision.

J'imaginais bien Marie-Josée ou sa mère, Claudette, sortir, chaque jour en commençant l'émission, une de ces fiches du boîtier, un peu comme si elle était tirée au hasard, en disant que c'était la recette du jour. Les gens qui auraient déjà acheté les sachets hebdomadaires de fiches pourraient ainsi suivre, pas à pas, toutes les étapes pour réaliser le mets que les deux animatrices préparaient. Ceux qui n'avaient pas ces sachets en main iraient, tout de suite après, au magasin pour se les procurer. En tout cas, c'est comme ça que je voyais les choses.

Hélène et moi avons trouvé des recettes dans différents livres, nous les avons collées sur des cartons que nous avons recouverts d'un papier plastifié pour donner une idée plus précise du produit final que nous souhaitions produire. Chaque fiche devait contenir toutes les informations sur les ingrédients, les quantités précises de chacun d'entre eux, renseignerait sur la valeur nutritive de la recette et donnerait les trucs de Marie-Josée et Claudette Taillefer pour faciliter la tâche, le tout assorti de magnifiques photos.

À partir de ce que nous avions appris sur l'édition de continuité, j'avais préparé un budget détaillé. Je voulais que ces fiches deviennent le plus grand succès commercial du genre au Québec. Nous savions que les ventes iraient en décroissant depuis la première semaine jusqu'à la semaine 39 qui compléterait le boîtier. Nous connaissions même, grâce aux expériences réalisées un peu partout dans le monde, le pourcentage de décroissance hebdomadaire et savions que la dernière semaine, les ventes atteindraient environ 50 % de ce qu'elles avaient été la première semaine. J'avais prévu qu'au départ, il faudrait offrir le boîtier gratuitement à l'achat de la première série de fiches. C'était la meilleure façon de fidéliser les consommateurs. Ils voudraient ensuite compléter la série pour remplir le boîtier.

Nous avions établi le budget, tenant compte de la production de 300 000 sachets de fiches-recettes et d'autant de boîtiers pour le lancement. L'impression de chaque boîtier nous coûterait environ 1 dollar 70. J'avais tablé sur l'hypothèse que, sur ces 300 000 séries de fiches et boîtiers de départ, nous en vendrions entre 200 000 et 250 000 au cours de la première semaine. Cependant, comme les revenus entreraient dans les coffres seulement après quelques semaines de diffusion, il nous faudrait investir près d'un million et demi de dollars pour lancer l'opération. Une somme astronomique, avouons-le!

Bref, nous avions, Hélène et moi, mis en application tout ce que nous avions appris depuis des mois et nous avons puisé dans toutes nos connaissances en marketing et publicité pour élaborer le projet. En bout de ligne, nous avions préparé un dossier extrêmement bien étoffé.

Armés de toutes ces informations, nous sommes allés revoir Guy Cloutier et Jean Pilote à leurs bureaux de la rue Sherbrooke. Nous leur avons montré les prototypes d'une quinzaine de fiches-recettes et présenté le concept, budget inclus. J'avais insisté sur la possibilité de vendre près d'un quart de million de ces fiches-recettes lors de la première semaine.

Hélène et moi avons fait une excellente présentation et je vous garantis que je peux être très persuasif quand je crois à un projet. Nous avons ensuite discuté de différentes modalités et de l'arrimage essentiel entre la production des fiches et la diffusion des émissions, pour enfin convenir que Guy s'occuperait de tout le volet télévision, alors que je prendrais en charge l'impression des fiches et la production des boîtiers. Bref, nous nous sommes mis d'accord sur l'ensemble du plan.

Cependant, il restait un point à régler. Celui de notre participation financière. Nous voulions être partenaires. Je souhaitais que la compagnie qu'Hélène et moi avions formée soit associée à toute cette aventure. Guy Cloutier nous a proposé 20 % des profits provenant des fiches-recettes mais il a ajouté une condition: que je trouve le financement pour lancer toute l'opération, car ni lui ni moi n'avions le million et demi nécessaire au lancement de ce projet. Comme j'avais déjà des pistes de solution, j'ai accepté et nous avons conclu l'entente.

Bien entendu, il restait énormément d'étapes à franchir pour mener notre idée à terme. L'échéancier prévoyait que tout commencerait au mois de septembre suivant, en même temps évidemment que le début de la série télévisée de l'automne. Il n'y avait pas de temps à perdre. Je devais donc m'atteler dès maintenant à la question du financement de la production des boîtiers et des fiches-recettes.

Rémi Marcoux était évidemment la personne idéale pour m'appuyer dans ce projet un peu fou. Je lui ai expliqué le projet en précisant que je souhaitais qu'il devienne notre imprimeur officiel et un allié. Il devait nous ouvrir un compte, qui était, au fond, ni plus ni moins qu'une marge de crédit dont l'utilisation pourrait s'élever jusqu'à environ 1,5 million de dollars. C'était la condition essentielle pour que tout fonctionne.

— Tu parles d'imprimer 300 000 sachets de fiches-recettes et de faire fabriquer 300 000 boîtiers la première semaine. C'est bien ça? m'a-t-il demandé.

— Exactement.

— Et tu crois que tu en vendras entre 200 000 et 250 000?

— Toujours exact, lui avais-je répondu.

Il s'est reculé dans son fauteuil et m'a regardé en silence pendant un moment.

— C'est une grosse somme, a-t-il repris. C'est aussi un gros risque. J'aime ton projet, mais je ne crois pas que tu en vendras autant. En fait, si n'importe qui d'autre que toi m'avait fait cette proposition, j'aurais refusé. Mais je te connais. Tu es bien capable d'arriver pas trop loin de tes projections. Cela dit, a-t-il repris après une autre pause, même si tu vendais la moitié de ce que tu prévois, ce serait déjà un exploit et un succès... Alors, c'est d'accord. J'embarque! Transcontinental va avancer les fonds jusqu'à concurrence de un million et demi de dollars.

Inutile de dire que j'étais très heureux de la confiance que Remi Marcoux m'accordait. Je lui avais d'ailleurs dit que je continuerais à travailler chez Transcontinental malgré tout. J'avais précisé qu'une fois toutes les modalités de départ réglées, ce serait Hélène Héroux, ma partenaire d'affaires et ma conjointe, qui s'occuperait du dossier. Il la connaissait et la savait parfaitement compétente. Il n'avait donc pas de crainte.

Mon travail était cependant loin d'être terminé. Si Transcontinental s'occupait de l'impression, je devais trouver le réseau de distribution. C'était l'autre clé du succès de ce projet. Il était en effet crucial que les consommateurs puissent se procurer facilement notre produit.

Lorsque j'étais chez Quebecor, j'avais souvent rencontré Paul Benjamin, de Messageries de Presse Benjamin. Il était un bon ami. J'ai conclu une entente de distribution avec lui, car son réseau de distribution couvrait tout le Québec. Parallèlement, de beaux présentoirs dans lesquels s'insèreraient les fiches-recettes et les boîtiers avaient été produits. Au bilan, quand les sachets *Bon appétit* ont été lancés, ils étaient offerts dans plus de 9200 points de vente.

Pendant ce temps, Hélène montait les fameuses fiches. Elle collaborait avec Marie-Josée et Claudette Taillefer, mais aussi avec Josée di Stasio et André Cornellier, qui était alors le photographe officiel. Je vous passe les détails, mais cela commençait par les recettes elles-mêmes que Claudette, Marie-Josée et Josée créaient et réalisaient. Ensuite, il y avait la séance de photos. Puis Hélène supervisait tout le travail et coordonnait les étapes de production. Suivaient une première correction et une uniformisation des textes, car il fallait standardiser toutes les fiches. Elles devaient toutes avoir le même type de présentation, à partir des ingrédients et des quantités jusqu'aux étapes de réalisation.

Par la suite, avec le graphiste, Hélène intégrait textes et photos aux fiches et le tout était envoyé à l'imprimerie qui préparait une épreuve qu'il fallait, de nouveau, corriger et accepter. Ce n'est qu'après qu'on passait à l'impression. Un des grands défis était de prévoir la quantité à produire pour la semaine. Ça ne relevait ni de la magie ni du hasard puisque des statistiques de vente existaient. Mais il fallait quand même avoir un bon « pif » pour tomber aussi près que possible de la demande réelle. Il ne fallait ni en manquer ni en produire trop. Enfin, on devait gérer la distribution vers tous nos points de vente.

Et la roue recommençait chaque semaine, le tout en harmonie avec l'émission qui était ensuite diffusée. Pour Hélène, c'était un travail à temps plein. Nous avions, comme je l'ai mentionné, créé notre propre compagnie, Média Etcetera, par laquelle tout passait.

Pendant les semaines qui ont précédé le lancement, Guy Cloutier avait élaboré une campagne de publicité qui devait annoncer l'arrivée des fiches *Bon appétit*, publicité qui continuerait pendant les 39 semaines. Nous y avons consacré près de 700 000 dollars. En d'autres mots, nous avons non seulement investi beaucoup de temps dans le projet, mais il y avait aussi énormément d'argent en jeu. Est-il nécessaire de dire que j'étais un peu nerveux? Je savais que nos objectifs étaient ambitieux, mais j'y croyais.

Finalement, un jour du mois d'août, j'ai eu en mains les premiers sachets. Chacun d'entre eux contenait cinq fiches, pour les cinq recettes qui seraient présentées à l'émission la semaine suivante. C'était vraiment très beau et très professionnel. Et les séries se vendaient 1 dollar 99. Si on déduisait la part des détaillants, des grossistes et des distributeurs, il fallait vraiment que le volume soit important pour que nous puissions réaliser des profits.

La semaine du lancement, j'ai pris quelques jours de congé pour faire une tournée des points de vente et, surtout, pour voir comment réagissaient les consommateurs à la campagne de publicité qui avait débuté.

Et là, ça a été le bonheur. La réponse était fantastique: les clients s'arrachaient littéralement les sachets (et les boîtiers). La première semaine, nous avons vendu 252 000 unités. C'était le plus grand succès d'édition de continuité jamais vu au Québec. J'étais avec Rémi Marcoux quand les chiffres de vente lui ont été remis. Il m'a regardé et s'est soudain mis à rire. Il n'en croyait pas ses yeux. Au total, nous avons vendu, durant la première année, sept millions de séries de fiches.

C'était non seulement énorme, c'était tout simplement inespéré.

Je me répète, mais ce fut le plus grand succès d'édition de continuité au Québec.

Tout le monde était aux anges. L'émission avait des cotes d'écoute fantastiques et les fiches se vendaient comme des petits pains chauds. Si bien que lorsque s'est terminée la première année, à la fin du printemps 1992, nous étions déjà assurés de répéter l'expérience l'année suivante. Admettons que ça faisait l'affaire de TVA, qui n'avait pas à payer pour la production des émissions et qui, en plus, gardait la totalité des revenus provenant de la vente de publicités.

Voyant tout cela, je devais prendre une décision quant à mon avenir. À ce moment, je travaillais toujours chez Transcontinental. Je me rendais compte que les fiches *Bon appétit* nous prendraient encore une fois pas mal de temps et d'énergie. Mais j'avais aussi assez d'expérience pour savoir que ce succès cesserait un jour. Cela pouvait prendre deux, trois ou cinq ans, mais viendrait un moment où ce projet s'arrêterait. À mon avis, il fallait dès maintenant voir à la suite des choses. Pendant que tout fonctionnait à merveille, il fallait réfléchir aux façons de rentabiliser ce contrat, le seul que nous avions.

Cet été-là, j'ai rencontré René Guérin, un des propriétaires de Scriptum Communications. Son agence, qui employait une douzaine de personnes, s'occupait principalement de graphisme et pouvait rédiger et imprimer des rapports annuels pour de grosses entreprises ou produire des boîtes d'emballage pour d'autres. L'un de ses clients était Autostock, une grosse compagnie qui regroupait des chaînes comme Monsieur Muffler, Lebeau Vitres d'autos ou Autopoint. Scriptum Communications était donc une agence intéressante.

J'ai eu des discussions avec Guérin et son associé, Patrice Resther, qui était, soit dit en passant, le fils de Jodie Resther et le petit-fils de Rose Ouellette, dite « La Poune ». Guérin possédait

60 % des actions de l'entreprise et Resther 40 %. René était naturellement au courant du succès qu'avait connu *Bon appétit*.

J'ai donc décidé de leur faire une offre. J'apportais à la compagnie mon contrat *Bon appétit* en échange de quoi on nous cédait 40 % des actions. Ainsi, René Guérin, d'une part, et Hélène et moi (toujours par l'entremise de Média Etcetera) d'autre part, aurions chacun 40 % des actions alors que Patrice Resther en aurait 20.

Voilà exactement le genre d'entente que j'aime, parce que je crois que tout le monde est gagnant. Ainsi, Scriptum Communications obtenait un contrat important dont il était logique de croire qu'il durerait pendant des années et rapporterait pas mal d'argent. Par ailleurs, nous nous retrouvions, Hélène et moi, associés avec une compagnie qui comptait déjà de nombreux clients et qui était assez diversifiée pour assurer la pérennité de notre entreprise.

René Guérin et Patrice Resther ont accepté notre proposition. D'un coup, j'ai transféré mes 20 % de *Bon appétit* en 40 % de Scriptum Communications, une firme à travers laquelle je pourrais développer de nouveaux projets et de nouveaux concepts.

Cet accord signifiait aussi que je devais laisser mon poste chez Transcontinental. Un autre tournant survenait dans ma vie professionnelle. Hélène et moi avons alors emménagé chez Scriptum, dont les bureaux étaient situés à Ville Saint-Laurent. L'année suivante, nous avons déménagé dans un édifice au coin du boulevard René-Lévesque et de la rue Guy. Avant de quitter Rémi Marcoux, je lui ai toutefois garanti qu'il conservait le contrat d'impression des fiches *Bon appétit* pour la deuxième année.

L'an deux de *Bon appétit* a connu un autre succès inespéré. Par contre, en discutant avec René Guérin, qui était un expert des questions d'imprimerie, nous avons convenu qu'il nous fallait trouver un autre imprimeur pour l'an trois; un imprimeur qui en offrirait plus pour moins. Et nous avons trouvé.

Cet autre imprimeur obtiendrait le mandat pour la troisième saison de *Bon appétit* en remplacement de Transcontinental, car non seulement il avait de meilleurs prix, mais, surtout, nous aurions plus de latitude en termes de délais de production.

Nous savions, dès le départ que les coûts d'impression de Transcontinental étaient trop élevés pour ce genre de produit et l'importance de la commande. Nous avions toutefois accepté cette situation puisque Rémi Marcoux avait bien voulu financer notre aventure. Sans lui, il n'y aurait jamais eu de *Bon appétit*. Nous calculions cependant avoir amplement repayé notre dette morale. Les affaires sont les affaires et il fallait continuer à avancer.

Sauf qu'il fallait que j'en informe Rémi Marcoux. Je me rappelle l'avoir contacté un vendredi soir du printemps 1993. J'étais à mon bureau et je l'ai joint dans sa voiture alors que son chauffeur l'amenait à sa résidence de Magog pour la fin de semaine. Quand j'ai commencé à lui parler, il arrivait sur le pont Champlain. Je ne savais pas trop comme lui annoncer la chose. Bien entendu, ce ne serait pas une bonne nouvelle. Dans ces circonstances, l'idéal est toujours d'y aller aussi directement que possible. Ce que j'ai fait.

Et, effectivement, sans dire qu'il l'a mal pris, on ne peut pas dire qu'il en a été heureux. Il a tout tenté pour me faire revenir sur cette décision. Il a sorti tous les arguments imaginables. Mais notre choix était fait et la décision reposait sur des arguments solides. Rémi a finalement, plusieurs minutes plus tard, alors qu'il arrivait à Magog, dit qu'il comprenait et qu'il acceptait notre décision.

Bien sûr, c'était un dur coup pour son orgueil. Il nous avait aidés à lancer le projet, mais y avait tout de même trouvé largement sa part. Je l'ai toujours remercié et j'ai reconnu l'importance de sa participation. Mais aller au-delà aurait été un handicap pour nous. Je présume qu'il serait d'accord avec moi sur ce point puisque nous sommes toujours restés en excellents termes.

Parallèlement à toutes ces affaires, je travaillais à d'autres projets chez Scriptum. J'avais là plusieurs clients qu'il fallait continuer à servir et assister dans leur développement. En fait, nous cherchions surtout une idée qui connaîtrait autant de succès que *Bon appétit.*

J'ai alors entendu parler d'une rumeur voulant que les Cercles de Fermières du Québec songeaient à publier le volume trois de *Qu'est-ce qu'on mange?.* Je me suis dit qu'il fallait absolument que nous en soyons, sachant que les volumes 1 et 2 avaient connu tout un succès.

Il y avait chez Scriptum une excellente équipe de création et nous avons travaillé à produire un démo de ce que pourrait être ce nouveau livre de recettes québécoises. Ce que nous avons préparé était très beau. Nous étions tous, René, Patrice, Hélène et moi, très satisfaits du résultat.

Nous avons ensuite réussi à obtenir un rendez-vous avec le comité de direction des Cercles de Fermières du Québec pour présenter notre idée et notre concept. À cette réunion, il y avait quatre ou cinq dames qui dirigeaient les destinées des Cercles, accompagnées de leur avocat. Et cet avocat, nous l'avons appris sur place, avait obtenu le contrat d'éditer les deux précédents volumes de recettes de l'association (*Qu'est-ce qu'on mange?* volume 1, et *Qu'est-ce qu'on mange?* volume 2). Il ne voyait donc pas d'un bon œil notre implication dans ce dossier.

Nous avons néanmoins fait une très bonne présentation. Nous avions des maquettes et des exemples à montrer à ces dames pour tout ce que nous proposions pour la future édition de leur livre. L'avocat a tenté d'apporter quelques critiques, mais nous avions toujours la réponse adéquate pour répliquer. D'ailleurs, nous nous étions présentés comme étant le promoteur des fameuses fiches-recettes *Bon appétit,* ce qui nous avait donné une crédibilité extraordinaire. Bien entendu, chacune des administratrices des Cercles de Fermières connaissait cette publication et je les soupçonnais de s'être elles-mêmes procuré toute la série. Enfin...

Quand nous avons quitté les administratrices, j'avais la certitude qu'elles adoraient notre idée. J'ai attendu quelques jours, puis j'ai contacté la présidente pour savoir où elle en était dans ses réflexions. Elle m'a alors annoncé que nous avions le contrat.

Le volume 3 de *Qu'est-ce qu'on mange?* des Cercles de Fermières du Québec, publié en 1994, présentait rien de moins que 820 recettes dans un format extraordinairement attrayant. Ce fut le plus grand succès de librairie de cette année-là et l'un des plus importants au Québec. Au total, environ 300 000 exemplaires ont été vendus. L'ouvrage est encore offert aujourd'hui et continue, me dit-on, à bien se vendre.

Je n'étais pas depuis très longtemps dans le monde de l'édition et j'avais connu deux gigantesques succès commerciaux, probablement parmi les plus importants de l'histoire du livre québécois. Il y avait de quoi être fier. Tout ce que j'entreprenais semblait réussir.

Toutefois, si je venais de savourer deux succès de librairie, c'était chaque fois en partenariat avec quelqu'un. La première fois avec Guy Cloutier et la seconde avec les fermières.

L'année suivante, en 1995, donc, nous avons décidé, chez Scriptum, de voler de nos propres ailes et de lancer notre propre ouvrage. Un livre que nous entendions entièrement réaliser et sur lequel nous aurions tous les droits. Puisque les recettes culinaires avaient été bénéfiques jusqu'à maintenant, nous avons voulu continuer dans la même veine. Notre choix s'est arrêté sur des recettes régionales du Québec. Nous avons préparé un nouveau livre sous le titre *La soupe est servie*. L'ouvrage était abondamment illustré et, si vous voulez mon avis, très appétissant. Nous avions tellement confiance en notre projet que nous avons présenté ce livre comme étant le premier volume d'une collection, nous laissant toute la place pour poursuivre l'exploitation de cette mine d'or.

Nous en avons fait imprimer 50 000 exemplaires... pour commencer. Nous avions même prévu une vaste campagne de publicité avec, comme tête de pont, le poste de radio CKAC où Pierre Marcotte[29] en faisait une promotion personnalisée. Plus de 250 000 dollars y avaient été consacrés. Nous étions confiants pas à peu près...

Et c'est là que la réalité m'a rattrapé. La réponse du public n'est pas venue. Ce fut non pas une déconfiture totale, mais ce que l'on pourrait qualifier d'échec contrôlé. Il a fallu cinq ans pour vendre l'inventaire de livres. Si nous n'avons pas vraiment subi de pertes, en bout de ligne, nous n'avons pas non plus fait de profits. Comme quoi on ne réussit pas toujours.

* * *

La parution de ce livre n'était pas le seul dossier sur lequel je travaillais chez Scriptum Communications. Je m'occupais aussi de certains dossiers concernant Autostock, l'un de nos gros clients.

Un jour, à l'automne 1995, le président Jacques Synnott m'a contacté pour me dire qu'il venait de vendre sa filiale Autopoint et que le vice-président qui s'en occupait, et qui était aussi responsable de la division Monsieur Muffler, était parti du même coup. Bref, il était à la recherche d'un nouveau vice-président pour s'occuper de Monsieur Muffler. Comme il fallait malgré tout continuer à faire tourner la roue, il me demandait de prendre en charge le secteur marketing pour quelques mois. J'ai, bien sûr, accepté. Je pouvais certes y consacrer un ou deux jours par semaine, le temps qu'il trouve un nouveau patron.

Honnêtement, ça ne représentait pas énormément de travail puisque tout était déjà bien en selle. Un jour toutefois, en consultant les budgets de la compagnie, je me suis rendu compte que Monsieur Muffler investissait, chaque année, des dizaines de milliers de dollars dans les Pages Jaunes. Et là, j'ai été très intrigué. Qu'est-ce que c'était que cette dépense ? Depuis le temps que j'étais en marketing, aucune des entreprises pour lesquelles j'avais travaillé n'avait mis d'argent dans ce média. Il fallait qu'on m'explique et que je comprenne, sinon je transférerais cette somme dans un autre poste qui serait, en tout cas à mon avis, plus rentable.

J'ai donc contacté Télé-Direct, une filiale de Bell Canada (aujourd'hui une entreprise publique connue sous le nom de Groupe Pages Jaunes) qui produisait les Pages Jaunes. On m'a appris que la compagnie ne vendait pas directement à Autostock et qu'il fallait passer par une agence. En ce qui concernait Monsieur Muffler, m'a-t-on dit, je devais consulter le représentant de l'agence en question, un certain Alphonse Verreault. J'ai évidemment appelé ce monsieur pour qu'il vienne me rencontrer. Et là, il m'a expliqué comment fonctionnait ce secteur dont j'ignorais tout.

Les annuaires Pages Jaunes couvrant des régions précises et limitées, cela implique que les compagnies qui ont des succursales sur un immense territoire doivent s'inscrire dans de nombreux bottins. Les agences de publicité annuaires ou de Pages Jaunes existent ainsi pour les aider dans leur choix. Un peu comme une agence de voyages qui agit comme intermédiaire entre, disons, Air Canada et le client qui veut acheter un billet.

J'ai appris qu'il y avait un regroupement nord-américain des éditeurs des Pages Jaunes connu sous le nom Yellow Pages Association (YPA)[30]. Cette association accréditait des agences de publicité annuaires qui, à leur tour, négociaient avec les clients qui désiraient annoncer dans plusieurs régions ou plusieurs provinces (ou États dans le cas de nos voisins du sud) et, donc, dans plusieurs bottins des Pages Jaunes.

Il n'y avait pas de contact direct entre l'éditeur et l'annonceur. Le travail de l'agence permettait, entre autres, d'uniformiser partout la présentation des annonces de leurs clients. Grâce à eux, la publicité de Monsieur Muffler était rigoureusement la même sur tout le territoire québécois. Voilà, en résumé, ce que j'ai appris ce jour-là. Et j'ai aussi compris qu'il s'agissait d'un investissement avantageux pour des compagnies comme Monsieur Muffler, car une quantité impressionnante de consommateurs s'y référaient pour choisir un magasin en particulier.

— Et combien y a-t-il de ces agences au Canada? ai-je demandé.

— Environ une vingtaine.

— Il doit s'agir d'agences énormes?

— Pas du tout.

Verreault m'a expliqué que la plupart d'entre elles étaient de petites entreprises formées d'anciens vendeurs de Télé-Direct qui n'avaient gardé que deux ou trois clients. Ces petites agences se faisaient accréditer et ne cherchaient habituellement pas à se développer.

Tout cela était très intéressant. Je voyais parfaitement l'utilité de ce genre de publicité. Je n'ai donc pas annulé l'entente entre l'agence et Monsieur Muffler... et j'ai commencé à entrevoir les possibilités qu'offrait ce secteur tout nouveau pour moi.

— Dis-moi, ai-je alors poursuivi, tu n'as jamais songé à lancer toi-même ta propre agence?

— À l'occasion, m'a-t-il répondu. Mais ce n'est jamais allé très loin. Pour que ça marche, il faut avoir un bon fonds de roulement, le temps que tout se mette place. Ce qui fait que je n'ai jamais tenté le coup.

Ce soir-là, en rentrant à la maison, j'en ai parlé à Hélène. Elle m'a avoué qu'elle ne connaissait pas non plus ce type de publicité. Elle ignorait comment ça fonctionnait. « Tu sais qu'on pourrait peut-être réussir dans ce secteur, ai-je ajouté après lui avoir expliqué ma rencontre de la journée. Nous connaissons très bien le marketing et la publicité, et nous avons de nombreux contacts dans plusieurs entreprises importantes. Il n'y a pas de raison que nous ne réussissions pas, d'autant plus qu'il s'agit de publicité récurrente... »

Pendant quelques semaines, j'ai fait des recherches et j'ai contacté beaucoup de gens. Ces démarches ont confirmé ma première impression. Il y avait là tout un champ à explorer et à développer.

Et nous nous sommes lancés. Nous avons, en 1996, fondé Publipage, une nouvelle compagnie destinée à la gestion de publicité annuaires. Nous avons fait venir le formulaire de demande d'accréditation d'YPA et nous l'avons rempli. Peu après, Publipage devenait officiellement une agence accréditée.

Pour moi, il s'agissait d'un investissement. Nous nous en occuperions, bien entendu, mais je souhaitais en confier le développement à quelqu'un qui connaissait déjà le milieu. J'avais donc proposé à Alphonse Verreault de travailler avec nous. Sa participation nous laisserait ainsi la possibilité de continuer à nous occuper de nos dossiers chez Scriptum Communications.

Cependant, peu après, Alphonse m'a appelé pour m'informer qu'il devait décliner ma proposition. Une compagnie américaine de téléphone venait de lui offrir un poste qui lui convenait parfaitement et qui l'intéressait davantage. C'était certainement un écueil qui ralentissait notre projet, mais nous avons décidé de continuer quand même. À partir de ce moment, je devais toutefois être à l'affût d'un nouveau partenaire.

Pendant ce temps, Jacques Synnott avait trouvé celui qui assumerait la vice-présidence de Monsieur Muffler. Il s'agissait d'Alain Brunet, qui possédait une expérience du marché québécois, mais qui connaissait aussi le marché canadien anglais. Il avait dans le passé travaillé pour Kentucky Fried Chicken et pour Weight Watchers. Brunet semblait avoir le profil idéal pour remplir le mandat. Néanmoins, après seulement trois ou quatre mois, il est devenu évident qu'entre lui et Synnott, ça ne marchait pas. Incompatibilité de caractères, comme ils disaient.

Jacques Synnott est alors venu me rencontrer pour m'expliquer la situation. Il était au courant du nouveau défi que je relevais avec Publipage et savait que j'étais à la recherche d'un partenaire. Selon lui, le fait que son entente avec Brunet n'ait pas fonctionné ne lui enlevait pas ses qualités professionnelles. En fait, il croyait que Brunet était peut-être l'homme que je cherchais. L'un de ses atouts était de bien connaître le marché ontarien, un marché énorme dont je savais peu de choses.

Nous avons donc, Brunet et moi, discuté de Publipage et l'aventure l'a intéressé. Nous avons alors convenu de nous associer à 50 % chacun. Nous avons ouvert nos bureaux aux Cours Mont-Royal, dans un espace qu'occupait déjà en partie son fils Patrice, un avocat.

De plus, j'avais convaincu Jacques Synnott de me confier son budget total de publicité Pages Jaunes, ce qui nous donnait un premier client qui pesait pour plusieurs centaines de milliers de dollars dans notre jeune entreprise. Nous étions bien partis pour réussir.

* * *

Entretemps, je continuais toujours mon travail chez Scriptum. C'est à cette époque que j'ai revu quelqu'un que j'avais connu lorsque j'étais chez Metro-Richelieu : Pierre Prud'homme. Il travaillait pour une entreprise de promotion faisant affaire avec Metro-Richelieu.

Il est venu me rencontrer car il avait eu une idée concernant l'édition de continuité. Son projet, qui s'adressait surtout aux jeunes, proposait de collectionner de la monnaie de tous les pays. Nous pourrions offrir de vrais billets ou des pièces représentant les roubles russes, les bahts thaïlandais, les lires italiennes, les livres égyptiennes et ainsi de suite. Je trouvais son idée ingénieuse. Quel jeune peut rester indifférent devant une telle offre ? Bien entendu, *La soupe est servie* avait connu un succès plutôt modeste, mais cette fois, ce serait différent.

J'ai donc accepté avec enthousiasme de devenir partenaire, à un tiers, dans son projet. Hélène et moi nous sommes mis à la tâche. Nous avons développé le concept et les outils. Nous avons imaginé le cahier dans lequel les clients pourraient conserver leurs pièces. Nous avons élaboré la campagne de lancement. Nous avons pensé et monté la publicité. Finalement, nous avons négocié les points de vente. Bref, nous avons mis sur pied *L'argent du monde*. J'étais convaincu de réussir de nouveau.

Et là, nous avons connu la catastrophe.

Le projet a été un échec total. *L'argent du monde* ne se vendait pas. Nous avions englouti plusieurs centaines de milliers de dollars dans toute l'opération et nous les avons perdus.

Ce revers a marqué la fin de mon implication dans le domaine de l'édition de continuité. Je venais de vivre mon Waterloo !

Gaston L'Heureux est devenu Monsieur Metro pour tous les Québécois. À cet événement de collecte de fonds, nous entourions le Dr Pierre Audet-Lapointe, cofondateur et ancien président de la Fondation québécoise du cancer, alors qu'à ma gauche, on voit Serge Gravel, directeur de la publicité chez Metro.

En 1989, lors d'une collecte de fonds en faveur de la Fondation québécoise du cancer, les organisateurs avaient préparé un « bien cuit », et j'étais la personne à rôtir. Louise Deschâtelets et Marguerite Blais sont parmi les personnes qui se sont bien payé ma tête à cette occasion.

Au Gala de l'ADISQ, en 1989, Marguerite Blais et moi avions eu le plaisir de discuter avec Johanne Blouin, récipiendaire du prix de l'interprète féminine de l'année.

En compagnie de Danielle Proulx et de Guy Richer. Ils devenaient porte-paroles d'une campagne qui positionnait les épiceries Richelieu comme des marchés de proximité. Je me souviens que la publicité se terminait avec ce slogan : Richelieu, tout près de vous !

En 2002, l'Ordre des administrateurs agréés du Québec m'avait décerné le prix Dimension dans le cadre de son Gala de l'administrateur. Pierre Parent, président du conseil d'administration de la SAQ, m'avait félicité au moment où j'allais chercher mon prix.

Invité pour jouer le « maestro » à la salle Claude-Champagne de l'Université de Montréal, j'avais préparé mon petit numéro. Quand je me suis tourné pour saluer les musiciens, les spectateurs ont pu voir les publicités que j'avais fait ajouter sur mon veston. Les gens ont, je crois, bien apprécié cette petite blague.

J'ai eu le privilège, en 2001, lors d'une tournée des grands vignobles de France, d'assister au début des vendanges au château Petrus, dans la région viticole de Pomerol, près de Bordeaux. Le Petrus est considéré comme l'un des plus grands bordeaux. J'ai pu goûter à ces premiers raisins en compagnie de Pierre Parent, président du conseil d'administration de la SAQ, Christian Moueix, propriétaire du château Petrus, et Hélène.

La SAQ s'était associée à la campagne de financement de Centraide en 2000. À cette occasion, nous avions organisé une activité à l'entrepôt de la Société pendant laquelle les gens pouvaient parier sur la distance parcourue par les bottés que nous faisions, Larry Smith et moi. Comprenons-nous bien. Ce n'était pas une compétition entre nous deux. J'aurais évidemment perdu contre un homme qui a joué professionnellement avec les Alouettes de Montréal de 1972 à 1980 et qui a remporté deux fois la coupe Grey. Les gens misaient plutôt sur la distance que nous pouvions atteindre dans cet exercice, ce qui est déjà une leçon d'humilité pour un amateur comme moi.

J'allais non seulement rencontrer les employés du Casino aussi régulièrement que possible, mais je participais aussi à certaines activités sociales, comme en décembre 2002, où je me suis transformé en cuisinier pour préparer et servir mon « pâté chinois ».

Plusieurs personnalités participent chaque année au Festival Olympiques spéciaux afin d'amasser des fonds pour ces athlètes. En 2002, je présidais ce festival et j'ai pu rencontrer Danièle Sauvageau, qui avait mené, quelques mois plus tôt, l'équipe de hockey féminine à la médaille d'or aux Jeux de Salt Lake City, de même qu'Annie Pelletier, qui avait gagné la médaille de bronze en plongeon au tremplin de 3 mètres aux Jeux d'Atlanta en 1996.

Toujours en 2002, Loto-Québec était commanditaire officiel du prestigieux et très populaire Festival Juste pour rire. Voilà pourquoi j'avais rencontré à plusieurs reprises Gilbert Rozon, fondateur et président du conseil d'administration et chef de la direction de Juste pour rire.

Le siège social de Loto-Québec accueillait une garderie pour les enfants de nos employés. J'aimais bien y passer à l'occasion.

Toute ma famille était avec moi à l'occasion du Gala de l'administrateur en 2002. Dans l'ordre habituel, à côté de moi se trouvait Hélène Héroux, ma conjointe, Anne Larivière, ma belle-fille, Michel, mon fils, Marie-Claude, ma fille, et son conjoint, Claude Lapointe.

Au fil des ans et des efforts, Golfotron est devenu le système de jeu que Michel et moi avons voulu bâtir et qui offre presque tous les avantages d'une vraie partie de golf, sauf la marche... Voir www.golfotron.com

Publipage s'est complètement transformée au cours des cinq dernières années, passant avec succès d'une agence de publicité annuaire à une entreprise spécialisée dans le marketing relationnel. Voir www.publipage.com pour plus de détails.

Voici la première édition des fiches Bon appétit.

Le troisième volume de Qu'est-ce qu'on mange? *a été, en 1994, un succès de librairie.*

Faire parler de la SAQ et rendre aux Québécois cette société d'État ont été parmi mes priorités à titre de PDG. Les journalistes ont, je pense, toujours aimé ma façon de faire, à preuve, voici quelques-unes des premières pages de magazines qui m'ont été consacrées pendant ces années.

Chapitre 10
Le Dragon brasse la SAQ

Le projet *L'argent du monde* a mal fonctionné. Le vrai bilan est que nous nous étions fait river le bec. La situation était difficile, mais loin d'être catastrophique. Notre travail chez Scriptum Communications allait bien, tous les espoirs étaient permis pour Publipage et il restait la ferme où nous étions si bien.

De quelle ferme s'agit-il ? Tiens, c'est vrai, je n'en ai pas encore parlé.

Cette histoire avait commencé quelques années plus tôt. Hélène et moi avions beaucoup travaillé, nous avions pas mal voyagé, et nous souhaitions alors reprendre notre souffle. Nous avons donc décidé qu'il serait intéressant de vivre à la campagne. J'entrais dans ce que j'appellerais ma période *gentleman farmer*. Je désirais vivre à la campagne. Et, fort heureusement, Hélène partageait ce goût.

Nous nous sommes mis à visiter la région des Cantons-de-l'Est pour tenter de dénicher quelque chose qui nous conviendrait. Un dimanche après-midi, dans les environs du secteur de Foster[31], à Lac-Brome, nous avons vu une magnifique maison de campagne qui était à vendre. Il s'agissait d'une très

Fièrement installé aux commandes de mon tracteur, je pose avec Paul Héroux, le père d'Hélène, devant notre maison de Foster.

belle demeure construite 125 ans auparavant et qui avait été entièrement rénovée. Elle était située sur une petite colline, sur un terrain de 150 acres. Une beauté! On y trouvait des champs, un petit boisé et même un cours d'eau. Exactement ce que nous cherchions. Peut-être un peu plus cher que ce que nous avions prévu, mais ce fut un coup de cœur. Nous l'avons achetée.

Il n'était pas question d'arrêter le boulot à Montréal. Nous avions toujours un pied-à-terre dans cette ville, mais c'est ici, dans les Cantons-de-l'Est, que nous entendions passer les prochaines années. Et j'ai adoré cette période. Comme j'aime beaucoup travailler de mes mains, aussitôt que j'en avais le temps et l'occasion, je retapais un petit coin. Tour à tour, nous y avons élevé plusieurs animaux. Nous avons eu trois chevaux, quelques autres bêtes et, bien entendu, un chien. J'avais un tracteur avec lequel je m'amusais beaucoup et un véhicule tout-terrain qui me permettait de visiter toute ma « terre ».

C'était la belle vie et je me voyais bien y passer plusieurs années.

Scriptum Communications connaissait du succès avec ses activités en graphisme et Publipage tentait de se faire une place dans le monde de la publicité annuaires. Et c'est de ce côté que j'ai eu une autre déception.

Le projet fonctionnait et le créneau dans lequel nous entrions s'avérait très prometteur. Je me suis cependant rapidement rendu compte que j'aurais, moi aussi, des ennuis avec Alain Brunet, mon associé. Les problèmes qui nous opposaient n'étaient pas semblables à ceux qu'il avait vécus avec Jacques Synnott, mais le résultat était le même. Pour moi, à ce moment, Publipage devait n'être qu'un investissement. Je surveillais de près ce qui s'y passait, mais mon principal rôle était d'y mettre les fonds nécessaires pour que le projet démarre et que les bénéfices commencent à entrer.

Mais voilà ! Alain Brunet, lui, avait toujours travaillé dans de grosses sociétés. Le genre d'entreprise où il n'y a jamais de problème de liquidités. Nous avions des bureaux, quatre employés et Brunet se chargeait de faire les démarches et les présentations auprès de compagnies, surtout celles en Ontario d'ailleurs.

Or, il ne regardait pas trop à la dépense. Il voyageait beaucoup et dépensait comme si Publipage était une grosse entreprise. Dans une compagnie aussi jeune que Publipage, une telle attitude me restait un peu en travers de la gorge. Il était associé à 50 % avec nous et aurait dû avoir cet esprit entrepreneurial qui lui aurait dicté une conduite différente, plus sobre et plus modérée. Mais, à l'évidence, Alain n'était pas un entrepreneur.

Nous ne pouvions pas laisser aller les choses. Il fallait réagir, car Publipage ne faisait pas d'argent malgré un volume en croissance. Hélène et moi en avons discuté et nous avons conclu qu'il fallait soit racheter toutes les actions de la compagnie, soit les vendre. Notre choix s'est fait : nous souhaitions racheter

Publipage pour en redevenir propriétaires à 100 %. Nous étions certains que cette compagnie représentait l'avenir.

Cependant, pour acheter, il y avait deux problèmes. D'une part, il nous fallait plus de liquidités. Je suis donc allé voir mes associés de Scriptum Communications pour leur vendre mes parts de la compagnie. Les négociations n'ont pas été très longues et nous en sommes venus à un accord mutuellement favorable. Notre expérience avec Scriptum a été très rentable pour nous. En fait, il serait plus juste de dire que ça a été drôlement profitable, financièrement parlant.

D'autre part, l'autre problème venait du fait que le contrat qui nous liait à Alain Brunet n'incluait pas de clause *shotgun*[32]. Il fallait lui proposer une autre façon de faire pour arriver à nos fins. Nous nous étions préalablement rencontrés et Alain savait que nous ne continuerions pas longtemps à engloutir de l'argent dans la compagnie de cette façon. Nous l'avons convaincu qu'un des actionnaires devait acheter les actions de l'autre. On a alors convenu de s'asseoir et de négocier le rachat de Publipage sous la forme d'enchères entre lui et nous.

Je ne sais pas si on peut vraiment appeler ça un « encan », mais c'était un peu le genre. Quand est arrivée la journée de la transaction, nous nous sommes réunis à nos bureaux des Cours Mont-Royal. Nous étions accompagnés de nos avocats.

Les règles établies fixaient le montant de départ à 50 000 dollars et prévoyaient que les enchères montaient de 10 000 dollars chaque fois. Dans mon esprit, il n'était pas question de céder un pouce. Publipage devait nous rester entre les mains.

Comme prévu, Alain Brunet a offert les premiers 50 000 dollars. J'ai immédiatement répliqué avec 60 000. Il est passé à 70 000 et moi à 80 000. Aussitôt qu'il lançait un chiffre, j'ajoutais les 10 000 dollars nécessaires pour passer à l'étape suivante. J'étais décidé et j'avais les fonds pour aller au bout de mes convictions.

Quand j'ai offert 140 000 dollars, Brunet a hésité. Il a pris un bon moment pour réfléchir. Il ne faut pas oublier qu'il avait peu investi dans cette compagnie. Il y avait mis son temps et son expérience certes, et cela avait une valeur, mais il n'avait pas mis beaucoup d'argent sonnant. Au point où nous en étions, l'enchère suivante représentait un gros tas de billets.

Il a lancé 150 000 dollars, offre à laquelle j'ai immédiatement répliqué par 160 000 dollars. Cette fois, c'en était trop. Il ne pouvait plus continuer ce jeu.

Hélène et moi voulions désormais travailler à temps plein au succès de notre compagnie et nous étions certains qu'avec nos compétences, nos connaissances et nos contacts, Publipage prendrait rapidement un essor considérable. Voilà pourquoi nous étions aussi décidés à gagner cette lutte. En plus, depuis le rachat de nos parts par Scriptum Communications, nous avions l'argent pour aller au bout de nos rêves.

La dernière enchère avait fait reculer Alain Brunet. Nous sommes ainsi redevenus les seuls propriétaires de Publipage. Au final, Brunet ne s'en sortait pas trop mal, d'autant plus que nous n'avions pas exigé qu'il renonce à se lancer dans le même type d'entreprise. Nous étions suffisamment confiants pour croire que, même s'il démarrait sa propre agence, cela ne nous empêcherait pas de réussir. Pour la petite histoire, il a d'ailleurs tenté le coup en lançant Multipage. Mais il n'est pas parvenu à tirer son épingle du jeu et a fermé ses portes quelques années plus tard. Groupe Pages Jaunes, son principal fournisseur, y aurait perdu une somme importante.

Après cette transaction, nous sommes allés rencontrer les employés qui attendaient, un peu anxieux, de voir qui serait dorénavant leur patron. Quand nous leur avons expliqué qu'Hélène et moi reprenions les rênes de l'entreprise, j'ai senti un soupir de soulagement. Je crois qu'ils étaient bien heureux de ce dénouement. Nous aussi.

Il restait néanmoins beaucoup de travail à faire et de décisions à prendre. Par exemple, il n'était plus question de garder les bureaux de Publipage dans les locaux des Cours Mont-Royal. Comme nous louions un condo rue de la Montagne, nous y avons transféré tout le monde. Nous étions un peu à l'étroit, mais ça fonctionnait quand même très bien. Quelques mois plus tard, nous avons déniché un emplacement dans un édifice à bureaux au 2055, rue Peel, où nous avons emménagé. Nous y sommes depuis ce temps. Publipage occupe maintenant la moitié du 10e étage.

Bref, après avoir repris le contrôle de Publipage, nous nous sommes tous mis à la tâche et les résultats n'ont pas tardé. La compagnie prospérait et se développait comme nous le souhaitions.

Évidemment, pendant ce temps, nous faisions tous les jours le trajet entre notre maison de campagne et nos bureaux. J'adorais cette maison, mais avec les années, le transport est devenu un problème majeur. Vous savez, quand on commence à connaître parfaitement tous les tournants de l'autoroute, quand on sait exactement où se situent tous les viaducs, quand on connaît par cœur tous les panneaux publicitaires (si bien que lorsqu'on en change un, cela devient un événement), et surtout, quand tout cela commence à vous peser, il est temps de passer à autre chose. Nous avions vécu et aimé cette vie de campagne. Nous étions désormais mûrs pour essayer la vie urbaine.

Nous avons donc pris la décision de mettre notre ferme en vente pour revenir en plein centre-ville de Montréal dans notre condo de la rue de la Montagne. Nous retournerions un jour vivre à la campagne, mais le moment était venu de vivre notre « trip » urbain. D'ailleurs, notre trip urbain s'est poursuivi pendant quelques années puisque, alors que j'étais PDG de la SAQ, nous avons acheté un condo neuf dans l'édifice Sir Robert Peel, sur la rue du même nom, juste au nord de la rue Sherbrooke.

Vendre la propriété de campagne n'a pas été tellement difficile. Cependant, nous départir de tous les meubles antiques que nous avions achetés au cours des ans pour s'harmoniser avec le style de la maison a été plus complexe. Il y en avait beaucoup. Un antiquaire de Bromont qui en avait entendu parler nous a acheté le tout. Il s'est donc pointé, avec un gros camion, un dimanche, sur l'heure du dîner. C'était en février 1998. Je suis certain de la date, car c'était l'année de la fameuse crise du verglas[33]. Heureusement, nous étions juste un peu à l'extérieur de la zone la plus durement touchée et connue sous le nom de « triangle noir » qui a laissé 1 340 000 personnes sans électricité pendant plusieurs jours.

Donc, l'antiquaire et ses hommes ont mis l'après-midi pour tout emballer et embarquer. Je dois dire que j'avais un petit pincement au cœur en regardant partir certains meubles. Mais la vie est ainsi faite. Il est inutile d'avoir des remords.

Nous en étions là, presque parés à rentrer en ville, quand j'ai reçu un coup de téléphone. Il s'agissait d'Yvon Martin, le propriétaire de l'agence Publicité Martin. J'avais souvent fait affaire avec lui et nous nous connaissions bien.

— Qu'est-ce qui me vaut un appel de ta part un dimanche après-midi ? lui ai-je lancé.

— Es-tu au courant, Gaétan, que le gouvernement est à la recherche d'un nouveau PDG pour la SAQ[34] ?

— J'en ai entendu parler, lui ai-je répondu.

— J'ai rencontré Bernard Landry[35] et son chef de cabinet, Raymond Bréard. Ils ont approché deux personnes pour ce poste. Le premier était Denis de Belleval[36], mais ça n'a pas fonctionné. L'autre était Yves Milord, que tu dois connaître puisqu'il a été vice-président de Provigo avant de passer à la vice-présidence de la division « détail » de Metro-Richelieu. Dans son cas, il semble que l'on n'ait pas réussi à s'entendre sur le salaire. Tu sais probablement que les postes supérieurs de la fonction publique impliquent des salaires que les journalistes qualifient de « frugaux ». Bref, ça n'a pas marché avec lui non plus. Alors, Raymond Bréard m'a demandé des suggestions. Et c'est là que ton nom m'est venu. Je ne lui en ai pas encore parlé, je voulais t'en toucher un mot d'abord, mais il me semble que tu serais l'homme de la situation.

— Tu me prends par surprise... C'est le moins que je puisse dire...

— Écoute, tu n'as pas besoin de prendre une décision à l'instant. Je te suggère seulement de rencontrer Raymond Bréard. Ça ne t'engage pas trop...

— Bon ! Je peux bien aller jusque-là.

— Je fais les démarches et je te rappelle demain à ton bureau.

Je suis resté comme ça, l'appareil sur l'oreille, pendant plusieurs secondes après qu'il ait raccroché. Président-directeur général de la SAQ ! Qu'est-ce que c'était que cette histoire ? Je n'avais rien d'un fonctionnaire. Et puis, la Société, pour le peu que j'en savais, était considérée comme un monopole arrogant. Qu'est-ce que j'irais faire dans ce bateau ?

J'en ai parlé à Hélène, qui était curieuse de savoir pourquoi je restais planté là. Elle a été au moins aussi surprise que moi quand je lui ai dit de quoi il en retournait. Je ne cherchais pas d'emploi et j'étais bien à travailler à mon compte...

Le lendemain, Yvon Martin m'a téléphoné pour m'aviser que Raymond Bréard serait au bureau du ministre des Finances à Montréal le mardi matin et qu'il souhaitait m'y rencontrer.

À l'heure convenue, je me suis présenté. Le chef de cabinet m'attendait. Raymond Bréard était quelqu'un de dynamique. Il avait autour de 40 ans, les cheveux grisonnants, portait de grosses lunettes, mais avait un sourire engageant et cordial.

— Je suis venu vous rencontrer à la demande d'Yvon, mais je dois vous avouer que j'ai vraiment besoin de plus de détails, lui ai-je dit d'entrée de jeu.

— J'ai comme l'impression que vous avez certains préjugés, m'a-t-il répondu en souriant. Mais il faut que vous compreniez ce que le gouvernement veut faire avec la Société. Pour Bernard Landry et le premier ministre Lucien Bouchard, la SAQ ne joue pas actuellement le rôle qu'elle devrait jouer. Le gouvernement souhaite qu'elle devienne une entreprise commerciale et qu'elle cesse d'être dirigée par des gens qui ont une mentalité de fonctionnaires. Ils veulent qu'un véritable commerçant prenne la tête de la SAQ.

— C'est flatteur, ai-je rétorqué, mais je ne cherche pas d'emploi.

— Vous savez, monsieur Frigon, qu'avant de vous rencontrer, j'ai fait quelques recherches. J'ai parlé à bien du monde, et tous m'ont dit que vous étiez le gars que nous cherchions.

— Mais encore une fois, je ne cherche pas d'emploi...

— Faisons un petit marché, continua-t-il. Venez rencontrer Bernard Landry, vendredi, à son bureau de comté, et laissez-le vous expliquer ce qu'il attend de vous. Si ça ne marche pas... ce n'est pas plus grave. Mais je pense que vous devez écouter ce que le ministre des Finances a à vous dire.

Comment refuser une telle demande ? Ce n'est pas tous les jours qu'un ministre vous convoque pour vous proposer un travail. Effectivement, le moins que je pouvais faire était de l'écouter. Et puis, à la vitesse à laquelle les événements se précipitaient depuis le dimanche après-midi, il semblait y avoir urgence en la demeure. Je n'étais pas certain de connaître les habitudes des ministres, mais je n'imaginais pas qu'on puisse facilement, dans la même semaine, avoir une réunion avec le chef de cabinet, puis avec le ministre.

À 16 heures 50, soit 10 minutes avant l'heure prévue, je me suis présenté à Varennes, au bureau de comté de Bernard Landry. Son adjointe m'a reçu, l'air navré.

— Je suis désolée, monsieur Frigon, mais monsieur Landry n'est pas ici. Il ne pourra pas venir. Lui et le premier ministre Bouchard ont été retenus à Saint-Hyacinthe, car la route a été bloquée par les producteurs de porcs du Québec. Il tient quand même à vous voir le plus tôt possible. Il vous propose de venir le rencontrer au Complexe Desjardins, à Montréal, lundi matin à 10 heures.

C'était le destin qui nous empêchait maintenant de nous voir. Malgré ma bonne volonté et la sienne, nous ne pouvions que remettre le rendez-vous. Il aurait alors une demi-heure à me consacrer, m'avait-on prévenu.

En me rendant au Complexe Desjardins le lundi matin, je ne ressentais aucun stress. D'une part, cela ne m'intéressait pas outre mesure de devenir PDG de la Société des alcools du Québec. D'autre part, je me disais qu'il s'agissait toujours, dans ces cas-là, de nominations politiques. J'étais certain que Bernard Landry me demanderait mes allégeances. S'il le faisait, j'étais bien décidé à me lever, à le remercier pour ce bref entretien et à partir. Ce serait aussi simple que cela.

Finalement, j'ai pu m'asseoir avec le ministre des Finances qui m'attendait, très simplement, à une table de l'un des restaurants du Complexe. Dès ses premières questions, je me suis rendu compte que Bernard Landry voulait surtout savoir quel homme il avait devant lui. Il était évident qu'il avait fait ses devoirs. Il connaissait parfaitement mon parcours professionnel. Jamais il n'a abordé la question de mes convictions politiques. Bref, en moins de cinq minutes, j'ai réalisé que j'aimais bien ce ministre. Il était le genre d'homme à qui je pouvais certainement faire confiance. Nous avons parlé pendant un bon moment. Largement plus que la demi-heure prévue. Et plus il m'expliquait sa vision du développement de la SAQ, plus ça m'intéressait. Au bout de deux heures, il m'avait convaincu qu'il souhaitait vraiment que la Société prenne un virage commercial qui amènerait, ultimement, des revenus à l'État. Il cherchait un bâtisseur et un développeur qui avait fait ses preuves dans ce domaine.

— Gaétan, me dit-il comme je sentais approcher la fin de notre réunion, on m'a dit que s'il y a quelqu'un au Québec qui peut faire ça, c'est toi. Alors, si tu veux le poste, je te l'offre.

— Monsieur le ministre, lui ai-je répondu, si vous me l'offrez, je l'accepterai.

— Alors c'est conclu. En attendant, tu gardes le silence sur toute cette affaire et je vais mettre la machine en marche.

Sur ces dernières paroles, très naturellement, Bernard Landry m'a serré la main, comme pour sceller l'entente, et il est parti retrouver son équipe. Il était près de midi. J'ai donc pris une bouchée en réfléchissant à ce que cette nomination impliquait. Puis je suis revenu à la maison. Hélène m'y attendait, curieuse de savoir comment la rencontre s'était déroulée. « Dis bonjour au nouveau PDG de la SAQ », ai-je lancé en souriant. Elle a été très étonnée, probablement autant que je l'étais moi-même, de la tournure qu'avaient pris les événements.

Une semaine plus tard, j'étais convoqué à Québec par Michel Carpentier, secrétaire général et greffier du Conseil exécutif. Il était, en fait, le plus haut fonctionnaire de l'appareil gouvernemental. Il travaillait directement avec le premier ministre. Je devais le rencontrer à Québec en avant-midi, le 16 mars.

Pour une des rares fois de ma vie, je n'ai pas pris ma voiture pour aller dans la capitale nationale. J'avais décidé d'y aller en train, car je voulais avoir un peu de temps pour réfléchir, autant à l'aller qu'au retour.

Ma rencontre avec Michel Carpentier a été sympathique et orientée vers les aspects concrets du poste de PDG. Et mon interlocuteur n'y a pas été avec le dos de la cuillère. Je ne pourrai jamais lui reprocher d'avoir doré la pilule. Il m'a expliqué en détail ce qui m'attendait. Il m'a parlé des défis que je rencontrerais, précisant, entre autres, que le syndicat de la SAQ était extrêmement militant et que son histoire était parsemée de grèves. Il connaissait le mandat que le gouvernement me confiait et voulait s'assurer que j'en comprenne les réalités.

Il m'a ensuite dirigé vers Gilles R. Tremblay, secrétaire général associé du secrétariat aux emplois supérieurs. Le titre, à lui seul, est intimidant. Il m'a expliqué les modalités entourant la nomination à ce poste. En fait, il restait le décret à faire adopter pour que tout soit officialisé, m'a-t-il dit. Puis, pour la première fois, est venue sur le plancher la question du salaire. Je n'y avais pas du tout réfléchi. Je gagnais bien ma vie avec Publipage et cet aspect du nouveau travail m'avait échappé. J'ai appris que le salaire annuel du président-directeur général de la Société des alcools du Québec était de 129 000 dollars.

Vous me permettrez ici une parenthèse. Il ne s'agit pas, vous avez raison, d'un mauvais salaire. Toutefois, pour quelqu'un qui gère des milliers de personnes et des centaines de millions de dollars, ce n'était vraiment pas énorme. Du moins, pas de quoi attirer les meilleurs administrateurs du Québec. Heureusement que j'étais indépendant financièrement parlant. Le défi m'intéressait et c'est pourquoi j'ai plongé. Fin de la parenthèse.

Gilles R. Tremblay a terminé cette rencontre en me répétant qu'il fallait que tout demeure confidentiel jusqu'à l'annonce officielle du gouvernement.

En ce qui concerne Publipage et le rôle que j'y jouais, Hélène m'a remplacé en tant que présidente et chef de la direction et je suis demeuré président du conseil d'administration.

Et voilà! J'étais, du moins techniquement, le prochain PDG de la SAQ. J'avais prévu passer la nuit à Québec et rentrer par train, tôt le lendemain. Depuis que cette affaire était arrivée, j'avais déjà visité quelques succursales de la Société, juste pour prendre le pouls de l'entreprise. Je voyais bien quelques petites choses à corriger, mais c'était un aperçu trop superficiel pour me donner une bonne idée.

Je savais aussi que je remplaçais Jocelyn Tremblay, qui avait occupé le poste depuis 1986, mais j'ignorais quel genre de leader il avait été. J'avais aussi remarqué, dans le rapport annuel de la revue *Commerce*, que la Société des alcools du

Québec n'apparaissait pas dans la liste des 150 entreprises les plus admirées du Québec. En somme, j'avais beaucoup à apprendre sur la philosophie de l'entreprise, mais j'étais surtout décidé à imposer la mienne. C'était, en résumé, ce que je comprenais du mandat que m'avait confié Bernard Landry.

Le lendemain, avant de monter dans le train, j'ai acheté le journal pour avoir un peu de lecture pendant le trajet. Quelle ne fut pas ma surprise quand, en première page du cahier B de *La Presse*, j'ai lu: « Un "épicier" à la tête de la SAQ », avec ma photo juste en dessous.

Le journaliste Denis Lessard expliquait que le premier ministre Lucien Bouchard « a finalement trouvé un épicier pour prendre en main la Société des alcools [...] ». Tout y était. Ma nomination prochaine, les discussions que j'avais eues, le salaire, l'histoire avec Yves Milord qui avait refusé le poste, tout, je vous dis. Mais où diable ce journaliste avait-il pu trouver ces informations?

Je ne savais pas trop comment réagir. Officiellement, la nomination n'était pas entérinée et je devais garder le silence. Mais ce matin-là, tout le monde le savait. Assis dans le train, il y avait, autour de moi, quelques hommes d'affaires et des fonctionnaires. Plusieurs d'entre eux me saluaient ou me félicitaient. Je ne savais pas quelle attitude adopter. Je découvrais une autre facette du caractère politique et public de mes nouvelles fonctions.

Le vendredi 20 mars 1998, le Conseil des ministres du gouvernement du Québec annonçait officiellement ma nomination. J'entrai en fonction dès le lundi suivant.

* * *

Ce matin-là, assez tôt, je suis sorti de notre condo de la rue de la Montagne pour me rendre au Pied du courant, nom donné au siège social de la Société, situé au 905, av. De Lorimier.

Sur le trottoir, devant ma résidence, quelqu'un semblait m'attendre. Je crois qu'il a vu une profonde interrogation dans mes yeux.

— Monsieur Frigon ? m'a-t-il dit en s'approchant.

— En effet, lui ai-je répondu.

— Je suis Claude Nolet, votre chauffeur, a-t-il ajouté en m'ouvrant la portière de la limousine qui était stationnée devant chez moi. (Non, ce n'était pas une Jaguar...)

Je savais que le poste de président-directeur général venait avec une voiture et un chauffeur, mais j'ignorais que j'allais trouver les deux devant chez moi le premier matin. C'est le genre de détail qu'on avait oublié de me mentionner.

Claude Nolet m'a conduit aux bureaux de la SAQ. C'était la deuxième fois seulement que j'y mettais les pieds (des années auparavant, j'étais allé y rencontrer Jean-Guy Lord alors que ce dernier en était le PDG). Dans le stationnement, j'ai jeté un coup d'œil à l'édifice et j'ai remarqué des gens derrière plusieurs fenêtres qui attendaient de voir à quoi ressemblait leur nouveau patron. Je suis entré et on m'a conduit directement au deuxième étage, où se trouvait mon bureau.

Là m'attendaient tous mes adjoints et les vice-présidents. Tout le monde s'est présenté en me lançant : « Bienvenue, monsieur le président. »

Personnellement, je trouvais l'atmosphère très guindée. Je n'étais pas habitué à un tel protocole. Tous mes collaborateurs m'avaient toujours et très simplement appelé Gaétan ou monsieur Frigon. Rien de tel ici. Pour détendre un peu l'ambiance, j'ai demandé si je pouvais aller me faire un café. On s'est alors précipité en me disant qu'on allait en préparer un, en ajoutant encore l'incontournable « monsieur le président ».

Bon, eh bien, je ferais avec pour la journée !

Une réunion, avec toute la haute direction, était ensuite prévue. D'entrée de jeu, j'ai expliqué ma position. « Ceux qui pensent que je viens ici pour faire le ménage ont tort, leur ai-je

Au début des années 1980, je suis devenu membre de l'Ordre des Fournisseurs de la Bonne Table. Fondée en 1973, il s'agit peut-être de la plus vieille association de fins gastronomes au Canada, qui regroupe exclusivement des professionnels de l'alimentation. Ce soir-là, (je crois que nous étions au prestigieux restaurant Chez Bardet à Montréal), Jean-Guy Lord m'a remis l'emblème de l'Ordre. Il est curieux de mentionner que Jean-Guy a été, de 1983 à 1986, PDG de la SAQ, poste que j'ai occupé une douzaine d'années plus tard.

dit. Ce n'est pas mon mandat. En ce qui me concerne, pour prendre une image, chacun de vous a 100 points. Vous pourrez en perdre à cause de ce que vous ferez dans l'avenir, mais vous n'en perdrez pas pour ce que vous avez fait dans le passé. Nous avons quelque chose à bâtir et nous le ferons ensemble. »

Cette précision apportée, le reste de l'avant-midi a été consacré à me décrire l'entreprise. Tous les vice-présidents, armés de diagrammes, de dossiers PowerPoint et d'autres outils du genre, m'ont fait faire le tour du propriétaire. À l'occasion, je demandais un éclaircissement sur un point précis, ou une information additionnelle sur tel autre aspect. Je voulais qu'ils sachent tous que je connaissais mon affaire et que je savais exactement de quoi il était question quand on parlait de commerce de détail. Bref, je commençais à imposer mon style.

À la fin de la rencontre, je les ai remerciés. J'avais apprécié ce tour d'horizon qui me donnait une bonne vue d'ensemble. J'ai toutefois ajouté qu'une question me chicotait. Pendant plusieurs heures, chacun d'entre eux m'avait parlé de son secteur, de sa structure, de son travail, mais aucun n'a prononcé les mots « clients » ou « consommateurs ». Je n'avais rien entendu de ce qui était fait pour répondre à leurs attentes et leurs besoins. « Pour moi, ai-je insisté, le client doit être au centre de nos préoccupations et de nos stratégies. » La philosophie de l'entreprise devait s'adapter rapidement.

Le lendemain, à mon arrivée à mon bureau, mon adjointe m'attendait pour me dire qu'il y avait déjà plusieurs personnes qui désiraient avoir un entretien. Je lui ai répondu que je ne pouvais les rencontrer cette journée-là ni le lendemain. Je préférais d'abord faire le tour du siège social. J'ai commencé au sous-sol, où je suis allé rencontrer tous les employés pour me présenter. J'ai ensuite fait le tour des étages de tout l'édifice. Il devait bien y avoir 300 ou 400 personnes. J'ai vu tous ceux et celles qui travaillaient ce jour-là. Je crois bien que jamais rien de tel n'avait été fait à la SAQ. Le PDG était quelqu'un de très éloigné et de passablement inaccessible. Ça aussi, ça devait changer.

Le surlendemain, j'ai fait la même chose, mais à l'entrepôt de la rue des Futailles, dans l'est de la ville. J'ai passé la journée à parler aux travailleurs et à me faire expliquer leur travail. Je suis même resté jusqu'en fin de journée, pour avoir l'occasion de rencontrer les employés du quart de soir. Pour la très grande majorité d'entre eux, c'était la première fois qu'ils parlaient au président-directeur général.

Je savais, en faisant cette tournée, que plusieurs des vice-présidents attendaient toujours pour me voir. Qu'importe, je considérais que mes visites étaient plus importantes pour le moment.

J'ai encore continué dans la même voie le jeudi, quand j'ai annoncé à mon chauffeur que je voulais aller rencontrer les employés de l'entrepôt de Québec. J'ai appris que le PDG y avait aussi un bureau, mais qu'il était rarement occupé. De plus, si je pensais que les travailleurs de Montréal voyaient peu souvent le PDG et qu'ils lui parlaient encore moins souvent, j'ai constaté que c'était encore pire à Québec.

La rumeur de mes visites m'avait précédée. À Québec, on savait que je n'avais pas hésité une seconde à descendre de ma tour d'ivoire pour aller voir tout le monde. Ils sentaient, me disaient-ils, qu'un vent nouveau soufflait sur l'entreprise.

Ces discussions m'ont surtout permis d'en apprendre beaucoup sur la Société. J'ai compris que les employés étaient fiers de leur travail et qu'ils souhaitaient que la SAQ se développe. Tout le monde avait une attitude très positive et voulait que ça marche encore mieux. J'ai aussi appris, pas directement certes, mais par des allusions et des commentaires, que le principal frein au développement de la Société venait du siège social. Voilà qui modifiait la donne.

On m'avait averti que je devrais me méfier du syndicat. Que les principales embûches viendraient de ce côté. J'étais en train de comprendre que la réalité était différente. Je saute un peu les étapes, mais j'ai rapidement développé de bons contacts avec les représentants syndicaux. Je dois cependant préciser que les événements m'ont favorisé. Il y a trois syndicats à la SAQ, mais le plus fort, le plus gros et le plus puissant est celui des employés de magasins et de bureaux (SEMB) de la SAQ. Quand il y avait un conflit, il n'était pas rare que les dirigeants de ce syndicat en réfèrent directement au ministre responsable, court-circuitant la direction de la Société. Cela s'était produit souvent.

Le président du syndicat, Ronald Asselin, préconisait cette approche de confrontation. Cependant, il avait pris sa retraite environ six mois avant mon arrivée. Un dénommé Saint-Amour l'avait remplacé. Il avait été formé par Asselin et adoptait la même philosophie. Un très malheureux concours de circonstances a fait en sorte que le nouveau président du SEMB décède subitement au cours d'une réunion, quelques mois seulement avant mon entrée en fonction. Si bien qu'au moment où j'ai commencé, il y avait un tout nouveau président. Il savait, bien sûr, comment fonctionnait le syndicat, mais n'avait pas été formé dans le même moule de confrontation. En tout cas, c'est ce que j'ai cru comprendre.

Tout cela pour dire qu'après seulement une semaine ou deux, j'avais compris que le problème majeur auquel je ferais face pour réaliser ce que je voulais entreprendre à la SAQ viendrait non pas des employés ou des syndicats, mais d'une attitude ancrée depuis des décennies dans l'entreprise: *la maladie du monopole.*

Laissez-moi vous démontrer ce que je veux dire en vous présentant quelques exemples. Dans le premier mois suivant mon arrivée, j'étais en discussion avec un des vice-présidents. Il m'expliquait je ne sais trop quelle situation par rapport à l'approvisionnement de la SAQ auprès de ses fournisseurs. Ce faisant, il a glissé, tout bonnement et sans insister sur la chose, que la Société boycottait le porto du Portugal et a continué son exposé comme si de rien n'était.

— Qu'est-ce que c'est que cette histoire de boycott? l'ai-je interrompu.

— Rien de spécial, a-t-il répliqué, la SAQ boycotte le porto du Portugal. C'est comme ça depuis des années.

— Mais pourquoi?

— Nous tenons quelques bouteilles de porto, mais depuis au moins une dizaine d'années, nous n'avons pas acheté de nouvelles sortes. C'est comme ça.

— Alors je répète ma question: pourquoi?

— Il s'est passé une histoire il y a plusieurs années. Le Portugal a décidé qu'il n'exporterait plus de porto en vrac. Le président d'alors a décidé que c'était inacceptable et, qu'à l'avenir, nous limiterions au minimum nos échanges avec ce pays.

— J'imagine que nous achetions beaucoup de ce porto?

— Non. Je ne crois pas que nous n'en ayons jamais acheté, m'a-t-il répondu.

— Mais ça n'a pas de sens. Et depuis des années nous n'offrons à nos clients que quelques marques de porto, sans jamais ajouter de nouveaux produits?

— C'est comme ça, a répondu mon interlocuteur, comme si c'était la fatalité et qu'on ne pouvait rien y faire.

— Vous ne vous êtes jamais rendu compte, me suis-je alors écrié, que ce n'est pas le Portugal que vous boycottez ? En agissant ainsi, vous boycottez nos clients qui souhaitent peut-être avoir plus de choix !

C'était inadmissible. Nous n'avions pas le droit d'agir comme ça. J'ai aussitôt annoncé que cette politique était abolie. Dès lors, nous devions faire en sorte d'offrir plus de marques de porto pour répondre aux attentes légitimes des consommateurs.

Voilà tout à fait ce que j'entends par la maladie du monopole. Cette attitude d'entreprise, qui ne tenait jamais compte des clients, devait changer. Ce n'était pas aux consommateurs à s'adapter, mais à nous. D'ailleurs, en moins d'un an, nos stocks de porto se sont raffinés. Les consommateurs ont tellement aimé cette nouvelle approche qu'ils ont découvert de nouveaux produits qu'ils ont appréciés et achetés. En quelques années, le Québec est devenu l'endroit où, per capita, on consommait le plus de porto au monde. Ce n'est pas rien !

Voici un autre exemple de ce que je qualifie de syndrome du monopole. Un matin que j'arrivais à mon bureau, ma secrétaire me dit que quelqu'un au téléphone souhaitait me parler d'une histoire de restaurant. Elle a aussitôt ajouté qu'elle allait plutôt le mettre en communication avec le responsable de la division. Je lui ai répondu qu'il n'en était pas question et que je prendrais immédiatement l'appel.

— Gaétan Frigon, ai-je dit en prenant le combiné. Que puis-je faire pour vous ?

— Mon nom est Carlos Ferreira, m'annonça le restaurateur. Je suis propriétaire du restaurant du même nom dans le centre-ville, sur la rue Peel. Je suis désolé de vous déranger, a-t-il poursuivi, mais j'ai un gros problème.

— Expliquez-moi et je verrai si je peux vous être utile.

— Voyez-vous, mon restaurant est spécialisé dans une cuisine assez raffinée. Mais ce qui fait aussi notre réputation, ce sont nos vins. Je n'offre que des vins d'importation privée[37]. Ma clientèle le sait. On trouve chez moi des produits originaux.

Et c'est là qu'est mon problème. J'ai une importante commande que j'attends depuis un bon moment. Mon fournisseur me dit qu'elle est quelque part dans vos entrepôts, mais qu'elle est bloquée. À la SAQ, on me l'a confirmé, mais on ne sait pas quand on pourra faire la livraison. Actuellement, je suis en rupture de stock sur plusieurs produits et je ne sais plus quoi faire. Voilà pourquoi je vous ai appelé.

— Vous avez bien fait. Laissez-moi voir de quoi il s'agit. Je vous promets que je vous donne des nouvelles d'ici demain midi.

J'ai aussitôt convoqué le responsable de l'entrepôt pour qu'il vienne m'expliquer ce qui se passait dans ce dossier.

— Savez-vous où peut être la commande de monsieur Ferreira ? lui ai-je demandé.

— Absolument. Elle est dans un conteneur à l'entrepôt depuis quelques semaines, me dit-il sans se démonter.

— Et pourquoi n'est-elle pas encore livrée ?

— Ses caisses sont tout au fond du conteneur, m'a-t-il expliqué. Suivant la procédure, nous déchargeons au fur et à mesure de nos besoins, les caisses qui sont devant. Quand ce sera fait, nous aurons accès à sa commande et nous pourrons la livrer.

— Attendez un peu que je sois certain de comprendre, lui ai-je répliqué, sentant la colère monter en moi. Les caisses sont là, vous le savez, mais vous attendez de décharger celles qui sont devant avant de les lui livrer. C'est bien ça ?

— Absolument, m'a-t-il répondu comme si c'était tout à fait normal. On ne peut pas décharger toutes les caisses pour les accumuler dans l'entrepôt. Ça prendrait beaucoup de place. Mais aussitôt que nous aurons besoin de celles qui sont devant les siennes, nous pourrons lui remettre sa commande. Ce sont des vins d'importation privée, a-t-il ajouté comme si cela expliquait tout. Ça ne fait pas partie de notre stock régulier.

Alors là, je dois vous avouer que j'ai senti le sang bouillir dans mes veines. Si je faisais une analogie avec l'entrepôt d'un grossiste en épicerie, ce type était en train de me dire qu'il ne pouvait pas sortir les caisses de moutarde dont un magasin avait pourtant besoin tant que les caisses de céréales, qui étaient devant, n'auraient pas été vendues. C'était quand même incroyable !

— C'est complètement ridicule, lui ai-je lancé. Vous vous rendez compte que notre client attend son vin ? Il est restaurateur. Il en a besoin pour la bonne marche de son établissement et il ne peut pas l'acheter ailleurs, car nous sommes un monopole. Et nous, nous gardons ses bouteilles au fond d'un conteneur pour je ne sais quelle maudite raison... D'abord, ai-je continué après avoir pris une profonde inspiration, vous allez vous assurer, personnellement, que monsieur Ferreira aura son vin demain matin. Je n'accepterai aucune excuse ! Ensuite, nous allons revoir entièrement la façon dont vous traitez les commandes de vin d'importation privée.

Dès le lendemain, passant devant son restaurant pour me rendre chez moi, je suis allé rencontrer Carlos Ferreira pour m'assurer que tout était en ordre. Il avait bien reçu son vin le matin même. Depuis cette rencontre, je dois admettre que le Ferreira Café est un de mes restaurants favoris !

Vous comprenez un peu mieux maintenant ce que j'entends par « maladie du monopole ». On ne pouvait pas traiter nos clients comme ça. Il fallait changer les mentalités. Je me rendais compte que ça devrait commencer par la haute direction. Et je n'étais pas au bout de mes surprises.

J'avais rencontré les employés du siège social, des entrepôts et des succursales de la région de Montréal et de Québec. J'ai ensuite décidé que je voulais aussi aller voir ceux des régions plus éloignées. L'occasion s'est présentée quelques semaines plus tard, alors que je devais aller décerner un prix lors d'une activité à Rimouski. L'entente avait été prise avec mon prédécesseur et j'entendais bien la respecter. J'ai donc saisi cette opportunité et j'ai dit à mon chauffeur que nous allions prendre une semaine pour aller visiter des succursales du Bas-du-Fleuve et de la Gaspésie.

Ce n'a pas vraiment été un voyage de détente, mais j'ai trouvé l'expérience fort agréable. La veille d'une visite, je contactais personnellement le gérant de la prochaine succursale que je désirais visiter pour l'aviser de ma venue. Tout au long, j'ai pu parler à des gens très intéressants qui avaient à cœur leur travail. Et, encore une fois, j'apprenais. Je regardais comment était disposée la marchandise et je prenais des notes pour en discuter à mon retour.

Le samedi, je me rappelle avoir téléphoné au responsable de la succursale de Chandler, dans la Baie-des-Chaleurs, pour lui annoncer que je passerais le lendemain, au début de l'après-midi. Il m'a répondu qu'il m'attendrait avec impatience.

Cette succursale était située dans un centre commercial, le seul d'importance à Chandler, dans lequel il devait bien y avoir une trentaine de magasins. Eh bien, figurez-vous que le seul qui était fermé était celui de la SAQ ! Nous étions en 1998 et la loi 59 permettant aux établissements d'ouvrir le dimanche avait été adoptée six ans plus tôt. Pourtant, la plupart de nos succursales demeuraient fermées le dimanche.

Le gérant de ce magasin était très sympathique. Nous avons jasé un peu et je lui ai demandé pourquoi « sa » SAQ n'était pas ouverte. Il m'a alors expliqué qu'il l'ouvrirait bien, s'il n'en tenait qu'à lui. Les gens du coin le souhaitaient aussi. C'était une directive du siège social qui l'obligeait à laisser ses portes fermées.

— Mais, lui ai-je demandé, que te disent-ils à Montréal ?

— La haute direction de Montréal nous dit, m'a-t-il expliqué, que les chiffres démontrent que ce n'est pas payant d'ouvrir le dimanche. Mais leurs chiffres sont faux. Voyez-vous, a-t-il continué, ils font, à l'occasion, ce qu'ils appellent des « coups de sonde ». Quand ça arrive, ils décident le vendredi que le dimanche qui suit la succursale X va être ouverte. Mais ils n'en parlent pas et ne font pas de publicité. Bien entendu, les gens ne viennent pas acheter. Et le lundi, quand ils examinent les chiffres de vente, ils en concluent que ça prouve que ce n'est pas rentable d'ouvrir le dimanche... C'est aussi simple que ça.

Bon, quand il y a trop de pression quelque part, ils décident que cette succursale va être ouverte le dimanche. Mais ce sont toujours des exceptions. La règle est de fermer.

Je lui ai précisé que, s'il le voulait, il pourrait ouvrir le dimanche suivant et que, de mon côté, j'allais faire changer les choses au siège social. D'ailleurs, aussitôt revenu au bureau, j'ai fait adopter une nouvelle directive : dorénavant, toutes les succursales du Québec seraient ouvertes le dimanche, sauf exception, et pas l'inverse comme c'était la norme.

Deux ans plus tard, le dimanche est devenu la deuxième meilleure journée de la semaine en termes de ventes.

Cette fameuse maladie du monopole n'était pas limitée aux clients ou aux consommateurs avec qui la SAQ faisait affaire. Elle sévissait aussi à l'interne, où la SAQ avait d'importants retards technologiques. L'entreprise préférait, question d'économie semble-t-il, vivre avec des méthodes désuètes plutôt que d'investir dans de nouveaux systèmes informatiques. C'était comme si, aujourd'hui, quelqu'un continuait à utiliser un vieux téléphone à cadran plutôt que de se servir d'un téléphone intelligent. La SAQ ne voyait pas la nécessité de se moderniser considérant qu'elle n'avait pas de compétition qui lui poussait dans le dos pour améliorer ses pratiques opérationnelles.

À titre d'exemple, à mon arrivée, les systèmes informatiques de la SAQ dataient des années 1960, ce qui, dans ce domaine, équivalait à un retard historique. Pire, c'était presque l'ère des dinosaures de l'informatique ! En fait, la SAQ avait deux anciens systèmes qui étaient tellement périmés qu'il était impossible d'ajouter de nouvelles fonctionnalités. Pour cette raison, la SAQ était la seule entreprise majeure dans le commerce de détail à ne pas avoir d'inventaire en temps réel. Pour compenser cette faiblesse, les gestionnaires avaient, au cours des années, ajouté des programmations individuelles qui ne communiquaient pas entre elles. Il y en avait plus de 5000. Imaginez un peu le fouillis qu'une telle situation avait créé.

En 1999, la SAQ a décidé d'investir une somme importante pour tout refaire son univers informatique, dans l'objectif de n'avoir, en bout de ligne, qu'un seul système complètement intégré. Celui-ci a été opérationnel à la fin de 2003, à savoir un an et demi après mon départ.

Voilà comment ça se passait. J'aurais encore pu ajouter que la SAQ a été le dernier grand établissement de commerce de détail à accepter la carte de crédit et qu'il y avait d'autres exemples typiques de cette maladie du monopole, mais je crois que ceux mentionnés expliquent bien l'attitude de la haute direction avant mon arrivée.

Selon elle, les gens devaient s'adapter à la Société et pas l'inverse. Tout le contraire de ce que les commerçants cherchent à faire.

Je ne sais pas d'où venait cette façon de faire. Peut-être d'aussi loin que de l'époque de la prohibition? Beaucoup l'ignorent, mais alors que la prohibition s'étendait partout en Amérique du Nord, le gouvernement québécois a choisi, en 1921, la tempérance plutôt que l'abstinence. C'est alors qu'il créa la Commission des liqueurs du Québec. C'était un monopole qui avait aussi le mandat moral d'éviter les excès. On pourrait croire que c'est cette culture d'entreprise qui était restée depuis.

Même en 1961, quand le gouvernement au pouvoir a décidé, pour faire face aux nouvelles réalités, de créer la Régie des alcools du Québec, rien, dans les façons de faire de l'entreprise, n'a réellement changé. Le client devait toujours s'ajuster.

En 1971, le gouvernement scindait la Régie pour former deux entités distinctes: la Société des alcools du Québec et la Commission de contrôle des permis d'alcool. Encore là, la philosophie d'entreprise ne semblait pas avoir suivi la tendance, même si la SAQ se devait de mettre à la disposition des consommateurs un éventail de produits de la meilleure qualité possible et au moindre coût...

En 1998, j'étais bien décidé à bouleverser ces habitudes.

* * *

Il était évident qu'une partie importante du problème venait de la haute direction. C'était donc là qu'il me fallait commencer à travailler. Je devais aussi évaluer la possibilité de m'entourer de personnes qui partageraient mes convictions et en qui j'aurais totalement confiance.

J'ai mentionné plus haut que le salaire du PDG ne rencontrait certainement pas les standards de ce qui se donnait au privé. En ce qui me concerne, j'aurais pu très facilement obtenir le triple de ce salaire dans le privé. J'avais choisi de relever ce défi et le reste ne me dérangeait pas.

Mais cette échelle salariale s'appliquait aussi aux autres membres de la direction. Ils gagnaient encore moins que moi et ces salaires étaient fixés par le gouvernement. Rien pour attirer l'élite. Pour contourner un peu cette réalité, j'ai décidé de créer trois postes de premiers vice-présidents dont relèveraient les autres vice-présidents. Ces trois personnes se rapporteraient à moi. Il me serait ainsi possible d'augmenter un peu la courbe salariale.

J'avais convenu qu'il me fallait un premier vice-président, direction financière. À ce poste, Gérald Plourde, qui remplissait déjà des fonctions similaires à la SAQ, s'avérait un excellent choix.

Comme premier vice-président, direction corporative, j'avais besoin de sang neuf. La SAQ était une société d'État et je n'avais que peu de connaissances du fonctionnement de l'appareil gouvernemental. Il me fallait trouver un responsable qui aurait ses propres entrées à tous les paliers du gouvernement. Je suis allé voir Raymond Bréard pour lui demander conseil. Il m'a suggéré de rencontrer Claude H. Roy. Ce dernier, m'a expliqué Raymond Bréard, était un bon ami de Bernard Landry et avait déjà rempli plusieurs mandats ponctuels auprès de la SAQ. Il avait donc une connaissance de l'entreprise et d'excellentes relations avec le gouvernement. Roy est venu me voir et a accepté de relever le défi.

Restait le poste de premier vice-président, direction commerciale. Heureusement pour moi, celui qui occupait à l'interne les fonctions se rapprochant le plus de ce mandat venait de démissionner, me laissant les coudées franches. Mais le problème restait entier. Qui pourrais-je contacter ?

C'est alors que j'ai pensé à Jean-Claude Gagnon, celui qui m'avait recruté pour Metro-Richelieu. Depuis le temps, nous avions toujours gardé contact. Et, de son côté, il avait merveilleusement bien réussi en affaires. Il avait acheté une toute petite entreprise connue sous le nom de Dans un Jardin et en avait fait un succès commercial. Quand il s'en était porté acquéreur, en tout et pour tout, il y avait cinq boutiques. Très rapidement, il avait fait passer le nombre de ces commerces à 75. Voilà l'homme qu'il me fallait.

Je l'ai rencontré, mais il ne semblait pas totalement enthousiaste. Je l'ai donc plutôt engagé à titre de consultant. Pendant quelques mois, il a travaillé avec le président de la Régie des alcools, des courses et des jeux, Ghislain Laflamme, à harmoniser les politiques commerciales des deux sociétés, lesquelles n'avaient pas été revues depuis 40 ans et étaient souvent contradictoires.

Au terme de son mandat, Gagnon est venu me présenter son rapport. Je lui ai alors dit que, maintenant qu'il avait fait l'analyse des problèmes et qu'il connaissait les solutions, il ne lui restait plus qu'à les appliquer. J'ai ajouté que je ne souhaitais plus l'engager comme consultant, mais que j'avais besoin de lui au poste de premier vice-président, direction commerciale. Même si le niveau salarial était moindre qu'au privé, le défi l'intéressait et il a accepté mon offre.

Voilà ! J'avais désormais une excellente équipe avec moi.

L'une des premières tâches qu'a relevées Gagnon concernait la vice-présidence de l'entrepôt. Nous devions trouver une personne compétente et efficace, car l'entrepôt est un secteur névralgique de la SAQ.

Il s'était mis en chasse et avait découvert la perle rare. Il est venu m'en parler quelques jours plus tard.

— J'ai trouvé notre homme, a-t-il commencé. Mais il y a peut-être un problème.

— De qui s'agit-il ? lui ai-je demandé.

— Il s'appelle Luc Vachon. Le problème, c'est qu'il est actuellement vice-président distribution chez Hudon et Deaudelin.

Effectivement, il y avait peut-être un os. Hudon et Deaudelin était dirigée par mon ami Pierre Croteau. Pierre et moi ne nous étions jamais perdus de vue depuis l'époque de Painchaud. Quand, il y a longtemps, il avait été muté à Montréal, il avait trouvé une maison à Brossard, près de l'endroit où j'habitais. Plus tard, quand j'étais chez Metro-Richelieu et qu'il dirigeait Hudon et Deaudelin, nous nous téléphonions régulièrement pour comparer nos promotions. Celui qui avait les meilleurs rabais se moquait évidemment de l'autre.

Depuis des années maintenant, nous allions, tous les trois mois environ, nous offrir une bonne bouffe au restaurant Petite Venise, sur le boulevard Henri-Bourassa, son établissement préféré. Le stade des relations professionnelles était dépassé depuis très longtemps. C'était un ami sincère et j'avais confiance en lui. J'étais persuadé qu'il ressentait la même chose à mon endroit.

Nous avions toujours été honnêtes l'un envers l'autre. Par exemple, quand le cancer est revenu dans sa vie, il me demandait toujours de quoi il avait l'air, car il n'était pas certain que les autres lui donnaient l'heure juste. Pierre était certain que moi, je lui dirais la vérité. Et il avait raison de le croire. Nous étions très proches. Voilà le genre de relation que nous avions, Pierre et moi. Une grande amitié.

Je savais qu'il n'apprécierait pas beaucoup que la SAQ (et donc moi, son ami) aille lui « voler » son responsable de la distribution. Je le connaissais suffisamment pour savoir qu'il prendrait la chose comme un vol qualifié.

Or, il n'en était rien. Vachon avait pris la décision de nous faire connaître son intérêt parce qu'il croyait que ça allait dans le sens de son plan de carrière. Aussi simple que ça.

Je redoutais quand même le moment de la confrontation avec Pierre. J'ai donné mon accord à Jean-Claude Gagnon pour continuer les démarches et j'ai décidé de ne pas contacter Croteau. Il allait très bientôt m'appeler, j'en étais certain.

Et ça n'a pas tardé. Quand il m'a joint au téléphone, Pierre était furieux. Il avait une vaste gamme d'insultes à me livrer. Il ne m'a rien épargné. J'avais beau lui dire que la décision revenait à Vachon, que c'étaient des questions d'affaires, que ces choses-là arrivaient à tout le monde, dans toutes les entreprises de la planète, il ne voulait rien comprendre. Il m'en voulait personnellement.

Quand nous avons raccroché, notre amitié en avait pris un sérieux coup. Fini les petites bouffes amicales. Il ne me téléphonait plus et, je dois l'avouer, je ne le faisais pas non plus.

Je savais que c'était à moi à faire les premiers pas. Je m'étais dit qu'il suffisait de laisser passer un peu de temps et que je pourrais apaiser les choses entre nous. Notre amitié devait être plus forte que ce désagrément.

J'ai donc attendu. Cependant, occupé par tous les dossiers, je repoussais toujours ce coup de fil. Finalement, j'ai été pris de court. J'ai appris, trop tard, que le cancer de Pierre était revenu, encore plus violent et fulgurant. Quand j'ai enfin été informé de son état, il était trop tard.

Pierre est décédé le 24 avril 2001.

Je n'ai jamais pu lui reparler. Notre amitié s'est rompue sur une fausse note. C'est l'un des rares regrets de ma vie. Celui de ne pas avoir pris le temps de lui téléphoner. J'aurais pu le convaincre que notre relation valait plus que des questions d'entrepôt.

Chapitre 11
Le Dragon, le vin et Publipage

Pendant que j'apprenais tout de la SAQ et que je travaillais à la formation de mon équipe, il est vite devenu évident que j'aurais des problèmes dans mes relations avec le conseil d'administration. Il était important que la branche administrative, dont j'étais le président, et celle dite « politique », représentée par le conseil d'administration, travaillent en étroite collaboration pour orienter la SAQ vers une nouvelle philosophie plus ouverte et consciente des besoins des consommateurs. Ce qui ne semblait pas être le cas.

Je crois que plusieurs parmi les administrateurs ont vu d'un mauvais œil, ou tout simplement mal compris, les changements que je préconisais. Ils continuaient d'avoir cette vieille mentalité monopoliste qui tendait à ignorer les clients. Le président du C.A. était Paul Asselin. Lui, comme la majorité des membres du conseil, y avait été nommé essentiellement en remerciement de son implication politique auprès du gouvernement.

À mon avis, la plus grande qualité de Paul Asselin était d'avoir été un candidat battu du Parti québécois dans le comté d'Outremont. Ni lui ni les autres administrateurs n'étaient ce que j'appellerais des « commerçants ». Et c'était là le gros du problème, car ils ne voyaient pas l'intérêt de s'inquiéter des attentes et des besoins des consommateurs. Ils avaient cette vieille mentalité de gestionnaire qui s'enracine dans des valeurs complètement dépassées.

Je savais aussi que le mandat de Paul Asselin venait à terme sous peu et on m'avait assuré qu'il désirait le voir renouveler. On m'avait prévenu qu'il avait des appuis importants au sein du gouvernement. La rumeur voulait en effet que Louise Beaudoin, qui était alors ministre des Relations internationales dans le gouvernement de Lucien Bouchard, soit sa protectrice. Mais toutes ces considérations politiques m'importaient finalement assez peu. Par contre, la rareté des points de vue que nous partagions, le C.A. et moi, face à l'avenir de la SAQ, m'inquiétait.

Bien entendu, je siégeais aussi à cette instance où devaient être entérinées les décisions administratives que nous prenions. Très rapidement, l'engrenage s'est enrayé. Je n'avais pas le total appui des membres du C.A. Je les savais tracassés par l'orientation que j'entendais donner à la Société. Alors que je sentais toute la structure opérationnelle prendre sa vitesse de croisière, tout devenait plus difficile, tatillon et ardu dès que les discussions arrivaient au conseil. « Pourquoi, demandaient les administrateurs, un monopole comme le nôtre devrait-il se soucier des clients ? Ils ne peuvent pas aller acheter du vin ou des spiritueux ailleurs ! Nous n'avons rien à changer dans notre façon de faire... »

Ces divergences étaient fondamentales et, pour remplir le mandat qui m'avait été confié par le vice-premier ministre et ministre des Finances, je devais pouvoir compter sur la collaboration du conseil d'administration. J'étais, dans cette bataille qui s'engageait, convaincu de pouvoir compter sur l'appui de Bernard Landry. Toutefois, j'ignorais encore comment procéder.

Cependant, puisqu'au moins deux administrateurs, dont le président, devaient soit quitter leur poste, puisqu'ils étaient au terme de leur mandat, soit le renouveler, le moment était favorable pour changer les joueurs.

Le hasard fait souvent bien les choses. Un matin, j'ai appris par les journaux que la compagnie ontarienne Vincor, l'une des plus importantes entreprises de commercialisation de vin en Amérique, souhaitait se porter acquéreur de deux compagnies québécoises d'embouteillage: Celliers du Monde et le Groupe Paul Masson, deux entreprises appartenant à Jean-Denis Côté. Ce faisant, Vincor serait devenue, et de loin, l'acteur le plus important dans le domaine de l'embouteillage du vin au Québec. Or, la Société des alcools du Québec était également un embouteilleur de vin de par sa filiale Maison des Futailles.

Un plan, pour le moins audacieux, m'est alors venu à l'esprit. Il me permettrait peut-être de régler mon problème avec le conseil d'administration tout en consolidant la position de la SAQ dans le secteur de l'embouteillage.

Je savais pertinemment que Bernard Landry, comme la plupart des politiciens québécois, voyait d'un assez mauvais œil qu'une compagnie étrangère fasse main basse sur des entreprises québécoises. J'ai donc demandé une rencontre avec le ministre des Finances.

Je lui ai dit que cette vente n'était pas dans le meilleur intérêt du Québec. Comme Maison des Futailles faisait aussi de l'embouteillage, n'était-il pas imaginable que la SAQ fasse une offre d'achat pour Celliers du Monde et le Groupe Paul Masson, de façon à couper l'herbe sous le pied de Vincor? Bernard Landry s'est dit d'accord avec le principe.

C'est tout ce qu'il me fallait pour le moment.

À la réunion suivante du conseil d'administration, j'avais fait ajouter un point à l'ordre du jour: l'achat de Celliers du Monde et du Groupe Paul Masson. Quand est venu le temps de débattre cette question, les administrateurs attendaient de voir ce que je voulais faire. Je leur ai expliqué que la Société pourrait faire une offre à ces entreprises, consolidant ainsi notre position dans ce secteur, tout en empêchant qu'une autre entreprise y prenne trop de place.

Sans grande surprise, le conseil d'administration amenait des arguments en défaveur de cette proposition.

Après une heure de discussions, j'ai décidé que cela avait assez duré.

— Puisque nous semblons tourner en rond sur ce point, je demande le vote, ai-je dit.

— Voyons, Gaétan, m'a répondu l'un des administrateurs, personne n'a jamais demandé le vote sur une proposition...

— Je suis le président-directeur général, et je demande le vote sur cette question. En fait, je demande non seulement le vote, mais je veux aussi que chaque vote soit consigné au procès-verbal de la réunion...

Je ne me souviens pas d'avoir vu une assemblée où, en même temps, autant de gens ont soudainement eu un petit besoin pressant ! Je les obligeais à se mouiller. Il leur fallait maintenant décider et assumer leur choix, ce qu'ils ne voulaient pas faire. Quand tout le monde a été prêt, le vote a été pris. La proposition a été battue à six contre trois. Je les ai tous regardés et je leur ai dit : « Merci beaucoup. » Je me suis ensuite levé, la réunion étant terminée, et j'ai quitté les lieux. J'étais convaincu qu'ils venaient de se mettre la corde autour du cou.

Je suis ensuite allé donner un coup de fil à Raymond Bréard.

— Je voudrais avoir une rencontre avec le « Boss », s'il te plaît.

C'était, presque affectueusement, la façon dont nous appelions Bernard Landry.

— Et je peux savoir pourquoi ? me demanda Raymond, qui supervisait l'agenda du ministre.

— Je sors d'une réunion du conseil d'administration...

Je lui ai alors raconté un peu ce qui s'était passé. Raymond Bréard, qui était un type intelligent, a immédiatement compris les implications de ce vote. Il a simplement ajouté: « Je t'organise une réunion avec monsieur Landry. »

Bernard Landry, que j'ai rencontré peu après, n'a pas été en reste. Il a également aussitôt compris ma stratégie.

— Si je saisis bien ta démarche, m'a-t-il dit, tu souhaites voir des changements dans la formation du conseil d'administration de la SAQ? Tu les as mis au pied du mur en les obligeant à choisir leur camp, pour ou contre le développement.

— Je pense qu'il faut des commerçants, ai-je répondu. Il faut des gens qui comprennent le fonctionnement d'une entreprise de détail. Les profits stagnent depuis des années. La seule façon de les augmenter, c'est que les consommateurs viennent acheter. Et pour y arriver, il faut leur offrir ce qu'ils souhaitent.

— Le mandat d'Asselin arrive à son terme, as-tu des suggestions?

— J'ai l'impression qu'un administrateur comme Pierre Parent[38] pourrait m'aider à remettre la SAQ sur les rails.

— Je connais Pierre et il ferait certes un excellent président du conseil d'administration.

— Cependant, j'ai appris que Paul Asselin souhaite que le gouvernement renouvelle son mandat à la présidence.

— Je sais, a répondu le ministre.

— En fait, tout ce que je vous demande, ai-je poursuivi, c'est de vous assurer, lorsque le mandat d'un des administrateurs actuels arrivera à terme, de choisir son remplaçant en fonction de ses qualités dans les affaires et le commerce. Comme ça, nous parlerons le même langage.

Puisque Bernard Landry souhaitait vraiment que la Société prenne un virage plus commercial, il a été d'accord avec mon approche quant aux choix des membres du C.A.

La réunion suivante du conseil d'administration de la SAQ se déroulait en même temps que la séance du Conseil des ministres où devait être nommé le futur président du conseil.

Je dois dire que l'atmosphère à cette rencontre était assez lourde. Tout le monde savait maintenant que je souhaitais des changements importants dans la composition de cette instance.

Pendant nos délibérations, on est venu nous dire, à Paul Asselin et à moi, que nous étions demandés au téléphone. Nous avons donc quitté la réunion quelques instants. J'ignorais ce que l'on m'annoncerait, mais j'étais confiant que Bernard Landry ait pu imposer sa philosophie. En tout cas, je le souhaitais vraiment.

Raymond Bréard était au bout du fil. On m'a raconté que Louise Beaudoin attendait, au même moment, de parler à Paul Asselin. Quand nous sommes revenus à la réunion, j'avais un grand sourire tandis que Paul Asselin était plus que déçu. Nous venions d'apprendre officiellement que Pierre Parent était le nouveau président du conseil d'administration de la Société. Paul Asselin avait perdu sa guerre.

Plusieurs autres nominations ont suivi celle de Pierre Parent. Parmi celles-ci, Paul Kefalas, président de ABB Canada[39], Raymond Dutil[40] et Denise Martin[41].

Pour ce nouveau conseil d'administration, le consommateur devait être au cœur des préoccupations et de toutes les décisions. Cela signifiait qu'il y avait, d'un côté, une structure opérationnelle qui fonctionnait très bien, et, de l'autre côté, un conseil d'administration qui saurait entériner les décisions prises dans le sens du développement commercial de la Société des alcools du Québec. Le meilleur des mondes, quoi !

Mais toutes ces démarches étaient inutiles si je ne continuais pas mes efforts pour que tous les employés participent à ce virage. J'avais commencé en rencontrant tous ceux qui travaillaient au siège social, puis les employés dans les entrepôts, et j'ai poursuivi en visitant des succursales. La Société des alcools du Québec était, et est toujours, un immense bateau. Au moment où j'y suis arrivé, elle comptait près de 4000 employés, 150 agences et un peu plus de 340 succursales. Pour en faire le tour, je devais voir plus d'une dizaine de succursales par semaine. Et je parlais à tout le monde.

Rapidement, nous avons organisé et tenu des assemblées régionales du personnel. Je voulais que tous les employés se sentent impliqués dans le développement de la SAQ et qu'ils soient fiers d'y travailler. « Imaginez comme nous sommes chanceux, leur disais-je. Ceux qui travaillent dans des quincailleries ou des grands magasins de détail vendent des produits "utiles". Nous, nous vendons du plaisir, du bonheur. Le vin, c'est l'amitié, la famille, les bons soupers, les petites sorties. Oui ! Nous sommes chanceux. »

Je leur expliquais qu'il y avait des milliers de vins dans le monde, qu'ils étaient tous différents et qu'il y en avait pour tous les goûts. Puis je les mettais au défi : « Vous savez, cette personne qui vient depuis 5 ou 10 ans à votre succursale ? Oui, je vois que vous la reconnaissez. Elle achète, toutes les semaines, une bouteille de Mouton Cadet ou un vin du même genre. Invariablement. Toujours le même vin. Elle entre, vous dit bonjour, va chercher sa bouteille, et s'en va... jusqu'à la prochaine fois. Eh bien, à sa prochaine visite, dites-lui : "Je viens de découvrir un petit vin d'Argentine et je pense que vous devriez y goûter. Je suis presque certain que vous allez aimer." Et vous savez quoi, elle va l'essayer. Parce qu'elle a confiance en vous. Vous travaillez à la SAQ; vous êtes des experts ! »

Les employés ont relevé ce défi avec brio. Ils l'ont fait avec plaisir parce qu'ils connaissaient leurs produits et qu'ils aimaient les vins. Ils ne les avaient pas tous goûtés, bien entendu, mais ils en avaient dégusté plusieurs. Et ils avaient envie d'en apprendre davantage. Alors, de notre côté, pour les aider et parce qu'ils prenaient goût à gagner cette gageure, nous avons offert des séances de formation à tout le personnel des succursales.

Mon prédécesseur avait mis sur pied ce programme, mais j'ai poussé l'expérience plus loin en louant un local sur la rue Sherbrooke, qui est devenu ce que nous appelions l'Université de la SAQ. Les employés de la Société n'étaient pas que des vendeurs, ils devenaient des *conseillers* et ils en étaient fiers.

Je cherchais aussi une idée qui les rassemblerait encore plus vers ces notions de plaisir, de travail bien fait et de fierté. Et je l'ai trouvée. Quand, tout au début, je m'étais renseigné sur la Société des alcools du Québec, je vous ai mentionné que j'avais mis la main sur la revue *Commerce,* qui ne classait même pas la SAQ parmi les 150 entreprises québécoises les plus admirées. Eh bien, cela devait changer. J'ai dit à tous nos employés que dans un maximum de cinq ans, la Société des alcools du Québec devait devenir l'entreprise la plus admirée des Québécois et qu'ensemble, nous pouvions relever cet autre défi.

Ce projet nous a réunis. Si bien qu'en 2002, la SAQ a accédé au troisième rang des entreprises les plus admirées au Québec selon le classement de la revue *Commerce.* Un redressement extraordinaire qu'il aurait été impossible de réaliser sans que tout le monde y mette des efforts. J'ai toujours remercié les employés d'avoir embarqué et cru à ce projet un peu fou. Si j'ai un petit regret à exprimer, c'est d'être parti avant que la Société s'empare du premier rang.

* * *

Parallèlement, nous avons mis beaucoup d'énergie pour aider les succursales et pour offrir aux clients des promotions intéressantes. Parlant de succursales, la SAQ en avait ouvert une connue sous le nom « Whisky & Cie ». Il s'agissait d'un concept nouveau qui offrait aux connaisseurs certains spiritueux renommés. Or, l'expérience ne semblait pas vouloir prendre son envol. On était venu me voir pour me dire que le projet ne fonctionnait pas selon les prévisions. Le chiffre d'affaires dépassait à peine le million et demi de dollars par année, ce qui, pour ce genre d'établissement, était très faible. Certains souhaitaient même qu'on ferme tout simplement la boutique. Cependant, ce n'était pas mon mandat. Je n'étais pas là pour fermer des succursales, mais pour en ouvrir.

Je suis donc allé visiter l'endroit pour me faire ma propre idée. Il y avait naturellement beaucoup de spiritueux, dont plusieurs produits haut de gamme. Mais ça restait des spiritueux, c'est-à-dire des produits qui ne changent pas chaque année, qui ne dépendent pas de l'ensoleillement, de la chaleur ou de la pluie, comme le raisin. C'était le point faible et c'est là qu'il fallait travailler. Alors non seulement n'était-il pas question de fermer les portes, mais nous allions, au contraire, agrandir et changer le nom.

Voilà comment est née la succursale SAQ Signature. Aux spiritueux, nous avons ajouté des produits exclusifs ainsi que des grands vins, des champagnes et des portos parmi les plus raffinés au monde. Les ventes ont explosé. Elles sont passées de 1,5 million à 9,5 millions de dollars par année. Les gens adoraient. Plusieurs venaient passer de longs moments à examiner les diverses bouteilles qui leur étaient proposées, parfois juste pour le plaisir de voir de nouveaux et beaux produits.

Que dire maintenant des promotions? D'abord, puisqu'il faut débuter par le commencement, disons que nous en avons élaboré plusieurs, ce qui n'était pas exactement dans la culture de l'entreprise avant mon arrivée. Avec Jean-Claude Gagnon, premier vice-président, direction commerciale, nous avons mis plusieurs idées en pratique. Nous avons adapté à la SAQ ce qui se faisait déjà dans les grandes surfaces de détail. Par exemple, nous avons mis en place les rabais à la caisse, ainsi que la formule « quatre bouteilles à l'achat de trois ». Mon objectif était d'amener les amateurs à toujours avoir quelques bouteilles en réserve à la maison. Ainsi, au moment du souper, ils pourraient se dire: « Et pourquoi on ne prendrait pas un petit verre de vin? On a justement une bouteille ici... »

Je voulais que le fait de prendre du vin aux repas devienne une habitude qui n'avait pas besoin d'autre prétexte que celui de vouloir savourer un verre en soupant en bonne compagnie. Au fil des mois, cette stratégie a porté fruit. Les clients ont commencé à acheter régulièrement plus de bouteilles lors de leurs visites à nos magasins.

Jean-Claude Gagnon m'a aussi proposé une excellente idée. Un jour que nous discutions, il m'a simplement demandé pourquoi nous ne ferions pas une vente d'entrepôt. Il avait déjà fait une telle expérience quand il était chez Dans un Jardin et les résultats avaient dépassé ses attentes. Les gens sont friands de ce genre de promotion. L'idée me plaisait.

Nous avons donc préparé un événement spécial qui aurait lieu en même temps à Québec et à Montréal. Comme dans toutes les ventes d'entrepôt, il fallait qu'il y ait plusieurs produits offerts à des prix très concurrentiels. Ce qu'il y a de bien avec le vin, c'est que même des produits de fin de série ou des vins moins connus qui se vendent moins peuvent devenir des découvertes intéressantes pour le consommateur. Bref, nous avons tout organisé et, à l'été 2001, nous avons lancé la première vente d'entrepôt de la SAQ.

Les résultats ont été extraordinaires. Les gens ont adoré. La réponse a été tellement impressionnante que nous avons dû demander à des policiers de venir aider à la circulation. À Montréal, près de l'entrepôt des Futailles, il n'y avait plus de stationnement dans un rayon de près d'un demi-kilomètre. Il n'était pas rare que la file d'attente, avant même qu'on entre dans nos locaux, soit de plus d'une heure. Tout ça dans une atmosphère joyeuse et festive.

Je me promenais dans une foule où les gens étaient souriants et insouciants des délais. Ils s'amusaient. On discutait, on parlait vin, on partageait certaines expériences. À l'intérieur, il y avait, comme dans tout entrepôt, des montagnes de caisses de vin. Les clients se promenaient, demandaient conseil à nos spécialistes, choisissaient des cépages qu'ils voulaient découvrir ou d'autres qu'ils connaissaient déjà. Puis ils repartaient avec une, deux, trois caisses de vin, satisfaits de leurs trouvailles. C'était l'euphorie.

Cette première expérience a donc été un grand succès et nous l'avons répétée l'année suivante avec le même résultat.

Aussi, en 2000, nous avons commencé à mettre en place les SAQ Dépôt, des succursales où le consommateur pouvait trouver et se procurer, à très bon prix, des produits en vrac ou en gros. Je connaissais plusieurs personnes qui s'y rendaient, chaque mois, pour faire provision de vin de table dont le rapport qualité-prix était particulièrement intéressant. Ainsi, plusieurs succursales SAQ Dépôt ont été ouvertes, dont celles de Trois-Rivières, Québec, Sherbrooke et Jonquière, ainsi que deux à Montréal.

Et, dans tout ça, les profits étaient au rendez-vous. Je remplissais le mandat que m'avait confié Bernard Landry et la SAQ remettait, chaque année, de plus en plus de millions au gouvernement. En 1998, au moment de mon arrivée, les chiffres indiquaient que la consommation annuelle québécoise de vin per capita était d'environ neuf litres. En 2002, la consommation dépassait 13 litres par capita. Voilà qui, à mon sens, prouvait que l'on répondait aux attentes du consommateur.

* * *

Je voudrais revenir sur l'histoire de Vincor. Une fois la question de la composition du conseil d'administration réglée, restait l'autre partie du problème à résoudre. Nous avons fait une offre pour acheter Celliers du Monde et le Groupe Paul Masson. Elle a été refusée car les discussions avec Vincor étaient trop avancées pour que les propriétaires puissent reculer.

L'une des conséquences de cette acquisition de Vincor avait été de limiter encore le nombre d'embouteilleurs desservant les épiceries en vin, un secteur où il y avait déjà passablement de délinquance.

Un bref retour sur l'histoire de la vente de vin dans les épiceries est peut-être nécessaire avant d'aller plus loin. Il faut d'abord savoir que les épiciers ont obtenu l'autorisation de vendre du vin en 1978, sous le gouvernement libéral de Robert Bourassa. Cela marquait l'aboutissement de dizaines d'années de pression des épiciers pour obtenir ce droit. En fait, je crois que les premières revendications remontaient à l'époque de la prohibition. Mais la situation était désormais réglée.

Or, cette vente était très contingentée et balisée. Les produits en question devaient uniquement être des vins de table; pas question d'avoir d'appellation d'origine ou d'identification de cépage sur les étiquettes. De plus, ces vins devaient être embouteillés ici.

Pour les dirigeants de la SAQ de l'époque, cette politique marquait surtout l'ouverture d'une brèche dans leur sacro-saint monopole. Donc, même si tous les vins vendus en épicerie devaient transiter par la Société, les dirigeants se sont désintéressés du développement de ce marché. La SAQ faisait le minimum qu'on exigeait d'elle et ne s'impliquait pas au-delà.

Ce laisser-faire a eu pour conséquence que les embouteilleurs se sont montrés plus agressifs sur ce marché. Il ne faut pas oublier que les épiceries et les dépanneurs représentaient des milliers de points de vente. Une vitrine exceptionnelle pour les vins. Il s'est alors passé plusieurs choses.

Pour contourner cette obligation qui les empêchait d'indiquer la région d'origine des vins ou leurs cépages, certains embouteilleurs ont rivalisé d'imagination. Ils ont choisi des noms de vin qui se rapprochaient tellement de ceux des lieux d'origine qu'il était difficile de ne pas comprendre le message.

D'autres embouteilleurs ajoutaient ce qu'on appelle dans le jargon une *cravate* sur la bouteille. Vous savez, cette petite publicité cartonnée mise sur le goulot, mais qui n'est ni l'étiquette, ni une partie de la bouteille ? Sur ces cravates, ils ajoutaient le nom d'un cépage.

D'autres encore installaient au-dessus des tablettes offrant leurs vins de grandes affiches qui décrivaient l'origine et le cépage des bouteilles qu'on trouvait plus bas. Ils pouvaient ainsi dire qu'ils respectaient la loi puisque le nom du cépage n'était pas inscrit sur la bouteille.

En outre, les embouteilleurs ont rapidement adopté certaines stratégies, largement répandues dans le monde des épiceries, dont celle qui consistait ni plus ni moins à acheter des sections de tablettes pour un produit précis en échange de gratuité ou d'argent. Par exemple, Vincor avait une entente avec les dépanneurs Couche-Tard faisant en sorte que 100 % de l'espace des tablettes pour le vin, dans tous leurs établissements, n'offraient que des produits Vincor.

Rien de tout cela n'était vraiment illégal si on s'en tenait au pied de la lettre à la loi, mais de telles pratiques allaient définitivement à l'encontre des vœux du législateur, donc à l'encontre de l'esprit de la loi.

En effet, l'une des conséquences de la création en 1994 de l'Organisation mondiale du commerce (OMC) a été l'établissement de paramètres de fonctionnement très serrés pour les monopoles d'État. C'était le cas de la Société des alcools du Québec, qui devait désormais respecter de nouvelles règles. Parmi ces restrictions, il ne devait pas y avoir d'avantages particuliers offerts aux producteurs nationaux au détriment des producteurs internationaux. De plus, le traité tentait d'éliminer les marchés « fermés » à ces mêmes producteurs internationaux. Je sais que tout cela est très technique, mais c'est néanmoins ce qui explique plusieurs situations dont certaines personnes se plaignent souvent.

Quelles situations ? Prenons les producteurs québécois de vin que l'on appelle les producteurs artisans. On reproche souvent à la SAQ de ne pas les offrir en succursales au même titre que les vins français, californiens ou autres. Il faut d'abord comprendre qu'à l'époque où j'en étais le PDG, si la SAQ avait acheté toute la production québécoise de vin, cela aurait représenté moins de 1 % de ses ventes. Ce qui implique que la Société aurait eu un problème d'approvisionnement important et constant, les viticulteurs québécois ne produisant tout simplement pas suffisamment pour répondre à la demande. De plus, la SAQ possédait un laboratoire où sont analysés tous les vins vendus. Or, si les normes appliquées aux produits importés étaient appliquées aux produits québécois, la plupart d'entre eux ne rencontreraient pas les critères de qualité requis. Enfin et surtout, le problème venait du prix de production et de vente. Les accords de l'OMC interdisent de taxer différemment un même type de produit, qu'il vienne de l'étranger ou d'ici. Donc, si la Société achetait un vin français à 8 dollars et le vendait 15, il fallait faire la même chose avec un vin produit au Québec. Le vin québécois devait donc entrer en compétition avec des crus parfois prestigieux. Le rapport qualité-prix devenait un fardeau trop important pour les vignerons d'ici.

Toutefois, afin d'aider les producteurs québécois, la SAQ a toujours insisté auprès du gouvernement pour que ces producteurs-artisans, dont les vins ne pouvaient être vendus en succursales, puissent les offrir dans les marchés publics sans avoir à payer de taxes. Ils pouvaient également les vendre sur les lieux de production, et ce, toujours sans facturer les taxes (et sans enfreindre les règles de l'OMC). Ainsi, les prix demeuraient relativement compétitifs et les consommateurs pouvaient découvrir et aider les producteurs québécois. Je considère d'ailleurs qu'aujourd'hui, la qualité des vins québécois s'est grandement améliorée et qu'elle rivalise, dans certains cas (comme les vins de glace), avec les meilleurs produits offerts dans le monde. Et il est à souhaiter que cette tendance se poursuive.

Pour en revenir maintenant aux épiceries et aux dépanneurs, en vertu d'une disposition de ces accords internationaux, ces établissements n'avaient pour seule possibilité que d'offrir des produits embouteillés ici, sans mentionner le cépage ou la région d'origine. Le problème venait du fait qu'en inventant des nouvelles façons de faire la publicité de leurs produits, les embouteilleurs risquaient d'outrepasser les règlements. Les producteurs étrangers, les Français en particulier, surveillaient de près toute cette situation, car ils auraient souhaité également pouvoir offrir leurs vins en épicerie. Comme ça leur était impossible, ils menaçaient d'amener cette question devant l'OMC.

Pour contrer tout cela, il fallait que la Société s'implique davantage. Nous étions nous-mêmes un embouteilleur et j'estimais qu'il fallait développer ce secteur. Dans une vision de rentabilité, naturellement, mais aussi pour « civiliser », même si le mot est très fort, les ventes en épicerie.

En tant qu'embouteilleur, la SAQ, pour faire plus, devait développer et accroître sa production. La façon la plus rapide et efficace d'y arriver était d'acquérir d'autres embouteilleurs. Mais là aussi, il y avait de nombreux problèmes, surtout en termes de régie interne et de réglementation. À mon avis, même si la transaction avait échoué avec Celliers du Monde et le Groupe Paul Masson, il y aurait d'autres opportunités.

Pour faire grandir Maison des Futailles, j'ai eu l'idée d'impliquer un partenaire, en l'occurrence le Fonds de solidarité de la Fédération des travailleurs et travailleuses du Québec (FTQ). La SAQ a donc organisé une rencontre avec Henri Massé, qui était alors président du conseil d'administration du Fonds. Disons qu'il y a eu plusieurs rencontres. Mais au terme des négociations, le Fonds et la SAQ sont devenus propriétaires, à 50 % chacun, de l'embouteilleur Maison des Futailles. C'était le premier partenariat public-privé depuis la création de la

Société, mais le coactionnaire était lui-même un partenaire important et reconnu dans la société québécoise, auquel était d'ailleurs affilié un des syndicats de la SAQ, celui de l'entrepôt. Conclue en 1999, il s'agissait donc d'une entente gagnant-gagnant entre la SAQ et le Fonds de solidarité, ce qui, je crois, la rendait beaucoup plus acceptable.

Ce faisant, il devenait possible d'acquérir d'autres embouteilleurs et d'ainsi contrebalancer l'influence de Vincor. Ce qui a été fait quand Maison des Futailles a, un peu plus tard, acheté les installations québécoises appartenant à Antoine Geloso et à Peller, d'Ontario.

Parallèlement, il fallait discuter avec les producteurs français afin de leur faire accepter certaines règles de fonctionnement et de vente dans les épiceries et les dépanneurs. En 1999 toujours, je me suis rendu en France, accompagné de Pierre Parent, le président du conseil d'administration, pour voir s'il y avait moyen de négocier une convention avec les responsables français.

Nous avons rencontré plusieurs grands producteurs pour leur expliquer notre position et les convaincre qu'il fallait régler une fois pour toutes la vente de vin en épicerie. Nous voulions obtenir le droit d'inscrire sur l'étiquette « Vin de cépage » sans pour autant indiquer de quel cépage il s'agissait. Nous leur proposions aussi des normes qui nous éviteraient de nous retrouver dans la même situation que celle qui existait à ce moment. L'objectif était de continuer à offrir dans ce type d'établissements des vins exclusivement embouteillés au Québec sans avoir toujours le risque qu'une plainte soit déposée devant l'Organisation mondiale du commerce.

La réaction des Français a été, de façon générale, favorable. Ces producteurs savaient que la Société des alcools du Québec était le plus important acheteur de vins français au monde et souhaitaient continuer à entretenir de bonnes relations avec nous. Si les règles pour la vente de vin en épicerie se clarifiaient, la plupart des viticulteurs que nous avons rencontrés se rallieraient à notre position.

Mais nous voulions avoir une entente globale pour la France. Nous avons donc obtenu une réunion avec le délégué général de la Fédération des exportateurs de vin et spiritueux de France, Louis-Régis Affre.

Monsieur Affre nous a reçus dans une suite d'hôtel. Dès qu'il a ouvert la bouche, je l'ai trouvé prétentieux et snob. Nous étions installés autour d'une grande table pour entamer les pourparlers. Je me suis alors rendu compte que toutes les chaises étaient plus basses que la sienne. Un peu comme s'il voulait, d'emblée, nous montrer que nous étions inférieurs.

Pierre Parent était assis à mes côtés et j'ai commencé à expliquer au délégué général l'objectif de notre visite. Louis-Régis Affre a ensuite pris la parole. Il parlait lentement et s'exprimait tout en détours, précisant que c'était délicat, qu'il fallait consulter, que rien ne devait être précipité. En fait, tout ce que j'entendais, c'est qu'il ne voulait pas aller dans le sens de notre proposition et que rien ne bougerait. Or, je le répète, la SAQ est un joueur très important sur le plan mondial. À vrai dire, j'étais en colère, considérant que, sur une base individuelle, la grande majorité des exportateurs de vin de France appuyaient notre proposition.

Pendant que notre hôte continuait à parler, je me suis tourné vers Pierre Parent et je lui ai dit, assez fort pour que tout le monde entende: « Ce que nous explique monsieur... » Et là, j'ai eu un trou de mémoire. Je ne me souvenais plus du tout du nom du délégué général. Alors j'ai sorti ce qui me semblait s'en rapprocher le plus. « Ce que nous explique monsieur "Affreux", ai-je repris, c'est que notre proposition ne l'intéresse pas. Alors je crois que nous n'avons plus rien à faire ici. Allons-nous-en ! »

Louis-Régis Affre a reçu mon allusion à son nom ainsi que notre décision de quitter les lieux précipitamment comme une véritable gifle. Or, je n'acceptais pas qu'on traite la SAQ aussi cavalièrement qu'il le faisait.

Je n'ai jamais su précisément si c'était à cause de cette sortie fracassante, mais deux mois plus tard, nous avions un accord de principe. La Fédération des exportateurs acceptait notre proposition.

Grâce à cet accord et parce que Maison des Futailles avait, dans le même temps, augmenté son influence, nous avons pu convoquer les autres embouteilleurs et une nouvelle façon de faire a été élaborée. Ainsi, le terme « Vin de cépage » a pu être inscrit sur les bouteilles et les vins de qualité certifiée (VQC) sont apparus en 2000 dans le réseau des 9200 épiciers et dépanneurs du Québec.

* * *

Lors de mes visites dans toutes les succursales du Québec et au cours de mes réunions avec les responsables des différentes divisions, j'avais fait quelques constatations surprenantes. Ainsi, au cours des 15 années comprises entre 1983 et 1998, au fur et à mesure que les baux arrivaient à échéance, la superficie des succursales avait été sensiblement réduite pour économiser sur les loyers à payer. Quand je suis entré en poste, il ne restait plus que 1,2 million de pieds carrés au total alors que 15 ans auparavant, il y en avait 1,8. Une diminution du tiers.

De plus, je m'étais rendu compte que le réseau ne couvrait pas entièrement le territoire québécois. Ainsi, dans certains coins, les consommateurs devaient parcourir plus de 40 kilomètres pour trouver une succursale.

Nous avons donc travaillé à établir des normes de superficie et de distance pour le développement du réseau. Il fallait supporter la croissance inévitable des ventes en ayant la superficie nécessaire dans chaque succursale. De plus, je voulais qu'aucun Québécois n'ait à parcourir plus de 20 kilomètres pour trouver une succursale ou une agence. Finalement, il n'était pas question de fermer une succursale qui répondait à ces critères, même si elle n'était pas rentable financièrement. C'était une question d'équité et de mission pour une société d'État qui est un monopole. Il fallait savoir supporter certaines pertes éventuelles, au même titre qu'il était essentiel que les produits de la SAQ se vendent au même prix dans toutes les régions, malgré les frais de transport beaucoup plus élevés pour les Îles-de-la-Madeleine, par exemple, que pour la banlieue nord de Montréal.

Aux succursales traditionnelles (SAQ Express, SAQ Classique et SAQ Sélection) s'ajoutaient non seulement des succursales spécialisées (SAQ Dépôt et SAQ Signature), mais aussi des « agences ».

Or, avec elles, venait un autre problème. Les agences sont des établissements locaux (épiceries ou dépanneurs) qui détiennent un permis de vente des produits de la SAQ. Ce ne sont pas des succursales en soi puisqu'elles sont hébergées par un autre commerce. Elles font partie intégrante du réseau et sont principalement situées dans des régions où la densité de population est faible. En 1998, il y en avait environ 150.

J'ai cependant été déçu de constater, lors de mes tournées, que la plupart de ces agences étaient situées dans les commerces souvent les moins propres et les moins bien tenus de la localité. C'était intolérable et je n'en comprenais pas la raison. Pourquoi les agences ne se trouvaient-elles pas dans cette autre épicerie nettement plus convenable et juste à côté ?

Pour l'expliquer, il faut comprendre les grilles d'évaluation qui avaient été préparées pour accorder les permis. Elles attribuaient des points au demandeur en tenant compte des différents aspects qu'implique ce genre d'établissement. Je m'étais alors rendu compte que jusqu'à 40 % du total des points étaient prévus dans la section « profits ». Donc, moins le demandeur entendait prendre de profits sur les produits, plus il avait de points. Ce faisant, ceux qui voulaient seulement que leur établissement soit plus achalandé inscrivaient qu'ils ne voulaient aucun profit. Ils obtenaient ainsi le maximum de points. Or, ces magasins étaient régulièrement les moins bien tenus.

J'ai alors fait modifier la formule et tous les demandeurs devaient automatiquement prendre une marge bénéficiaire de 10 %. Plus question de points pour cette facette de l'émission des permis. Au cours des ans, des établissements qui n'avaient jamais posé leur candidature l'ont graduellement fait, et le niveau de service et de propreté des agences s'est constamment amélioré.

Mais ça ne réglait pas tout. Pour être en mesure d'offrir le service sur l'ensemble du territoire, l'augmentation du nombre d'agences était incontournable. Toutefois, le syndicat voyait cette politique d'un mauvais œil, car il considérait que le travail qui aurait dû être fait par des syndiqués allait être accompli par des indépendants.

Nous avons donc négocié et une entente est intervenue. Le syndicat permettait et appuyait cette expansion, et en échange, il recevait la garantie qu'aussitôt que le chiffre d'affaires d'une agence atteignait 750 000 dollars par année, la SAQ construirait une véritable succursale. De plus, nous leur avons assuré que, dorénavant, toutes les agences devraient s'approvisionner auprès d'une succursale. Une autre entente gagnant-gagnant.

Dans les faits, il n'est arrivé qu'une seule fois qu'une agence dépasse ce chiffre d'affaires et je l'ai appris d'une façon étonnante. En effet, en 2001, si mes souvenirs sont exacts, un jour que je me rendais à Québec, je me suis arrêté prendre un café. En lisant *Le Journal de Québec,* je suis tombé sur un article, à la une, titrant « La SAQ veut lui enlever son agence ».

Le propriétaire de cette agence, située à Sainte-Catherine-de-la-Jacques-Cartier, se plaignait d'être puni pour avoir bien géré son établissement. Il venait d'apprendre que, selon les règles que nous avions établies, puisque ses ventes de produits de la SAQ avaient dépassé le cap des 750 000 dollars en chiffre d'affaires, nous lui retirions son permis pour construire une toute nouvelle succursale et ainsi mieux servir la clientèle de sa région.

Présentée de cette façon, la SAQ passait pour un vilain qui écrasait les petits afin de prendre la place et de recueillir les efforts du travail effectué par autrui. Ce qui n'était évidemment pas le cas. D'ailleurs, avoir une agence était un privilège et non un droit. Mais j'étais coincé entre deux feux. D'une part, la bonne volonté et l'excellent travail de ce propriétaire d'agence, et, d'autre part, la règle que nous avions négociée avec le syndicat. Or, il n'était pas question de revenir sur ce principe.

J'ai donc contacté le propriétaire de l'agence pour lui expliquer la situation et lui confirmer que nous ne reculerions pas. Une fois arrivé à terme, son permis lui serait retiré. Toutefois, je connaissais son agence qui était vraiment bien située dans la localité. Certainement le meilleur emplacement possible.

Je lui ai proposé, puisque l'agence devait quitter son épicerie, d'accepter les choses et de plutôt s'assurer de contrôler la suite des événements pour en tirer profit. Il pouvait, par exemple, soumissionner pour la construction de la future succursale, qui pourrait ainsi être installée tout à côté de son magasin. Il bénéficierait d'une entente locative avec la SAQ pour les 10 prochaines années, mais surtout, il s'assurerait que les consommateurs continuent à aller dans son établissement. Il y avait fort à parier que l'achalandage accru de la nouvelle succursale, plus grande et offrant plus de produits, lui amènerait plus de clients et que plusieurs profiteraient de l'occasion pour faire quelques courses chez lui.

J'ai eu le plaisir de rencontrer plusieurs personnalités et de nombreuses vedettes de la chanson et du cinéma durant ma carrière, comme lorsque Thierry Lhermitte a été engagé par la SAQ pour tourner une publicité à Montréal.

C'est exactement ce qui est arrivé.

Au final, le programme de développement a été appliqué dans tout le Québec et, en quatre ans, non seulement la superficie totale des succursales de la SAQ avait nettement augmenté, atteignant 1,6 million de pieds carrés, mais nous étions sur la bonne voie pour atteindre notre but, qui était d'avoir 400 succursales, auxquelles s'ajoutaient autant d'agences.

* * *

Il existait, et il existe encore, d'autres intervenants qui font affaire avec la SAQ : les *agents de vin*. Ils n'ont rien à voir avec les agences dont il vient d'être question. La réalité est que tous les vins et tous les spiritueux achetés par la Société doivent transiter par l'intermédiaire de courtiers que nous appelons des agents de vin. Dès mes débuts à la SAQ, je me suis demandé quel était leur rôle précis. Car les agents n'existent pas seulement au Québec. Ils font affaire partout en Amérique du Nord. Toutefois, même cet enracinement ne répondait pas à la question que je me posais : quel était leur rôle ?

Historiquement, si on remonte à plusieurs décennies, il est possible de comprendre la fonction des agents de vin puisque ni les États-Unis ni le Canada n'étaient des producteurs de vin. Les monopoles de vente nord-américains obligeaient alors les maisons de production étrangères à se faire représenter par un courtier, ce qui facilitait les négociations. Cela dit, ce n'était déjà plus vrai quand je suis entré à la SAQ et ce l'est encore moins aujourd'hui.

Les seuls produits que vend la SAQ sont ceux représentés par les agents. Et cela devient très limitatif.

J'avais constaté que la très grande majorité des vins qu'on nous proposait venait de France et d'Italie, puisque c'est avec les producteurs de ces pays que faisaient principalement affaire les agents. Selon moi, la situation était telle qu'on pouvait considérer que ce n'était pas la SAQ qui décidait de ce qui entrait dans ses entrepôts, mais plutôt les producteurs, par l'intermédiaire de leurs agents.

Pour compléter le portrait, ajoutons que plusieurs membres de la haute direction de la Société avaient des liens très étroits avec les agents. À tel point que plusieurs d'entre eux s'y trouvaient un emploi, leur retraite venue.

J'ai écrit un texte dans *La Presse* en 2006 dans lequel j'imaginais une petite annonce placée par un producteur pour trouver un agent :

« Producteur de vin recherche agent pour le représenter auprès d'une société d'État en situation de monopole. Aucun risque. Le monopole en question place lui-même la commande auprès du producteur et paie directement ce dernier. Ce monopole organise et paie le transport des produits, en plus de les

entreposer dans ses propres centres de distribution et de les mettre en vente dans ses propres magasins. De plus, même si les coûts décrits ci-haut sont assumés par le monopole, le producteur de vin paiera à l'agent une commission pouvant atteindre 15 % du prix coûtant des produits, et ce, de façon récurrente. À cela s'ajoutera un autre 5 % pour faire la promotion des produits en question.»

Bien entendu, une telle annonce ne sera jamais publiée. Et pourtant, elle reflète assez bien le rôle des agents de vin. Il faut comprendre qu'ils n'ont aucun statut officiel, pas plus qu'ils ne sont importateurs de vin ou de spiritueux, puisque, de par la loi, seule la SAQ peut en importer et en vendre.

J'irai même plus loin en ajoutant que comme l'Organisation mondiale du commerce oblige la Société à prendre une marge de profit égale sur tous les produits qui ont un même prix coûtant, cela donne aux producteurs étrangers et à leurs agents un contrôle effectif sur les prix et, par voie de conséquence, sur les prix de détail des produits vendus par la SAQ. Ainsi, lorsque la Société paie un produit plus cher que le Liquor Control Board of Ontario (LCBO), c'est que le producteur et son agent en ont décidé ainsi. Évidemment, cette situation contribue aussi à accroître l'écart des prix pour un même produit. Plusieurs personnes s'en plaignent.

Les agents, eux, prétendent qu'ils ne coûtent rien à la SAQ puisqu'ils sont payés par les producteurs. Ce qui, à mon avis, est faux. Il est évident que les producteurs vinicoles ajoutent leurs salaires à leurs prix. Faire autrement serait suicidaire. J'estimais que tout cela représentait, en bout de ligne, un montant d'environ 150 millions de dollars assumé par les consommateurs québécois. Dans un reportage produit par *TVA Nouvelles* en mars 2010, on affirmait qu'avec l'élimination des agences, les économies auraient alors pu atteindre plus de 200 millions de dollars par année.

J'ai néanmoins décidé de ne pas faire la guerre aux agents. Non seulement cela aurait représenté un travail colossal, mais il n'y avait pas de volonté politique pour entreprendre cette lutte. J'ai cependant commencé à élaborer des paramètres beaucoup plus serrés que les agents devraient désormais respecter. Nous avons, entre autres, établi des barèmes autant sur le nombre de pays fournisseurs que sur les sortes de vin qui devaient nous être proposés. Cela a-t-il réglé le problème ? Non ! Mais cette politique a permis d'offrir plus de vins en provenance de plus de pays, ce qui était finalement un avantage pour les consommateurs.

J'estime qu'aujourd'hui la situation se corrige d'elle-même. Il existe maintenant, grâce à Internet, des moyens pour que la Société puisse être en contact, en temps réel, avec tous les producteurs de la planète. À travers ces plateformes, la SAQ peut demander des soumissions et placer des commandes sans aucun intermédiaire. Si la Société des alcools du Québec voulait, à titre d'exemple, ajouter à son répertoire un vin rouge d'Argentine dans une fourchette de prix variant entre 12 et 14 dollars, elle n'aurait qu'à envoyer sa demande dans ce circuit électronique, attendre les offres et faire ses choix.

* * *

Pendant ce temps, Publipage allait très bien. Depuis qu'Hélène assumait les fonctions de présidente et chef de la direction, tout ce que nous avions planifié se réalisait. À tel point qu'il était peut-être temps de penser à grandir. L'occasion s'est présentée par hasard, à la fin de l'été 1999.

Bell Canada possédait Télé-Direct, dont le nom venait de changer pour devenir Bell Actimedia. Celle-ci possédait à son tour une filiale, Bell Actimedia Solutions, qui vendait la publicité dans les annuaires Pages Jaunes. Cette structure semblait un peu inutile à plusieurs experts puisque Bell Actimedia pouvait vendre directement la publicité. Un peu comme Air Canada, qui peut vendre directement des billets sur ses vols, mais qui décide quand même, pour d'autres raisons, d'ouvrir une agence de voyages. Or, une rumeur courait selon laquelle Bell Actimedia Solutions était à vendre.

Hélène avait rencontré Serge Fortin, le président de Bell Actimedia, pour discuter de certains problèmes opérationnels que vivaient nos deux compagnies. Pendant la discussion, Hélène avait ouvertement abordé, avec lui, la question de la vente de Bell Actimedia Solutions. Elle a alors eu la confirmation que la filiale était offerte à tout acheteur éventuel.

À la même époque, je me suis retrouvé à un dîner avec Jean Monty, le président-directeur général de BCE (Bell). Je le connaissais bien pour l'avoir souvent côtoyé.

— Est-il vrai que Bell Actimedia Solutions est à vendre? lui ai-je demandé.

— Pourquoi cette question?

— Parce que la rumeur court et je voulais savoir ce qu'il en est, lui ai-je répondu.

— Effectivement, Bell Actimedia est en train de regarder cette possibilité.

— Eh bien, Jean, ça intéresse Publipage!

Par la suite, Hélène a repris contact avec Serge Fortin, qui lui a fait parvenir les états financiers de l'entreprise. Bell Actimedia Solutions faisait 25 % de son chiffre d'affaires au Québec et 75 % en Ontario. C'était d'autant plus intéressant pour Publipage, qui souhaitait développer le marché anglophone. Nous avons contacté le Fonds de solidarité du Québec et c'est Roland Courtois, l'un des directeurs des investissements, qui a pris le dossier en mains.

Les négociations avec le Fonds ont duré tout l'automne. Acheter Bell Actimedia Solutions, une agence qui comptait 21 employés à Toronto et 7 à Montréal, et qui était la seconde agence en importance au Canada dans le domaine, représentait une très grosse bouchée pour Publipage. De plus, Bell Actimedia Solutions ne faisait pas de profits. Cependant, Hélène a déterminé qu'en modifiant la gestion pour la ramener à des proportions plus normales pour la taille de l'entreprise, la transaction serait très profitable pour Publipage. Les chiffres le prouvaient d'ailleurs.

Généralement, dans ce genre de transaction, l'offre d'achat correspond à un multiple de la valeur des commissions. Comme l'entreprise ne faisait pas vraiment de profits, Hélène a obtenu de diminuer sensiblement ce multiple avec le résultat que le prix d'achat devenait donc de beaucoup inférieur à ce qui se payait habituellement sur le marché.

La demande au Fonds a été présentée vers la fin du mois de novembre et l'accord final adopté par le comité exécutif à sa réunion du 10 janvier de l'année suivante. La transaction avec Bell Actimedia a été signée le 25 février 2000. Le Fonds devenait actionnaire à 40 % du nouveau Publipage, en plus d'avoir consenti un prêt d'un million de dollars. En outre, le Fonds avait désormais deux représentants siégeant au conseil d'administration de Publipage, Roland Courtois et Ronald Corey[42].

La première chose à faire était d'aller annoncer la nouvelle aux employés. Ceux de Montréal seraient intégrés à notre équipe, mais il fallait voir ce qui arriverait avec ceux de la Ville Reine. Dès le lundi suivant, on rencontrait les employés de Toronto. La première question qu'ils ont posée visait à savoir s'ils continueraient à recevoir un pourcentage de leur salaire en actions de Bell, un avantage marginal important.

— Non! leur a-t-on répondu. Bell n'est plus votre employeur. Vous êtes désormais dans l'équipe de Publipage. Et il y aura obligatoirement une restructuration de toute l'entreprise au cours des prochains mois. Il est important que, une fois intégrée à Publipage, Bell Actimedia Solutions retrouve une profitabilité normale.

Cette mise au point était nécessaire parce qu'il était évident que Publipage ne pourrait continuer à garder autant d'employés à Toronto. Il était en outre dans notre intention de ramener vers Montréal plusieurs des postes de Toronto.

En moins d'un an, le bureau de Toronto est passé de 21 à 7 employés. Cela, combiné aux autres modifications préalablement convenues, a fait en sorte que les profits se sont aussitôt mis à entrer. D'ailleurs, pendant un moment, Publipage a eu des bureaux à Calgary, Québec et Vancouver en plus de ceux de Montréal et Toronto. La démocratisation d'Internet les a, au bout de quelques années, rendus inutiles. Aujourd'hui, seuls les bureaux de Montréal et de Toronto sont en action.

Le prêt du Fonds portait un taux d'intérêt de 15 %, mais le rendement global minimum pour le Fonds devait atteindre 20 %. Comme la compagnie a rapidement fait de substantiels profits, nous nous sommes dit, quelques années plus tard, qu'il était peut-être temps de voir s'il était possible de rembourser le Fonds en totalité et de reprendre ainsi le contrôle total de Publipage.

Heureusement, notre contrat nous permettait de rembourser notre prêt avant échéance tout en rachetant les 40 % d'actions détenues par le Fonds selon une formule préétablie. Encore fallait-il trouver l'argent nécessaire !

Je vous rappelle que, beaucoup plus tôt dans ma vie, j'avais réussi à obtenir mon premier prêt personnel à la Banque Royale pour l'achat de ma première auto. Des années plus tard, je faisais toujours affaire avec la même banque. Mais lorsque Pierre Therrien, responsable de la gestion privée, a quitté la Banque Royale pour aller à la Banque Nationale, je l'ai suivi. Quand je vous disais que je suis fidèle à ceux qui m'aident...

Bref, toutes mes affaires personnelles, et celles de Publipage, étaient maintenant à la Banque Nationale. André Bérard en était le président à cette époque et il avait la réputation d'être près de ses clients et de les soutenir. Je lui avais glissé un mot de notre intention de racheter la partie détenue par le Fonds de solidarité. Il savait que Publipage était devenu un joueur majeur dans l'industrie de la publicité annuaires. Considérant notre taux de profitabilité, il a accepté que la Banque Nationale nous avance les fonds nécessaires. C'est ainsi qu'Hélène et moi sommes redevenus propriétaires de Publipage à 100 %, grâce au financement de la Banque Nationale et à l'appui d'André Bérard.

Depuis, Publipage continue sa croissance.

Chapitre 12
Le Dragon, l'influence politique et les bons souvenirs

Qu'on le veuille ou non, la Société des alcools du Québec étant un organisme d'État, il y a eu plusieurs tentatives, souvent politiques, pour influencer certaines décisions. C'est l'une des choses que j'ai rapidement apprise.

Ainsi, chaque fois qu'un nouveau dossier tombait sur mon bureau, j'avais pris l'habitude de rencontrer le vice-président du département concerné pour qu'il m'en explique les subtilités. Lorsque se terminait le bail d'une succursale (qui était habituellement de 10 ans avec une option de 5 années additionnelles), il fallait retourner en appel d'offres. Pour éviter qu'il y ait du favoritisme, une grille d'analyse avait été élaborée en collaboration avec l'École des hautes études commerciales (HEC)[43]. Cette façon de faire avait été mise en place au début des années 1990 et fonctionnait très bien. Elle tenait compte d'un tas de facteurs, dont, bien entendu, l'emplacement de la succursale et le coût du loyer au pied carré.

Un jour, en 1998, j'ai reçu un dossier qui semblait poser problème quant à la relocalisation de la succursale de Sainte-Thérèse-en-haut. Le vice-président responsable de l'affaire m'a dit que cette succursale était située dans le Vieux-Sainte-Thérèse, que le bail se terminait bientôt et que la SAQ était allée en appel d'offres. L'analyse démontrait qu'il serait préférable de la déménager sur le boulevard Labelle, dans un coin plus achalandé et plus facile d'accès pour les consommateurs. Quinze ans plus tôt, le magasin avait été ouvert dans le vieux secteur de la municipalité parce qu'on y prévoyait un vaste développement, qui ne s'est jamais produit.

Le maire d'alors, Éli Fallu[44], a entendu parler du possible déménagement et a décidé de faire campagne contre cette décision de la SAQ. Il répétait que le Vieux-Sainte-Thérèse allait se développer bientôt et qu'une succursale de la SAQ n'était pas une roulotte qu'on pouvait bouger à son gré. Il fallait, selon lui, qu'elle reste où elle était.

Le vice-président ne savait pas comment réagir, car monsieur Fallu avait de très nombreux contacts politiques au Parti québécois, qui était alors au pouvoir. Dans mon esprit toutefois, à la lumière des conclusions de l'étude qui avait été réalisée, il n'était pas question de changer d'idée à cause d'intérêts partisans. La succursale devait déménager.

Je n'avais pas encore beaucoup d'expérience dans ce genre de lobbying politique et il me fallait protéger mes arrières. J'ai donc demandé une réunion avec Bernard Landry, qui était toujours ministre des Finances et vice-premier ministre.

— Le maire de Sainte-Thérèse fait campagne contre le déménagement de la succursale de sa ville, lui ai-je expliqué, mais nous croyons qu'il faut la déplacer.

— À quel endroit ?

— Dans un endroit plus passant, sur le boulevard Labelle. Toutes nos études démontrent le bien-fondé de ce changement.

— Gaétan, m'a-t-il répondu, tu sais qu'il va y avoir beaucoup de pression. Est-ce que ton dossier est impeccable ?

— Absolument !

— Alors, fais ce que tu as à faire...

Peu après, la SAQ a annoncé officiellement le déménagement de la succursale. Je n'ai jamais subi de pressions à la suite des démarches qu'avait entreprises Éli Fallu pour tenter de faire renverser cette décision. J'ai cependant appris qu'il était monté jusqu'au bureau du premier ministre Lucien Bouchard, qui avait maintenu la position de la SAQ.

L'avenir nous a d'ailleurs donné raison puisque, dès l'ouverture de la succursale, les ventes ont augmenté de 50 % et cette progression s'est poursuivie par la suite.

Il est compréhensible qu'une ville se sente interpellée par la relocalisation d'une succursale de la SAQ. Toutefois, la grille d'analyse qui avait été développée pour déterminer le meilleur emplacement pour construire une de nos succursales tenait essentiellement compte du service aux consommateurs et de la rentabilité. Il ne pouvait en être autrement. Sainte-Thérèse n'est d'ailleurs pas la seule municipalité à avoir tenté d'influencer nos choix d'emplacements.

À l'été 2000, le même travail d'évaluation a été effectué pour la succursale principale de Boucherville. Celle-ci était alors située aux Promenades Montarville, un important centre commercial. Mais comme la ville s'était énormément développée au cours des 15 années précédentes, il fallait revoir tout le dossier.

Nous avons reçu quatre propositions pour le futur bail. La grille d'analyse avait favorisé celle prévoyant la construction d'une nouvelle succursale entièrement autonome, à proximité du centre commercial, mais non à l'intérieur de celui-ci. Boucherville était alors dirigée par la mairesse Francine Gadbois, qui avait la réputation d'avoir une poigne de fer. Je la connaissais un peu, car elle était l'épouse de Serge Gadbois, qui était vice-président finances à l'époque où j'étais chez Metro-Richelieu.

Je l'avais, durant cette phase exploratoire, rencontrée par hasard au cours de je ne sais plus quelle activité. Je lui avais laissé entendre que nos premières études ciblaient un terrain près des Promenades Montarville pour bâtir la prochaine succursale. Mais la discussion n'était pas allée plus loin.

Peu après, j'ai appris qu'elle intervenait auprès de la Société pour savoir où serait construit le futur établissement. J'ai alors demandé à Claude Marier, un de mes vice-présidents, d'aller la rencontrer pour lui expliquer notre choix. Malgré les éclaircissements sur la nature du processus, elle ne voulait rien entendre. Selon elle, l'emplacement retenu n'était pas le meilleur pour le développement de sa ville. Elle suggérait plutôt un autre terrain qui, selon les plans de la municipalité, serait bientôt dans un quartier en plein essor.

Claude Marier lui a répondu que le propriétaire du terrain en question n'avait même pas soumissionné pour qu'une succursale de la SAQ y soit bâtie et, qu'en conséquence, nous n'avions pu faire l'analyse de cette hypothèse. De plus, le site que la mairesse proposait se trouvait à proximité d'une école. Or, il y a une politique non écrite à la Société qui nous suggère de ne pas ouvrir une succursale près d'une institution scolaire. C'est une question d'éthique.

La mairesse Gadbois ne voulait toujours rien entendre. Elle a répliqué que ce n'était certainement pas la SAQ qui allait lui dire comment développer sa ville.

Dois-je vous dire que j'ai très mal pris la chose quand le vice-président m'a rapporté les propos de la mairesse? « Eh bien, ce n'est pas la ville de Boucherville qui va me dire comment développer mon réseau », avais-je lancé.

La SAQ n'a pas tardé à annoncer officiellement le choix du futur emplacement de sa nouvelle succursale à Boucherville. Ce choix ne tenait compte que des critères de notre grille d'évaluation et pas des vœux de la mairesse. Mais la ville n'avait, semble-t-il, pas l'intention de laisser les choses suivre leur cours normal. Peu après, le promoteur du projet nous interpellait, car il y avait déjà des délais dans l'échéancier. Il n'arrivait pas à obtenir de la ville son permis de construction et ne pouvait mettre en branle les travaux du nouvel édifice.

Était-ce une stratégie téléguidée par la mairesse Gadbois pour nous forcer à revenir sur notre décision ? Possible. C'est du moins ce que plusieurs intervenants ont cru à l'époque. Ce qui m'apparaissait évident, en tout cas, c'est que la ville se traînait les pieds dans ce dossier. Il fallait trouver une façon de réagir. J'ai donc préparé, quelques jours après avoir pris connaissance de cette situation, un communiqué de presse qui titrait : « La SAQ abandonne son projet d'une nouvelle succursale Sélection à Boucherville ».

Dans le texte, je précisais que le projet de construction d'une SAQ Sélection était abandonné à cause de l'intransigeance de la mairesse et des tracasseries administratives qui étaient imposées. Le message était assez direct.

En réalité, je n'avais pas du tout l'intention de faire parvenir ce texte aux médias. Je voulais plutôt organiser une « fuite » de cette information auprès des proches de la mairesse en espérant que les choses bougent enfin. Heureusement pour nous, c'est ce qui est arrivé. Le lendemain, ou dans les jours suivants, le promoteur a obtenu son permis et les travaux ont débuté.

Le mot a peut-être circulé dans le milieu des municipalités, mais jamais plus, après Éli Fallu et Francine Gadbois, un maire n'a essayé d'influencer ouvertement les décisions de la SAQ.

Les villes et les maires n'étaient pas les seuls à vouloir mettre leur grain de sel dans le fonctionnement de la SAQ. Certains hauts fonctionnaires ont aussi tenté le coup. Ainsi, au terme de ma première année complète d'activité, les profits avaient augmenté de façon notable, si bien que la SAQ prévoyait verser au gouvernement environ 25 millions de dollars de plus que ce qui était prévu au budget. À cette somme s'ajoutait un autre huit millions que nous avions convenu d'inscrire comme bénéfices reportés. Tous les bons gestionnaires mettent ainsi de l'argent de côté en prévision de mauvais jours ou de dépenses extraordinaires qui peuvent survenir.

À l'automne 1999, à mon retour d'un voyage en Angleterre, Gérald Plourde, premier vice-président, direction financière de la SAQ, est venu me voir.

— Tu ne vas pas être content, commença-t-il.

— Bon ! Qu'est-ce qui se passe ?

— Pendant que tu étais parti, le sous-ministre des Finances a décidé de récupérer les huit millions que nous avions mis de côté.

J'étais furieux. Il fallait que j'en aie le cœur net et que je sache d'où venait cette initiative. J'ai donc immédiatement contacté le bureau de Bernard Landry pour lui faire savoir que je désirais le rencontrer. Ce qui est arrivé, je crois, dès le lendemain.

— Alors, Gaétan, tu veux me parler ? me dit-il.

— Monsieur le ministre, est-ce que vous êtes satisfait des résultats financiers de la Société ?

— Oui, bien entendu !

— On vous a remis 25 millions de plus que prévu, ai-je continué comme s'il ne m'avait pas répondu. Et nous avons décidé de garder une somme de huit millions pour que la SAQ puisse faire face, si cela se présente un jour, à d'éventuels problèmes financiers.

— Oui, et c'est très bien.

— Alors pourquoi le ministère est-il venu chercher cet argent ? Et pourquoi est-on venu le chercher pendant que j'étais à l'extérieur ? ai-je continué sans parvenir à dissimuler ma colère.

— Ah oui ? a répondu le ministre visiblement surpris. Et qui aurait fait cette ponction ?

— Un des hauts fonctionnaires du ministère. On m'a dit qu'il s'agissait du sous-ministre.

Bernard Landry s'est alors détourné pour prendre son téléphone et contacter sa secrétaire.

— Pouvez-vous, s'il vous plaît, demander à Gilles Godbout de venir me voir immédiatement ?

Il n'a fallu que quelques instants pour que le fonctionnaire arrive au bureau de Landry.

— Est-ce que tu es allé chercher un montant de huit millions que la SAQ avait gardé en provision ? lui a-t-il demandé sans autre préambule.

— Effectivement. Nous avons pen...

— Alors, le coupa-t-il, j'aimerais que tu le remettes immédiatement. Et fais-moi savoir quand ce sera fait, ajouta-t-il en le remerciant.

Cette somme, que nous avions mise de côté, avait effectivement été gardée en prévision de moins bons jours. C'est une question de saine gestion. Mais la ponction qui avait été faite m'avait profondément choqué parce qu'elle impliquait soit une ingérence dans mon administration, soit un manque de confiance du ministre à mon endroit. Et, dans les deux cas, il fallait que je clarifie la situation. La réaction de Bernard Landry m'a prouvé que j'avais encore tout son soutien. Elle a aussi montré aux autres fonctionnaires et députés qu'il ne fallait pas tenter de marcher dans mes plates-bandes. Le ministre Landry a, par sa réaction, réaffirmé que c'était moi qui avait les deux mains sur le volant de la SAQ, si je peux reprendre une phrase qu'un autre politicien a rendue célèbre.

Cela dit, c'est en commission parlementaire que j'ai eu le plus de problème avec des élus. Je ne le savais pas au départ, mais chaque année, la Société des alcools du Québec devait se présenter à la Commission parlementaire des finances publiques pour présenter son bilan et ses prévisions pour l'année suivante.

J'ai évidemment pris cette convocation annuelle très au sérieux. C'était le moment de répondre aux questions des députés et de leur expliquer la planification et ma vision du développement de la Société. Inutile de dire que j'étais extrêmement bien préparé. Nous avions en main tous les documents concernant les ventes, les dépenses d'opération, les promotions, les commandites, les bénéfices, les relations de travail, les investissements, les succursales, etc. Bref, j'étais prêt.

Rappelons qu'à l'automne 1999, Lucien Bouchard et le Parti québécois étaient toujours au pouvoir et que les libéraux formaient l'opposition.

Le ministre responsable, Bernard Landry, le premier vice-président, direction commerciale, le premier vice-président, direction financière ainsi que le premier vice-président, direction corporative de la SAQ et moi-même étions assis dans cette salle où le président de la commission et les députés s'apprêtaient à nous entendre et, surtout, à nous questionner. Bernard Landry était assis à mes côtés. Deux députés libéraux siégeaient à cette commission: André Tranchemontagne, député de Mont-Royal, et Jacques Chagnon, député de Westmount-Saint-Louis et critique responsable de la SAQ pour l'opposition officielle à cette commission de l'administration publique.

Dès le départ, je me suis rendu compte qu'il s'agissait essentiellement d'un exercice politique. L'opposition voulait, à mon sens, mettre en boîte le ministre en lui posant des questions très précises qui n'avaient aucun lien avec le budget de la SAQ. Chaque fois qu'une telle question était posée, je demandais à monsieur Landry s'il voulait que je réponde à sa place. La plupart du temps, il me laissait la parole. D'ailleurs, à titre de PDG de cette société, j'estimais qu'il aurait été tout naturel que ces questions me soient posées directement. Mais ce n'était pas la procédure. Tout le monde interrogeait le ministre. Qu'à cela ne tienne, monsieur Landry me laissait répondre.

La plupart des interventions étaient faites par Jacques Chagnon[45] et elles étaient non seulement enfantines, mais, à mon avis, généralement biaisées. Néanmoins, comme j'étais bien préparé, j'avais réussi à répliquer à toutes ses questions et c'est souvent le député de l'opposition lui-même qui paraissait mal. Ce qui, évidemment, faisait sourire Bernard Landry, qui semblait apprécier ce qui se passait.

Depuis ce jour, Jacques Chagnon a décidé d'avoir sa revanche et de me prendre en grippe. C'est comme ça que je suis devenu une de ses cibles préférées, sa tête de Turc. Régulièrement, des interventions de Jacques Chagnon visant la Société des alcools du Québec ou son PDG étaient adressées au ministre Landry. Il s'agissait, la plupart du temps, de vétilles visant à saper ma crédibilité ou celle de la SAQ.

Toute cette histoire a culminé au printemps 2001. Bernard Landry avait remplacé Lucien Bouchard et était devenu, le 9 mars, le 36e premier ministre du Québec. Pauline Marois[46] avait été nommée vice-première ministre, ministre d'État à l'Économie et aux Finances et ministre des Finances. Elle devenait donc ma patronne.

Cette année-là, j'étais de nouveau convoqué en Commission parlementaire pour présenter les grands dossiers de la Société des alcools du Québec. Depuis mon entrée à titre de PDG de la SAQ, j'avais un chauffeur et une voiture de fonction. C'est cette dernière que je venais de changer pour une Jaguar. Voilà l'étincelle qu'il a fallu pour que les libéraux lancent une chasse aux sorcières. Comment un employé d'une société d'État pouvait-il se pavaner dans une voiture aussi luxueuse?

Désormais, toutes les questions étaient posées à la ministre responsable de la SAQ qui devait, seule, répondre sans mon intervention. Si j'essayais de répondre, j'en étais empêché. Pourquoi donc me demander de venir témoigner si on ne voulait pas m'entendre? J'ai alors compris que le bilan de la SAQ ne les intéressait pas. Ni Jacques Chagnon ni Monique Jérôme-Forget[47], alors porte-parole de l'opposition en matière de finances, ne semblaient préoccupés par les états financiers de la SAQ ou par ses projets d'avenir. On souhaitait simplement une querelle avec le gouvernement.

Le député libéral Jacques Chagnon demanda à la ministre des Finances, Pauline Marois, de divulguer la marque de la voiture conduite par le PDG de la SAQ. Les questions les plus significatives posées à madame Marois ne concernaient pas la gestion de la Société, mais la Jaguar de son PDG et son extravagant salaire qui était passé à 157 000 dollars. J'étais vraiment frustré, car je ne pouvais ni parler ni répondre, alors qu'il aurait été si simple de désamorcer cette fausse crise sur-le-champ.

En fait, sur la question de la voiture, voici quelques précisions : tous les PDG de la SAQ, depuis l'époque de la Commission des liqueurs et de la Régie des alcools, ont toujours bénéficié d'une voiture de fonction avec chauffeur. De plus, le prix d'achat de la Jaguar en question était de plusieurs milliers de dollars inférieur au maximum prévu pour ce type de location, selon les politiques écrites de la SAQ. Les critères établis étaient respectés.

Mais il semble que Chagnon voulait brandir son nouveau cheval de bataille : le président d'une société d'État ne devrait pas s'afficher sous des apparences de luxe.

Je réponds en disant que je n'ai jamais eu peur des apparences et que j'affichais mes choix de façon transparente. Je ne suis pas de l'école où nous devons paraître misérables pour mieux passer devant la classe politique.

Heureusement, je n'ai pas vraiment eu à me défendre seul. Ni pour la voiture ni pour le salaire. D'autres l'ont fait pour moi, dont plusieurs journalistes. Ainsi, Mario Roy, de *La Presse*, écrivait le 8 mai 2001 :

« [...] la question [...] peut se résumer ainsi : ce traitement et ces bénéfices marginaux sont-ils équitables dans le cas d'un homme placé à la tête d'une entreprise de distribution et de vente au détail employant 5000 personnes, possédant 370 comptoirs, générant un chiffre d'affaires de deux milliards, et remettant au Trésor public québécois une enveloppe d'un demi-milliard ?

« Sous cet angle, la réponse paraît évidente.

« [...] Les libéraux, qui ont enfourché ce cheval avec ardeur, feraient bien de considérer qu'un jour ou l'autre, ils vont

accéder au pouvoir. Et qu'ils auront alors à recruter des administrateurs efficaces pour la fonction publique en général, pour les sociétés paraétatiques en particulier.

« Ils n'en trouveront pas à embaucher au salaire minimum, qui se contenteront d'une trottinette électrique pour se véhiculer. »

En juillet 2011, René Vézina, de la revue *Commerce,* publiait un billet sur le sujet où il se faisait aussi assez cinglant :

« Gaétan Frigon fait faire des affaires d'or à la Société des alcools du Québec. [...] Nos gestionnaires de sociétés parapubliques livrent enfin la marchandise comme nous le souhaitons : les clients sont satisfaits et les gouvernements regorgent de dollars pour arrondir leurs fins de mois. [...] Or, que fait le Parti libéral du Québec, en mal de cause ? Il pourfend ce vilain Gaétan Frigon et son abominable salaire de 160000 dollars par an, parce qu'il a osé choisir une Jaguar comme limousine de fonction. [...] La SAQ, Hydro-Québec et d'autres jouent à l'égal des grandes sociétés. Pour réussir, il leur faut de grands entrepreneurs. Et on n'attire ni ne conserve des leaders avec du beurre de pinottes. Si jamais ils se plantent, tant pis, on pourra leur taper dessus. Mais de grâce, n'allons pas ressortir des boules à mites les vieux arguments puritains et exiger que les administrateurs de l'État jouent les pauvres afin de ne pas effaroucher les contribuables. [...] »

Car c'était peut-être là l'enjeu véritable des libéraux. Tenter d'orienter l'électorat en laissant croire que les mandarins de l'État devaient paraître misérables. Or, la réalité est tout autre. Le député de Marguerite-D'Youville a voulu l'expliquer dans le journal *La Relève* du 8 juin 2001. Il écrit :

« [...] À 157 000 dollars par année plus des bonis pouvant atteindre 16 000 dollars, le président de la SAQ – une entreprise avec un chiffre d'affaires de 2 milliards de dollars – est payé 10 fois moins que le PDG de Metro qui, en 2000, a empoché plus d'un million de dollars en salaire et en primes.

Sans parler de la vente de ses actions qui ont fait grimper son revenu à six millions de dollars. […])»

Non satisfait semble-t-il de cette histoire de salaire et de voiture, le député Chagnon en avait rajouté en mettant en doute le bien-fondé des primes versées aux cadres supérieurs pour l'achat de vin. Un autre sujet sur lequel les libéraux auraient dû réfléchir avant de parler. Il faut au moins connaître l'histoire de la SAQ avant de faire la leçon. Avant mon arrivée, sous le règne des libéraux et de l'ancienne administration, tant les vice-présidents que le président de la SAQ pouvaient puiser dans les réserves de la cave de la Société pour s'approvisionner, car aucune politique écrite ne venait en délimiter les paramètres. J'avais mis fin à ce régime en adoptant une politique officielle qui limitait les dépenses dans ce domaine. Non seulement les montants disponibles étaient alors contingentés, mais en plus, ils n'étaient remboursés que sur présentation de pièces justificatives.

Mais au fond, ce qui m'embêtait le plus dans toute cette histoire, c'est que je considérais qu'aucun élu, de quelque formation politique qu'il soit, n'aurait dû avancer des propos aussi arbitraires pour de simples considérations bassement électoralistes. Ce genre d'attitude n'est payant pour personne et n'aide pas à construire le Québec. Ça ternissait l'image de la Société des alcools du Québec et particulièrement celle de ses employés.

Dans toute cette saga, et à travers tout ce qui s'est dit et écrit, il y a un texte que je conserve précieusement parce qu'à mes yeux, il représente la somme de tous les efforts que nous avons faits pour ramener des relations de travail harmonieuses à la SAQ et pour créer, autant que faire se peut dans une entreprise si importante, un esprit d'équipe. Il s'agit d'une prise de position officielle du Syndicat des employés de magasins et de bureaux de la SAQ (SEMB), émise par communiqué le 11 juin 2001, dont je me permets de reprendre quelques lignes :

« Le Syndicat [...] dénonce à son tour les attaques pernicieuses de l'opposition libérale du Québec à l'endroit de la SAQ et se dit prêt à la mobilisation générale pour faire front commun contre l'attitude du PLQ. »

« Le SEMB, qui représente le plus important syndicat à la SAQ avec quelque 3586 membres, condamne vivement l'opposition libérale qui ne cesse de ternir l'image de la SAQ et de ses dirigeants par des accusations farfelues et des insinuations malveillantes. Nous demandons au chef de l'opposition, Jean Charest, de mettre un terme à cette saga sur la Jaguar, le motorisé et les frais de remboursement de boissons alcooliques. Sinon, nous allons mobiliser l'ensemble de nos membres et la population pour lutter contre ces agissements.

« [...] le Parti libéral est en train de saper et de détruire le travail de toute une équipe, celle de la direction et des employés de la SAQ qui, par leur acharnement, ont contribué à propulser les ventes et le bénéfice net de l'entreprise au cours des dernières années et à faire de la SAQ l'une des sociétés d'État les plus florissantes et la plus admirée des Québécois. [...] »

Pour en terminer avec cette histoire de Jaguar, le mot de la fin revient à Bernard Landry qui, répondant à une question d'un journaliste a dit : « *Ce que je pense de Gaétan Frigon ? Il a transformé la SAQ en véritable... Jaguar !* »

Il ne faut pas oublier que les députés qui critiquaient la SAQ ou son PDG à l'Assemblée nationale bénéficiaient de l'immunité parlementaire. Malheureusement, la plupart d'entre eux n'osaient pas répéter leurs accusations en dehors de cette enceinte, car ils auraient alors été sujets à poursuite judiciaire, comme n'importe quel autre citoyen. Certains animateurs de radio n'ont pas pris ces précautions et allaient, selon moi, beaucoup trop loin. En voici d'ailleurs un exemple.

André Arthur, de la station CHRC, avait l'habitude de critiquer tant la SAQ que son PDG sur toutes sortes de sujets.

Cette habitude avait d'ailleurs débuté bien avant mon arrivée à la SAQ. Mon prédécesseur, Jocelyn Tremblay, avait, paraît-il, longtemps été sa tête de Turc. Quant à moi, je ne m'en faisais pas trop avec ces accusations frivoles en provenance de stations de radio dites « poubelles ».

Mais une bonne journée, André Arthur a dépassé les bornes. Il a utilisé des termes qui insinuaient que nous étions tous un « gang » de voleurs. Je me suis dit qu'il ne l'emporterait pas au paradis. La SAQ a intenté une poursuite de 500 000 dollars non seulement contre lui, mais contre le poste de radio CHRC, contre Radiomutuel, la compagnie propriétaire du poste de radio, et contre tous les administrateurs de Radiomutuel, dont Normand Beauchamp, Claude Beaudoin et Paul-Émile Beaulne. Ces derniers ne l'ont évidemment pas trouvée drôle, mais ils ont vite compris que je n'avais pas, moi non plus, trouvé amusantes les calomnies d'André Arthur.

Ils ont laissé moisir le dossier plusieurs mois jusqu'à ce qu'ils réalisent que la poursuite en question se devait d'être inscrite dans leur rapport annuel. C'est alors que j'ai reçu un appel d'un des administrateurs de la station. Il voulait régler l'affaire rapidement et à l'amiable. Mes conditions étaient simples: ils devraient verser une somme substantielle à deux fondations déterminées par la SAQ et s'assurer qu'André Arthur ne parle plus jamais, en bien ou en mal, de Jocelyn Tremblay et de Gaétan Frigon.

Les dirigeants de la station ont accepté, sans condition. La somme a été versée et André Arthur n'a plus jamais parlé de nous deux.

* * *

Mon passage à la Société des alcools du Québec a aussi été marqué par plusieurs anecdotes dont certaines sont amusantes, d'autres moins. Quelques-unes me semblent intéressantes à raconter. Les voici :

Mes relations avec Pauline Marois ont toujours été un peu en dents de scie, parfois bonnes, parfois plus difficiles. Environ deux mois après sa nomination comme ministre des Finances, alors que je me rendais en voiture à New York pour une réunion, j'ai reçu un appel de Nicole Stafford, sa chef de cabinet. C'était un vendredi après-midi d'automne, si ma mémoire est exacte.

Le matin, avant mon départ, la SAQ avait fait parvenir un communiqué aux médias présentant les résultats financiers trimestriels de la Société.

— Monsieur Frigon, a-t-elle commencé, la ministre a su que vous aviez envoyé un communiqué pour annoncer vos états financiers, Or, ce document n'a pas été approuvé par madame Marois au préalable.

— Ça fait 80 ans que la SAQ existe, lui ai-je répondu assez sèchement, et jamais le président n'a fait accepter ses résultats par le ministre responsable et ce n'est pas moi qui vais commencer. Il appartient au conseil d'administration d'approuver les états financiers de la SAQ, et non à la ministre.

— Il arrive que les procédures changent, a-t-elle poursuivi.

— Écoutez-moi bien ! C'est le gouvernement qui nomme les membres du conseil d'administration de la SAQ et c'est la seule instance qui a à accepter les états financiers. Point final.

La discussion était terminée et j'ai raccroché. La ministre ne m'en a jamais reparlé par la suite et je n'ai jamais su non plus si la demande venait directement d'elle ou si madame Stafford avait pris quelques libertés.

Admettons toutefois que les commentaires que j'avais formulés n'étaient pas de nature à bonifier mes relations avec la ministre responsable de la SAQ.

À l'automne de l'an 2000, j'ai reçu un appel d'André Bourbeau, qui avait été ministre des Finances dans un précédent gouvernement libéral.

— Gaétan, m'a-t-il dit, Jean Charest est très mécontent. Il vient de recevoir une facture salée de la SAQ. Il s'agit d'une facture de taxes pour une caisse de vin qu'il a achetée en Californie et qui a été dûment déclarée aux douanes canadiennes à son retour. Il trouve totalement exagéré le montant qu'on lui réclame et veut même soulever le point à l'Assemblée nationale.

— Laisse-moi vérifier, André, et je te reviens aussitôt que possible, lui ai-je répondu.

Quelques heures plus tard, je le rappelais en lui disant :

— André, tu as la mémoire courte. Lorsque tu étais ministre des Finances, c'est toi qui avais demandé à la SAQ de taxer, comme s'ils avaient été achetés au Québec, les vins provenant de l'étranger et rapportés au Québec par des individus. L'objectif de ta mesure visait à décourager ce genre d'achats à l'étranger. Voilà ! As-tu d'autres commentaires ?

— Oups ! fut sa réponse...

À l'automne 2001, Jacques Parizeau[48] avait appelé la SAQ pour savoir ce qu'il devait faire pour que son vin, le Coteau de l'Élisette, soit vendu en succursale. Jacques Parizeau avait effectivement un vignoble situé à Collioure, dans le sud de la France, où il produisait son propre vin.

Par politesse et respect pour l'individu, j'avais décidé de le recevoir moi-même, à mon bureau, pour lui expliquer la politique de la SAQ à ce sujet. Ce que j'ai fait.

Peu après, je me souviens très bien d'avoir appelé le responsable du contrôle de la qualité pour lui dire : « Si le vin de

Jacques Parizeau rencontre nos normes, je veux que la SAQ l'accepte. D'une part, il n'a que quelques centaines de caisses disponibles et, d'autre part, bon ou pas bon, ce vin va se vendre à la vitesse de l'éclair simplement parce que c'est celui de Jacques Parizeau. » C'est d'ailleurs ce qui est arrivé, car les journaux s'étaient emparés de la nouvelle. Tout le vin de Jacques Parizeau s'est vendu avant même qu'il n'atteigne les tablettes des succursales.

Au printemps 2000, alors que je siégeais au comité exécutif de la Fondation de l'Institut de Cardiologie de Montréal, France Chrétien-Desmarais, qui venait de remplacer Monique Leroux comme présidente du conseil d'administration, s'était approchée de moi pour me demander si j'avais des idées originales qui permettraient de lancer un nouvel événement majeur. Sur le moment, tout ce que j'ai pu lui dire, c'est que j'y songerais.

L'année précédente, j'avais entendu un reportage diffusé à CBC[49] où on avait présenté une étude scientifique danoise prouvant que le vin rouge et le cœur faisaient bon ménage. Les chercheurs avaient suivi plus de 13 000 hommes et femmes pendant une période de 16 ans et ils avaient découvert que ceux qui consommaient modérément du vin réduisaient considérablement leurs risques de souffrir de maladies cardiovasculaires par rapport à ceux qui n'en prenaient pas.

C'était une piste de travail stimulante qui m'a donné une idée, considérant que la SAQ œuvrait dans les « vins » et que la Fondation de l'Institut de Cardiologie œuvrait dans les « cœurs ».

J'ai proposé à France d'organiser le « Grand Bal des **Vins-Cœurs** ». Il s'agirait d'un événement prestigieux où les convives paieraient pour déguster de très grands crus fournis par la Société des alcools du Québec.

La suggestion a été rapidement acceptée et le premier bal a été organisé à l'automne 2000. À cette occasion, plus de 600 convives, en tenue de soirée, ont pu déguster de grands vins en écoutant les commentaires de conseillers de la SAQ qui expliquaient les caractéristiques des produits servis. Ce premier Grand Bal des Vins-Cœurs a rapporté près de 500 000 dollars à la Fondation. Le 6 septembre 2012, lors de sa 12e édition, cette soirée tenue à la salle des pas perdus de la gare Windsor a réuni près de 850 convives et a permis d'amasser 2,4 millions de dollars.

Le Grand Bal des Vins-Cœurs n'a donc cessé de grandir et de profiter de l'engagement des gens d'affaires. Je suis d'ailleurs heureux que la SAQ y soit toujours associée. Comme quoi le vin et le cœur font effectivement bon ménage.

* * *

À sa deuxième édition, en 2001, le Grand Bal avait encore attiré beaucoup de monde. Toutefois, je n'étais pas présent à cette édition. En effet, Paul Kefalas, qui était membre du conseil d'administration de la Société des alcools du Québec, m'avait proposé, ainsi qu'à quatre autres couples, de louer un bateau et d'aller passer quelques jours à faire le tour des îles grecques. Paul, d'origine grecque, est un excellent ambassadeur de son ancien pays et a merveilleusement su nous présenter son idée. Évidemment, chacun payait ses dépenses. « Et pourquoi pas ? » me suis-je dit. L'occasion était propice et nous étions, Hélène et moi, mûrs pour des vacances. Rapidement, nous avons organisé cet extraordinaire voyage. Parmi ceux qui avaient été approchés par Paul, il y avait Alexandre de Lur Saluces, un de ses bons amis que l'on connaissait comme étant le comte de Saluces et dont la famille était propriétaire depuis plusieurs centaines d'années du Château d'Yquem, dans la région de Sauternes, en France. Pour ceux qui l'ignorent, le Château d'Yquem[50] est l'un des plus prestigieux vins français.

Nous voici réunis sur le pont arrière du navire au début de notre croisière en Grèce. Je suis à l'extrême gauche, alors qu'Alexandre de Lur Saluces est assis en bas, complètement à droite, à côté de Paul Kefalas.

Bref, les six couples s'étaient retrouvés à Athènes aux alentours du 7 septembre et nous sommes partis pour notre croisière. Le 11 septembre, nous nous trouvions quelque part dans les îles grecques. Nous étions, pour la plupart, sur le pont du bateau car il faisait beau. Le capitaine avait mis le navire à l'abri dans une petite baie, car le vent soufflait et nous voyions, plus loin, la haute mer où les vagues étaient carrément mauvaises. Mais c'était sans danger pour nous.

Vers 15 heures, heure de la Grèce, le comte Alexandre, avec son téléphone satellite, a contacté son bureau en France pour s'assurer que tout allait bien. Il était 15 heures pour nous et 9 heures à New York, heure à laquelle un avion s'est écrasé sur l'une des tours du World Trade Center. Sa secrétaire, consternée, lui décrivait ce qui se passait, en direct, à la télévision.

Soudainement, pour nous comme pour le reste de la planète, le monde a basculé. Nous nous demandions ce que nous faisions là alors que des événements tragiques se passaient tout près de chez nous.

Malgré la mer agitée, nous avons réussi à convaincre le capitaine de prendre le large pour gagner une île d'où nous pourrions avoir d'autres nouvelles et contacter nos proches. La houle, trop forte, a empêché le capitaine d'accoster et nous avons dû revenir à notre point de départ, dans la baie qui nous abritait. Ce n'est que deux jours plus tard que nous sommes arrivés à l'île de Santorini, où nous avons dévoré les journaux anglais pour comprendre ce qui s'était passé à New York. Nous en avions déjà une bonne idée, puisque chacun d'entre nous, par téléphone satellite, avait contacté ses proches ou son bureau pour connaître les développements et les répercussions de cette tragédie.

Je peux, comme des milliers d'autres personnes dans le monde, vous garantir que je me souviendrai toujours de l'endroit où j'étais quand est survenu ce tragique événement. Mais peu de personnes pourront dire qu'elles l'ont appris de la bouche de la secrétaire d'Alexandre de Lur Saluces...

À une autre occasion, nous étions en France, dans la région de Bordeaux, où se tient aux deux ans Vinexpo, le grand salon international du vin et des spiritueux. C'est le rendez-vous des grossistes, détaillants, acheteurs de la grande distribution, restaurateurs, sommeliers, importateurs et autres professionnels du domaine. Un événement incontournable pour le PDG de la Société des alcools du Québec.

Nous avions prévu visiter quelques-uns des nombreux châteaux qui se trouvent dans la région de Bordeaux. Lors de l'une de nos visites, on nous a présenté Emile Castéja, propriétaire du Château Batailley[51]. Il produisait l'un des plus grands crus Pauillac. L'homme devait avoir 80 ans et faisait très « vieille France ». Nous avons discuté un moment, puis il nous a invités à dîner à son château le soir même.

À 19 heures, comme prévu, notre petite délégation est arrivée au château. Il y avait, entre autres, Pierre Parent, le président du conseil d'administration de la SAQ, sa conjointe, Carmen Catelli, et Hélène m'accompagnait. Le château était une magnifique propriété qui s'ouvrait sur une immense cour intérieure. Au milieu de ce jardin providentiel se trouvait un arbre gigantesque qui semblait protéger les environs. Le domaine était énorme et splendide.

Nous nous en sommes approchés et, comme il faut le faire dans n'importe quelle maison, j'ai frappé à la porte principale.

Au bout de quelques instants, une dame âgée est venue nous répondre.

— Monsieur Frigon ? a-t-elle demandé avec l'extraordinaire accent de cette région.

— Oui, madame. Nous venons rencontrer monsieur Emile Castéja.

— Oui, je sais, répondit doucement la dame. C'est mon mari. Et savez-vous, monsieur Frigon, où est mon mari ?

— Non, lui ai-je répondu.

— Mon mari est à l'étage.

— Ah bon !

— Et savez-vous, monsieur Frigon, ce qu'il fait à l'étage ?

— Non !

— Il écoute la radio.

— Bien ! ai-je répondu, ne sachant trop où cette discussion nous mènerait.

— Et savez-vous, monsieur Frigon, pourquoi il écoute la radio ?

— Pas la moindre idée, madame.

— Il écoute toutes les chaînes en espérant que l'une d'entre elles annoncera du beau temps demain pour que les vendanges puissent commencer. Mais jusqu'à maintenant, on ne prévoit que de la pluie. Il écoute la radio en se disant qu'un poste finira bien par annoncer du beau temps...

Et voilà comment nous avons commencé notre soirée au château. L'épouse d'Emile Castéja, Denise Borie, avait un sens de l'humour extraordinaire. Ce sens de l'humour pince-sans-rire qui lui permettait parfois de dire à son mari ses quatre vérités. Mais toujours de façon absolument sympathique et amicale. C'était tout à fait charmant. D'ailleurs, son mari n'était pas en reste.

Pendant le souper, il était assis tout à côté d'Hélène, avec qui il s'entretenait de tout et de rien.

— Vous savez, lui raconta-t-il, la semaine dernière, je suis tombé en panne avec la voiture. J'ai été obligé d'attendre de longues minutes sur le côté de la route avant que quelqu'un passe et me donne un coup de main.

— Mais vous n'avez pas de téléphone cellulaire? lui a demandé Hélène.

— Vous n'y pensez pas, madame. Ma femme pourrait me joindre partout et en tout temps. Ce ne serait pas une vie!

C'est dans cette atmosphère cordiale que nous avons dégusté un dîner exceptionnel dans une salle magnifique en savourant une ou deux bouteilles de la prestigieuse cave de nos hôtes.

J'ai eu la chance de participer à plusieurs autres dîners mémorables à titre de PDG de la SAQ. En voici quelques-uns:

Avec la baronne Philippine de Rothschild, la fille du baron Philippe de Rothschild, propriétaire de Mouton Rothschild.

Avec le marquis Antinori et ses trois filles, Albiera, Allegra et Alessia, de la fameuse maison du même nom en Italie.

Avec Vittorio Frescobaldi, de la maison du même nom, également en Italie.

Avec Colette Faller et ses deux filles, Catherine et Laurence, du domaine Weinbach, en Alsace.

Avec Jean-Pierre et François Perrin, producteurs du Château Beaucastel, un châteauneuf-du-pape très connu.

Avec Pierre-Henry Gagey, sa femme et leurs deux jeunes enfants, de la Maison Louis Jadot, à leur résidence de Beaune, en Bourgogne.

Avec Robert Mondavi et son fils Michael, à leur vignoble en Californie.

Avec le directeur général de Penfolds, à son restaurant Magill Estate à Adelaide, en Australie.

Avec Mario Saradar, propriétaire de la Banque Saradar, à sa résidence de Beyrouth, en compagnie du propriétaire de la maison Massaya, un vignoble de la vallée de la Bekaa, au Liban.

Et surtout avec Jean-Claude Boisset, son épouse, son fils Jean-Charles et sa fille Nathalie, à leur domaine de Nuits-Saint-Georges, en Bourgogne, un ancien couvent des Ursulines. Aujourd'hui, Jean-Charles est marié avec Gina Gallo, la petite-fille du fondateur de la maison Ernest & Julio Gallo, en Californie.

Au printemps 1999, j'avais planifié un voyage pour aller visiter de grands vignobles italiens. Mes collaborateurs et moi avions pris des ententes avec chacun des producteurs que nous voulions rencontrer pour établir notre itinéraire.

Quelques semaines avant de partir, j'ai reçu une lettre d'un certain Giorgio Lungarotti, dont j'ignorais tout. Sa lettre, manuscrite et en français, se lisait à peu près ainsi :

« Cher Monsieur Frigon,

J'ai appris que vous veniez visiter des vignobles italiens et que, malheureusement, le mien ne se trouvait pas sur votre route. J'ai 88 ans. J'ai rencontré et connu vos prédécesseurs et on m'a beaucoup parlé de vous en bien. Alors j'insiste un peu, car j'apprécierais que vous veniez voir mon domaine et goûter à mes vins. Je vous invite d'ailleurs à mon hôtel, Le Tre Vaselle à Torgiano[52]*, qui se fera un plaisir de vous accueillir.* »

Comme je ne savais pas de qui il s'agissait, j'ai consulté l'un des experts de la SAQ qui m'a expliqué que Giorgio Lungarotti était propriétaire de l'un des vignobles les plus reconnus d'Italie. J'ai donc vérifié où était située la ville de Torgiano pour me rendre compte qu'elle était à peine à une centaine de kilomètres de Rome, où se terminait notre voyage. Il était donc facile de modifier notre itinéraire pour inclure une visite chez ce producteur. Je lui ai confirmé que nous passerions le rencontrer le 16 avril en matinée, ce qui nous permettrait de revenir en après-midi sur Rome.

La veille de notre rendez-vous, nous avons réservé une chambre à l'hôtel Le Tre Vaselle. Au matin, vers huit heures, nous attendions tel que convenu dans le hall de l'hôtel que monsieur Lungarotti vienne nous y retrouver. Or, c'est plutôt Theresa, l'une de ses deux filles, qui s'est présentée. Elle nous a expliqué que son père ne se sentait pas très bien et qu'il devait se reposer un peu avant de venir nous saluer. En l'attendant, elle nous proposait de visiter leur vignoble.

Vers 10 heures, la tournée étant presque complétée, Theresa a appelé à la maison pour apprendre que son père n'allait pas mieux et qu'il devait rester au lit. Comme nous devions reprendre la route, je lui ai demandé de le saluer pour nous et de lui dire que je profiterais d'un autre voyage pour venir le rencontrer. J'y tenais étant donné la belle lettre qu'il m'avait envoyée avant mon départ.

Vers midi, nous sommes arrivés à notre hôtel à Rome. Nous avons alors reçu un message nous annonçant que monsieur Lungarotti était décédé une heure plus tôt.

Je n'ai donc jamais eu le plaisir de rencontrer cet homme, lui qui était une des célébrités parmi les producteurs de vin italiens. J'avais cependant pu faire la connaissance de sa fille qui, avec sa sœur Chiara, a ensuite repris l'entreprise qui fonctionne encore aujourd'hui.

Un soir de juin 2001, à la salle Claude-Champagne de l'Université de Montréal, j'avais choisi de répondre à mes détracteurs avec humour. Plus de 700 personnes étaient réunies dans le cadre d'une soirée-bénéfice pour entendre un concert de l'Orchestre symphonique des jeunes de Montréal, alors que 6 PDG avaient été invités à jouer les maestros. J'étais l'un de ceux-là. L'activité visait à recueillir des fonds pour cet orchestre.

Quand mon tour est venu, je me suis avancé sur la scène, vêtu d'une queue-de-pie en soie bleue et portant fièrement une abondante perruque blanche. J'ai regardé sérieusement le public, je me suis incliné pour saluer et je me suis retourné pour faire face aux musiciens. Dans mon dos étaient épinglés des logos de la SAQ, de Jaguar et de Winnebago, ce véhicule qu'on m'avait reproché d'avoir stationné au siège social de la Société. Les gens ont aussitôt compris mon message et se sont mis à rire et applaudir. J'avais fait mon petit coup de théâtre !

* * *

Malgré tous les succès de la SAQ, il s'agit quand même d'un monopole avec toutes les restrictions que cela impose. Par exemple, si la Société refuse un vin qui lui est proposé par un agent, ce vin ne peut tout simplement pas être vendu en succursale. La conséquence directe est que même si la SAQ offre des milliers de vins différents, il en reste des dizaines de milliers d'autres qui ne sont pas accessibles aux consommateurs québécois.

J'avais trouvé une façon d'atténuer ce problème.

En effet, je souhaitais ouvrir une succursale unique et géante qui serait appelée SAQ Découvertes. L'idée était simple : tous les fournisseurs de la planète, dont les vins ne sont pas offerts à la SAQ, auraient été invités à envoyer, à leurs frais et sur une base de vente garantie, une petite quantité de leurs meilleurs produits, lesquels auraient été proposés dans la succursale SAQ Découvertes.

Ladite succursale aurait alors offert des milliers de nouveaux vins que les consommateurs auraient été en mesure d'acheter et de goûter. Cette succursale aurait servi de laboratoire en permettant de démocratiser la sélection des nouveaux produits. En effet, les produits les plus populaires de la SAQ Découvertes auraient pu ensuite se retrouver dans les succursales régulières. Ce faisant, ce sont les consommateurs qui en bout de ligne auraient décidé de la sélection des produits à la SAQ.

Malheureusement, j'ai quitté la SAQ pour Loto-Québec avant même d'avoir pu mettre en œuvre ce projet, et mes successeurs n'y ont pas donné suite.

* * *

Quand, au printemps 2001, Bernard Landry est devenu premier ministre, Claude H. Roy, avec qui j'avais travaillé puisqu'il était premier vice-président, affaires corporatives, à la Société des alcools du Québec, est devenu son chef de cabinet. Même après sa nomination, nous avons continué à nous parler assez régulièrement pour discuter de certains dossiers[53].

Un jour, en janvier 2002, il m'a donné un coup de fil.

— Gaétan, m'a-t-il dit, Michel Crête[54] terminera bientôt son mandat à Loto-Québec. Le premier ministre souhaiterait que tu prennes le poste.

— Je ne suis pas certain que ça m'intéresse. D'abord, il me reste une année à faire pour compléter mon mandat à la SAQ et puis je ne suis pas convaincu de vouloir m'embarquer pour un autre cinq ans...

— Prends le temps de réfléchir. On se reparle bientôt.

J'avais 62 ans. Est-ce que je voudrais, l'année suivante, prendre un autre mandat quinquennal à la SAQ ? J'en doutais.

Il y a parfois de petits témoignages particulièrement intéressants. Quand j'ai quitté mon poste de PDG de la Société des alcools du Québec pour tenter l'aventure de Loto-Québec, j'ai reçu, d'un employé syndiqué de la SAQ, cette caricature qu'il avait dessinée. Je l'ai conservée précieusement, car elle représente la qualité des relations que j'ai pu établir avec le personnel de la SAQ.

Au fond, j'avais le choix. Soit je terminais mon mandat à la SAQ et je revenais ensuite à Publipage, soit j'abandonnais tout de suite mon poste à la SAQ et j'acceptais celui à Loto-Québec.

J'en ai naturellement parlé avec Hélène. Selon elle, c'était un défi extraordinaire à relever et elle me voyait bien accepter ce poste. Et je dois avouer que plus j'y pensais, plus l'expérience m'attirait. J'ai finalement acquiescé.

Ainsi, après quatre années de mandat à la Société des alcools du Québec, je partais entreprendre une nouvelle mission. Je laissais une entreprise florissante où j'avais plus que comblé les attentes. Pendant mon séjour, les ventes nettes étaient passées de 1,136 milliard de dollars à près de 2 milliards. Les profits qui avaient diminué, ou au mieux stagné, pendant les 10 ans qui ont précédé mon arrivée, avaient bondi en 4 ans. Les Québécois, comme le gouvernement, étaient heureux des résultats que nous avions atteints. D'une certaine façon, j'avais le sentiment d'avoir remis cette société aux consommateurs et j'en étais fier[55].

J'ajouterais que les employés aussi étaient satisfaits de ce renversement de situation qui avait permis de bons échanges avec les syndicats, et qui, surtout, les avait rendus fiers de leur travail et de leur employeur. La SAQ était devenue l'une des entreprises les plus appréciées des Québécois, avec un taux de 95 % selon un sondage préparé par le journal *Les Affaires* en septembre 2001.

Personne ne pouvait nous enlever le crédit de ce qui avait été accompli.

Chapitre 13
Le Dragon chez Loto-Québec et dans les guerres politiques

Au tournant des années 2000, Loto-Québec avait mauvaise presse. Bien sûr, l'étatisation des casinos et le contrôle des appareils de loterie vidéo avaient permis de couper l'herbe sous le pied du crime organisé. Cela était généralement considéré comme une bonne chose, mais il restait des enjeux sociaux qui laissaient des traces.

Lors de sa fondation en 1969, Loto-Québec s'occupait uniquement de loteries et de tirages. En 1979, l'exploitation des jeux de hasard devint une compétence provinciale, ouvrant la porte à de nouveaux champs d'activités. En 1993, la Société des loteries vidéo du Québec a été créée et le Casino de Montréal a ouvert ses portes. C'est probablement à cette époque que les perceptions ont commencé à changer.

Il existait des appareils de loterie vidéo bien avant qu'ils ne soient intégrés à Loto-Québec. D'ailleurs, si je me souviens bien de certaines statistiques de la Sûreté du Québec, il y en aurait eu jusqu'à 25 000 en circulation, tous illégaux, avant que le gouvernement ne demande à Loto-Québec d'en prendre la responsabilité. De plus, il y avait de nombreuses tables de jeu illégales avant que n'ouvrent les casinos du

Québec. Dans ce sens, les problèmes liés au jeu n'étaient pas nouveaux. Mais le fait d'en étatiser l'opération rendait les choses plus visibles et plus délicates.

En prenant le poste de président-directeur général de Loto-Québec, je recevais un mandat qui se déclinait en quatre objectifs.

- Maintenir les bénéfices nets versés annuellement au gouvernement du Québec.
- Intensifier les mesures visant à aider les joueurs pathologiques.
- Accroître le nombre de touristes provenant de l'extérieur du Québec dans les casinos.
- Ne pas augmenter, globalement, l'offre de jeu au Québec.

Dans mon esprit toutefois, la question du jeu compulsif allait devenir une priorité.

De par leur nature, la SAQ et Loto-Québec sont deux sociétés très différentes. Si le public accepte largement qu'on puisse faire le commerce de vins et de spiritueux, le domaine du jeu demeurait un élément très délicat. D'où l'importance de tenir compte de cet aspect dans tous les plans du développement de la société d'État.

Il y avait d'autres différences fondamentales entre les deux sociétés. Tout d'abord, je prenais les commandes d'une entreprise affichant des revenus de 3,5 milliards de dollars et un bénéfice net de 1,3 milliard, ce qui était deux fois plus important qu'à la SAQ. Ensuite, il y avait beaucoup moins d'employés à Loto-Québec qu'à la SAQ puisqu'on en comptait environ 5000 dans ce dernier cas, contre environ 2000 pour Loto-Québec.

Dans un autre ordre d'idées, la Société des alcools du Québec était beaucoup plus autonome dans son développement et ses décisions que ne l'était Loto-Québec, organisme étroitement surveillé par le gouvernement.

La SAQ décidait du nombre de vins et de spiritueux qu'elle offrait, elle choisissait quand et à quel endroit ouvrir une nouvelle succursale, elle élaborait et mettait en branle ses méthodes de promotion, et ainsi de suite. Rien de tout cela à Loto-Québec. Par exemple, augmenter le nombre de valideuses dans les dépanneurs ne pouvait se faire sans obtenir l'autorisation du gouvernement. Il en allait de même pour les appareils de loterie vidéo ou pour l'ouverture d'un casino. Tout devait être présenté, discuté et approuvé par le gouvernement.

C'était le nouveau cadre de travail que j'avais accepté et le défi que Bernard Landry me demandait de relever.

Officiellement, le PDG de Loto-Québec répondait à madame Marois, qui était ministre des Finances. C'est d'ailleurs elle qui avait fait l'annonce officielle de ma nomination. Toutefois, celle-ci avait été décidée par le premier ministre Bernard Landry directement. J'ai appris plus tard que je n'étais pas le candidat qu'aurait souhaité Pauline Marois. Elle aurait, semble-t-il, préféré nommer Francine La Haye, une de ses amies qui avait longtemps siégé au conseil d'administration de Loto-Québec.

Monsieur Landry a, de toute évidence, eu le dernier mot, puisque, le 23 janvier 2002, le gouvernement adoptait un décret me nommant président du conseil d'administration et président-directeur général de Loto-Québec. Je suis entré en poste le 18 février 2002.

Mon expérience « utilisateur » de casino était assez limitée. Vous vous souviendrez que j'étais allé à Las Vegas lorsque je travaillais pour Red Barn. Avant mon départ, je me rappelle avoir acheté un livre à l'aéroport pour comprendre le fonctionnement du black jack. J'avais alors l'intention de m'amuser à ces tables durant mon séjour, sans toutefois y perdre bêtement mon argent. Et je me suis effectivement bien amusé sans trop perdre mes mises.

Je n'avais jamais mis les pieds dans aucun des trois casinos du Québec avant d'être nommé PDG, si ce n'est que pour aller dans leurs restaurants. Et quels restaurants ! Le Nuances au casino de Montréal et le Baccara à celui du Lac-Leamy, à Gatineau, deux restaurants 5 étoiles parmi les meilleurs au Québec.

Tout comme je n'avais pas le profil « connaisseur en vin » avant de me joindre à la SAQ, je n'avais pas le profil « connaisseur en jeux » avant de travailler à Loto-Québec. D'ailleurs, à la suite de mon embauche, certains faisaient des blagues en disant que si le gouvernement légalisait la prostitution, Gaétan Frigon devrait être nommé PDG de cette éventuelle société d'État. Il aurait alors été PDG de toutes les sociétés d'État œuvrant dans le vice...

Lors de ma première journée à Loto-Québec, tout comme je l'avais fait à la SAQ, j'ai rencontré les employés du siège social pour me présenter et faire leur connaissance. J'ai passé les deux journées suivantes à visiter le Casino de Montréal. Cette tournée a été un peu plus longue, car il y a beaucoup d'employés et beaucoup de quarts de travail, le casino étant ouvert 24 heures par jour. Mais j'ai pu voir l'ensemble des employés.

Et j'ai tout de suite aimé cette féerie qui se dégageait autour et à l'intérieur du site !

Rappelons que le Casino de Montréal est situé dans les anciens pavillons que la France et le Québec ont occupés durant l'exposition universelle de 1967.

Ces pavillons devaient d'ailleurs être détruits après l'exposition, mais lorsque le gouvernement a autorisé la construction du Casino de Montréal, il est devenu évident que le site de l'Expo 67 constituait un endroit idéal pour l'établir. En effet, il n'était ni trop proche, ni trop loin de la ville et, ainsi, ne constituait pas un encouragement au jeu.

La visite du Casino de Montréal m'a fait découvrir la salle de « surveillance » où des agents de sécurité observent les joueurs et le personnel en permanence, à partir de centaines de caméras placées dans des endroits stratégiques. La tricherie est pratiquement impossible. Les caméras sont placées, entre autres, au-dessus des tables de jeu pour toujours voir les mains des croupiers.

Il faut savoir que Loto-Québec a aussi mis sur pied un programme d'autoexclusion. Les joueurs qui estiment avoir des problèmes avec le jeu peuvent, sur une base volontaire, signer un formulaire demandant au personnel de les inviter à quitter les lieux dès qu'ils y mettent les pieds. Sur les écrans de la salle de surveillance, on voit les photos des gens autoexclus, avec les subterfuges qu'ils utilisent pour essayer d'entrer de nouveau, malgré leur demande d'autoexclusion. Certains se déguisent avec une fausse barbe pour tenter de contourner la vigilance des agents de sécurité du casino.

J'ai d'ailleurs une anecdote à ce sujet. Lors de ma première visite au restaurant Nuances, je n'avais pas annoncé ma venue. Quelle ne fut pas ma surprise d'y être accueilli par les dirigeants du casino. Les caméras m'avaient tout simplement suivi et les responsables avaient vite compris que je me dirigeais vers le restaurant Nuances. Étant donné que ça prenait environ cinq minutes pour s'y rendre, cela avait donné suffisamment de temps aux dirigeants pour y être avant moi.

Cela dit, j'ai poursuivi mes rencontres en me rendant au Casino du Lac-Leamy, à Gatineau, puis à celui de Charlevoix. En moins de deux semaines, j'avais vu pratiquement chacun des 2000 employés de Loto-Québec.

Le Casino du Lac-Leamy a été construit en 1996. La qualité de l'hébergement et de la restauration y est exceptionnelle. L'hôtel du Lac-Leamy appartient à Loto-Québec, mais est géré par Hilton. Quant au casino de Charlevoix, il a ouvert ses portes en 1994.

L'une des choses que j'ai pu remarquer durant ces visites, c'est que les relations entre les syndicats et Loto-Québec étaient assez tendues. Je me rappelais qu'à la SAQ, on m'avait prévenu que j'aurais des problèmes constants avec les syndiqués. Mais chez Loto-Québec, jamais on ne m'en avait parlé. J'ai toutefois constaté que, là aussi, la source des problèmes se trouvait probablement dans l'intransigeance de l'administration. Celle-ci s'était souvent montrée tatillonne, refusant toute concession, même minime.

Lors d'une de mes premières réunions avec les responsables du syndicat, j'avais accepté rapidement une de leurs demandes concernant les assurances familiales. Celle-ci traînait depuis longtemps. Je leur avais expliqué, comme je l'avais fait à la SAQ, que nous devions devenir partenaires du développement de Loto-Québec. En ce sens, avais-je dit, je serais prêt à accepter des revendications logiques qui permettraient de créer un bon climat de travail et qui rendraient les employés heureux et fiers de travailler pour Loto-Québec.

Dès ce moment, l'attitude des deux parties s'était transformée et l'ambiance était devenue beaucoup plus sereine. En fait, je n'ai jamais changé mon approche face aux employés. Ils sont toujours le cœur d'une entreprise, et c'est particulièrement vrai pour toutes celles qui œuvrent avec le public. Comme le client est toujours roi, il doit être servi par des personnes compétentes, accueillantes et fières de ce qu'elles font.

Cela dit, mon style un peu fonceur ne plaisait pas à tout le monde. J'en prends pour exemple cette publicité télévisée à laquelle j'ai participé dans les premiers mois de mon mandat. J'y disais que les profits de Loto-Québec servaient aussi à la santé et à l'éducation. Cela avait soulevé un tollé, les politiciens n'acceptant pas qu'un PDG de société d'État apparaisse dans une publicité télé. Celle-ci a été retirée des ondes après seulement une semaine de diffusion.

Bref, au fil de mes rencontres et de mes visites, et en analysant la plupart des dossiers, je me suis rendu compte que les appareils de loterie vidéo constituaient le secteur névralgique d'où provenaient, principalement, les problèmes de jeu compulsif. Il y avait aussi des joueurs pathologiques dans les casinos, mais l'environnement y était tellement mieux surveillé qu'il était souvent possible d'intervenir avant qu'un drame ne survienne. Les appareils de loterie vidéo, quant à eux, étaient partout et trop faciles d'accès. Il fallait voir comment contrôler la situation.

J'ai donc rapidement réuni mon équipe et nous avons convenu de commencer à élaborer un plan triennal qui permettrait d'atteindre nos objectifs tout en structurant et en surveillant davantage les aspects sociaux du mandat de Loto-Québec. Ce plan stratégique serait celui qui devrait orienter nos efforts au cours des prochaines années. Nous nous laissions quelques mois pour en étudier tous les aspects afin d'être en mesure de le présenter au gouvernement en 2003.

Parallèlement, je voulais continuer à visiter nos installations pour me familiariser et comprendre le fonctionnement de Loto-Québec. C'est ainsi que le 22 mars, je suis retourné passer quelques jours au Casino du Lac-Leamy. On m'avait dit que la clientèle de fin de semaine était différente de celle qu'on y voyait durant la semaine, car beaucoup de joueurs en provenance d'Ottawa allaient y jouer. Pour l'occasion, j'avais pris une chambre à l'hôtel Hilton.

Tôt le samedi matin, un peu par automatisme, j'ai ouvert la télé. C'était le bloc de nouvelles annonçant les grands titres des journaux. C'est alors que j'ai vu la page frontispice du *Devoir*:

« Le PLQ et Groupaction traquent Frigon ».

Et en sous-titre:

« Un détective privé a été mandaté pour enquêter sur l'ex-p.-d.g. de la SAQ ».

On parlait de moi à la télé et je n'avais aucune idée de ce dont il pouvait s'agir. J'ai aussitôt contacté la réception de l'hôtel pour demander un exemplaire du journal *Le Devoir*. Or, l'hôtel n'y était pas abonné. Je me suis alors rendu au Château Laurier, à Ottawa, où j'ai pu l'acheter.

L'article, signé par Kathleen Lévesque, indiquait que le Parti libéral du Québec s'était associé à la firme Groupaction[56] de Jean Brault pour mandater une agence de détectives privés afin d'enquêter sur mes activités comme PDG de la Société des alcools du Québec. À l'automne 2001, relatait la journaliste, une rencontre aurait eu lieu entre Jean Brault, propriétaire de Groupaction, Pierre Bibeau[57], organisateur du PLQ, et un détective privé. Durant la réunion, les trois hommes auraient échangé des informations sur la SAQ et son PDG de l'époque, c'est-à-dire moi, le tout concernant de possibles conflits d'intérêts.

L'article ajoutait: « *La colère de Jean Brault était vraisemblablement à l'origine de l'idée de faire appel à un détective privé. En 1998, quelques mois après l'arrivée de M. Frigon à la tête de la SAQ, Groupaction a perdu le contrat de publicité qu'il détenait depuis 1996 avec la société d'État. Par ailleurs, des rumeurs circulaient, selon lesquelles l'entreprise Publipage aurait bénéficié de passe-droits pour obtenir des contrats. [...] Deux mois après le premier rendez-vous, soit le 14 décembre à 17h, une autre rencontre a lieu dans les bureaux de la firme de détectives privés dans le nord de Montréal. Cette fois, Pierre Bibeau est accompagné du chef de cabinet de Jean Charest, Ronald Poupart[58]. Les deux piliers du PLQ repartent avec un rapport préliminaire de 20 pages sous le bras.* »

J'étais stupéfait, consterné et en colère. Comment une telle chose était-elle possible ? Nous n'étions quand même pas en Russie ! J'ai appris, plus loin dans l'article, que nous avions même été pris en filature à quelques occasions, Hélène et moi. C'était inadmissible ! Publipage n'avait jamais eu, directement ou indirectement, de contrats du gouvernement ou de sociétés d'État. Il n'y avait tout simplement aucune possibilité de conflit d'intérêts, ni de près ni de loin.

Sur le moment, je ne savais pas quoi faire. C'était samedi. Hélène et moi étions dans la région de l'Outaouais, loin du siège social de Loto-Québec, qui était fermé. J'ai finalement contacté un ami, Luc Beauregard, président fondateur de la firme National[59], pour lui demander conseil. En si peu de temps, il n'a pu me confirmer quoi que ce soit quant à la source de toute cette affaire.

Il était clair que je ne laisserais pas aller les choses sans réagir. Ma conjointe et moi sommes revenus à Montréal pour essayer de comprendre ce qui se passait et surtout pour voir quelle était la meilleure façon de répondre à ce genre d'attaque qui semblait bassement politique. Il s'agissait ici de filature par un détective privé. Sur le chemin du retour, nous repassions dans nos têtes les événements tels qu'ils auraient pu se dérouler. À la limite, c'était pour nous à la fois drôle et triste.

Drôle parce qu'on imaginait les Brault, Bibeau et Poupart assis devant le détective qui leur décrivait nos journées de travail. Et on riait en pensant à ce que devait être ce compte rendu... Mais c'était également triste, car je n'aurais jamais pu imaginer qu'une telle situation puisse se produire dans des sociétés appartenant au gouvernement du Québec. Mais voilà, le milieu politique est différent. Il permet trop facilement à quelques individus malveillants et prêts à tout pour faire avancer leur carrière politique ou leurs intérêts personnels de mettre en place des manigances qu'ils croient à l'épreuve de tout.

Dès le lendemain, Jean Charest, chef du Parti libéral, niait tout. La plupart des autres personnes impliquées en ont fait autant. Le débat se faisait à travers les journalistes qui harcelaient les libéraux pour tenter d'avoir des réponses.

Le mardi suivant, dans son éditorial, Michel David, du journal *Le Devoir*, a résumé la situation :

« *[...] Jean Charest pourra nier tant qu'il voudra l'implication de son bureau dans cette affaire, les faits parlent d'eux-mêmes. À partir du moment où son organisateur en chef, Pierre Bibeau, a accepté de rencontrer un détective privé en compagnie du président de Groupaction, Jean Brault, dans le but avoué de faire une enquête, il y a complicité.*

Groupaction marketing n'a jamais commandé d'enquête privée sur M. Gaétan Frigon.

Nous n'avons jamais mandaté qui que ce soit pour enquêter sur Monsieur Frigon.

Je tiens à préciser qu'il est absolument faux de prétendre que nous voulions nous venger de M. Frigon, prétendument parce qu'il y a cinq ans nous avions perdu le mandat de la SAQ. En fait, M. Frigon n'avait rien à voir avec la fin de ce mandat, le processus de révision ayant été enclenché avant sa nomination à la SAQ. Nous connaissons très bien les règles du jeu des présentations dans le monde de la publicité. Nous en gagnons et nous en perdons, et nous ne tenons rigueur à personne des décisions qui sont prises. Cela fait partie intégrante du fonctionnement des agences de publicité. Dans le cas de la SAQ, nous avons été privilégiés de servir l'entreprise et nous sommes fiers de ce que nous avons accompli pour elle.

J'affirme donc publiquement que ni Groupaction marketing, ni moi-même, n'ont mandaté qui ce soit pour exécuter un travail d'enquête. Je n'ai jamais reçu le rapport auquel fait allusion le journal Le Devoir et je ne l'ai jamais lu.

Je réaffirme donc que nous n'enquêtons pas sur qui que ce soit ni ne confions le mandat d'enquêter à qui que ce soit. Les allégations à cet effet sont donc non fondées et portent atteinte à notre réputation. Elles constituent une attaque injuste envers une entreprise respectée au Québec et partout au Canada.

Jean Brault, président et chef de la direction
Groupaction marketing

Groupaction

Jean Brault, président et chef de direction de Groupaction marketing, a fait paraître une publicité d'une page dans l'édition du 27 mars 2002 du **Journal de Montréal** ***expliquant que ni lui ni son entreprise n'étaient impliqués dans l'« affaire Frigon ».***

« Si cette pratique était condamnable, comme le dit M. Charest, pourquoi M. Bibeau n'a-t-il pas signifié dès le départ que le PLQ ne mangeait pas de ce pain-là? Au contraire, trois mois plus tard, il a accepté le rapport du détective.

*« "*Ce rapport n'est allé nulle part parce que les gens à qui il a été remis ne trouvaient pas ça véridique", *s'est défendu M. Charest. La belle affaire! Autrement dit, s'ils y avaient trouvé quelque chose de croustillant, les libéraux se seraient fait un plaisir de l'utiliser.*

« Le hasard faisant parfois bien les choses, le jour même (14 décembre) où Pierre Bibeau et le chef de cabinet de Jean Charest, Ronald Poupart, prenaient livraison du rapport, le député de Westmount–Saint-Louis, Jacques Chagnon, mitraillait la

ministre des Finances, Pauline Marois, de questions portant justement sur la SAQ. [...]»

Le Parti québécois s'était aussi emparé de cette affaire pour attaquer le Parti libéral. Bernard Landry, qui avait succédé l'année précédente à Lucien Bouchard, a déclaré que le « PLQ avait violé des droits fondamentaux ».

Je ne suis pas resté inactif non plus. Par l'entremise de mon avocat, j'ai entrepris des procédures d'abord pour obtenir ce fameux rapport. Étonnamment, personne n'en avait de copie, comme s'il n'avait jamais existé. J'ai envoyé une série de mises en demeure à des personnes qui semblaient directement liées à l'affaire, au PLQ et au détective, que les journalistes avaient finalement identifié. Il s'agissait de Claude Sarrazin, de la firme Sirco. Des poursuites légales ont aussi été engagées. Mais rien n'y fit. Il était impossible de mettre la main sur le fameux rapport du détective. Toutes les copies semblaient s'être instantanément volatilisées.

Le Parti libéral du Québec, comme c'est souvent le cas quand il se sent menacé, a contre-attaqué. Un de ses représentants, Jacques Dupuis, député de la circonscription de Saint-Laurent, a exigé à l'Assemblée nationale une enquête gouvernementale indépendante. Idée qui m'apparaissait plutôt saugrenue, étant donné que la plupart des acteurs étaient dans leur cour et que pour avoir le fin mot et faire le ménage, ils n'avaient qu'à rencontrer quelques personnes proches du parti. Mais passons...

Pendant environ un mois, les caricaturistes s'en sont donné à cœur joie. Cette affaire a continué à faire du bruit dans les journaux. Nous vivions dans l'univers des demi-vérités, des silences qui en disent long et des spéculations. Qui était à l'origine de cette affaire? Qui en avait été le commanditaire? Quelles étaient leurs motivations?

Puis, comme toujours dans ce monde politiquement correct, les gens sont doucement passés à autre chose. Un autre scandale, une autre affaire a attiré leur attention.

La Presse, le 26 mars 2002 — **Chapleau**

Le Devoir, le 26 mars 2002 — **Garnotte**

Si toute cette histoire m'a rendu très amer, les caricaturistes s'en sont donné à cœur joie dans ce qu'il a été convenu d'appeler l'« affaire Frigon ».

Le Soleil, le 27 mars 2002 — **Côté**

Le Quotidien (Chicoutimi), le 27 mars 2002 — **Lacroix**

La Presse, le 28 mars 2002 — **Chapleau**

Le Journal de Montréal, le 28 mars 2002 — **Beaudet**

Le Devoir, le 29 mars 2002 — **Garnotte**

Le Droit, le 27 mars 2002 — **Bado**

Le Devoir, le 28 mars 2002 — **Garnotte**

La Presse, le 31 mars 2002 — **Bordeleau**

Je suis sorti particulièrement amer de cette aventure. Qu'on m'attaque sur mes comptes de dépenses ou sur une voiture, pas de problème. C'est, jusqu'à un certain point, de bonne guerre et je peux me défendre. Dans cette histoire politique toutefois, on m'avait fait suivre et on avait fait suivre ma conjointe. On avait trahi mon intimité. On a franchi une frontière que jamais personne ne devrait dépasser. Je n'étais pas un bandit. J'étais un dirigeant d'une entreprise d'État qui, de surcroît, avait une excellente réputation. Quelqu'un avait décidé de dépasser les bornes. C'est ce qui me révoltait.

J'ai bien pensé démissionner, car je n'étais pas venu à Loto-Québec pour faire de la politique, mais pour guider une société d'État. Allais-je parvenir à faire avancer Loto-Québec ? Allais-je réussir à encadrer ses activités tout en les faisant prospérer et réaliser les objectifs qu'on m'avait demandé d'atteindre ? Et qu'en était-il de ma crédibilité et du moral de mon équipe à Loto-Québec ?

C'est cette même équipe qui, toutefois, m'a convaincu de rester en poste puisque que je venais à peine d'entrer en fonction. Mais dans ma tête, le doute s'était installé quant à mon avenir au service du gouvernement.

Compte tenu du manque de preuves (aucun rapport de filature n'a été trouvé) et de l'impossibilité de prouver un dommage, mes avocats m'ont recommandé de laisser tomber les poursuites judiciaires engagées. Voilà pour la première joute politique qui s'est jouée, à mon corps défendant, à Loto-Québec... Il y en aura une autre un an plus tard, laquelle aura une finalité différente.

Certains me demandent aujourd'hui pourquoi je ne me présente pas ou ne me suis jamais présenté en politique. J'ai toujours pensé, et j'en suis maintenant convaincu, que je pouvais servir davantage la société par mes actions auprès des entreprises ou des organismes bénévoles dans lesquels je me suis impliqué. Œuvrer dans un univers de « qu'en dira-t-on », de silences, de manigances et de spéculations n'est pas pour moi, même si la réalité politique comporte aussi d'autres éléments plus positifs.

Et puis, effectivement, je croyais aux défis qui m'avaient été confiés. Je pensais que Loto-Québec devait être plus agressif dans son approche sur ce dossier sournois qu'est le jeu compulsif. Et c'est la tâche à laquelle je me suis attelé.

* * *

Loto-Québec a quatre grands champs d'activités : les loteries (billets et « gratteux »), les machines de loterie vidéo, les casinos et les bingos. Je savais pertinemment que plusieurs intervenants sociaux s'étaient interrogés quand j'ai été nommé à Loto-Québec. Pour certains d'entre eux, les méthodes que j'avais mises de l'avant à la Société des alcools du Québec ne devaient en aucun cas être appliquées à Loto-Québec. Ils craignaient, et je trouvais les images amusantes, que je développe des gratteux en format « tripack », offerts à la caisse ou en vrac ou que je fasse des « ventes d'entrepôt ». Or, ce n'était pas du tout l'orientation que je préconisais.

Mon équipe et moi avons élaboré un plan stratégique. Pendant des mois, nous avons étudié divers scénarios pour en arriver à produire un document qui me semblait conforme aux objectifs qu'on m'avait fixés. Deux éléments majeurs en ressortaient.

Tout d'abord, en ce qui concernait les casinos, notre programme prévoyait de conserver celui de Montréal sur l'île Notre-Dame, mais d'y investir 470 millions de dollars en rénovations pour le remettre en ordre. La structure s'était dégradée au cours des années et plusieurs éléments, dont la tuyauterie et l'électricité, étaient à refaire. Parmi les idées que nous suggérions, il y avait la fermeture de la moitié du stationnement et l'ouverture d'un stationnement incitatif sur les terrains de l'Autostade, près de l'autoroute Bonaventure, à quelques kilomètres de là.

Il y avait également la construction d'un monorail (dont l'utilisation serait gratuite pour tous), qui relierait le stationnement de l'Autostade au Casino et à l'île Notre-Dame, et l'aménagement d'une nouvelle salle de spectacle de calibre international d'au moins 1250 places. Le plan prévoyait aussi des investissements de 75 millions de dollars dans un nouveau casino à vocation touristique à Mont-Tremblant, de 10 millions de dollars dans celui de Charlevoix et de 20 millions dans celui du Lac-Leamy.

Ensuite, en ce qui concernait les appareils de loterie vidéo, le programme était aussi très ambitieux. C'était d'ailleurs le secteur le plus épineux en ce qui a trait au jeu pathologique. Nous avions prévu réduire de 41 % le nombre d'établissements abritant ces appareils, les faisant passer de 3180 à 1981; diminuer de 24 % (3370) le nombre d'appareils dans le réseau des établissements de type brasserie ou bar; mettre en place une politique qui contingenterait à 10 le nombre maximal d'appareils que ces établissements pouvaient offrir à leur clientèle; et remplacer les appareils actuels par des appareils de deuxième génération moins attirants, lesquels obligeraient le joueur à programmer la durée prévue de jeu et à inscrire les montants à gager en dollars plutôt qu'en crédits. Finalement, une mise en garde y serait affichée ainsi que la mention de l'existence de la ligne téléphonique 1 866 SOS-JEUX.

Nous savions que ce projet ne serait pas accepté facilement, particulièrement en ce qui concerne la section des appareils de loterie vidéo. Si bien des gens et des organismes seraient d'accord pour diminuer l'offre, le lobbying des bars et des brasseries ne le permettrait pas sans réagir. De plus, les propositions de modifications à apporter au Casino de Montréal devraient être acceptées par la Ville et le Port de Montréal, puisque les installations portuaires seraient touchées.

Avant d'aller plus loin et de présenter le plan stratégique en commission parlementaire, je devais le vendre à plusieurs personnes. J'ai d'abord pris contact avec Raymond Lemay, président du conseil d'administration du Port de Montréal. Je lui ai exposé nos plans de stationnement incitatif et de train monorail. Son accueil a été sympathique. Il ne pouvait évidemment pas donner un accord officiel, mais il m'a confirmé qu'il en parlerait à Dominic Taddeo, le président-directeur général du Port de Montréal. Selon lui, il n'y aurait pas d'opposition au projet. C'est tout ce dont j'avais besoin à ce moment.

J'ai ensuite pris rendez-vous avec le maire de Montréal, Gérald Tremblay. Je suis d'abord passé par son secrétariat, à qui j'avais expliqué les raisons de la demande de rencontre en précisant qu'il s'agissait d'une démarche plutôt informelle. Le jour convenu, nous nous sommes rendus, le premier vice-président, direction commerciale, Jean Royer, et moi, à l'hôtel de ville. L'adjointe du maire nous attendait et nous a conduits dans la salle de réunion du comité exécutif. Nous avons été un peu surpris du choix de la salle de réunion à cause du caractère exploratoire de notre visite. Nous nous sommes installés, puis, quelques instants plus tard, le maire, accompagné de tous les membres du comité exécutif, est entré. Je suis resté un peu figé devant ce déploiement.

— Merci, messieurs, de nous recevoir, ai-je commencé sans autre préambule. Nous voulons, dans une étape préliminaire, vous présenter un projet de développement du Casino de Montréal afin que la Ville de Montréal nous appuie dans nos futures démarches pour l'agrandissement proposé.

— Monsieur Frigon, a répondu le maire, la Ville de Montréal acceptera de donner son accord à un éventuel projet d'agrandissement uniquement lorsque Loto-Québec acceptera de lui verser 15 % des profits générés par le casino.

— C'est quoi cette histoire de 15 % ? Ce que vous me demandez n'a rien à voir avec moi, ai-je répliqué. C'est une décision qui relève du gouvernement et c'est avec cette instance que vous devez négocier. Moi, je remets 100 % des profits du casino au gouvernement et le gouvernement décide de ce qu'il fera avec ce montant. S'il veut donner des redevances à la Ville de Montréal, c'est à lui de décider. Pas à moi.

— Et c'est pourtant une demande de la Ville qui doit être présentée à quelqu'un, a-t-il ajouté.

— Mais pas à moi. Je ne peux même pas servir de courroie de transmission dans ce dossier. Vous devez vous adresser au gouvernement directement. Et, en ce qui me concerne, ai-je renchéri plutôt irrité, si telle est la position de la Ville, nous n'avons plus rien à faire ici.

Et j'ai commencé à ramasser mes affaires pour m'en aller.

— Gaétan, a repris le maire un peu mal à l'aise, ne pars pas. Je devais commencer par cette demande, car c'est une des promesses de notre programme électoral.

— Je m'en fous, ai-je répliqué. Ça n'a rien à voir avec moi. Et ce n'est certainement pas pour ça que je suis ici.

— Ça va, a-t-il concédé. Reprends ta place et présente-nous ton projet. Nous t'écoutons.

J'ai pris un moment pour me réinstaller et me calmer, puis j'ai présenté le plan de Loto-Québec. Nous avions besoin du soutien de la ville, entre autres pour la question du monorail. Je considérais d'ailleurs que ce nouveau moyen de transport entre ce coin de Montréal, près de l'autoroute Bonaventure, et l'île Notre-Dame pouvait devenir un atout additionnel pour la ville. Notre projet prévoyait qu'il serait gratuit et que tous ceux qui le désiraient pourraient l'emprunter. Pas seulement les clients du casino, mais tous ceux et celles qui voudraient aller faire un tour sur l'île.

Au terme de nos échanges, nous avons obtenu un soutien officieux du maire de Montréal. Les élus ne nous mettraient pas de bâtons dans les roues. Là aussi, c'était tout ce que je voulais pour le moment.

La prochaine démarche, je l'imaginais déjà, s'avérerait probablement plus difficile. Je devais convaincre Pauline Marois, ministre des Finances, de la valeur de ce programme. Le principal enjeu politique était, sans conteste, celui des appareils de loterie vidéo.

Nous avons eu cette rencontre à la fin de 2002. Pendant 45 minutes, j'ai expliqué en détail le programme de réaménagement de l'offre de jeu au Québec. Un plan d'action qui devait s'étendre sur trois ans. Au terme de la présentation, j'ai précisé qu'à mon avis, c'était la diminution d'environ 4000 appareils de loterie vidéo qui allait entraîner une levée de boucliers. Il m'apparaissait évident que la Corporation des propriétaires de bars, brasseries et tavernes du Québec (CPBBTQ), présidée par Renaud Poulin, n'allait pas laisser passer cette réforme sans combattre, même si une compensation adéquate était prévue pour chaque appareil de loterie vidéo retiré. Les propriétaires n'allaient pas accepter facilement de voir enlever ces appareils de leurs établissements, ni d'en voir leur nombre plafonné. Il était clair que ces machines étaient une importante source récurrente de revenus dans ces établissements.

À ma grande surprise, madame Marois m'a assuré que ce n'était pas les tenanciers de bars qui allaient lui dicter sa ligne de conduite. Elle a ajouté qu'elle aimait ma proposition et qu'elle allait la soutenir.

J'étais plus que satisfait de la façon dont s'étaient déroulées ces rencontres. Je croyais au bien-fondé de notre plan et je savais qu'il collait parfaitement à la nouvelle réalité québécoise. Dans les semaines qui ont suivi, nous avons encore fignolé les différents détails du programme. Nous avons aussi préparé des dépliants qui en expliquaient toute la démarche. Ceux-ci devaient être remis à tous les députés au moment de la commission parlementaire pour les informer et tenter de les convaincre qu'il fallait aller dans cette voie.

À la mi-janvier 2003, environ un mois avant la tenue de la commission, les choses se sont gâtées. J'ai reçu un appel de Pauline Marois, qui m'informait que la proposition de réduire le nombre d'appareils de loterie vidéo ne passait absolument pas. Les propriétaires de bars et de brasseries avaient fait un formidable lobbying auprès de leurs députés, qui, à leur tour, faisaient des pressions sur le ministère. En conséquence, elle me demandait de revoir entièrement cette section du plan triennal pour la remplacer par une formule qui préciserait que les appareils à retirer le seraient par attrition, c'est-à-dire lors de la fermeture ou de la vente de bars.

Cela changeait toute la philosophie de notre approche. J'étais excessivement déçu de ce retournement de la ministre. Le processus allait être étiré sur des années sans garantie de résultat. Mais à quelques semaines du début de la commission, je ne pouvais rien y faire. Je devais me soumettre aux nouvelles directives de la ministre. Je savais qu'il y avait des élections provinciales dans l'air et qu'aucun élu ne voulait se mettre à dos des électeurs ou des groupes de pression. Encore une fois, des considérations électoralistes retardaient la mise en place de mesures bénéfiques pour la société québécoise. C'était, en tout cas, ma vision des choses.

Et ce n'était certainement pas pour améliorer mes relations avec la ministre. Pas plus d'ailleurs que l'autre conversation que nous avons eue deux semaines plus tard.

En effet, madame Marois m'avait téléphoné pour me rappeler que le Québec était soumis à la loi du « déficit zéro ». Pour boucler les résultats de l'exercice financier en cours, elle me demandait d'augmenter de 50 millions de dollars le montant que Loto-Québec remettrait au gouvernement. Elle m'avisait du même coup qu'elle avait déjà fait une demande en ce sens à Hydro-Québec et à la SAQ.

— Madame Marois, lui avais-je répondu, 50 millions, c'est une très grosse somme et à quelques semaines de la fin de notre année financière, je ne pourrais pas y arriver de toute façon. Je ne peux pas inventer cet argent. Je pourrais évidemment hypothéquer la prochaine année fiscale, mais ce n'est pas mon genre de faire cela. Dans le contexte actuel, je ne peux pas vous donner ce montant.

Et j'avais refusé de me rendre à sa demande, ce qui n'était pas, non plus, de nature à améliorer mes rapports avec la ministre responsable de Loto-Québec. Disons simplement, en guise de conclusion, que les politiciens n'aiment pas les présidents de sociétés d'État qui leur font ombrage.

Les travaux de la commission permanente des finances publiques à l'Assemblée nationale, où devait être soumis le plan de Loto-Québec, étaient prévus pour le début février. Notre programme avait été revu et le chapitre des appareils de loterie vidéo avait été modifié. Deux jours avant la présentation, j'avais reçu une demande de Radio-Canada. Le diffuseur souhaitait que j'accorde à Stéphan Bureau une entrevue en direct, à l'émission *Le Point*, le soir même de ma participation à la commission. J'ai accepté, car je voulais présenter notre programme à la population. J'avais aussi accepté pour le lendemain midi une entrevue avec Anne-Marie Dussault, à Télé-Québec.

Au moment où ont débuté les travaux de la commission, la tension entre le Parti québécois et le Parti libéral était à son comble. Ça sentait les élections. Tout était prétexte à affrontement.

Quand a commencé la discussion sur Loto-Québec, madame Monique Jérôme-Forget, porte-parole de l'opposition en matière de finances, a pris la parole et a dit textuellement qu'à son avis, il y avait un loup dans la bergerie. Une allégorie qui me visait personnellement. Elle en a ensuite rajouté en disant que j'avais possiblement été en conflit d'intérêts quand je dirigeais la SAQ. Elle reprenait à son compte les insinuations soulevées un an plus tôt par le détective qui m'avait traqué. Pourtant, à ce moment-là, toute la classe politique, incluant le Parti libéral lui-même, avait juré n'avoir rien à voir avec ce rapport. Madame Forget en a encore rajouté en remettant en question mes compétences et la transparence de ma gestion du temps de la SAQ. Elle a terminé en demandant au gouvernement de faire une enquête officielle sur toute cette question.

C'est alors que Pauline Marois a répondu qu'elle avait effectivement demandé un rapport à cet effet. Je ne m'attendais certes pas à ça.

C'était pour moi le comble de l'insulte. Je ne comprenais pas que l'on puisse être affamé de pouvoir au point de salir indûment la réputation de quelqu'un sur la base de rumeurs datant de plusieurs mois. Madame Jérôme-Forget suggérait toutes sortes de choses, sans jamais accuser directement, sachant qu'elle était protégée par l'immunité parlementaire. Et Pauline Marois, pour ne pas être en reste, se disait d'accord avec elle...

Pas un mot sur le plan triennal. Pas un mot sur Loto-Québec. C'était pourtant la raison d'être de cette commission parlementaire.

Je suis vraiment passé à un cheveu de démissionner sur-le-champ, mais j'ai vite réalisé que ça ne se faisait pas pendant une telle rencontre. Il me restait d'ailleurs l'entrevue à Radio-Canada avant de terminer la journée pour présenter nos projets de développement. Néanmoins, dans ma tête, ma décision de démissionner était prise.

À l'heure prévue, je me suis rendu dans le hall de l'Assemblée nationale où l'équipement du diffuseur était installé pour cette entrevue avec Stéphan Bureau, qui était, lui, à son studio de Montréal. Mais ce dernier ne voulait pas parler de Loto-Québec. Toutes ses questions portaient sur les allégations avancées par Monique Jérôme-Forget en commission parlementaire. L'animateur a eu à la fois une attitude hautaine et accusatrice. C'était d'ailleurs un peu son genre.

C'est alors que m'est revenue en mémoire une discussion que j'avais eue avec Bernard Landry quelque temps auparavant. Il m'avait dit : « Gaétan, il ne faut pas t'en faire avec les accusations des libéraux. Ils sont dans l'opposition et l'opposition peut japper fort, mais ne peut pas mordre. En t'attaquant, c'est moi qu'ils veulent attaquer. La situation serait différente si c'était le gouvernement qui t'attaquait. Il te faudrait alors te poser des questions. » C'était à l'évidence le cas. Pauline Marois avait clairement laissé savoir qu'elle voulait ma démission.

Immédiatement après cet entretien avec Stéphan Bureau, seul dans ma chambre d'hôtel, j'ai téléphoné à Hélène car je voulais lui communiquer ma décision avant que d'autres l'apprennent.

— Hélène, la limite vient d'être atteinte, lui ai-je dit, car je n'ai plus la confiance de Pauline Marois, ma patronne. Il y a un an, lorsque Groupaction et le Parti libéral avaient été impliqués directement dans l'affaire du détective privé, j'étais venu très près de démissionner. Aujourd'hui, de toute évidence, le Parti libéral veut détruire tout ce qui pourrait donner une bonne image au Parti québécois. La SAQ a obtenu des résultats extraordinaires durant mon mandat et ça semble les irriter au plus haut point. Ils attaquent mes réalisations passées à la Société en insinuant toutes sortes de choses sous le couvert de l'immunité parlementaire. Je ne peux même pas me défendre en direct. Et surtout, ils ne veulent rien savoir de tout ce que j'essaie d'implanter à Loto-Québec. Alors, ma décision est prise, d'autant plus que Pauline Marois a, apparemment, demandé un rapport sur le financement de Publipage par le Fonds de solidarité. Je vais démissionner de mon poste de président de Loto-Québec demain matin.

Hélène était complètement d'accord avec moi. Et elle était même très contente de me voir sortir de cette jungle politique.

Le lendemain matin, je me suis rendu au siège social de Québec de Loto-Québec, où j'ai tout d'abord annulé l'entrevue prévue le midi avec Anne-Marie Dussault, de Télé-Québec. Puis j'ai rédigé ma lettre de démission.

Dans cette longue lettre de trois pages adressée à madame Marois, j'expliquais ma décision qui prenait effet immédiatement. J'ai gardé un ton sobre, sans émotivité et sans revenir sur les événements de la veille. Je précisais que j'étais fier de ce que j'avais accompli à la SAQ et je réaffirmais que le plan d'action 2003-2006 que nous avions préparé pour l'avenir de Loto-Québec reposait sur des bases solides et s'harmonisait parfaitement avec le mandat qu'on m'avait confié. Je concluais en remerciant spécialement et sincèrement les employés de la SAQ et de Loto-Québec, qui avaient toujours fait preuve d'un dévouement et d'un professionnalisme irréprochables.

Cette lettre a été transmise à la ministre l'après-midi même. Elle m'a, plus tard, donné un coup de fil, mais la conversation a été très brève. Bernard Landry m'a aussi appelé pour me demander de réévaluer ma position, mais il a vite compris que je considérais que les attaques pernicieuses des libéraux envers moi avaient dépassé les bornes et qu'il n'y avait pas de retour en arrière possible.

J'ai d'ailleurs pris connaissance, quelques semaines après ces événements, d'une lettre de Raymond Bachand, datée du 23 janvier 2003. Il répondait à une demande d'information que lui avait transmise Gilles R. Tremblay, secrétaire général associé du Secrétariat aux emplois supérieurs.

Gilles Tremblay, à la requête de Pauline Marois, avait effectivement demandé à Raymond Bachand des éclaircissements sur le prêt que Publipage avait obtenu du Fonds de solidarité de la FTQ quelques années plus tôt, ce qui avait permis à Publipage d'acheter Bell Actimedia Solutions.

C'était là d'ailleurs l'insinuation principale du rapport du détective qui m'avait traqué, lequel alléguait qu'il y avait peut-être eu favoritisme à mon égard dans cette transaction. Ce prêt avait été accordé à peu près au même moment que la création d'une société en commandite dans laquelle le Fonds de solidarité et la SAQ s'unissaient pour devenir propriétaires à 50 % chacun de Maison des Futailles, l'usine d'embouteillage de la Société.

Dans sa lettre, Raymond Bachand reprenait les faits à propos de l'investissement dans Publipage. Il rappelait qu'il était alors président-directeur général du Fonds de solidarité des travailleurs du Québec et affirmait, d'emblée, que les analyses de l'époque prouvaient qu'il s'agissait d'un investissement qui avantageait le Fonds et ses actionnaires. Il ajoutait même que les conditions économiques de l'entente pouvaient être qualifiées d'avantageuses et qu'elles se situaient dans le haut de la fourchette des rendements espérés.

Il notait aussi avoir spécifiquement donné la directive aux directeurs responsables des investissements de traiter ce dossier en s'assurant de prendre la meilleure décision économique possible sans tenir compte de la notoriété de l'un des propriétaires de Publipage. Raymond Bachand indiquait également avoir parlé aux trois professionnels principaux de ce dossier qui lui avaient confirmé avoir agi en toute indépendance dans ce travail qu'ils ont aussi qualifié de « pas très complexe ».

En ce qui concerne les conditions économiques de la participation du Fonds, l'entente initiale garantissait un rendement de 20 % sur l'investissement. Au final, le rendement global pour le Fonds a été de plus de 26 %.

Bref, il y avait deux conclusions à tirer de la réponse de Raymond Bachand : premièrement, qu'il n'y avait absolument aucun lien entre ce dossier et celui de Maison des Futailles, et, deuxièmement, que l'entente concernant Publipage s'était avérée particulièrement intéressante pour le Fonds sur le plan financier. Grâce à sa réponse très détaillée, Raymond Bachand clouait le bec à tous ceux qui essayaient d'inventer des conflits qui n'avaient jamais existé.

Cela dit, j'ai passé ma journée de démission au bureau de Loto-Québec, à Québec. Je ne voulais pas revenir au siège social de Montréal où les journalistes tentaient certainement de me contacter. J'ai néanmoins avisé Ginette Cloutier, mon adjointe à Montréal, de ma décision et de ma volonté de rester un peu dans la capitale. Je lui ai mentionné, et elle me connaissait suffisamment bien pour le faire, qu'elle pouvait me transmettre certains appels si elle estimait qu'ils étaient importants.

— Et qu'est-ce que je dis aux journalistes qui appellent ? m'a-t-elle demandé.

— Tu peux leur dire de ma part que je vais maintenant pouvoir m'offrir une Jaguar...

Le lendemain, l'annonce de ma démission paraissait dans tous les journaux. C'était la nouvelle du jour. *Le Journal de Montréal* avait fait sa une avec ma photo en gros plan où je disais justement : « Je vais enfin pouvoir m'acheter une Jaguar... »

J'étais toujours à Québec lorsque Ginette m'a fait part d'un message. Elle m'a dit que, parmi les appels importants reçus, il y en avait un de Paul Delage-Roberge, fondateur du Groupe San Francisco et des Ailes de la Mode. Je le connaissais bien et il insistait pour me parler d'urgence.

— Alors, tu as appris la nouvelle ? lui ai-je dit quand je l'ai joint.

— Bien entendu. Et c'est un peu pour ça que je te contacte. Tu vas maintenant avoir du temps et je voudrais que tu deviennes membre de mon conseil d'administration.

— Tu sais, Paul, que je n'ai jamais accepté ce genre de poste. De toute façon, je pars demain. Je prends deux semaines de vacances.

— Pas de problème. Donne-moi un coup de fil en revenant et on en reparle.

Le lendemain, accompagné d'Hélène, je partais pour la Floride. C'était la fin de mon séjour à Loto-Québec et de ma vie dans le secteur public !

À ce moment-là, mes sentiments étaient un peu mitigés, car je n'avais pas encore le recul nécessaire pour porter un jugement de valeur sur ce qui s'était passé.

Auparavant, les politiciens s'attaquaient entre eux, ce qui est normal. Mais depuis quelques années, ils amenaient des non-politiciens, surtout des présidents de sociétés d'État politiquement neutres, à se battre avec eux dans leur arène. Ils les critiquaient autant quand ces derniers n'obtenaient pas le succès espéré que quand ils réussissaient haut la main. Ce faisant, ces PDG se retrouvaient sans le vouloir dans la jungle politique, avec la conséquence que de moins en moins de bons gestionnaires du privé ne voulaient, pas plus qu'ils ne le veulent maintenant, se retrouver dans cet enfer public. On peut aujourd'hui remarquer que seuls des amis du gouvernement au pouvoir ou des fonctionnaires de carrière acceptent d'aller travailler pour des sociétés d'État. Cela entraîne fréquemment des conséquences néfastes car trop souvent, les PDG de sociétés d'État vont préférer le statu quo à la possibilité de prendre un risque. Tout simplement parce qu'ils ont une peur bleue de la critique. Ils craignent comme la peste de se retrouver sous les feux de la rampe et vivent habituellement comme des ermites dans l'ombre des politiciens.

Tant à la SAQ qu'à Loto-Québec, j'ai dirigé d'une façon ouverte, comme on le fait dans une entreprise privée. J'ai mis en place des programmes audacieux, je dirais même osés, sans me demander si c'était politiquement correct d'agir ainsi. Et j'ai toujours fait face aux tempêtes et aux médias sans me cacher. Les journalistes savaient et savent encore qu'ils pouvaient m'appeler en tout temps et que je leur donnerais l'heure juste, sans me camoufler derrière un subalterne ou un communiqué de presse. C'est toujours le cas, même si ça fait plus d'une décennie que j'ai quitté ces deux entreprises.

Ce qui est fantastique dans toutes ces aventures, c'est que je garde un souvenir impérissable de mes cinq années passées au service du public. Les attaques bassement politiques d'un Jacques Chagnon, d'une Monique Jérôme-Forget ou encore d'un détective privé sont finalement toutes tombées à plat. Les gens se souviennent seulement des changements profonds apportés à la SAQ et que j'ai voulu reproduire chez Loto-Québec.

Et c'est sans compter les nombreux témoignages reçus d'employés de ces deux sociétés. Voici d'ailleurs un échantillon de ceux qui m'auront le plus touché à la suite de mon départ de Loto-Québec.

En effet, environ une semaine après mon retour de vacances en Floride, j'ai reçu l'appel d'un employé syndiqué du Casino de Montréal qui souhaitait me rencontrer. J'ai, bien entendu, accepté, et deux personnes sont venues me voir aux bureaux de Publipage.

Elles voulaient, en fait, me remettre un cahier dans lequel se trouvaient des petits mots d'encouragement écrits par plusieurs des employés du casino. Je crois bien qu'il devait y en avoir une centaine! La page couverture se lisait comme suit:

« Cher Monsieur Frigon,

C'est avec beaucoup de tristesse que nous apprenons votre départ en tant que président de Loto-Québec. Nous tenons à vous dire que nous respectons votre choix, mais que nous sommes tous amèrement déçus de la tournure des événements. Votre présence parmi nous fut hélas trop courte.

Depuis votre nomination à la tête de cette société d'État il y a un an, vous avez en effet eu un impact majeur sur nous tous qui vous ont côtoyé. Votre sourire contagieux, votre grand sens de l'écoute, votre compréhension envers vos employés, votre humanisme et votre grande accessibilité vont tous nous manquer énormément. Votre départ laisse un vide dans notre entreprise.

Nous tenons, par ces témoignages, à vous rendre hommage et vous dire merci. Nous vous souhaitons la meilleure des chances dans vos projets futurs, et surtout, une qualité de vie et une tranquillité d'esprit qui feront de vous un homme comblé.

MERCI M. FRIGON!»

Suivaient plusieurs petits mots d'employés de Loto-Québec. Tous ces gens ont pris un moment de leur temps pour m'écrire un petit témoignage, un commentaire, un message d'espoir.

Je parcourais le cahier et je lisais:

«*Je suis serveur occasionnel, bar à jus, depuis sept ans et je veux vous remercier de votre passage parmi nous. Vous avez démontré que, quand un gestionnaire est bon, il peut faire beaucoup de bonnes choses...*»

«*M. Frigon, je suis monoparentale avec trois enfants. Depuis neuf ans, j'attendais avec impatience les assurances familiales. De gros changements en si peu de temps. Merci.*»

«*Vous avez fait en un an ce que vos prédécesseurs ont été incapables de faire en neuf ans.*»

«*Votre intérêt soutenu envers vos employés et votre loyauté à tenir vos promesses me font réaliser qu'une seule personne peut changer bien des choses...*»

«*Un vent de fraîcheur a soufflé sur Loto-Québec.*»

«*Merci d'avoir partagé avec nous votre grand cœur.*»

Et ça se poursuivait ainsi au fil des pages. Il y avait des messages de toutes ces personnes que j'avais pris plaisir à côtoyer et qui m'avaient appris plein de choses sur leur boulot et sur le mien. Des petits mots de Mélanie, gérante adjointe, de Nancy, croupière, de Jean-Paul, caissier, de JR, à la sécurité, de Linda, au resto, de Bastien, serveur, de Richard, voiturier, de Stéphanie, aux machines à sous, d'Anne-Marie, à l'entretien, et de tous ces autres que j'avais eu la chance de rencontrer.

Pendant un moment, en regardant ce cahier, je suis resté sans voix (ce qui est très rare pour moi). Il s'agissait du plus beau cadeau que je pouvais espérer. La preuve que j'avais toujours eu raison de mettre les employés en tête de mes priorités. Je recevais ces remerciements avec énormément de plaisir, mais également beaucoup d'humilité.

Aujourd'hui, c'est à mon tour de les remercier. J'ai toujours été fier d'avoir pu travailler non seulement avec les gens du Casino de Montréal, mais aussi tous les autres de Loto-Québec, de la Société des alcools du Québec, de Metro-Richelieu, de Steinberg et ainsi de suite jusqu'au magasin Eaton, où l'aventure a commencé dans les années 1960. C'est ensemble que nous avons réussi à changer et bâtir les choses. Je ne peux rien dire de plus que merci !

* * *

Dans ma vie personnelle, il y avait aussi eu quelques changements dans les dernières années. Nous avions, Hélène et moi, quitté la campagne pour vivre notre *trip* urbain. Nous avons bien profité des avantages de la ville, mais il devenait de plus en plus clair que la campagne, le grand air, les grands espaces et la tranquillité nous manquaient.

Nous parlions souvent de ce que serait le monde idéal. Et nous avions convenu qu'il faudrait un jour avoir un endroit agréable à Montréal, pour être près des activités que propose la métropole, mais aussi une résidence en Estrie, où nous pourrions nous détendre et recevoir la famille et les amis. Enfin, il nous faudrait un pied-à-terre en Floride, une région que nous aimions tous les deux et où nous pourrions nous échapper un peu des contraintes du travail et de l'hiver québécois.

La réalisation de tout cela s'est faite par étapes. Tout d'abord, à l'été 2002, alors que je travaillais depuis quelques mois à Loto-Québec, nous étions partis faire un tour sur la Côte-Nord à bord du véhicule récréatif que nous avions acheté environ deux ans auparavant. Je voulais en profiter pour aller au Casino de Charlevoix pour y passer une fin de semaine et voir comment tout ça fonctionnait. En route, nous avons rediscuté de la possibilité de trouver un terrain dans les Cantons-de-l'Est pour y faire bâtir une maison à notre goût. Nous imaginions un très grand terrain avec, idéalement, un petit cours d'eau ou un lac à proximité. Et plus nous en parlions, plus l'idée nous plaisait.

Ce soir-là, nous avions pris une chambre au Manoir Richelieu, à côté du casino. Le lendemain, en déjeunant, nous avons parcouru les petites annonces de *La Presse* pour voir si on ne trouverait pas quelque chose qui ferait notre affaire. Comme souvent dans ma vie, le hasard a bien fait les choses. On offrait un grand terrain de 50 acres, avec lac privé, près de Bromont-Cowansville, un coin qui nous plaisait énormément. Le propriétaire en demandait une somme astronomique, mais nous avons quand même décidé d'aller y jeter un coup d'œil et de profiter de notre passage pour visiter les alentours et tenter de trouver quelque chose de plus abordable.

En tout début de semaine, nous sommes donc passés par là. Nous étions toujours avec notre VR. Le terrain était situé sur une petite route de terre. L'entrée était fermée par une vieille barrière rouillée attachée à une vieille clôture en bois. L'endroit était magnifique. Pour ce que nous pouvions en voir, c'était exactement ce que nous cherchions. Pour seul bâtiment, il y avait une très vieille grange qui avait manifesement déjà connu des jours meilleurs. Il y avait beaucoup d'arbres et, effectivement, un beau petit lac privé en plein centre du terrain. Nous venions peut-être de dénicher l'endroit de nos rêves !

Nous avons pris rendez-vous avec l'agente immobilière pour le mercredi matin, à neuf heures. J'ai l'habitude d'arriver un peu plus tôt à mes rencontres et je n'ai pas fait exception ce matin-là. Nous étions sur place une bonne quinzaine de minutes avant l'heure fixée. En arrivant, un homme retirait le cadenas qui fermait la barrière.

— Mais je vous connais, a-t-il dit en me voyant approcher. Vous êtes monsieur Frigon, non ?

— Oui, lui ai-je répondu avec le sourire. Je ne m'attendais pas à rencontrer ici quelqu'un qui me connaisse.

— Mais on est du même coin. Je suis né à Trois-Rivières.

Et voilà comment nous avons fait connaissance. L'homme s'appelait Robert Mailly et était propriétaire du terrain que nous venions visiter. Il en possédait un autre, juste en face, qui faisait quatre fois la grandeur de celui que nous allions voir. Nous avons parlé un petit moment. Robert Mailly, qui devait bien avoir 55 ou 60 ans, avait été pratiquement toute sa vie commerçant à Cowansville. La discussion a été courte, mais chaleureuse. J'ai surtout réalisé qu'il était probablement plus intéressé à avoir un bon voisin qu'un gros prix pour son terrain.

Bref, quand l'agente s'est présentée, nous sommes partis faire le tour du terrain. Pendant trois heures, nous nous sommes promenés, ce qui a confirmé notre première impression. Nous adorions cet endroit. Le lac faisait certainement 300 mètres de longueur sur 100 de largeur. Nous avons d'ailleurs rapidement identifié où pouvait s'élever notre future maison: sur un monticule qui lui faisait face. De l'autre côté se trouvaient une centaine de pommiers. Le tout entouré d'une belle forêt qui protégeait l'intimité. Derrière ce paysage, nous apprit l'agente, s'étendait un autre lac, beaucoup plus grand et qui n'était accessible par aucune route. Donc, à peu près personne n'y venait.

Après cette extraordinaire randonnée, j'ai regardé Hélène et j'ai compris qu'elle partageait mon coup de cœur. Nous pouvions imaginer quels aménagements il serait possible de créer et nous pouvions rêver aux promenades que nous pourrions y faire. Car 50 acres, c'est très grand. Je sentais que nous serions bien sur ce que j'appelais déjà « notre » terrain.

Bref, nous avons fait une offre la journée même et le lendemain, l'agente nous apprenait que monsieur Mailly l'acceptait. Marché conclu!

Nous avons installé notre motorisé sur le terrain et il nous a servi de chalet pendant les mois de construction. La maison a été prête l'année suivante et, depuis ce temps, nous continuons à améliorer et modifier l'aménagement autant de la maison que du terrain, qui est devenu notre véritable coin de paradis. J'adore cet endroit et je commence à me sentir pousser des racines profondes dans cette terre.

* * *

À propos du dernier élément de notre vision d'avenir, qui concernait un pied-à-terre en Floride, il a fallu, là aussi, plusieurs années pour y parvenir. Notre recherche a commencé en 1999, alors que j'étais à la Société des alcools du Québec. Pierre Parent, le président du conseil d'administration, s'était réorienté dans l'immobilier. Parmi ses projets, il y avait le développement de condominiums en Floride, dans la région de Sunny Isles, auparavant connue sous le nom de North Miami Beach.

Il nous avait un jour invités à aller y passer quelques jours. L'endroit, qui faisait face à la mer, était très beau. Tout près de là, un autre complexe, l'Ocean Point, était en construction. Le promoteur proposait une formule « condotel » qui nous intéressait bien. Nous savions que nous irions quelques fois en Floride, mais pas suffisamment longtemps chaque fois pour justifier l'achat d'un condo. Dans ce programme qui combinait condominium et hôtel, l'appartement que nous prendrions serait géré et loué par l'hôtel quand nous n'y serions pas. Voilà une façon très intéressante d'avoir un pied-à-terre là-bas. Nous en avons donc acheté un à partir des plans qu'il nous suggérait.

Nous avons profité de ce condotel pendant cinq ans. Puis, nos besoins changeant, nous l'avons retiré du *pool* de location pour pouvoir y aller quand nous le désirions. Toutefois, au fil du temps, le secteur se transformait beaucoup. Des promoteurs immobiliers russes s'y étaient installés et la clientèle changeait. Le temps était venu de vendre notre condo pour tenter d'en trouver un autre, plus au nord, dans la région de Fort Lauderdale. Mes recherches ont commencé à l'automne 2010. C'était la période pendant laquelle tout le secteur immobilier américain s'effondrait. Partout à travers le pays, des maisons étaient reprises par les banques, les propriétaires n'étant plus capables de payer leur hypothèque. C'était la crise du papier commercial où tant de gens et d'entreprises ont perdu des sommes faramineuses. Depuis 2008, les effets de ce krash ne faisaient que s'amplifier.

Il y avait donc, un peu partout, des opportunités exceptionnelles. Puisque j'adore fouiller sur Internet, je passais des heures à rechercher une propriété qui nous conviendrait, dans le secteur qui nous intéressait. C'est comme ça que j'ai découvert un projet immobilier où le promoteur, faute de clients, avait considérablement baissé ses prix. L'édifice, merveilleusement situé sur la plage, était neuf et luxueux. Nous avons fait une offre d'achat pour un des condominiums à un prix nettement en dessous de celui initialement prévu. Notre proposition a été acceptée. Le 28 janvier 2011, nous avons pris possession de notre nouveau condo.

Chapitre 14
Le Dragon de retour au privé

Pour revenir à l'année 2003, disons qu'elle avait difficilement commencé. Le plan de travail que j'avais prévu à la direction de Loto-Québec s'était envolé. Après avoir remis ma démission à Pauline Marois en février, j'étais parti prendre quelques semaines de vacances en Floride. J'avais besoin de réfléchir à tous les événements qui s'étaient passés.

À mon retour, j'ai repris mon bureau chez Publipage, où Hélène tenait bien la barre et, de ce côté, tout allait pour le mieux. J'avais donc du temps. J'ai repensé à l'offre de Paul Delage-Roberge de joindre son conseil d'administration au Groupe San Francisco[60].

Ce n'était pas la première fois qu'on me proposait d'intégrer le conseil d'administration d'une compagnie. J'avais toujours décliné ces offres, car je considérais que le rôle des administrateurs était trop passif. Le mandat du conseil d'administration n'est pas inutile, bien au contraire. Toutefois, les administrateurs ne sont pas directement impliqués dans l'action. Ils analysent les stratégies et les pratiques en cours dans l'entreprise, et ils établissent certaines politiques. J'avais toujours eu l'impression qu'un administrateur devait se sentir comme un consultant qui devait ensuite laisser travailler la direction générale. Or, je suis beaucoup trop directif pour me plaire dans ce genre de mandat. Cependant, je pouvais revoir mes positions et tenter le coup en me disant que mon expérience pouvait apporter une contribution à son entreprise.

Je savais aussi que Les Ailes de la Mode avaient connu certains problèmes financiers. Quand j'en ai parlé à Paul Delage-Roberge, il m'a simplement répondu qu'il y avait eu refinancement et que la compagnie était désormais bien en selle. Je n'ai pas fait d'autres recherches et j'ai accepté son offre. Pour me sentir plus engagé dans l'entreprise, et afin d'y prendre une part encore plus active, je m'étais procuré environ 30 000 dollars d'actions du Groupe San Francisco, l'entité listée en Bourse. J'avais donc une motivation supplémentaire pour que la société continue à se développer.

À l'assemblée générale annuelle du début du mois de juin 2003, ma nomination comme administrateur a été entérinée. C'est par la suite que j'ai réalisé que les problèmes financiers du Groupe étaient beaucoup plus profonds que ce qui m'avait été dit. Les rapports d'étapes étaient désastreux et plusieurs administrateurs avaient démissionné un peu plus tôt. J'ai alors réalisé que j'aurais vraiment dû faire une meilleure analyse de la situation. Mais je ne l'avais pas fait et il était trop tard pour reculer.

En résumé, après plus de deux décennies de croissance, un mur se dressait clairement devant l'entreprise, et, selon moi, la compagnie le frapperait dans un proche avenir. Le Groupe avait investi plus de 40 millions dans le complexe Les Ailes de la Mode du centre-ville de Montréal, augmentant de 33 % son nombre d'employés et sa superficie de plancher. Mais les ventes n'ont jamais été au rendez-vous. Comme si les consommateurs avaient boudé l'endroit. Pour faire face aux pertes, il y avait eu de nombreuses mises à pied et la vente des bannières Frisco, West Coast et L'Officiel, sans compter la fermeture du magasin Les Ailes d'Ottawa et l'abandon de nouveaux développements.

Pendant l'été, la situation s'est encore dégradée. Vers le mois d'août, je suis allé rencontrer Paul Delage-Roberge pour lui dire qu'il fallait agir rapidement. Les banquiers, qui étaient d'importants créanciers, ne voulaient plus lui parler, et, de façon plus générale, il avait perdu la confiance de tout le monde. La situation était très mauvaise.

Paul m'a recontacté au début du mois de septembre pour me demander si je connaissais Sylvain Toutant[61], ce qui était le cas. Sylvain avait une vaste expérience du commerce de détail puisqu'il avait été président et chef de la direction de Réno-Dépôt. Cette entreprise venait d'être achetée par Rona et Sylvain avait perdu son emploi. Il pourrait possiblement être la bonne personne pour redresser la situation du Groupe San Francisco. Je savais qu'il était un excellent gestionnaire.

Paul m'a demandé de le rencontrer pour lui proposer de le remplacer et d'ainsi devenir président-directeur général du Groupe San Francisco. J'ai téléphoné à Sylvain et nous avons pris rendez-vous. Je me sentais dans une situation délicate. Je savais que le mandat qu'il accepterait n'était pas rose et comportait son lot de difficultés. Mais j'étais aussi membre du conseil d'administration et je devais voir à ce que le meilleur homme disponible prenne les rênes de la compagnie. Sylvain était certainement l'un d'eux. J'avais décidé de répondre franchement à toutes ses questions et j'ai réussi à le convaincre. Le 15 septembre, il devint PDG du Groupe San Francisco. Il avait beaucoup du pain sur la planche pour rétablir les finances de l'entreprise.

* * *

Parallèlement à toute cette histoire avec Les Ailes de la Mode, vers la mi-août, alors que je faisais une promenade au centre-ville de Montréal, j'ai rencontré par hasard Jean-Claude

Gagnon, mon ancien bras droit à la SAQ. Nous avons discuté un moment et il m'a dit que la compagnie Laura Secord[62] était à vendre. Plus il y réfléchissait, plus il croyait que ce serait une bonne entreprise à acheter. Selon Jean-Claude, Laura Secord était une marque qui avait encore une excellente notoriété au Canada, mais qui avait perdu de son lustre auprès des consommateurs. Elle appartenait maintenant à Archibald Candy Corporation, une maison de Chicago qui possédait déjà des chaînes comme Fanny May, Fanny Farmer et Sweet Factory.

Nous en avons parlé pendant au moins une heure et je sentais l'enthousiasme me gagner. C'était en effet exactement le genre de défi qu'il me fallait et le genre de dossier où j'étais certain d'être à mon meilleur puisque l'aspect marketing devait dominer. Nous avons décidé de nous lancer et de préparer une proposition d'achat qui devait être présentée à Paragon Capital Partners, une entreprise de New York qui avait reçu le mandat de vendre cette division d'Archibald Candy.

Les échéances étaient extrêmement serrées puisque tout le processus était en marche depuis quelques semaines déjà. Il nous restait quelques jours seulement pour échafauder notre offre. À la lumière des informations financières que nous avions, notre proposition prévoyait que nous devions offrir 16 millions de dollars pour acquérir Laura Secord. À ce moment, nous n'avions pas le financement nécessaire, mais je savais qu'il était toujours possible de trouver de l'argent pour un bon projet. Quand viendrait le temps, nous verrions à mettre sur pied un groupe d'investisseurs pour assumer le financement de la transaction. Nous avons réussi à tout ficeler pour expédier notre proposition dans les délais voulus. Et, pour être tout à fait honnête, comme nous étions sûrement en compétition avec de grosses entreprises américaines, je doutais que notre offre puisse être retenue.

Et pourtant! Dix jours plus tard, nous avons reçu un appel de New York nous apprenant que notre offre était acceptée.

J'en ai été le premier surpris. Il devenait soudainement urgent que nous ficelions le financement. J'ai alors rencontré mon avocat, Denis Chaurette[63], de Fasken Martineau, pour lui expliquer notre dossier. Denis est spécialisé en droit des affaires et il avait chapeauté plusieurs projets nécessitant du financement institutionnel. Il avait de nombreux contacts dans plusieurs domaines. Il m'a parlé de la compagnie Borealis[64], qu'il connaissait bien et qui pourrait être intéressée par un tel projet.

Il a pris les ententes nécessaires pour que nous puissions rencontrer les représentants à Toronto et leur exposer notre plan. La structure financière que nous leur avons proposée prévoyait que j'investirais personnellement un million de dollars dans l'opération et que j'en serais le propriétaire officiel. Le reste du montant devrait être financé. Les gens de Borealis ont confirmé leur intérêt et ils se sont dits disposés à investir les montants nécessaires pour nous permettre d'acheter Laura Secord. En somme, comme je l'avais espéré, le financement n'avait pas posé de problèmes majeurs.

Cependant, moins de deux semaines après cette réunion, nous avons appris que des changements importants étaient survenus dans la haute direction de Borealis et que les nouveaux dirigeants ne souhaitaient plus investir dans le dossier Laura Secord. Soudainement, nous revenions à la case départ. Denis Chaurette a alors discuté du dossier avec d'autres personnes et nous a indiqué que Schroders & Associates Canada[65], de Montréal, un autre groupe spécialisé dans les questions de financement, pourrait peut-être s'impliquer dans notre affaire. Nous avons rapidement pu en rencontrer les décideurs. Denis, Jean-Claude et moi étions à cette réunion, et je dois dire que nous avons fait une excellente présentation, suffisamment pour les enthousiasmer et pour qu'ils acceptent de financer le projet.

Ce développement nous permettait d'entreprendre de réelles négociations avec Paragon Capital Partners et Archibald Candy. Pendant deux mois, nous avons voyagé entre New York,

Chicago et Montréal pour faire avancer les choses. Et tout semblait se présenter pour le mieux. Si bien, en fait, qu'au mois de novembre, nous avons réussi à convaincre Archibald Candy de nous laisser la gestion de Laura Secord pour Noël. Nous voulions mettre de l'avant certaines stratégies de marketing qui permettraient de profiter pleinement de cette période achalandée de l'année.

Jean-Claude Gagnon a consacré plusieurs semaines à tout mettre en place. Pour les Fêtes, nous souhaitions offrir aux consommateurs un nouveau produit spécialisé et distinctif nommé Laura Secord Signature. Comme il n'était pas question, en si peu de temps, de créer une nouvelle recette, il fallait trouver une compagnie qui accepterait de nous vendre ses propres chocolats haut de gamme, mais dans des boîtes que nous ferions produire pour l'occasion. Et nous avons réussi. Nous avons trouvé cette compagnie à Cleveland, en Ohio. Au début de décembre, 10 000 boîtes de chocolats Laura Secord Signature étaient acheminées à tous les magasins.

La campagne était appuyée par des affiches spécialement imprimées pour cette période et ce lancement. Les résultats ne se sont pas fait attendre. À la mi-décembre, les ventes indiquaient des augmentations de 20 % par rapport à l'année précédente. De quoi nous donner confiance dans l'avenir.

Pendant ce temps, les négociations se poursuivaient toujours. Une transaction de 16 millions de dollars ne se fait pas sans une montagne de formalités et de détails à régler. Par exemple, il fallait transférer la production de chocolat des usines d'Archibald Candy vers une autre compagnie pour nous assurer un approvisionnement régulier, une fois la vente réglée. Or, il fallait qu'Archibald continue à assurer cette production pendant environ neuf mois, le temps que l'autre compagnie puisse mettre en place les équipements nécessaires permettant de reprendre les recettes de Laura Secord.

Nous étions allés rencontrer les propriétaires de Ganong, une compagnie canadienne dont le siège social est au Nouveau-Brunswick, et nous avons signé une entente avec l'entreprise prévoyant qu'elle deviendrait le fournisseur autorisé de Laura Secord.

Ceci réglé, une conférence téléphonique avait été prévue pour le vendredi 12 décembre entre les représentants d'Archibald Candy, à Chicago, ceux de Paragon Capital Partners, à New York, et nous à Montréal. Nous en étions aux discussions sur les derniers détails de la transaction, qui devait s'effectuer au début de l'année suivante. Durant la conversation, le chef de la restructuration d'Archibald Candy, à Chicago, répondant à une question, a échappé une information vitale. « En janvier, avait-il dit, lorsqu'Archibald Candy sera sous la protection de la loi sur la faillite... »

Dans notre bureau à Montréal, cette phrase a eu l'effet d'une douche froide, pour ne pas dire d'une bombe. Le silence s'est fait et tout le monde s'est regardé comme si nous voulions nous assurer d'avoir bien entendu. Si Archibald se mettait sous la protection de la loi sur la faillite, cela changeait considérablement la donne. Après un moment de pause, nous avons questionné le responsable de Chicago. Il a alors été obligé de nous avouer que la compagnie n'avait plus de marge de manœuvre, sa situation financière étant plus que difficile.

— Si c'est le cas, ai-je demandé, alors qui va nous fournir le chocolat en attendant que Ganong puisse prendre la relève?

— Nous y avons pensé, a-t-il répondu, et nous pourrions, dans les prochaines semaines, accélérer la production pour préparer suffisamment de chocolats pour vos besoins des prochains mois. Il suffira de congeler le tout et de planifier, avec vous, la livraison.

Sans être un grand connaisseur de chocolats fins, je doutais que l'on puisse congeler ce genre de produit pour une utilisation ultérieure et qu'il conserve sa qualité première. De plus, il était impossible de prendre le risque que cesse l'approvisionnement de nos magasins en attendant que Ganong puisse prendre la relève. Le danger était trop grand, cela aurait été suicidaire. J'ai regardé mes collègues autour de la table à Montréal et j'ai compris que tous avaient la même impression.

Nous avons retiré notre offre. Il était minuit moins une. C'est ainsi qu'a pris fin l'aventure avec Laura Secord[66].

* * *

Pendant ce même automne, les affaires ne se sont pas améliorées pour le Groupe San Francisco. Sylvain Toutant, qui en assumait la direction, a bien tenté différentes stratégies, mais il était vraiment trop tard. Si bien que, le 17 décembre, face aux difficultés qui semblaient insurmontables, le Groupe San Francisco, propriétaire des Ailes de la Mode, s'est placé sous la protection des tribunaux. La société a alors déposé en Cour supérieure, devant le juge Clermont Gascon, une requête pour procéder à une restructuration opérationnelle, commerciale, financière et corporative. Le juge a donné un mois à l'entreprise pour présenter son plan. La chaîne comptait 117 magasins et 2500 employés.

Puis les choses ont brusquement déboulé. Le 19 décembre, Sylvain Toutant, estimant que la compagnie avait besoin d'une personne possédant un autre type d'expertise que la sienne, a démissionné. Paul Delage-Roberge a décidé de convoquer, pour le mardi suivant, le 23 décembre, une réunion extraordinaire du conseil d'administration dont il était toujours président.

J'y ai naturellement assisté avec les autres administrateurs. Nous devions faire face à la réalité. Sans PDG, il n'y avait personne pour préparer un plan de relance, ce qui impliquait que le 17 janvier, quand nous aurions à nous présenter devant le juge, celui-ci n'aurait d'autre choix que de déclarer la faillite. La réunion s'est terminée sans que nous ayons pu nous entendre sur une solution. En fait, je crois que personne ne voyait d'issue.

Le lendemain, veille de Noël, nous étions, Hélène et moi, chez ses parents quand j'ai été demandé au téléphone. C'était Paul. Comment avait-il réussi à savoir où j'étais et comment avait-il obtenu le numéro de téléphone? Je l'ignore. Il était totalement découragé, pour ne pas dire en pleurs. Il me disait qu'il ne voulait pas que le Groupe fasse faillite. Non seulement perdrait-il tout, mais il fallait aussi penser aux milliers d'employés.

— Gaétan, m'a-t-il finalement dit, tu es le seul qui peut encore arranger les choses. Veux-tu devenir le chef de la restructuration, préparer un plan et le soumettre au tribunal pour le 17 janvier?

Tel était donc l'objectif de son appel. J'ai pris un moment pour comprendre que je devais lui dire la vérité.

— Paul, il n'en est pas question, lui ai-je répondu. Je comprends que c'est dramatique et je perds moi-même pas mal d'argent. Tu cherches des bouées pendant que le bateau coule. Mais tu sais très bien que ça ne marchera pas. Le problème, c'est toi!

Pendant au moins une heure, il a continué à se battre.

— Si je convoque une autre réunion du conseil d'administration, m'a-t-il finalement demandé à bout d'arguments, viendras-tu?

— Tu es encore le président, c'est toi qui décides. S'il y a une réunion, je m'y rendrai...

La nouvelle assemblée du C.A. a été convoquée pour le samedi 27 décembre. L'atmosphère dans la salle était très lourde. Chacun comprenait qu'il ne restait plus beaucoup de temps. S'il y avait un espoir, il fallait le trouver le jour même. Puis j'ai senti tous les regards se tourner vers moi. Il semblait y avoir un consensus. Les administrateurs voulaient que je prenne le mandat de redresser le Groupe San Francisco. Ils savaient pourtant, aussi bien que moi, que Paul Delage-Roberge était le principal handicap de toute tentative de sauvetage.

Pendant une bonne minute, je me suis penché sur mes notes sans rien dire. Ensuite, brisant le silence, j'ai lancé : « Écoutez... je vais me retirer un bref moment pour écrire les conditions qui me permettraient d'accepter le mandat. Je viendrai ensuite vous porter cette liste. Je veux que vous la regardiez et que chacun d'entre vous signe le document pour accepter ces conditions. Il faut qu'il y ait unanimité. Sinon... » En fait, j'espérais simplement qu'ils refusent de signer.

Ils me mettaient au pied du mur et j'avais bien l'intention, de mon côté, de ne pas leur laisser d'échappatoire. Je me suis retiré et j'ai écrit mes conditions. Pour les résumer, le document qu'ils devraient parapher mentionnait qu'ils me donnaient les pleins pouvoirs. Quelles que soient mes décisions, ils ne pouvaient les renverser. Je devenais le seul maître à bord. Un dictateur qui faisait ce qui lui semblait le mieux pour sauver l'entreprise.

Quand j'ai eu terminé, je suis retourné dans la salle, j'y ai déposé le document et je leur ai donné une demi-heure pour prendre leur décision. Je suis sorti de nouveau et j'ai attendu.

Je ne sais pas combien de temps a duré l'attente. Pas trop longtemps, je crois. Puis on est venu me convoquer. J'ai pris le document où tout le monde avait signé... sauf Paul Delage-Roberge. Je leur ai rappelé que chacun d'eux devait signer et que, comme ce n'était pas le cas, il ne me restait qu'à refuser le mandat.

Paul s'est approché et a demandé à me parler en privé.

— Je ne peux pas signer ça, m'a-t-il dit. Je ne peux pas accepter, car je n'aurais plus rien à dire dans ma propre compagnie.

— Tu as tout compris, lui ai-je répondu. Il ne faut plus que tu aies un mot à dire. De toute façon, toi et moi savons que si tu signes, notre amitié en prendra un coup. Les décisions que j'aurai à prendre seront extrêmement difficiles. Si j'embarque dans ce mandat, j'irai jusqu'au bout et, te connaissant, tu ne le prendras pas. C'est pour ça que j'exige carte blanche. Sinon, tu bloqueras toutes les décisions qui sont vitales à la restructuration.

Il n'y avait rien à ajouter. Paul est retourné dans la salle de réunion et j'ai encore attendu. Une dizaine de minutes plus tard, un administrateur est venu me voir. « Cette fois, m'a-t-il précisé, tout le monde a signé. »

Il ne me restait plus qu'à accepter. Ce samedi de décembre, j'ai pris les commandes totales de l'entreprise. Mon mandat était très clair : d'abord élaborer un plan de restructuration qui nous ferait gagner du temps et qui convaincrait les créanciers de ne pas nous mettre en faillite, et, ultimement, trouver les moyens pour sauver le Groupe San Francisco, incluant Les Ailes de la Mode.

Je devais me mettre à la tâche sans tarder. L'après-midi même, j'ai téléphoné à Jean-Claude Gagnon pour lui dire que j'avais besoin de lui. Comme toujours, il s'est dit prêt à me suivre. J'ai aussi contacté Laurent Mériault, vice-président aux finances du Groupe San Francisco, pour lui demander de joindre notre petit groupe. Laurent était un gestionnaire très compétent qui avait travaillé avec Sylvain Toutant chez Réno-Dépôt avant de se joindre au Groupe San Francisco. Je me suis dit qu'ensemble, nous pourrions réussir.

Le lundi matin, nous nous sommes réunis pour examiner les chiffres. La question était simple : que faut-il faire pour sauver le Groupe San Francisco ? Rapidement, nous avons constaté qu'il faudrait effectuer des coupes titanesques. Pour y arriver, il fallait diminuer les dépenses de 7,5 millions de dollars. Rien de moins !

La première décision qui a été prise concernait le salaire de Paul Delage-Roberge et celui de son épouse. Les deux travaillaient encore pour San Francisco, mais leurs responsabilités n'étaient plus les mêmes. Nous avons décidé de diminuer leurs salaires de 600 000 dollars.

Nous avons ensuite procédé à l'examen de toutes les autres dépenses pour couper partout où c'était possible et tenter de vendre ce qui n'était pas absolument indispensable à l'avenir de l'entreprise.

Dans cette restructuration, il y avait des acteurs importants. Ainsi, les banques détenaient des créances garanties qui s'élevaient à neuf millions de dollars. Leur position en faveur ou en défaveur du plan que nous mettions en place serait déterminante.

Une rencontre a donc été convoquée pour le 7 janvier 2004. Je n'étais pas certain que les banques accepteraient de venir nous écouter. Pourtant, tous leurs représentants se sont présentés. Avant cette réunion, je savais déjà que la Banque Nationale était le plus important de ces créanciers et que sa position influencerait tous les autres. On m'avait cependant avisé que le représentant de la Banque Royale était probablement le plus influent et le plus respecté du groupe, lequel incluait aussi la Banque CIBC et la Banque Laurentienne.

En entrant dans la salle, j'étais accompagné de Gagnon et de Mériault. J'ai regardé à la ronde et les banquiers y étaient tous, avec leurs avocats. Il fallait que je sois convaincant. Je suis resté debout, j'ai laissé tous mes documents fermés devant moi sur la table et j'ai décidé d'improviser. Je leur parlais à tous, à tour de rôle, directement dans les yeux, même si je m'attardais un peu plus sur le représentant de la Banque Royale.

« J'ai reçu le difficile mandat de redresser la situation financière du Groupe San Francisco, ai-je dit. Et j'ai bien l'intention de réussir. Mais j'aurai besoin de vous. Pour y arriver, il faut couper 7,5 millions de dollars dans les dépenses et vendre plusieurs bannières. Voici certains des détails pertinents :

- Coupe de 600 000 dollars du salaire de Paul Delage-Roberge et de sa femme. De plus, il ne peut en rien influencer l'orientation que nous donnerons à la restructuration.
- Vente des boutiques San Francisco. Nous espérons en obtenir trois millions de dollars.
- Vente des boutiques Victoire Delage et Moments intimes[67]. Nous espérons en obtenir au moins un million.
- Diminution de 225 000 à 75 000 pieds carrés de la superficie du magasin Les Ailes de la Mode du centre-ville.

J'ai poursuivi : « Tout ce dont j'ai besoin, c'est de temps pour mettre cette opération en marche. Je vous demande donc de nous soutenir dans notre démarche devant le juge de la Cour supérieure et de ne pas mettre l'entreprise en faillite. »

Je leur ai ensuite remis les documents, qui comprenaient la liste des coupes prévues au siège social, et ils ont pu les examiner. Ces coupes totalisaient le montant de 7,5 millions de dollars que nous avions identifié comme nécessaire pour assurer la survie de l'entreprise.

Le ton était donné et j'étais certain de percevoir une ouverture réelle dans leur attitude. Au terme de nos discussions, c'est effectivement le représentant de la Banque Royale qui a pris la parole. Il s'est contenté de dire qu'il trouvait notre plan valable et réalisable, et qu'il allait nous soutenir. Les autres ont emboîté le pas.

La première manche était gagnée !

Le 17 janvier, nous nous sommes présentés devant le juge Gascon. C'était sa première cause du genre et je crois bien qu'il était décidé à tout mettre en œuvre pour que la restructuration réussisse, évitant ainsi la faillite. Si tel était le cas, j'entendais bien en profiter.

Je lui ai présenté le plan sur lequel nous avions travaillé en ajoutant que nous pouvions compter sur le soutien de ceux qui détenaient des créances garanties dans cette affaire. Il nous a accordé une prolongation de 60 jours pour mettre en place les mécanismes de notre plan. En ce qui me concernait, ces deux mois faisaient parfaitement mon affaire et j'escomptais en profiter au maximum. La seconde manche était aussi gagnée.

Mais la bataille était loin d'être terminée. Il fallait absolument trouver les liquidités pour être en mesure de payer, au moins en partie, les banques et les autres créanciers qui attendaient. Dans les semaines qui ont suivi, les boutiques San Francisco ont été vendues pour trois millions de dollars. Cette transaction excluait le local situé sur la rue Sainte-Catherine, au coin de Stanley, à Montréal, car cet endroit valait de l'or. Nous avons réussi à vendre les droits du bail de ce local du centre-ville pour 700 000 dollars à la chaîne de magasins La Senza, qui voulait s'implanter en plein cœur de Montréal. Cette seule transaction nous soulageait non seulement d'une énorme dépense, mais elle nous permettait d'obtenir des fonds inespérés.

Successivement, nous mettions en branle chacun des points du plan de restructuration. En avril, le juge nous a accordé une autre prolongation, mais de 30 jours, cette fois. Qu'à cela ne tienne, les choses s'en allaient définitivement dans la bonne voie.

Au début du mois de mai, les événements se sont un peu précipités. Les banques voulaient recevoir un paiement plus important. Elles exigeaient que nous leur versions trois millions de dollars avant de nous appuyer devant le juge. Nous disposions de cette somme, mais la donner aux banques aurait signifié que nous n'avions plus les ressources nécessaires pour continuer à opérer efficacement les magasins qui étaient encore ouverts et qui constituaient le cœur de l'entreprise.

C'est pourquoi je leur proposais plutôt de leur remettre un million de dollars, considérant que nous leur en avions déjà remis deux millions.

À la mi-mai, quand est venu le temps de nous présenter une nouvelle fois devant le juge, rien n'était encore réglé. À neuf heures du matin, nous avons retrouvé les banquiers dans une petite salle près du tribunal pour une négociation de dernière chance. Mais nous en sommes ressortis quelques minutes plus tard, sans accord. Les banques voulaient toujours un montant de trois millions de dollars.

À 9 heures 20, je suis entré dans la salle d'audience, mettant ainsi fin aux discussions avec les banquiers. Le juge devait arriver quelques instants plus tard. Je me suis penché vers mon avocat et je lui ai dit d'aller aviser ses confrères des banques que le million de dollars était mon dernier mot. Si les banques refusaient cette proposition, elles n'avaient qu'à le dire au juge, qui n'aurait d'autre choix que de mettre le groupe en faillite. Je jouais quitte ou double.

Il est donc allé discuter avec ses confrères. Quand il est revenu, à 9 heures 28, il avait le sourire. « Tu as pris un gros risque, m'a-t-il dit, mais ça a fonctionné. Ils acceptent. » C'est à ce moment que le juge est entré.

À l'issue de l'audience, le juge Gascon nous a accordé un autre délai d'un mois. Nous sommes entrés dans la période la plus délicate des négociations, car les banques étaient loin d'être les seuls créanciers. Elles demeuraient les plus importants, puisque leurs créances étaient garanties, mais il y en avait d'autres qui pouvaient, dans les prochains jours, faire chavirer toute l'opération.

Outre les banques, il y avait, bien entendu, les actionnaires, mais ils ne m'inquiétaient pas. Gagner ou perdre fait partie des règles de la Bourse et tous le savent. Il y avait également les fournisseurs à qui l'entreprise devait de l'argent, et il y avait enfin les détenteurs de débentures[68]. Dans le cas de ces deux catégories de créanciers, il était impossible de savoir comment ils réagiraient à notre proposition. Le plan de restructuration, dans une certaine mesure, était déjà non seulement élaboré, mais aussi réalisé. Nous avions ainsi pu, autant qu'il nous avait été possible de le faire, conserver les emplois, maintenir les activités des Ailes de la Mode et, par voie de conséquence, préserver la valeur d'un éventuel remboursement aux fournisseurs et aux détenteurs de débentures.

Il fallait maintenant tenir une assemblée des créanciers pour leur présenter notre plan. S'ils l'approuvaient, ils seraient payés conformément aux modalités de l'offre. Toutefois, s'ils le refusaient, le plan était rejeté et, par conséquent, la protection de la loi dont le Groupe San Francisco bénéficiait était tout simplement levée. Dans notre cas, cela aurait certainement entraîné la faillite.

Simultanément, il fallait trouver des gens prêts à investir dans le Groupe San Francisco pour assurer la survie de la compagnie une fois la crise financière réglée avec les créanciers. Cet aspect constituait un autre maillon important de la restructuration. De ce côté, trois offres de financement nous avaient été soumises. La première venait de Fairweather, une entreprise de magasins de vêtements pour dames dont le siège social est à Toronto et qui proposait un montant important pour acheter l'ensemble des magasins Les Ailes de la Mode. La seconde avait été déposée par Jean Saine, de Saine Marketing, qui désirait lui aussi acheter Les Ailes de la Mode. La dernière provenait d'un groupe de 27 investisseurs dont faisait partie Paul Delage-Roberge. C'est cette troisième proposition qui avait été finalement acceptée par le conseil d'administration puisqu'elle offrait 17,2 millions de dollars, ce qui représentait de loin la meilleure offre.

L'assemblée des créanciers, quant à elle, avait été convoquée pour le premier juillet. Mais j'avais des réticences à tous les réunir pour une telle discussion. Leurs intérêts n'étaient pas les mêmes. Les fournisseurs savaient qu'ils risquaient de tout perdre et seraient probablement plus attirés par une formule où ils récupéreraient au moins une partie de leur dû.

J'ai donc consulté nos avocats pour vérifier si nous avions le droit de tenir deux assemblées, l'une pour les fournisseurs et l'autre pour les détenteurs de débentures. Puisque c'était tout à fait légal, c'est ce que nous avons fait. La première réunion s'adressait aux fournisseurs, alors que celle des détenteurs de débentures aurait lieu la semaine suivante.

Comme je l'espérais, les fournisseurs ont accepté notre plan. D'ailleurs, au sortir de l'assemblée, les journalistes m'attendaient pour savoir comment cela s'était déroulé. « Notre proposition, leur avais-je expliqué, a été adoptée à plus de 90 %. Il reste donc à nous entendre avec les détenteurs de débentures qui seront rencontrés la semaine prochaine. Tout le plan est entre leurs mains. Ces 1250 créanciers, dont 70 % sont représentés par la Financière Banque Nationale, devront se prononcer sur notre offre, qui prévoit que les nouveaux investisseurs détiendront 75 % de San Francisco, les détenteurs de débentures, 20 % et les actionnaires ordinaires, 5 %. La survie du Groupe dépendra de ce qui sera alors décidé. »

Je mettais ainsi une pression additionnelle sur ces créanciers détenteurs de débentures. Si jamais la compagnie devait faire faillite, ils devraient en accepter l'odieux et ils le savaient. C'était jouer serré, mais je voulais mettre toutes les chances de réussite de notre côté. D'ailleurs, le lendemain, les journaux titraient: « Le sort du Groupe San Francisco entre les mains de la Financière Banque Nationale ». Je n'en espérais pas tant...

Le 8 juillet, au terme d'une réunion constructive, le dernier groupe de créanciers a accepté la proposition à 99,9 %. J'avais gagné mon pari. Il ne restait plus qu'à faire entériner le tout par le juge.

À la fin du mois de juillet, comme il n'y a pas eu de contestation, tous les créanciers ont été remboursés selon le programme de restructuration. Je me souviens que le juge Gascon nous a félicités de tout le travail accompli. En réalité, je dois admettre que j'étais très fier. J'avais terminé et réussi mon mandat.

Il restait toutefois un petit détail à régler.

Aujourd'hui, je le considère comme anecdotique, mais à ce moment, ça m'avait vraiment mis en furie.

Pour être certain que nous aurions suffisamment d'argent pour payer tout le monde et pour montrer que j'étais prêt à faire ma part, j'avais fait retenir mon salaire des deux derniers mois, lequel me serait payé seulement une fois le dossier terminé à la satisfaction des principaux acteurs.

Il faut ici se rappeler que Paul Delage-Roberge faisait partie du nouveau groupe d'investisseurs qui reprenait Les Ailes de la Mode. Quand est venu le moment de me payer, on m'a offert seulement la moitié de ce qui m'était dû. J'avais déjà perdu les 30 000 dollars que j'avais investis en actions du Groupe San Francisco et maintenant, on me coupait un mois d'honoraires. J'ai accepté pour éviter une guerre inutile, mais j'ai trouvé que c'était *cheap* d'agir ainsi, considérant que j'avais sauvé le Groupe San Francisco d'une faillite certaine.

Tout ce que je peux ajouter, c'est que Paul et moi ne nous sommes plus jamais reparlé depuis...

* * *

Parallèlement, Hélène et moi aimions beaucoup notre nouvelle maison des Cantons-de-l'Est. Elle était sensationnelle, grande et confortable. Nous avions pris l'habitude d'y recevoir régulièrement nos amis.

Durant l'été 2004, à l'occasion d'une de ces agréables soirées, nous discutions de choses et d'autres avec mon ami René Marcoux.

La famille d'Hélène. Photo prise en 1992, à notre ferme. On retrouve sur la rangée du haut, à gauche, sa sœur Nicole. Son autre sœur, Louise, cinquième à partir de la gauche. Son frère Michel est le dernier à droite, toujours dans la rangée du haut. Au centre de la photo, on voit Colombe, sa mère, ainsi que son père, tout à droite dans la rangée du centre.

— Il y a quelques semaines, m'a-t-il dit, j'étais chez un ami à Philadelphie qui avait, chez lui, un simulateur de golf. Nous avons joué toute la soirée. J'ai adoré ça. Si bien qu'en revenant, je m'en suis acheté un.

— Tu as un simulateur de golf chez toi? lui ai-je demandé, surpris.

— Absolument et c'est extraordinaire! Je suis certain que tu aimerais ça. D'ailleurs, a-t-il ajouté en regardant la maison, je suis certain que tu as bien assez d'espace dans ton garage pour en avoir un toi aussi.

— Je ne crois pas être assez passionné de golf pour ça, ai-je répondu en riant.

Et nous avons changé de sujet. Mais l'idée a continué à me trotter dans la tête. Le lendemain, je me suis installé devant mon ordinateur et j'ai commencé à faire quelques recherches sur le sujet. La première chose que j'ai constatée, c'est qu'il s'agissait d'appareils très coûteux. Pas étonnant qu'on n'en voyait que dans des centres spécialisés.

J'ai passé le reste de la journée à fouiller sur les simulateurs de golf. Chaque système avait ses forces, ses qualités et aussi ses défauts. Il ne faut pas oublier qu'en 2004, c'était le genre de produit qui commençait à peine à faire son apparition. « Alors, me suis-je dit, pourquoi ne pas fabriquer mon propre simulateur? » J'avais du temps, je pouvais bien en consacrer un peu à ce projet. Et puis quoi? Ça pouvait peut-être devenir rentable un jour...

En fait, pour bâtir un simulateur, il faut deux éléments principaux. D'abord, le *hardware*, c'est-à-dire le système lui-même, puis le logiciel, qui permet à tout le reste de fonctionner.

En poursuivant mes recherches, j'ai déniché une compagnie allemande qui fabriquait des « tapis capteurs ». J'ai contacté un certain Martin Gardiner, le propriétaire de la compagnie, pour voir où il en était rendu dans ses démarches. J'ai appris que ses travaux sur le tapis avançaient bien, mais qu'il

J'ai parfois reçu la visite très spéciale et appréciée de mes petits-enfants à mon bureau de la Société des alcools du Québec. Virginie, Audrée et Jean-Philippe aimaient bien jouer au patron et apportaient toujours un rayon de soleil dans nos locaux.

Michel et Marie-Claude s'étaient très bien adaptés à leur nouvelle vie à Québec. Ils sont ici assis près du foyer de notre nouvelle maison et ne semblent, ma foi, pas trop malheureux.

Hélène, ma conjointe.

Comme certains le savent, j'aime taquiner le poisson. En 1983, j'ai pu vivre une expérience extraordinaire : attraper mon premier saumon. Nous étions sur la rivière Miramichi, au Nouveau-Brunswick, et je tenais ma prise avec beaucoup de fierté. Ce « monstre » s'est battu avec courage et énergie pendant de longues minutes avant de céder.

Nous avons séjourné en Inde en 2008. Nous en avons profité pour faire un détour par le Taj Mahal, ce mausolée en marbre blanc construit par l'empereur Shâh Jahân. L'Inde est un pays absolument fantastique qui nous éloigne de tous nos repères.

Le mur de Berlin, que plusieurs surnommaient le « mur de la honte », a été détruit (en partie) le 9 novembre 1989. Il avait été construit en 1961 et séparait Berlin-Est de Berlin Ouest. J'ai eu la chance de m'y rendre avec Hélène au printemps 1990. Nous nous sommes amusés à nous faire photographier assis sur une partie encore intacte du mur, ce qui aurait été impossible moins d'un an auparavant alors qu'il était, dans les périodes les plus militarisées, protégé par 300 miradors, 14 000 gardes et 600 chiens.

L'ingéniosité des Égyptiens est fascinante. Ceux qui ont eu la chance de contempler les pyramides sont unanimes.

Il ne faut pas croire que nous sommes toujours dans un endroit reculé et exotique de la planète. Nous adorons aussi découvrir ou redécouvrir des coins bien de chez nous, comme lors de cette extraordinaire journée en canot.

Marie-Claude, Audrée, Virginie et Claude.

Je vous présente Thérèse, une autre de mes sœurs. Cette photo a été prise à Noël, en 2010, alors qu'elle dansait avec son mari, Luc Lavictoire, qui est devenu aveugle à l'âge de sept ans.

Je suis resté proche des mes frères et sœurs; je suis fier d'eux. Odette est une peintre reconnue qui a étudié l'art avec le frère Jérôme. Ses toiles sont exposées dans plusieurs pays. On la voit ici devant une de ses œuvres au Club des Arts de Montréal.

Anne, Jean-Philippe et Michel

Nous nous rencontrons encore souvent pour profiter du bon temps et du site. Cette photo a été prise à l'été 2008, alors que tous mes frères et sœurs y étaient avec leur conjoint ou conjointe. Sur le petit monticule, le premier à partir de la gauche est mon frère Fernand. Je suis le troisième. Odette et Gérard sont cinquième et sixième, alors que Pierrette et Thérèse sont à l'extrême droite. En bas sont rassemblés tous nos enfants et leurs conjoints, ainsi que leurs propres enfants. Trois générations de Frigon.

Château Kirwan
MARGAUX

était momentanément bloqué, faute de liquidités. Nous avons continué à échanger et, comme je croyais en son produit, je lui ai proposé une participation de 50 000 dollars en échange d'un certain nombre de tapis capteurs et de l'exclusivité de l'exploitation de son tapis en Amérique du Nord. Il a accepté mon offre.

Il a fallu un an pour tout mettre au point. Nous avons finalement réuni les éléments nécessaires pour offrir nos propres simulateurs de golf. En 2005, nous avons commencé à distribuer nos premiers jeux. Golfotron était né.

Cependant, les tapis capteurs étaient trop fragiles. En tout cas, beaucoup trop fragiles pour être utilisés commercialement. Ma collaboration avec l'Allemagne, a cessé et je me suis tourné vers l'Angleterre, où j'avais trouvé une entreprise qui faisait des tapis capteurs supérieurs à ceux de Gardiner. La compagnie anglaise s'appelait Sports Coach et était menée par Andy Cole.

Si ses produits étaient meilleurs, ils n'étaient pas parfaits. Au lieu de durer trois mois, ils duraient six mois, ce qui était nettement insuffisant. En 2006, j'ai décidé de tout arrêter tant que les tapis ne seraient pas au point ou que de nouvelles technologies n'auraient pas été développées.

En fait, plus j'y travaillais, plus je me rendais compte des lacunes du système et plus se précisaient mes attentes. Idéalement, il nous fallait développer un simulateur qui offrirait une image en trois dimensions très réaliste, une plateforme qui donnerait l'impression de marcher sur un vrai terrain, une ambiance feutrée et accueillante et, sur l'écran, des trajectoires de balles qui correspondraient, le plus précisément possible, aux coups que le golfeur réalisait dans une vraie partie. S'il frappait des crochets à gauche ou à droite, il fallait pouvoir les retrouver sur l'écran. Même chose pour les distances. Les golfeurs, surtout ceux qui sont assez bons joueurs, savent quelle distance va parcourir leur balle selon le bâton utilisé et la puissance de leur élan. Il fallait que le système soit suffisamment performant et réaliste pour recréer fidèlement ces coups. Et, pour obtenir tout cela, il fallait maintenir un prix de production et de vente assez bas pour développer l'intérêt chez les consommateurs. Nous en étions encore assez loin.

C'est alors que j'ai entendu parler d'un type en Australie, Mark Wekara, qui avait développé une perspective totalement différente. Son approche était basée sur des caméras très rapides qui analysaient le mouvement et la vitesse de la balle pour en définir la trajectoire. L'avantage d'un système avec caméras haute vitesse tient beaucoup au fait que lesdites caméras sont positionnées au plafond et que personne ne peut les frapper avec un bâton. Il s'agit d'un système qui ne peut se briser.

À partir de ce moment, j'ai demandé à mon fils, Michel, de travailler avec moi sur le projet. Il a fait bien plus, puisqu'il est devenu, en fin de compte, le responsable de Golfotron depuis ce temps. Nous avons acheté, en 2007, 50 de ces caméras, à 10 000 dollars chacune, et nous avons repris le travail presque à zéro. Inutile de dire que Golfotron ne faisait pas d'argent.

Mais faire affaire avec une firme d'Australie n'est pas évident. Il y a la distance, les frais de livraison et la fluctuation des monnaies. C'est là que nous avons pris une importante décision: celle de développer notre propre *hardware*. Nous avons rencontré Guy Drouin, qui avait déjà travaillé au Centre de recherche industrielle du Québec (CRIQ). Il avait aussi dans le passé mis au point un système qui permettait de jouer virtuellement aux quilles. Nous lui avons demandé s'il lui était possible de développer un produit exclusif pour nos besoins en golf. Il a accepté et, environ 15 mois plus tard, Golfotron avait le système de simulation de golf le plus avancé au monde. Un système entièrement développé au Québec.

Au fil des mois, toutes les composantes ont été améliorées et, en 2011, nous avons lancé le système Tru-Score. La technique de captation ultra-précise et le traitement des données en temps réel permettent aux joueurs d'obtenir des résultats qui collent à la réalité. Il est même possible de modifier les conditions environnementales de vent et d'ensoleillement pour pratiquer dans toutes les circonstances imaginables. De plus, nous avons acquis les droits pour offrir 85 parcours parmi les plus prestigieux au monde.

Aujourd'hui, Golfotron se rapproche dangereusement de ce à quoi j'avais rêvé. Michel et moi travaillons désormais à sa commercialisation et cela ouvre un monde de possibilités.

Alors vraiment, la retraite (un mot qui ne fait d'ailleurs pas partie de mon vocabulaire) n'est pas pour demain. Il y a encore trop de défis passionnants à relever!

* * *

Depuis que nous avions lancé Publipage en 1996, la compagnie ne cessait de grandir et de se développer. L'acquisition de Bell Actimedia Solutions en 2000 l'a propulsée au deuxième rang canadien des agences de publicité Pages Jaunes.

J'ai toujours été très proche de tout ce qui se passait chez Publipage, mais, depuis 1998, à la suite de mon mandat à la Société des alcools du Québec, c'était Hélène qui en assumait la véritable direction et en coordonnait la croissance. Hélène est une formidable gestionnaire qui a une facilité naturelle pour communiquer tant avec les clients qu'avec les employés. Tout cela pour dire que l'essor se poursuivait tel que nous l'avions planifié.

Toutefois, à partir des années 2005 et 2006, il devenait clair que la croissance des Pages Jaunes, en tout cas dans leur version papier, avait atteint sa limite. Un nouveau et puissant joueur se pointait : Internet. Il fallait que Publipage prenne le virage numérique.

Mais comment transformer un univers spécialisé en média traditionnel en un univers spécialisé en Internet ? Nous avions plus de 200 clients « sièges sociaux » qui se déclinaient en plus de 8000 contacts individuels. Le défi était donc de taille, car il fallait réussir notre virage sans perdre la confiance de nos clients, de nos employés et de nos banquiers.

Dans un premier temps, il a fallu identifier clairement le positionnement souhaité, car nous ne voulions pas devenir une agence n'offrant que des services Internet. La beauté de la publicité annuaires réside dans le fait que les Pages Jaunes offrent ce qu'on peut appeler de la récurrence. En effet, à partir du moment où le client est satisfait de son retour sur investissement, il renouvelle l'année suivante, puis l'année d'après et ainsi de suite. Si on ajoute à cela un service exceptionnel, les revenus entrent presque automatiquement. Voilà le modèle qu'on voulait pour notre virage Internet : offrir un produit qui permettrait de la récurrence, et y rattacher un service exceptionnel.

Ensuite, nous devions évaluer le personnel en place. Nos employés avaient contribué à faire de Publipage une entreprise appréciée de ses clients et une entreprise profitable. Nous comptions bien être loyaux envers eux en leur permettant de s'impliquer et de progresser dans cette nouvelle direction.

Nous avons amorcé ce virage en offrant à nos clients les produits Internet développés par Groupe Pages Jaunes, notre fournisseur principal dans la publicité annuaires. Nous voulions demeurer fidèles à ce fournisseur, car il nous avait bien servi au cours des 15 années précédentes avec ses produits imprimés.

Cependant, il est vite devenu clair que Groupe Pages Jaunes ne développait pas ses produits Internet à un rythme pouvant répondre aux besoins des clients. Pire encore, Groupe Pages Jaunes avait pris une direction opposée en achetant, à gros prix, des concurrents dans le secteur de l'imprimé. Rapidement, il s'est retrouvé en difficulté financière et a été obligé de restructurer sa dette. Nous devions alors trouver d'autres solutions et développer notre propre offre de produits Internet.

Mais comment s'y prendre ? Là était toute la question.

Devait-on développer notre propre plateforme de placement Internet ? Pas nécessairement, car ce marché était déjà bien servi. Il nous fallait à la fois recruter de nouvelles personnes et former nos employés actuels, tout en offrant des produits répondant aux besoins des clients au même rythme que nos clients avaient besoin d'Internet.

Au début, nous avons voulu nous associer à une agence qui était déjà implantée dans ce qu'il est dorénavant convenu d'appeler le « marketing interactif ». Et il n'y en avait pas des tas. Nous avons entamé des pourparlers avec une agence existante afin de l'acheter, mais les propriétaires, s'ils acceptaient de céder leurs actions, refusaient de continuer à y travailler. Cela ne nous arrangeait pas, car Publipage ne possédait pas ce savoir-faire. Nous ne voulions pas simplement acheter une autre agence, nous voulions apprendre et partager mutuellement nos connaissances.

Nous avons finalement constaté qu'il n'y avait qu'une façon d'aller de l'avant : développer notre propre identité Internet et proposer une offre de produits et de services originale. Plus nous avancions dans notre planification, plus nous étions convaincus que, quand le moment viendrait, nous serions en mesure de proposer à nos clients une solution de rechange efficace qui nous permettrait de continuer à les appuyer et à gérer leur budget. Mais encore fallait-il trouver le produit qui nous démarquerait de la concurrence.

Nous avons alors décidé de bâtir notre propre équipe en embauchant des gens ayant l'expertise requise. De là, il serait possible de transférer l'expérience acquise et de former les employés que nous avions. Cependant, cette avenue s'est rapidement avérée une impasse. Disons que ce que nous offrions à nos clients était encore trop embryonnaire pour être convaincant.

Ensuite, nous avons envisagé la possibilité de sous-traiter notre volume avec une importante agence de marketing interactif qui avait déjà fait ses preuves dans ce milieu. Mais là, il y avait deux problèmes majeurs. D'une part, cela signifiait qu'à moyen terme, nous perdions le contrôle sur nos propres clients. Pourquoi devraient-ils continuer à faire affaire avec Publipage, qui ne serait finalement qu'un intermédiaire? D'autre part, la deuxième complication était plus subtile, mais tout aussi sérieuse. Nous nous sommes en effet rendu compte que la culture d'entreprise qui régnait chez Publipage était très différente de celle qui existait dans ces autres agences. Pour nous, le service à la clientèle était le fondement même de notre entreprise. Or, nous n'avons jamais senti ce même empressement auprès de ceux que nous avons approchés.

C'est alors que, un peu par hasard, nous avons entendu parler de deux jeunes entrepreneurs, Alexandre Sagala et Jean-François Buist, qui avaient développé une plateforme de marketing relationnel à la fois avant-gardiste et unique en Amérique du Nord. Leur jeune entreprise, Alsa Marketing, était prête à commercialiser cette plateforme. Mais comme c'est le cas dans bien des jeunes entreprises, leur réseau de contacts et leur structure opérationnelle n'étaient pas développés.

Hélène a pris contact avec eux et a rencontré les deux jeunes entrepreneurs en question. Dans leur domaine, on peut vraiment les qualifier de surdoués. Ils travaillaient sur leur concept depuis près de deux ans et ils ouvraient des possibilités exceptionnelles même s'il restait du travail à faire pour mener le dossier à terme. Les discussions avec Alexandre et Jean-François se sont très bien déroulées et nous avons surtout aimé leur sens de l'opportunité. Combien de fois rencontrons-nous des gens qui, devant une occasion d'affaires, ont le réflexe de reculer en disant que leur entreprise est sur le point de connaître le succès après des années d'investissements en temps et en argent? Ils préfèrent continuer à faire cavalier seul plutôt que de s'unir à des gens qui leur permettront de grandir rapidement et efficacement.

De notre côté, il fallait accepter que nous ne serions plus propriétaires de notre entreprise à 100 %. Du même coup, toutefois, la perspective de croissance était augmentée de façon exponentielle. En fait, la situation pouvait se résumer ainsi: ils possédaient une plateforme de marketing interactif dont la conception était suffisamment avancée pour être utilisable dès maintenant, et nous avions les clients qui leur manquaient pour continuer leur développement et prospérer. C'est ce que j'appelle une situation... gagnant-gagnant!

En plus, Alexandre et Jean-François avaient d'instinct cette culture d'entreprise si importante à Publipage et qui met le client au cœur des préoccupations. Nos compagnies étaient à des points tournants de leur croissance. En 2011, Alsa Marketing et Publipage se sont associés, Alexandre et Jean-François devenant actionnaires minoritaires de la nouvelle entreprise qui gardait le nom de Publipage.

Nous étions maintenant prêts à offrir un produit unique aux clients désireux de faire une transition de leur budget imprimé vers Internet. Nous étions d'ailleurs convaincus que, à court et à moyen terme, le volet imprimé continuerait de générer les profits nécessaires en attendant que le développement du volet interactif ait pris sa vitesse de croisière. Je crois vraiment que nous avions les conditions gagnantes pour assurer la pérennité de l'entreprise, d'autant plus que l'on visait dorénavant le marché international. Les perspectives, autant pour nous que pour nos clients, étaient ahurissantes.

Publipage est encore aujourd'hui, pour l'imprimé, la deuxième plus importante agence du genre au Canada. Nous nous sommes fixés un objectif de trois ans pour devenir l'une des cinq plus grosses agences de marketing relationnel au Canada. Et nous y arriverons, car nous proposons quelque chose d'unique.

Au-delà de ces considérations, je pense que la croissance de Publipage correspond au modèle d'entrepreneuriat que l'on connaît au Québec. Comme c'est le cas pour de nombreuses entreprises, il aura cependant fallu faire deux ou trois erreurs avant de trouver enfin la formule gagnante. Je dis toujours que c'est lorsque les choses vont bien pour une compagnie, que les bénéfices entrent de façon constante et régulière, qu'il faut investir dans ce que sera demain. C'est ce que Publipage a fait.

Nous avons, Hélène et moi, préparé la relève. Publipage continuera après nous, avec les mêmes valeurs et le même souci du travail bien fait. Ça aussi, c'est préparer l'avenir.

Conclusion

Il est impressionnant de constater qu'il est possible de résumer tant d'années d'une vie en quelques pages. Et chacune de ces pages me rappelle finalement de bons souvenirs. Souvent même d'excellents souvenirs. J'ai eu, et j'ai encore, une belle vie, tant sur le plan professionnel que familial.

Durant ma carrière, je me rends maintenant compte que j'ai toujours fait ce que j'ai souhaité. Mais en bout de piste, qu'ai-je appris ?

À mon sens, cela tient en quelques mots. D'abord, tous les chefs d'entreprises doivent se soucier de leurs employés. Ils sont la force de toute compagnie. Ils sont toujours en première ligne. Ce sont elles et eux qui, dans les magasins, accueillent et servent les clients avec le sourire et répondent avec compétence à leurs besoins.

Partout où je suis passé, j'ai été attentif à ce que les travailleurs disaient. Je suis allé les rencontrer aussi souvent que possible et cet effort sur le terrain, qui permet de leur montrer que vous les respectez, est primordial. Les employés savent, parfois bien avant les patrons, ce qui cloche dans une entreprise. Mieux encore, ils savent dans bien des cas comment remédier aux divers problèmes.

J'ai aussi appris qu'il faut oser l'entrepreneuriat. Trop longtemps, les Québécois sont demeurés hors du coup. Après les Bombardier, les Beaudoin, les Simard, les Dutil, les Lemaire, les Coutu, les Péladeau, les Marcoux et les Verreault de ce monde, le Québec a connu une période creuse. Comme si on avait épuisé l'esprit d'entreprise. Le goût du risque semblait avoir disparu. Plusieurs ne cherchaient qu'une sécurité d'emploi (parfois illusoire), laissant à d'autres les joies et les récompenses de l'entrepreneuriat. En 50 ans de carrière, j'ai travaillé 30 ans pour de grandes compagnies et 20 ans à mon compte. Et rien au sein de celles-ci, excepté peut-être à la Société des alcools du Québec, ne m'a donné autant de satisfaction que de réaliser des choses et réussir pour moi-même. J'ai créé ma propre sécurité d'emploi et j'ai ainsi cessé de dépendre du succès des autres.

Il y a évidemment toujours un risque à devenir entrepreneur, à se lancer dans l'aventure. Mais ces risques peuvent être calculés et, en bout de ligne, vous apporter des récompenses que vous ne trouverez jamais à travailler pour les autres. S'il y a une chose que j'ai apprise dans l'expérience de *Dans l'œil du dragon,* c'est que les québécois sont ingénieux, imaginatifs et créateurs. Ils ont d'excellentes idées. Cependant, plusieurs ne savent pas compter. C'est tout ce qui manque. Si vous avez un projet qui vous tient à cœur et que vous croyez valable, foncez ! Faites un plan d'affaires, discutez-en avec vos proches et obtenez leur appui. N'hésitez pas à en parler à un banquier et à lui montrer vos plans. Bon, il vous dira probablement « Non ! », mais il saura vous diriger vers des firmes spécialisées en capital de risque. Le jeu en vaut la chandelle.

Il y a eu une autre conséquence à cette populaire production télévisuelle qu'est *Dans l'œil du dragon.* En effet, en quelques mois, des entrepreneurs sont devenus des vedettes. D'accord, le mot est un peu fort et aucun de nous n'a la notoriété d'une Céline Dion. Néanmoins, il y a des centaines

Photo: Guillaume Cyr

Les cinq Dragons réunis.

de milliers de personnes qui savent davantage qui sont les Lambert, Legault, Henkel, Vachon ou Frigon. Encore aujourd'hui, il ne se passe pas une journée sans que l'on me parle de telle ou telle émission. Je reçois régulièrement des courriels de personnes qui souhaitent m'intéresser à leur projet, à leur compagnie. Je sens une relance de cette fibre entrepreneuriale, comme si cette production avait été une vitrine montrant qu'il était possible de créer, de réaliser son rêve, d'intéresser des gens d'affaires à son projet et que chacun avait le droit de réussir. Voilà aussi pourquoi je suis très heureux que les producteurs aient décidé d'y aller pour une deuxième saison en 2013.

Il y a encore une chose que la vie professionnelle m'a apprise. Les ententes entre deux personnes ou deux groupes devraient toujours faire deux gagnants. C'est la seule façon d'assurer que tout fonctionne. Même s'il vous faut parfois laisser aller des choses, même s'il vous faut faire quelques concessions, une entente gagnant-gagnant est toujours préférable. Dites-vous d'ailleurs que si vous abdiquez sur certains points, votre vis-à-vis en fera autant. Comme dans un couple, il est souvent préférable de mettre un peu d'eau dans son vin pour atteindre un objectif qui est beaucoup plus important.

Et, au-delà de tout cela, il faut être passionné par ce que vous faites. C'est vrai dans les affaires, mais je crois que c'est également vrai quel que soit l'emploi que vous occupez ou le loisir qui vous intéresse. Moi, j'ai toujours manœuvré pour aimer mon travail.

Ensuite, c'est une question de pif et de confiance en vous. D'ailleurs, je m'étais un jour amusé à établir quels devraient être les 10 commandements d'un entrepreneur. Il n'y a peut-être là rien de nouveau, mais ce sont des lignes qui m'ont continuellement guidé dans mes choix et mes décisions de gestionnaire. Je vous les laisse en espérant qu'ils pourront, un jour ou l'autre, vous être utiles :

1. Il faut aller au bâton quand la situation l'exige. Ceux qui n'y vont pas ne sont jamais retirés sur trois prises, mais ils ne frappent jamais de circuits non plus.

2. Il ne faut jamais remettre un problème au lendemain en espérant qu'il se résoudra de lui-même.

3. Il faut avoir un plan B en réserve, au cas où le plan original ne fonctionne pas.

4. Il faut être capable de réfléchir une heure par jour à long terme, en oubliant les problèmes quotidiens ou à court terme.

5. Il faut savoir s'entourer de gens compétents qui sont assez forts pour prendre votre place en tout temps.

6. Si vous réalisez que vous faites fausse route, ne vous entêtez pas, admettez votre erreur et recommencez.

7. Chacune de vos actions doit s'inscrire dans un contexte à long terme; toute solution à court terme sera futile si elle crée un autre problème à long terme.

8. Apprenez à vivre avec vos décisions et à en tirer le meilleur parti.

9. Votre « pif » est votre meilleur allié. Si vous devez décider entre ce que votre pif vous dit de faire et ce qu'une étude vous propose, allez-y avec votre pif.

10. Traitez vos employés avec respect et dignité; ils seront vos meilleurs alliés.

* * *

Si ma vie professionnelle est bien remplie et m'a apporté énormément de satisfaction, je le dois à certaines personnes qui m'ont soutenu au cours de ma carrière. Je tiens d'ailleurs à souligner l'apport d'un Jean-Claude Messier, d'un André Bérard, d'un Rémi Marcoux, d'un Denis Chaurette, d'un Bernard Landry et, à titre posthume, d'un Pierre Croteau à mes succès. Je ne serais certes pas non plus où je suis sans le soutien d'un Jean-Claude Gagnon et d'un Marcel Croux, qui ont toujours été présents lorsque la situation l'exigeait.

Je peux dire la même chose de ma vie personnelle. D'abord, j'ai pu voyager et j'ai toujours adoré cela. Hélène et moi avons visité pratiquement toute la planète. J'ai vu des choses extraordinaires et j'ai rencontré des gens fabuleux. Et il me reste des coins à découvrir que j'entends bien visiter dans les prochaines années

Il y a un petit coin privé de ma vie qui me fait énormément de bien: ma famille. Hélène est une compagne fantastique. Je ne sais pas si on peut écrire une telle chose, mais je dirais que nous sommes complémentaires. Elle a des qualités et des forces que je n'ai pas et j'ai (du moins je l'espère) d'autres qualités ou d'autres forces qui font qu'ensemble, nous pouvons faire face à toutes les situations. Bien entendu, nous partageons aussi une même vision de la vie et des affaires. S'entendre sur les valeurs communes est la base sur laquelle on peut bâtir le reste. Ensuite, c'est dans le choix des moyens pour atteindre nos buts que nos différences se complètent. Et c'est extraordinaire.

J'ai aussi deux enfants, Marie-Claude et Michel, qui sont géniaux. Je suis très fier d'eux et je les aime. Je considère comme un privilège de pouvoir travailler avec mes enfants dans mon entreprise.

De plus, j'ai trois petits-enfants que j'adore. Je suis toujours heureux de les voir et je suis convaincu qu'ils savent que je serai toujours là s'ils en ont besoin. Marie-Claude a deux magnifiques filles, Virginie et Audrée. Michel a un beau grand bonhomme, Jean-Philippe. C'est d'ailleurs à eux que je dédie ce livre. Pour qu'ils sachent ce qu'a fait leur grand-père.

* * *

On m'a questionné, récemment, pour savoir s'il y a quelque chose dans ma vie que je n'ai pas fait et que j'aurais souhaité faire. La réponse est difficile parce qu'honnêtement, si j'avais à tout refaire, je recommencerais exactement de la même manière. Il y a néanmoins deux petites choses dont j'ai toujours rêvé et que je n'ai jamais eu l'occasion de tenter : piloter un avion et sauter en parachute. J'y songe encore parfois et il n'est assurément pas trop tard pour m'y mettre. Tiens ! Ce pourrait être mon prochain projet...

Parce qu'en réalité, c'est ça qui m'a continuellement fait avancer : les projets. J'ai constamment quelque chose en marche. Je suis encore à l'affût de ce qui se passe afin de dénicher une nouvelle idée ou un nouveau plan à mettre en œuvre. Dans les livres de croissance personnelle, on parle souvent de la parade de la vie. On dit qu'il y a trois types de gens, ceux qui font la parade, ceux qui la regardent passer et ceux qui ne savent pas qu'il y a une parade. Pour reprendre cette histoire, je me suis toujours considéré comme celui qui était en avant de la parade. Celui qui la menait. C'est encore là que je suis et là que je veux continuer d'être.

Je sens mon esprit aussi vif et curieux que lorsque j'étais jeune, mais j'ai maintenant infiniment plus d'expérience pour faire face aux défis. J'ai inlassablement trouvé la vie belle et elle a encore tant à offrir. Parfois, je me dis que le jour où j'arrêterai de travailler et de préparer des plans, c'est que je serai mort. Or, je n'en suis pas là. D'ailleurs, la prochaine année du Dragon aura lieu en 2024 et je compte bien en profiter pour démarrer un nouveau projet... Parce que finalement, peut-être suis-je vraiment...

... Gaétan Frigon, né Dragon !

Comme mot de la fin, je tiens à remercier Christian Morissette, qui m'a aidé à écrire cette biographie. Il a su comprendre qui j'étais et quels ont été mes états d'âme à différentes périodes de ma vie.

Merci, Christian !

Gaétan Frigon, d'après Hélène Héroux

Nous sommes ensemble depuis bientôt 25 ans. Vingt-cinq années de bonheur.

Plusieurs me demandent s'il est difficile de travailler avec son conjoint. Dans notre cas, nous avons des expertises différentes qui se complètent. On se passionne pour les mêmes choses, mais de façon différente, en affaires comme dans la vie. En fait, nous sommes ensemble sans prendre la place de l'autre et sans se piler sur les pieds.

Gaétan est un homme d'idées, de vision et de passion. Quand un projet prend forme dans son esprit, il en voit parfaitement les contours et peut ainsi saisir les possibilités qui en découlent. Pour ma part, je suis plutôt quelqu'un d'opération. Je sais comment transformer une idée en réalité. Gaétan dit souvent qu'il voit la forêt alors que je vois les arbres qui nous mènent à travers celle-ci. C'est très vrai!

Puis, plus nous sommes ensemble, plus nous sommes heureux. Ça a toujours été comme ça depuis que l'on se connaît. Rarement les affaires nous ont-elles séparé l'un de l'autre. Quand Gaétan était à la SAQ ou à Loto-Québec, je l'accompagnais dans ses tournées et dans ses voyages. Même en VR... Ça impliquait évidemment que mes journées devaient débuter tôt le matin, se prolonger tard le soir, et même se poursuivre les fins de semaine pour éviter de négliger le travail du bureau. Et ce mode de vie nous allait très bien.

Au bureau, il y a énormément de respect entre nous deux. Nous avons ce que je pourrais appeler nos champs de compétences. Si une décision doit être prise dans le mien et que j'estime qu'il faut procéder de telle façon mais que Gaétan n'est pas d'accord, il m'explique simplement son point de vue. À la fin de la discussion, je prends la décision finale et il l'accepte. Et vice-versa, ce qui est merveilleux ! Si jamais l'un de nous avait tort, jamais l'autre ne lui reprochera ou ne lui dira : « Je te l'avais bien dit. Tu n'as pas voulu m'écouter... » Mais s'il y a une décision importante à prendre, nous la prenons ensemble et nous devons être entièrement d'accord tous les deux avant d'aller de l'avant.

Gaétan aime la vie et l'amitié est importante pour lui. Il ne fait partie d'aucune « gang » de gars, car il aime la diversité de l'amitié. Il s'intéresse à la politique américaine, européenne, canadienne et québécoise. Il est à l'affût de ce qui se passe non seulement dans le milieu des affaires, mais aussi dans le monde plus technique des ordinateurs ou de la domotique. D'ailleurs, avec son dernier gadget, nous pouvons programmer à distance le chauffage, les caméras de sécurité, les rideaux, les lumières et l'alarme de notre maison de campagne, peu importe l'endroit où nous sommes sur la planète.

Gaétan est également un excellent bricoleur. Il peut faire l'électricité et la plomberie d'une maison de A à Z. Il est aussi très bien équipé pour plusieurs sports, même s'il n'est pas sportif... Il aime tout ce qui est d'actualité et n'a pas peur d'émettre son opinion. Et il peut le faire sur presque tous les sujets.

En outre, quand il entre dans un projet, il y va à fond. Comme dans cet épisode de notre vie où Gaétan « l'homme d'affaires » est devenu Gaétan, « le *gentleman farmer* »...

L'endroit était magnifique. Une maison ancestrale et une grange surplombaient le terrain de 150 acres avec une vue imprenable sur les montagnes de Orford, Bromont et Owl's Head. Nous y avions élu domicile pendant cinq ans et à peu près tous les animaux y sont passés : chevaux, cochons, chèvres, veaux, lapins, poules à pondre et poulets de grains. N'ayant aucune expérience dans ce domaine, nous avons vite réalisé que, par exemple, les poulets achetés chez notre voisin étaient, dans 50 % des cas, des coqs. Inutile de préciser que la production d'œufs était négligeable.

Nous avions également acheté une brebis en gestation. Nous la laissions dormir à l'intérieur de la grange pour qu'elle puisse mettre bas dans un environnement sécuritaire. Après une semaine, comme rien ne s'était encore passé, nous l'avons laissée sortir pour qu'elle puisse profiter de l'air extérieur. Elle s'est rendue à l'autre extrémité du champ, où elle s'est couchée au sol, essayant de mettre bas. Mais elle n'y arrivait pas.

Nous nous y sommes précipités. Et, avec le jeune voisin qui nous aidait à entretenir la ferme, Gaétan a tiré délicatement le petit qui se présentait. Un premier mouton était né. Alors que nous nous dirigions rapidement vers la grange pour mettre la mère et l'agneau en sécurité, la femelle s'est recouchée au sol. Un deuxième petit s'est présenté.

« Son cordon ombilical saigne. Il faut mettre le doigt ici », lui dit le jeune. Ce qu'il fit... Aussitôt le saignement arrêté, les deux hommes ont pris chacun un petit et se sont dirigés vers la grange avec la mère qui les suivait. Ils y ont installé les animaux et, contents de ce succès, ils sont sortis prendre un peu d'air frais. Je suis restée pour admirer le spectacle, quand soudainement, la femelle est entrée de nouveau en douleurs et a mis bas un troisième agneau.

Je repense encore à Gaétan, quelques mois plus tard, qui, à quatre heures du matin, ramenait sous les bras deux petits moutons. Ils étaient passés en dessous de la clôture électrique et savouraient mes légumes du jardin.

Il y a aussi eu cette péripétie où nous avons dû faire des battues pour trouver nos veaux qui s'étaient enfuis. Ils s'étaient rendus sur la voie ferrée, où un train les avait frappés. Ou encore cette fois, lors d'une autre fouille pour retrouver notre chèvre qui s'était échappée, effrayée par un coyote qui passait par là. Il y a enfin cette autre fois, alors qu'assis sur son tracteur, Gaétan essayait de perfectionner son « art » de la conduite en tentant de ramasser, avec la pelle de sa « pépine », une cannette vide de liqueur sans abîmer le terrain ou la cannette.

Que de bons souvenirs !

Il a toujours la passion de s'investir à fond dans l'aventure. Voilà qui décrit bien le Gaétan que j'aime.

Mon père, d'après Michel Frigon

Mon père nous a toujours fait confiance. Il est comme ça. Cela n'a d'ailleurs rien à voir avec de la crédulité. Il fait confiance parce qu'il sait, parfois mieux que nous, ce dont nous sommes capables. C'est vrai qu'il a toujours beaucoup travaillé et qu'il n'était pas très souvent à la maison quand ma sœur et moi étions jeunes. Mais il savait ce qui se passait et il s'intéressait à nos projets et à notre développement. Si je trébuchais, il savait me faire comprendre qu'une erreur de parcours peut arriver, mais surtout, il m'expliquait qu'il fallait passer par-dessus et aller de l'avant. Il appuyait ses enfants et les laissait vivre leurs expériences.

Par exemple, il m'a très tôt laissé conduire la voiture. Aussitôt que j'ai été en âge d'obtenir mon permis, il m'a poussé à aller le chercher. Plus encore, il me prêtait son auto, ce qui est génial quand on est adolescent. Or, il est arrivé ce qui devait fatalement arriver : j'ai eu des accidents. Jamais il ne m'en a fait le reproche. Pourvu qu'il n'y ait pas de mal, il me redonnait les clés, dès que possible, pour que je reparte.

Je me souviens, entre autres, de cette fois où je devais aller le chercher à l'aéroport. Il m'avait prêté sa voiture pendant son séjour à l'extérieur. Une belle Audi presque neuve. Je devais avoir 17 ou 18 ans. Ce soir-là, je l'attendais, seul, à sa descente d'avion.

— Tiens ! Ta sœur n'est pas venue ? m'a-t-il demandé après les retrouvailles.

— Non, ai-je répondu. Il n'y aurait pas eu assez de place dans la voiture.

— Pourtant, on n'a pas plus de bagages qu'au départ. L'auto aurait-elle « rapetissé » pendant mon voyage ?

— Ouais... C'est que... elle est au garage. J'ai eu un petit accident. J'ai donc pris la petite et il n'y a pas assez de place pour tout le monde.

— Tu n'as rien eu ? Personne n'est blessé ? s'est-il inquiété.

— Non... Juste la voiture, ai-je ajouté, un peu penaud.

— OK ! Rien de grave, donc... Alors raconte-moi ce qui s'est passé d'autre pendant mon absence...

Et voilà comment il était et comment il est encore. Pas de sermon, pas de chicane. On évalue ce qui s'est passé et on continue.

J'ai maintenant la chance de travailler avec lui depuis 1999, et il est comme ça aussi au bureau. Il nous laisse aller et il nous fait confiance. Pendant mes premières années, il n'était pas très présent. Il était alors à la Société des alcools du Québec ou à Loto-Québec, ce qui lui laissait peu de disponibilités pour le reste.

Mais quand est arrivé le dossier de Golfotron, il m'a rapidement impliqué. Et là, nous avons énormément travaillé ensemble. Mon père est, plusieurs en seront peut-être surpris, un manuel. Il aime bricoler. Quand j'étais plus jeune et qu'il était à la maison (non, il n'était pas toujours à l'extérieur !), il faisait souvent des rénovations. J'allais l'aider, car j'aime aussi travailler de mes mains, et il me montrait comment faire. Bref, aux premiers temps de Golfotron, il fallait tout monter, tout concevoir, tout bâtir et nous l'avons fait ensemble.

Nous avions installé un prototype au bureau. Nous étions dans l'action et nous avons vu grandir ce produit, de façon très concrète, au fil des mois, des années et des changements de technologie. Je suis très fier de ce que nous avons créé.

Tout cela pour dire qu'aujourd'hui, je suis proche de lui. Avec ma famille, nous allons souvent le voir à sa maison de campagne. Il nous accueille toujours avec plaisir.

Mon père n'est peut-être pas le type le plus chaleureux ou le plus démonstratif qui existe. Loin de là, en fait. Mais je sais qu'il nous aime et qu'il est fier de nous. Je sais aussi qu'il sera toujours présent si nous avons besoin de lui. Voilà comment il est...

Mon père, d'après Marie-Claude Frigon

Je travaille avec mon père et Hélène chez Publipage depuis octobre 2001. J'ai la chance de pouvoir travailler trois jours par semaine depuis la maison, ce qui est, avec les obligations d'une famille, un avantage considérable.

Comment est mon père comme employeur ?

Curieusement, je n'ai pas beaucoup de rapports avec lui. Mes fonctions font en sorte que je suis plus souvent avec Hélène. Comme je m'occupe des relations avec les éditeurs et des questions de crédit, je suis en contact avec une autre réalité que celles des visions de développement ou de financement d'entreprise qui sont les domaines de mon père.

Une de ses grandes qualités, c'est qu'il nous donne toujours l'heure juste. Il le fait maintenant, mais il le faisait aussi quand nous étions jeunes, Michel et moi. Il nous a toujours fait confiance, mais il a surtout, selon moi, accepté que nous puissions avoir des vues ou emprunter des chemins différents des siens. Il a ce respect des autres.

Ce qui n'implique pas qu'il me laissait tout faire. Au contraire ! Cela signifie simplement qu'il avait (et a toujours) cette ouverture d'esprit indispensable pour comprendre le point de vue des autres sans les juger.

Je dirais aussi que mon père est un homme d'action, autant en affaires qu'à la maison, mais qu'il a aussi beaucoup de compassion, bien que je ne sois pas certaine que ce soit le bon mot. Laissez-moi vous raconter une petite histoire. Elle s'est passée quand j'avais cinq ou six ans. Nous résidions à Brossard, où nous avions une petite chienne du nom de Noisette. Un soir d'hiver excessivement froid, du genre à fendre les pierres, la chienne était dehors à s'amuser bizarrement avec un petit chien. À cet âge-là, je ne comprenais pas leur jeu, mais je voyais bien que les deux animaux semblaient pris ensemble et, surtout, qu'ils gelaient. J'ignorais complètement à l'époque que ma petite Noisette était en chaleur, pour la première fois d'ailleurs. Je ne savais pas non plus que les deux bêtes s'accouplaient et, surtout, qu'il leur était impossible de se séparer tant que le mâle n'aurait pas terminé son... Enfin bref, vous voyez ce que je veux dire!

Voyant cela, mon père est sorti dans cette soirée sibérienne, a délicatement saisi les deux chiens, et les a entrés dans le vestibule de la maison. J'étais impressionnée. Mon père, j'en étais certaine, venait de sauver la vie de Noisette et, du même coup, celle de son ami. Pendant de longues minutes, les deux chiens sont demeurés pris ensemble dans le portique. Toutes les deux minutes je crois, j'ouvrais la porte pour voir comment ils étaient, même si mon père devait me dire de ne pas les déranger. Il ne fallait pas interrompre la nature...

Quelques mois plus tard, quand Noisette a accouché de ses petits, mon père était encore à la maison. Il a installé la chienne et a même placé une bouillotte chaude près d'elle pour que son environnement soit aussi confortable que possible. Voilà comment est mon père. Attentif à ceux qui l'entourent, même si ce n'est que le petit chien de la maison.

En réalité, cela prouve, selon moi, que mon père n'a pas de jugement préconçu devant une situation. Je suis certaine que plusieurs personnes ne se seraient pas résolues à prendre dans leurs bras les deux chiens « coincés l'un dans l'autre » dans une situation plutôt embarrassante pour les rentrer dans la maison. Bien sûr, mon père aime les animaux et il ne voulait pas que notre Noisette souffre inutilement. Mais surtout, il y avait une situation problématique et il fallait y faire face. Il a réagi et trouvé une solution.

Que pourrais-je ajouter, sinon que mon père aime beaucoup ses petits-enfants. Je suis certaine qu'il est toujours très content quand mes filles lui donnent un coup de fil ou vont le visiter. Il aime les voir et elles peuvent probablement lui demander n'importe quoi. Je crois d'ailleurs qu'il exaucerait tous leurs vœux.

En 2011, ma plus vieille terminait sa cinquième secondaire et souhaitait se rendre à son bal dans la voiture décapotable de son grand-père. Elle lui a téléphoné et il a immédiatement accepté. Je peux vous dire qu'elle était fière, assise à l'arrière de l'auto, saluant les gens comme une vedette arrivant devant ses fans. Un peu plus tôt dans la même année, elle lui avait également demandé de venir faire une conférence dans sa classe. Il a su trouver un sujet qui a capté l'intérêt de tous ! En fait, je crois que mon père laisserait mes filles faire leurs quatre volontés. À tel point que je dois souvent les empêcher de lui demander toutes sortes de choses. Et c'est bien là une autre qualité de mon père; il est généreux.

Ceux qui ont apprécié cette biographie
peuvent me faire parvenir leurs commentaires par courriel :

biographie@gaetanfrigon.com

ou encore sur Twitter : @Gaetan_Frigon

Récompenses

Au cours de sa carrière, Gaétan Frigon a reçu de nombreux témoignages de reconnaissance de ses pairs, dont les suivants :

1- 1984. Gaétan Frigon remporte le Mercure du Marketing, Grandes Entreprises, décerné par la Fédération des chambres de commerce du Québec, pour le développement du concept des dépanneurs La Maisonnée.
2- 1987. Le Mercure du Marketing, Grandes Entreprises, lui est de nouveau décerné, cette fois pour le repositionnement des supermarchés Metro.
3- 2000. Gaétan Frigon est nommé Bâtisseur de la revue *Commerce* par Le Réseau HEC.
4- 2001. Il est nommé Personnalité de l'année par l'Association Marketing de Montréal.
5- Toujours en 2001, il reçoit le prix Dimension décerné par l'Ordre des administrateurs agréés du Québec.
6- 2003. Gaétan Frigon est nommé l'Homme de l'année par le Choix des Consommateurs.
7- 2012. L'Université d'Ottawa, son alma mater, met sur pied une Bourse Gaétan Frigon, laquelle est remise chaque année à un jeune étudiant.

Notes

1. Normand Legault est un homme d'affaires et un promoteur sportif très bien connu au Québec. Il a été de l'organisation du Grand Prix de Formule 1 du Canada dès 1978. Il en est devenu le président et chef de la direction en 1996 et a conservé ce poste jusqu'en 2008. Normand Legault est également président, depuis septembre 2011, de Montréal International, qui a comme mandat de contribuer au développement économique de l'agglomération montréalaise et d'accroître son rayonnement international. Grand ambassadeur de l'Université de Sherbrooke, M. Legault a également étudié à HEC Montréal, ainsi qu'à Harvard. Ses conseils ont été utiles au Fonds Jeunesse Québec, à la Fondation de l'Institut de Cardiologie de Montréal ainsi qu'à de nombreuses autres organisations.

2. Dany Vachon est cofondateur de Impera Advisory Inc, firme de consultation en développement stratégique pour les PME et entreprises à forte croissance, de PVG Partners LLC et de Fusion Immunovative/NVNC.

3. Danièle Henkel est présidente fondatrice des Entreprises Danièle Henkel, qui se consacrent à la santé et à la beauté.

4. François Lambert est cofondateur des entreprises Atelka et Aheeva, où il est aussi membre du conseil d'administration. Cette dernière compagnie est spécialisée en logiciels pour centres d'appels.

5. Rapide.

6. Aujourd'hui la route 138.

7. Les routes de notre région ont commencé à être déblayées l'hiver à la fin des années 1940. Le retour de Maurice Duplessis au pouvoir en 1944 a, semble-t-il, accéléré les choses, du moins pour les villages qui votaient « du bon côté ». Maurice Duplessis, qui est resté premier ministre jusqu'en 1959, avait compris que ce n'est pas le nombre de votes qui compte à une élection, mais le nombre de comtés remportés. Aussi s'assurait-il que les gens saisissent qu'il fallait voter du bon bord s'ils voulaient que leurs routes soient déneigées ou asphaltées.

8. Mon père nous payait 25 sous pour monter les vélos qui arrivaient en pièces détachées.

9. En passant, le magasin familial est toujours ouvert et il appartient encore à un Frigon. Bien entendu, ce n'est plus un magasin général. Mon frère Gérald, qui en

est propriétaire depuis 1974, l'a transformé en quincaillerie. Mais le nom des Frigon est toujours lié à Saint-Prosper et au commerce.

10. La Société des alcools du Québec portait ce nom à sa création. Elle est devenue la Régie des alcools du Québec en 1961 pour prendre son appellation actuelle au tournant des années 1970.

11. Rambler, une importante compagnie de fabrication de voitures aux États-Unis, avait ouvert ses portes en 1897. Elle a été vendue plus tard à Nash Motor, qui est devenue American Motor Company dans les années 1960 pour finalement disparaître à la fin des années 1970.

12. En 1966, le gouvernement du Québec a entrepris, comme le pont de Québec ne parvenait plus à gérer le flot de circulation, la construction du pont Frontenac, qui deviendra plus tard le pont Pierre-Laporte, en l'honneur du ministre du même nom qui a été assassiné pendant la crise d'Octobre en 1970.

13. La Place-Ville-Marie a été inaugurée en 1962.

14. La rue Victoria n'existe plus. Elle a fait place au Centre Eaton en 1976.

15. Western Tires and Auto Supply regroupait aussi des magasins franchisés.

16. Verdun était alors une ville à part entière. Elle deviendra un arrondissement de la Ville de Montréal en janvier 2002, par décret du gouvernement du Québec.

17. La ville de Sainte-Foy a été fusionnée à la ville de Québec en novembre 2002.

18. L'acronyme IGA vient de « Independent Grocers Alliance », l'une des plus grandes chaînes de supermarchés franchisés au monde.

19. Le maire de Montréal, Jean Drapeau, avait annoncé, dans les années 1960, la construction du métro qui serait prêt pour accueillir les visiteurs de l'Exposition universelle. Un groupe de marchés d'alimentation indépendants décida de profiter de la célébrité de ce mot qui faisait son apparition dans le vocabulaire populaire et de l'utiliser pour nommer ce nouveau regroupement.

20. La Maison de Radio-Canada a été inaugurée en 1972. La construction de l'édifice a entraîné la destruction de 1200 logements dans l'un des quartiers les plus pauvres de Montréal. L'épicerie de Roger Courtois s'y trouvait.

21. Le maître de chai est la personne responsable de l'élaboration et de l'élevage du vin.

22. Jacques Bourgault, de l'Université du Québec à Montréal, et James Iain Gow, de l'Université de Montréal, ont, plus tard, résumé tout ce qui s'est produit ensuite (menant au démantèlement de Steinberg) dans un document sur l'année

politique 1991-1992, publié aux Presses de l'Université de Montréal. On peut y lire, dans la rubrique « administration publique » : « Cependant, la grande nouvelle de l'année concerne le sort de l'ancienne chaîne d'alimentation Steinberg. En 1989, la Caisse et la Société de développement industriel avaient aidé la société Soconav de Michel Gaucher à acquérir Steinberg, dans le but de garder l'alimentation sous contrôle québécois. Or, voilà qu'au mois de mai, on apprend que M. Gaucher veut se départir de cette entreprise déficitaire. La Caisse doit approuver toute transaction, puisqu'elle détient un bloc d'actions important dans Soconav et sa filiale Ivanhoé qui loge la plupart des magasins et entrepôts de Steinberg. Parmi les aspects délicats de cette opération se trouve le fait que la Caisse investit aussi dans les firmes qui cherchent à acquérir les biens de Steinberg, Provigo et Metro-Richelieu, au point d'avoir des représentants aux conseils d'administration de celles-ci. » L'éditorialiste Gilles Lesage note dans *Le Devoir* du 29 mai 1992 que ces « relations incestueuses » créent une impression de conflit d'intérêts, car la Caisse participe à la décision des deux côtés de la table. De toute façon, après avoir insisté sur le maintien d'un plus grand nombre de magasins que prévu, la Caisse accepte, le 28 mai 1992.

23. Cette chaîne a été fondée aux États-Unis quelques années auparavant par les frères Price. En 1993, l'entreprise a fusionné avec Costco, devenant PriceCostco, aujourd'hui connue sous l'appellation Costco Wholesale.

24. Marguerite Blais est une personnalité du showbiz québécois. Elle a été chanteuse dans les années 1970, avant de passer à la radio et à la télévision où elle a animé plusieurs magazines, dont *Bien le bonjour*, à TVA, et *Marguerite et compagnie,* à TQS. Elle est ensuite retournée à l'université où elle a obtenu une maîtrise (1997), un doctorat (2005) et un postdoctorat (2008) en communication. Marguerite Blais a toujours été impliquée socialement et s'est lancée en politique. Elle a été élue, en 2007, députée du Parti libéral de la circonscription Saint-Henri–Sainte-Anne. Elle a été réélue en 2008 et nommée, sous le gouvernement Charest, ministre responsable des Aînés et membre du Conseil du trésor. Elle a une fois de plus été élue aux élections provinciales de septembre 2012.

25. Guy Fournier a été auteur d'émissions jeunesse à Radio-Canada au début de sa carrière. Entre les années 1970 et 1990, il a écrit les textes de plusieurs séries télévisées très populaires, comme *Peau de banane* et *Jamais deux sans toi.* Il a participé, de 1985 à 1987, au lancement de Télévision Quatre Saisons (TQS), qui devenait le second réseau privé au Québec. Après avoir travaillé en scénarisation, il a tour à tour été président de l'Académie canadienne du cinéma et de la télévision, puis président du conseil d'administration de la Société Radio-Canada en 2005 et 2006.

26. Télévision Quatre Saisons a été lancée en 1986. Son permis du CRTC en faisait le second réseau privé francophone au Québec et son mandat prévoyait d'offrir une programmation qui ne tiendrait pas compte des saisons, c'est-à-dire que les séries ou les émissions ne seraient pas interrompues pendant l'été, d'où son nom. Devant ses problèmes financiers, le réseau a été vendu à Quebecor en

1997. Il a ensuite été racheté par un consortium formé de Bell Canada et de Cogeco, pour être finalement revendu à la famille Rémillard, par l'entremise de la compagnie Remstar, en 2008.

27. Cette émission de télévision, imaginée par l'humoriste Marcel Béliveau, consistait à piéger des célébrités avec la complicité d'un ami. Le tout était enregistré avec des caméras cachées.

28. Raymond Bachand a été vice-président chez Metro-Richelieu de 1981 à 1989, puis au Fonds de solidarité des travailleurs du Québec, où il a occupé le poste de président-directeur général. Il avait été auparavant largement impliqué dans l'appareil gouvernemental, de 1977 à 1981, remplissant tour à tour des mandats auprès du ministère du Travail et de la Main-d'œuvre du Québec, puis au cabinet du premier ministre René Lévesque. Il a été élu comme candidat libéral à l'élection partielle du comté d'Outremont en 2007 et réélu, sans interruption, lors des scrutins 2008 et 2012. Pendant cette période, le premier ministre Jean Charest lui a confié, entre autres, les responsabilités de ministre des Finances et du Revenu.

29. Pierre Marcotte a été un animateur particulièrement aimé, un peu le chouchou des Québécois. Il a animé plusieurs émissions de télévision très populaires, dont *Les tannants*.

30. Cette association, créée en 1975, réglemente, aux États-Unis et au Canada, l'industrie des Pages Jaunes. Les éditeurs locaux et régionaux des Pages Jaunes des deux pays en sont membres. Aujourd'hui, au fil des changements technologiques, l'association s'est adaptée et est devenue Local Search Association. Elle représente un marché de 31 milliards de dollars.

31. Le 2 janvier 1971, les municipalités de Brome, Knowlton et Foster ainsi que les hameaux de Bondville, Fulford, Iron Hill et West-Brome ont fusionné pour devenir Lac-Brome.

32. Il s'agit d'une convention de rachat qui fait en sorte que, dans le cas où un actionnaire souhaite vendre ses parts ou dans le cas d'un désaccord fondamental et irréconciliable entre les actionnaires, l'un d'entre eux peut présenter une offre d'achat que l'autre doit accepter. Si le second actionnaire ne veut pas vendre, il doit alors bonifier l'offre qui lui est faite pour racheter l'ensemble des actions.

33. Au début du mois de janvier 1988, trois dépressions successives se sont abattues sur l'ouest du Québec, provoquant ce qui a été qualifié de pire désastre naturel de l'histoire du Canada. Des accumulations de 100 millimètres de verglas ont provoqué le bris de milliers de lignes électriques et de câbles téléphoniques. Le bilan de la tempête donne une idée de l'ampleur de la catastrophe : 28 personnes décédées; 900 000 foyers privés d'électricité (au plus fort de la tempête); 100 000 personnes ont dû se réfugier à l'extérieur de leur maison; 16 000 soldats ont été appelés pour participer au nettoyage, ce qui a été le plus grand déploiement militaire en temps de paix. Comparativement, les inondations du Saguenay

en 1996 avaient nécessité la présence de 450 soldats. Au total, il y a eu des millions d'arbres endommagés, 120 000 kilomètres de lignes électriques et de câbles téléphoniques à réparer, 1000 pylônes d'acier et 130 pylônes de transport s'étaient écroulés.

34. Société des alcools du Québec.

35. Bernard Landry a été élu sous la bannière du Parti québécois en 1976. Il a été, tour à tour, ministre d'État au Développement économique sous le gouvernement Lévesque (1977), ministre délégué au Commerce extérieur (1982) et ministre au Commerce extérieur (1983), puis ministre des Relations internationales (1984) dans les cabinets Lévesque et Johnson et ministre des Finances (1985) dans le cabinet Johnson. Réélu en 1994,1998 et 2003 dans le comté de Verchères, il a été vice-premier ministre et ministre des Affaires internationales, de l'Immigration et des Communautés culturelles dans le cabinet Parizeau (1994), ministre des Affaires internationales (1995), vice-premier ministre, vice-président du Conseil exécutif et ministre d'État à l'Économie et aux Finances dans le cabinet Bouchard (1996), ministre de l'Industrie, du Commerce, de la Science et de la Technologie (1996), ministre de l'Industrie et du Commerce (1998), ministre des Finances (1996), ministre du Revenu (1996). Il est devenu chef du Parti québécois le 2 mars 2001, poste qu'il a occupé jusqu'au 6 juin 2005. Il a été premier ministre du Québec du 8 mars 2001 au 29 avril 2003 et ensuite chef de l'opposition officielle du 29 avril 2003 au 6 juin 2005, date de sa démission.

36. Denis de Belleval a été député du Parti québécois dans la circonscription de Charlesbourg en 1976. Dans le cabinet Lévesque, il a été nommé ministre de la Fonction publique (1976), puis ministre des Transports (1979). Il a démissionné de son poste de député en 1982. Il a ensuite travaillé à la société Lavalin International, est devenu président de la Société canadienne des ports, PDG de Via Rail, directeur de la Ville de Québec et délégué général du Québec à Paris.

37. Il est possible au Québec, pour des restaurateurs ou des amateurs de vin, d'acheter, directement de producteurs, des vins qui ne sont pas offerts dans les succursales de la Société des alcools. Cette pratique est réglementée et tous les achats doivent passer par les entrepôts de la SAQ. Ce système de distribution est appelé « importation privée ».

38. Pierre Parent a été propriétaire, président et chef de direction de Promexpo, la firme qui a organisé le Salon national de l'habitation de 1980 à 2000, ainsi que plusieurs autres foires commerciales tant à Montréal qu'à Québec. En 2000, il a vendu son entreprise pour se lancer dans le domaine de l'immobilier et de l'exploitation hôtelière en créant Resort One.

39. La société ABB est l'un des chefs de file mondiaux dans le domaine des technologies de l'énergie et de l'automatisation. Le groupe est présent dans environ 100 pays et emploie 145 000 personnes.

40. Raymond Dutil est, depuis 1979, propriétaire et président de la compagnie Procycle, une usine québécoise de fabrication de vélos.

41. Madame Martin était alors présidente de la filiale pharmacologique de Metro-Richelieu.

42. Après avoir travaillé successivement pour les brasseries Molson et O'Keefe, Ronald Corey a été président du club de hockey Les Canadiens de Montréal de 1982 à 1999. Il a été remplacé à ce poste par Pierre Boivin.

43. L'école HEC Montréal est une institution qui forme des gestionnaires et exerce un grand leadership dans le domaine de la recherche.

44. Éli Fallu a été maire de Sainte-Thérèse entre 1987 et 2005. Il avait précédemment été député du Parti québécois dans les comtés de Terrebonne (1976 à 1981) et de Groulx (1981 à 1985).

45. Jacques Chagnon a été élu en 1985 et en 1989 député du Parti libéral dans la circonscription de Saint-Louis. Il a ensuite été réélu dans la nouvelle circonscription de Westmount–Saint-Louis en 1994,1998, 2003, 2007, 2008 et 2012. Nommé ministre de la Sécurité publique en 2003, il a, entre autres, fait face à la crise de Kanesatake durant laquelle le chef mohawk a été violemment expulsé. En 2011, il a été nommé président de l'Assemblée nationale.

46. Élue pour la première fois en 1981 dans la circonscription de La Peltrie, Pauline Marois a ensuite été élue dans Taillon aux élections de 1989, puis réélue en 1994, 1998 et 2003. Elle s'est présentée en 2003, 2007, 2008 et 2012 dans le comté de Charlevoix. Pauline Marois a occupé plusieurs fonctions ministérielles sous tous les gouvernements péquistes et elle est devenue la première femme première ministre du Québec en 2012.

47. Monique Jérôme-Forget a été élue en 1998, 2003, 2007 et 2008 dans la circonscription de Marguerite-Bourgeois pour le Parti libéral. Elle occupera les postes de présidente du Conseil du trésor, ministre responsable de l'Administration gouvernementale, ministre des services gouvernementaux, ministre des Finances et ministre responsable des Infrastructures.

48. Jacques Parizeau, économiste et haut fonctionnaire, a participé à plusieurs initiatives de la Révolution tranquille, comme la nationalisation de l'électricité ou la création de la Caisse de dépôt et placement du Québec. Il a été élu député du Parti québécois dans la circonscription de L'Assomption en 1976 et est immédiatement devenu ministre des Finances, poste qu'il a occupé jusqu'en 1984. Devenu chef du PQ en 1988, il a été élu premier ministre du Québec en 1994. Il a organisé le référendum sur la souveraineté du Québec en octobre 1995, qu'il a perdu. Il a démissionné quelques mois plus tard pour être remplacé par Lucien Bouchard.

49. CBC / Radio-Canada est une société fédérale d'État qui gère, à travers le pays, des chaînes de télévision et de radio.

50. Le Château d'Yquem est un vin d'exception blanc et liquoreux, qui a une longue tradition d'excellence. Il était le préféré des tsars de Russie, autant que de Thomas Jefferson, président des États-Unis. Ce vin est présent sur toutes les grandes tables du monde et pour les occasions les plus prestigieuses. Il s'agit du seul sauternes classé premier cru et il est considéré comme le meilleur vin liquoreux qui soit. Le Château d'Yquem détient aussi le record de la bouteille de blanc la plus chère au monde avec un millésime 1811 vendu, en 2011, à 85 000 euros.

51. Ce château est un vaste domaine où on produit le Château Batailley, cinquième grand cru classé en 1855, qui est un des joyaux de la famille Castéja et Borie-Manoux. Batailley est un Pauillac classique, avec une couleur rubis foncé, bien charpenté et aux notes de cassis.

52. Le Tre Vaselle est un hôtel cinq étoiles, construit dans un édifice datant du 17e siècle et situé à l'intérieur des murs médiévaux de la ville de Torgiano. Cet établissement est reconnu pour sa table gastronomique, ses chambres luxueuses et son spa spécialisé en vinothérapie, l'une des plus récentes découvertes en matière d'esthétique et de bien-être.

53. Après le départ de Claude H. Roy, c'est Marcel Croux qui avait pris son poste à la SAQ. J'ai connu et travaillé avec Marcel Croux chez Metro avant qu'il ne devienne vice-président informatique chez Steinberg. Plus tard, quand je suis devenu PDG de Loto-Québec, j'ai engagé Marcel comme premier vice-président, direction corporative (poste qu'il occupe toujours). Je me souviens qu'un jour, lorsque Claude H. Roy a quitté son poste de chef de cabinet de Bernard Landry, Jean St-Gelais, alors secrétaire général du gouvernement, m'a contacté pour me demander d'engager Claude à Loto-Québec à titre de premier vice-président. J'ai refusé car Marcel Croux occupait déjà ce poste. Le réengagement de Claude H. Roy aurait été une nomination strictement partisane et je ne voulais pas d'une telle situation sous ma gouverne. Jean St-Gelais occupe aujourd'hui la fonction de secrétaire général dans le gouvernement de Pauline Marois.

54. Michel Crête a quitté Loto-Québec après deux mandats de cinq ans. Il a ensuite été nommé secrétaire général associé au ministère du Conseil exécutif.

55. J'ai toujours eu la réputation, et avec raison, d'être quelqu'un qui donnait l'heure juste aux journalistes qui m'interrogeaient. C'était vrai quand j'étais chez Metro, et ce l'est encore aujourd'hui. Après mon départ de la Société des alcools du Québec, des journalistes continuaient de m'appeler pour connaître mon avis sur certains événements qui touchaient la SAQ. Ils savaient que je leur livrerais le fond de ma pensée. Ainsi, lorsque les employés des succursales de la Société ont déclenché une grève surprise en novembre 2004, plusieurs journalistes du quotidien *La Presse* m'ont contacté pour que je leur donne mes impressions sur les

raisons du conflit. Par devoir de réserve, j'ai refusé. Cependant, de façon confidentielle (*off the record*, comme le dit l'expression consacrée), je leur ai transmis certaines pistes qui pouvaient être intéressantes à suivre. Un peu plus tard, André Pratte, éditorialiste de *La Presse*, m'a contacté en me disant que j'avais une bonne plume et qu'il apprécierait que je donne mon opinion sur des sujets variés. Voilà comment j'ai commencé à écrire, sur une base assez régulière, des commentaires dans *La Presse*. Aujourd'hui, une cinquantaine de mes lettres ont été publiées.

56. Groupaction a été impliqué lors des travaux de la Commission d'enquête commandée par le Parti libéral du Canada pour analyser le programme des commandites du gouvernement (commission Gomery). En mars 2002, Groupaction Marketing inc., propriété de Jean Brault, était ciblé par le journal *Globe and Mail*, qui rapportait que le gouvernement aurait payé 500 000 dollars à cette entreprise pour un rapport que personne ne pouvait trouver. Paul Martin, qui avait remplacé Jean Chrétien et était devenu premier ministre du Canada a décidé de créer la commission Gomery pour faire la lumière sur le programme des commandites. La commission a tenu ses audiences du 7 septembre 2004 au 17 juin 2005. Jean Brault a comparu en avril 2005, déclarant notamment que Groupaction avait donné 1,2 million de dollars à la section québécoise du Parti libéral du Canada. En mars 2006, il a plaidé coupable à cinq des six chefs d'accusation dont il était inculpé et a été condamné, en mai 2006, à deux ans et demi de prison.

57. Pierre Bibeau est diplômé en sciences politiques de l'Université du Québec à Montréal. Il a fait sa marque dans le domaine des communications, de la planification stratégique, de l'organisation et de l'administration. Il s'est impliqué dans les années 1970 au sein du Parti libéral du Québec. Jusqu'en 1985, il y a occupé différentes fonctions, notamment celle de directeur des Jeunes libéraux, organisateur en chef de la campagne référendaire de 1980 et directeur provincial des services d'organisation et d'animation. En 1985, il a été nommé conseiller spécial du premier ministre du Québec, Robert Bourassa. En 1989, il est devenu président et directeur général de la Régie des installations olympiques (RIO), et en 1995, directeur général du Parc des Îles. Pierre Bibeau a fait un retour en politique en avril 2001, toujours au sein du Parti libéral du Québec, mais cette fois à titre d'organisateur en chef en vue des prochaines élections générales. Il est, depuis 2003, premier vice-président corporatif aux communications et affaires publiques chez Loto-Québec.

58. Ronald Poupart a été directeur général du Parti libéral du Québec de 1970 à 1978. Entre 1982 et 1985, il a été directeur de cabinet adjoint du chef de l'opposition officielle. Il a occupé, entre 1990 et 1994, les postes de secrétaire du Comité ministériel de développement du Grand Montréal et de sherpa du gouvernement du Québec au sein de la francophonie. Il a été plus tard nommé chef de cabinet du chef de l'opposition, qui était alors Jean Charest.

59. National est une firme conseil en communication qui possède des bureaux dans plusieurs grandes villes du monde et qui jouit d'une grande notoriété.

60. Paul Delage-Roberge a créé le Groupe San Francisco en 1978. En 1993, il a fondé Les Ailes de la Mode et inauguré une première succursale au Mail Champlain à Brossard. En fondant cette chaîne de vêtements prêts-à-porter, Delage-Roberge a voulu raviver le plaisir de magasiner dans les grands magasins. Trois autres boutiques ont ouvert leurs portes durant les années suivantes à Québec, Laval et Montréal. Paul Delage-Roberge a aussi été impliqué dans le monde du sport en étant actionnaire du club de baseball les Expos de Montréal et président de la corporation de l'équipe de football Vert & Or de l'Université de Sherbrooke.

61. Sylvain Toutant, quand il a quitté le Groupe San Francisco, a été nommé, en 2004, PDG de la Société des alcools du Québec en remplacement de Louis Roquet, qui m'avait succédé. En 2007, il a pris la direction de la section des produits de consommation de la papetière Kruger. Il a ensuite, en 2008, été président des activités de détail chez Van Houtte.

62. Fondée en 1913, cette compagnie qui produisait du chocolat et des confiseries a pris sa véritable expansion dans les années 1960. Laura Secord a longtemps fait partie des traditions familiales canadiennes. La compagnie a plus tard été achetée par Ault Foods Limited, qui appartenait à John Labatt. Dans les années 1980, la multinationale anglaise Rowntree MacIntosh Corporation l'a acquise et a elle-même été achetée, en 1988, par Nestlé, une autre multinationale de l'alimentation. En 1999, Archibald Candy Corporation, de Chicago, a acheté Laura Secord de Nestlé.

63. Denis Chaurette est associé chez Fasken Martineau à Montréal. Il est avantageusement connu dans le secteur des moyennes entreprises pour son jugement d'affaires, sa relation étroite avec ses clients ainsi que la compréhension de leurs contraintes budgétaires. Son expérience peu commune de pratique de litige et sa pratique transactionnelle et de conseil d'entreprise l'amènent à donner des conseils qui tiennent compte d'une vision à 360° et non en silo. Denis Chaurette est également connu pour sa capacité à conclure des transactions et pour son acharnement et sa créativité axés vers la réalisation des objectifs. Au cours des cinq dernières années, il a participé à la réalisation d'une centaine de financements d'entreprises. Il a agi pour la Caisse de dépôt et placement du Québec, le Fonds de solidarité FTQ et Desjardins Capital de risque, ainsi que pour différents entrepreneurs. Il a aussi réalisé pour le compte de Novacap II société en commandite et de Champlain Capital Partners des prises de participation majoritaires dans des entreprises. Il a également exécuté plusieurs mandats de ventes et d'acquisitions d'entreprises tant au Québec qu'à l'extérieur, rédigé et négocié de nombreux baux immobiliers et été impliqué dans un grand nombre de transactions immobilières. Sa clientèle est principalement composée de PME, de sociétés de financement et de fonds d'acquisition d'entreprises, et de sociétés de capital de risque.

64. Borealis est devenue, en 2004, Borealis Infrastructure, une filiale de OMERS (Ontario Municipal Retirement System). Borealis Infrastructure est une entreprise reconnue mondialement pour ses investissements dans les infrastructures.

65. Cette compagnie a fermé son bureau de Montréal il y a plusieurs années.

66. La compagnie Laura Secord a finalement été vendue à Gordon Brothers Group et EG Capital Group, des groupes d'investisseurs américains, ainsi qu'au Fonds de solidarité de la FTQ. En 2010, Jean et Jacques Leclerc, de Québec, ont racheté la compagnie.

67. Ces boutiques de lingerie féminine ont été vendues, le 11 février 2004, à Ace International pour la somme de 1,2 million de dollars.

68. Une débenture est, en quelque sorte, un prêt non garanti qui peut être transformé en actions.

Table des matières